本书由肇庆学院"创新强校工程"专项经费资助出版

寻访利玛窦的足迹

余三乐 著

中国出版集团

世界图书出版公司

广州·上海·西安·北京

图书在版编目（CIP）数据

寻访利玛窦的足迹 / 余三乐著 . -- 广州 : 世界图
书出版广东有限公司 , 2025.1重印
ISBN 978-7-5192-1820-1

Ⅰ . ①寻… Ⅱ . ①余… Ⅲ . ①利玛窦 (1552-1610) —
人物研究 Ⅳ . ① B979.954.6

中国版本图书馆 CIP 数据核字 (2016) 第 216625 号

寻访利玛窦的足迹

策划编辑	赵　泓
责任编辑	张梦婕
装帧设计	余思琪
出版发行	世界图书出版广东有限公司
地　　址	广州市新港西路大江冲 25 号
电　　话	020-84459702
印　　刷	悦读天下（山东）印务有限公司
规　　格	787mm×1092mm　1/16
印　　张	25.5
字　　数	300 千
版　　次	2016 年 8 月第 1 版　2025 年 1 月第 4 次印刷
ＩＳＢＮ	978-7-5192-1820-1/K·0312
定　　价	98.00 元

作者在利玛窦墓前

前　言

有人说，命运是公正的，当它在对你关上一道门后，也会为你打开一扇窗。

年近古稀的我，在回顾自己的一生时也有这样的感触。作为"文革"期间的所谓"老三届"，我们这一代人被公认是比较不幸的。成长中的饥饿，懵懂时的欺骗，学业的中断，理想的破灭，人生的蹉跎，等等，几乎濒临绝境。但是1976年以后，随着国家和民族否极泰来，命运之窗也屡屡为我开启，一步步将我引入了自己所热衷且力所能及的中西文化交流史研究领域。

出于很偶然的原因，1985年我进入北京行政学院担任校刊的史学编辑。由于历史的误会，1950年代，该校建在已经存在了300多年的天主教"滕公栅栏"墓地旁。墓地经"文革"平毁之后，又在1979年获得重建。随着改革开放的日益深入，不断有外国友人前来造访，这又激发了当时的校领导推动这一领域学术研究的热情。与此同时，国内学术界在沉寂了30年以后，又兴起了中西文化交流史研究的新潮，这一切为我打开了学术生涯的天窗。此时恰逢西贤利玛窦游历神州大地、纵横捭阖400周年之际，一个个值得纪念的时间点接踵而至，特别是2001年利氏进京400周年、2010年利氏辞世400周年。一系列中外交流的学术活动为研究者搭建了广阔的舞台。

中国人爱说"天时、地利与人和"。我在总结利玛窦墓地重建36年的历史时认识到，墓地是一条纽带，连接了国内外对利玛窦和中西文化交流情有独钟的专家学者及各界人士。从20世纪末到21世纪初的20多年里，我正处在这一纽带的节点上，接待了来自神州各地、五洲四洋、天涯海角的参观者，与其中的很多精英建立了联系。数百张合影已贴满了厚厚的两大册影集。无分寒暑、废寝忘食的接待工作无疑是辛劳的，但共同志向者间的交谈，也必定兴趣盎然。我曾经吟诗道：

人生际会似有缘，
今古神交二十年。

几块石头说故事，
一抔黄土掩西贤。

乌云难总蔽白日，
青史终将见蓝天。
迎送五洲仰慕者，
不意两鬓竟雪斑。

送往迎来系五洲，
相逢便是好朋友。
误食废寝寻常事，
沥暑凌寒亦优游。
跬步恒行致万里，
腋革久聚必成裘。
勿以善微而不屑，
经年滴水汇江流。

与此同时，它也为我打开了一扇又一扇的机会之窗。当然机会来了，也需要以勤奋、刻苦和坚持，甚至必要的取舍和放弃才能抓住它。于是就有了与美国旧金山大学利玛窦研究所马爱德神父合作的《虽逝犹存》一书，由北京市哲学社会科学理论著作基金资助的《早期传教士与北京》，获得澳门文化局研究课题的《中西文化交流的历史见证》和《望远镜与西风东渐》两本书，在同行的鼓励和帮助下完成的两本译著《巨人一代》和《南怀仁的"欧洲天文学"》，中国对外关系史学会和澳门利氏学社主办的多次研讨会，以及发表在国内各种报刊杂志和澳门《文化杂志》的一篇篇论文。也是因此，2005年获得意大利政府颁发的总统"仁惠之星"二级勋章。

在这里，我想借机会表达作为历史工作者的一点感悟。真、善、美是人类永恒追求的目标。科学追求真；道德追求善；艺术追求美。历史研究乃是科学园圃的一角，应该将求真作为追求的终极目标，历史工作者应该将求真当作自己毕生的社会责任。

工人的职责是生产合格的产品，农民的职责是提供安全的食物，医生的职责是维护公民的健康。史学工作者的职责是什么？我认为，史学工作者的职责是向社会提供经得起时间考验的客观、真实的历史作品，并总结出科学、正确的历史经验和教训。这些可以以史为鉴，为决策者提供参考；为文教界提供教材，为民众提供普及读物，使广大人民更加聪明、成熟，在实践中少走弯路；同时也为千秋万代弘扬正义，将罪人钉上历史耻辱柱，还被诬好人的清白，廓清功过是非。历史是对无神论者进行末日审判的"上帝"。历史学不能篡改史实来为政治服务，为政治家的宣传服务。历史学虽然与自然科学有别，但它同样具有客观的真理性，而不是"任人装扮的女孩"。尽管做到这一点很不容易，但是史学工作者的座右铭和奋斗方向。

自古以来，中国就有史家秉笔直书的优良传统，如古代的董狐、齐太史、司马迁，近代将"独立之精神、自由之思想"奉为圭臬的陈寅恪。但是也有为了当权者的利益篡改历史的拙劣做法。在"文革"和之前的一段时间里，利玛窦等传教士被诬为"帝国主义的文化特务"就是一个明显的事例。事实证明，违背历史真实的作品（论文和专著）是不可能流传长久的。近30年来，一批富有责任感、社会良心和勇气的史学工作者通过在各个领域不懈的探索，将很多颠倒的历史重新颠倒过来。我从内心对他们深深地景仰。但是在这方面仍有很长的路要走，史学工作者任重而道远。愿以此与一切有志于历史研究的同行们共勉。

本书能够顺利出版，首先要感谢肇庆学院。我与肇庆学界的结缘早在2001年就开始了。虽然1995年我第一次考察肇庆利玛窦遗址时，还只是独行侠。但不久就结识了肇庆市政协主席刘伟铿先生。2001年我第二次造访肇庆市拜会了他，商议举办利玛窦研讨会一事，却由于上层的阻挠而不果。但"青山遮不住，毕竟东流去"，2006年由肇庆学院主办的"第一届利玛窦论坛"圆满召开。肇庆市博物馆还筹建了有关利玛窦事迹的常设展览。这些都开创了全国的风气之先。2009年肇庆学院聘任我为西江学者讲座教授，向学生讲授"利玛窦与中西文化交流"系列讲座。2010年、2013年第二、三届"利玛窦学术论坛"相继召开。今年即将召开第四届学术论坛，且有"中国明史学会利玛窦分会"落户肇庆学院的盛事。肇庆学院慨然出资，将我历年发表的论文结集出版，当然是我学术成果的总结，也可以说是向此次论坛的献礼。在此特向和飞院长、王忠副院长、黎玉琴教授和相关人士，以及世界图书出版公司的赵泓先生表示衷心的感谢。

本书选取了我自1995年至2016年发表的25篇有关利玛窦和中西文化

交流的文章，可分为四个单元：一、利玛窦的生平事迹及评价；二、对发生在明末清初的中西文化交流史所作的宏观分析；三、与利玛窦同样长眠在滕公栅栏墓地的其它耶稣会士的生平事迹；四、滕公栅栏墓地的历史变迁。我对各篇文章只做了个别的文字修改，并在文后添加了简短的"编后注"。书中难免存在缺点和失误，欢迎学界同仁不吝赐教。

2016 年初夏 于晚松堂

目 录

寻访利玛窦的足迹

一、走进利玛窦中西文化交流研究领域

1980年我考进一家杂志社做编辑。杂志社暂时借用了位于车公庄6号院北京市委党校的十几间房作办公地点。我每天都要路过树立着三尊高大墓碑的小院去开水房打开水。隐约听别人说，他们是外国传教士，其中的一个叫做"利玛窦"。工间饭后散步时，发现还有很多刻有中外文碑文的墓碑横七竖八地躺卧在大院的各个角落。他们是谁？利玛窦是谁？为什么安葬在这里？

这些问题曾经出现在脑海里，但很快就被当时多如牛毛更时兴的问题淹没了。1984年不经意间，在利玛窦等3人墓园的东侧，又围起了一个大院子，那些散落的墓碑也被集中地树立起来，一并成为了一处"北京市文物保护单位"。

后来我改为效力于党校的校刊。1987年，刚刚涉足明史研究的我，到哈尔滨参加第二届明史学术研讨会。会上两篇论及利玛窦的论文令我眼睛一亮。利玛窦，不就是我天天路过却熟视无睹的墓碑的碑主吗？大有"众里寻他千百度，蓦然回首，那人却在灯火阑珊处"的感觉。从那时起，好奇心驱使我，从其生命的终点——墓地出发，踏上寻访利玛窦足迹的历程。

通过初步的了解我得知，党校院内的这方土地400年前曾是利玛窦墓地，之后的岁月里，又相继安葬了88位外国传教士和中国神父，而渐渐成为外国来华传教士的公共墓地。在1900年"义和团运动"期间，墓地遭到第一

次破坏。后根据"辛丑条约"而重建。1954 年北京市委副书记刘仁选中这处"风水宝地"建北京市党校。北京市政府与教会协商，将墓地的墓碑和尸骨迁至海淀区西北旺一处新辟的墓地。在周恩来总理亲自干预下，利玛窦、汤若望、南怀仁 3 人的墓碑才得以应教会方面的要求，在原地保留。1966年"文革"爆发，墓地再次被毁。而在"文革"刚刚结束不久的 1978 年 10 月，"十一届三中全会"前夕，最高领导层在百废待兴、日理万机的时候，竟拨冗一致圈阅了一个文件：重修天主教来华传教士利玛窦的墓地！

几位外国神父的墓地，居然多次牵动了共和国最高层领导的神经，让我感到十分惊诧。他们一定不简单！我找到周恩来总理的一篇题为《当前文字改革的任务》的报告，其中说道："采用拉丁字母为汉字注音，已经经历了三百五十多年的历史。一六零五年，来中国的意大利传教士利玛窦最初用拉丁字母来给汉字注音。"现在每一个中国小学生刚一入学就要学习的"汉语拼音"的方案，原来最先是由利玛窦创建的！不仅如此，算术课上学的竖式计算法，地理课上的五大洲四大洋知识，再到中学时学的平面几何、平面三角、对数函数、物理学的杠杆、滑轮等等知识，也都无不来自利玛窦和他所开创的、被称为"西学东渐"的文化交流。

毋庸讳言，利玛窦到中国来的主要目的是传布天主教，但同时也传播了西方的科学文化。就像蜜蜂虽然其本意是觅食，但同时传播了花粉，鸟儿为了觅食，却消灭了树林中的害虫一样，应该得到肯定。

正如原政协主席李瑞环在 1998 年访问意大利期间所说的："利玛窦等人把欧洲的天文、数学、地理等知识传播到中国，给中华文化注入了新鲜血液。"2000 年建造的中华世纪坛中的浮雕群像，将利玛窦列为对中华文明做出杰出贡献的仅有的两名外国人之一（另一位是马可·波罗）。中华世纪坛前青铜铸成的中国历史大事年表上，刻录了有关利玛窦的 3 条记录：

公元 1582 年，明神宗万历十年，意大利耶稣会士利玛窦抵中国。

公元 1601 年，明神宗万历二十九年，利玛窦献自鸣钟、坤舆万国全图，准留居北京传教。

公元 1610 年，明神宗万历三十八年，利玛窦卒，葬于北京，著有《利玛窦中国札记》。

二、找寻两大文明碰撞与融合的轨迹

在对墓地的历史的梳理告一段落后，我开始琢磨下一步的研究方向。如何才能使自己的研究更具创意呢？外国和港台的学者在外文和中文史料方面都有各自的优势，作为刚刚起步的我怎样才能独辟蹊径呢？

我想到，利玛窦的半生都是在中国大地上度过的，他的足迹自南向北几乎纵贯了中国的东部，何不沿着他的足迹做个田野考察？说不定会有什么新发现呢！

1995 年我来到了肇庆——利玛窦踏进中国内地的第一站。走访了几名当地人的文化人（包括文化局局长），竟然没有一个知道"利玛窦"这个名字的，更不要说他的故居"仙花寺"的所在了。相隔 400 年，"仙花寺"很可能已经荡然无存，但能找到它的大概位置也算不虚此行了。按照《利玛窦中国札记》所述，"仙花寺"应该位于西江之畔，与一座"仙花塔"比邻而立。于是，我来到了西江岸边，一问才知道，江边没有"仙花塔"，但有两座分别叫做"崇禧"和"魁元"的塔。一定是利公将他"仙花寺"旁边的那座塔俗称为"仙花塔"。仔细观察这两座塔，我排除了"魁元塔"，因为它是实心的，常人很难爬上去，这明显地与书中的"周边的孩子常爬到塔上向利公等人丢石子"的情节相违。我因此断定，"崇禧塔"就是利公书中所说的"仙花塔"，现已不存的"仙花寺"应该就在"崇禧塔"的附近。若干年之后证明，我当时的判断是正确的。当 2001 年我再访肇庆时，该市文物局已在崇禧塔稍东的位置找到了"仙花寺"的遗址，并树立起一个刻有"仙花寺遗址"字样的汉白玉标牌。

两年后，我又抓机会到江西的赣州、南昌、九江等地，继续寻访利玛窦的足迹。

碰巧我在火车上遇到一位名叫吴光亮的赣县人。聊天间谈到我要到赣州考察，以及有关利玛窦的一些事情。他非常感兴趣，说他原是学历史的，现任赣县农机局书记。他主动表示要帮助我，不仅请我到他家住宿，还将派车陪同我进行考察。

第二天，我和吴光亮一道来到了赣江岸边，寻找利玛窦曾经落水、险些丧命的地方——台北光启出版社出版的《利玛窦书信集》中文译本中所称的"十八滩"中的"天竹潭"。老船工都熟悉这一带的航道，那曾是行船最危险的江段。不过80年代末，由于在下游万安建造水坝，使得这一带江面水位提高，礁石淹没，昔日诸多险滩的江段已成为水上通途了。

在渔船码头的附近，有一座名为"广济庙"又称"储君庙"的建筑。它是过去船民祈求行船平安的所在。利玛窦也谈到过它。他说："在这段河流的开始，有一座庙，开船之前，水手及乘客都要去庙里烧香膜拜，为有一顺利的旅程。"在"广济庙"里，我买到一份有关广济（储君）庙和赣江航运史的油印资料。由此可知，"十八滩"是从赣州到万安一段江面上的十八处激流险滩。广济庙位于第一滩——"桃园滩"岸上。其中第五滩叫做"天柱滩"，航运史资料写道："天柱滩，在赣州市下约25公里的高坑庙附近，与横弦滩相连，是最为险峻的滩群之一。有巢衣石、棋子石、圃官石、栏杆石、棺材笼、放舵石、大小鼓颈、人头石等8处险隘、礁石，靠西边的三块石峰暗伏中流。船必三折而过，浪涌如山，故称'天柱'。"《利玛窦书信集》中所称之"天竹潭"并不在列，可见是翻译者以音译字之误。我乘渔舟行近3小时，来到所说的天柱滩一带。如今已全无往日的惊险，往来于赣州与万安之间的小客轮嘎嘎而过。

渔舟返回时路经章、贡二水汇合处，修葺一新的"八境台"巍然耸立；远远望去，东河浮桥像一条细线漂浮在宽阔的江面上（尽管如今有了与之平行的雄伟的东河大桥）。肩挑车运的百姓们仍从古老的浮桥上鱼贯而过。这些都是在《利玛窦札记》中记述过的景象。沿江的古赣州城墙和"涌金门"城楼也按原样修复。而码头上忙碌的起重机械，船只轰鸣的马达声，表明那个古老的时代已经一去不复返了。

就这样，我还寻访了利玛窦因不肯向道教神像下拜而引起纠纷的南昌的"万寿宫"，以及他曾多次前往讲学、并与院长章本清建立了良好友谊的"白鹿书院"。几年之后，我又相继考察了南京、澳门和韶关。虽然经过400年的风风雨雨，昔日的故居和教堂大多不存，但他在札记中描写的很多情景仍历历在目，利公的形象在我脑子里也逐渐鲜活起来。

当进入北京，向皇帝进贡自鸣钟、万国图、圣母像和西洋琴，从而获得居住权之后，置身于中国文人与官员之中的利玛窦已经如鱼得水、游刃有余。短短 10 年，他和徐光启、李之藻等人先后翻译了《几何原本》《同文算指》等多部科学著作；数次翻印广受欢迎的世界地图：《坤舆万国全图》《两仪玄览图》等；刻印了用中文撰写了宣扬西方哲学、道德和宗教的《天主实义》《畸人十篇》等书。他在他创建的北京第一座天主教堂（即今日宣武门教堂的前身）中，展示了欧洲的仪器、乐器、油画和书籍，接待了大量因对西学感兴趣而前来造访的、来自全国各地的赶考举子和京察官员，广交朋友。在他预知自己将不久与人世之后，又撰写了向欧洲比较全面、客观地介绍在华所见所闻的《利玛窦中国札记》。

利玛窦历尽千辛万苦进入北京，后来的耶稣会士们使出浑身解数在京城为朝廷、为皇室服务，都是为了以此证明天主教在中国存在的合法性；而中国朝廷也确实在观天、修历、造炮，以及绘制地图、宫廷服务等方面需要具有超群技艺的西方人才。那些造访过南堂的开明官员和举子们，在京城通过与传教士的接触，了解了或多或少的异域文明后，就将它们传播到各个地方。那些前来朝贡的朝鲜使臣，也将西学传入了东邻朝鲜。这就使得以"闭关自守"为基本国策的明清王朝的都城——北京，居然成为中西文化交流的中心，且连绵持续了大约两百年。

当我抱着"寻访利玛窦足迹"的目的，先后走访肇庆、韶关、南昌、南京等地时，发现能够保留下来的历史遗迹真是少之又少。我因此又庆幸，北京保留下来若干遗迹：位于车公庄的"利玛窦和外国传教士墓地"、五塔寺"石刻艺术博物馆"中的耶稣会士碑林、古观象台上陈列的南怀仁等传教士设计铸造的 8 件大型天文仪器、圆明园"西洋楼遗址"、故宫午门前陈列的南怀仁监制的大炮和馆藏的数以百计的西洋钟表、仪器，现存于北京图书馆的大量的原教堂藏书，以及南堂、东堂、北堂、西堂 4 座历史悠久的天主教堂，等等。这些文物经历了几百年风雨沧桑之后得以幸存，目前都得到了良好的保护。

1999 年，我应邀访问了利玛窦的家乡马切拉塔，一个到处体现出久远的历史传统和深厚的文化底蕴的小镇。如今，利玛窦成了他的家乡的骄傲。这里有以他的名字命名的街道；在市图书馆里有他的浮雕头像；在市政厅里，作为当地出生的名人之一，利玛窦头带中国儒生高帽的形象也被画在墙上。

在马切拉塔文化部长米格尼尼先生的带领下，我来到他出生的小楼。小楼的墙上镶嵌着一方石牌，上面以意大利文写道：

"在这里，于 1552 年 10 月 6 日诞生了利玛窦，一位耶稣会的神父。他是一名传教士，同时也是一名科学家和人文学家。他构架了连接东西方的桥梁。他对中国人民非常友好，在他们之中生活了近 30 年。他到达了北京，于 1610 年 5 月 11 日在那里逝世。

马切拉塔——他的家乡人，于他踏上中国土地的 400 周年纪念之际立。1983 年。"

从利玛窦生命的终点出发，越过千山万水，我站在了利玛窦生命起点上。

三、智者的难题：当耶稣遭遇孔子

当我在一位好心的美国人（美伊利诺伊州的一名小学教师珍·沃尔夫瑞姆 Jean Wolfram）资助下，赴美攻读了一年语言之后，就产生了翻译一部有关利玛窦事迹的英文原著的念头。朋友向我推荐了美国学者邓恩的 Generation of Giants(《巨人的一代》) 一书，并帮我争取到了版权。几年之后这本书由上海古籍出版社以《从利玛窦到汤若望》为书名出版。翻译的过程其实就是反复精读的过程。通过这部书我对利玛窦有了更深层次的了解。

4 个世纪前，作为天主教传教士的利玛窦来华，绝不像今天的外国旅游者到中国那样简单。东方和西方，在几千年几乎相互隔绝的情况下形成了各自迥然不同的风俗习惯、宗教礼仪，这远比语言更加难以沟通。比如，当中国人初见耶稣苦像时无不万分诧异，惊呼："为什么你们敬奉的神是名罪犯？"

在利玛窦来华之前，已经有很多传教士也尝试着进入中国。他们依照他们的同伴进入美洲时的传教方针，即"将教徒葡萄牙化"的方针办事，结果都失败了。1578 年，新任耶稣会远东负责人（巡察使）范礼安在澳门进行了 9 个月"划时代的观察"，总结了失败的教训，制定了全新的传教策略：不是要信徒葡萄牙化，而是要传教士中国化；要求来华传教士学习汉语和中国典籍，改穿儒服，起中国名字。这被称为"文化适应"策略。

利玛窦则是"文化适应"策略实践者和开拓者。

按照天主教的规矩，教徒是不能向除天主、耶稣以外的偶像下拜的，也就是说不能参加家族的祭祖仪式和文人学子的祭孔仪式。而在中国，不祭祖会被认为是大不孝而被家族开除；不祭孔就无法进入文人圈，更别想通过科举晋升了。天主教如果坚持不容忍这些礼仪，它在中国的存在空间是很小的。秉承上述"文化适应"策略，利玛窦对此做了变通，他将祭祖解释成"感谢前辈的养育之恩"，将祭孔解释成"感谢老师的教诲之恩"，认为这是世俗的礼仪，不具有异教的色彩，因而也可以被天主教相容。

类似的中西文化的差异和利公所做的变通比比皆是。

天主教倡导一夫一妻制，认为多妻者与不信天主的异教徒都是要下地狱的。众所周知，中国古代圣人舜有娥皇、女英两个妻子，难道舜也下了地狱了吗？孔夫子也没有皈依天主，难道他也下了地狱吗？对待这些伤害中国人感情的问题，利玛窦尽量回避，不予明确答复。而在其他场合，他也对舜和孔子表达出敬意。

据圣经所述，天主用 6 天创造了世界，第七天休息，天主教将这天定为"安息日"（即俗称的"礼拜天"）。在这一天，教徒一律不许工作、谋生，必须用来做忏悔、敬天主。这在天主教的欧洲成为不可违背的惯例。然而在中国却没有这种惯例，教徒中做工务农者如此办理，定将失去生计。利公又作了变通：只要在工作之前或之后完成宗教功课即可。

凡到过欧洲旅游的人都知道，进教堂是要脱帽的。西方人以脱帽为敬。而在中国，男人们只有回到家中才脱去帽子，在正式的社交场合不戴帽子是很失礼的。这又发生了矛盾。传教士们既然穿上了中国儒生的服饰，就必须遵守中国的服饰习惯，他们设计了一种叫做"祭巾"的帽子，专门在进行宗教活动时戴。

中国历来讲究"男女授受不亲"，利玛窦等人在对待女教徒时格外地谨慎小心。教徒向神父忏悔时，本来是不能有第三者在场的，为的是保护当事人的隐私。但如果一名中国女教徒与男神父独处一室，定会生出怕人的是非来。于是传教士们和他们的中国朋友想出了一个变通的方法：在一间大屋的一端挂一帘子，女信徒与男神父分坐帘子左右低声细语，屋子的另一端请一名德高望重者见证二人的清白，却又听不到他们的言谈话语。

显而易见，这不胜枚举的对不同文明之间的差异所作的变通，是必须建立在不同地域、种族和文化相互平等的基础之上的。利玛窦早在进入中国之前，就对在果阿的葡萄牙教会当局歧视当地人、不允许当地教士与欧洲来的教士一起学哲学和神学的规定，表达强烈的不满。他在发自果阿一封信中说："规定这种章程人所持的理由都不是实在的理由。"其根源所在就是"这边的本地人，无论怎样有学问，在白种人眼里，都没有什么地位。"是天主教"天主面前人人平等"的理念，诱发出利公的种族平等观，使他摒弃了那个时代欧洲人惯有的"白人至上"的恶习，驱动了他去构建连接东西两大文明的桥梁。

正是有了这座桥梁，才使从17世纪到18世纪的两百年间，有数百位品学兼优的传教士（主要是耶稣会士）来到中国，将西方文明全面地介绍到中国，同时也将中华文明介绍到欧洲。德国哲学家莱布尼茨曾对明末清初的中西文化交流事业所作的超越宗教层面，而着眼于全人类科学艺术发展的评价："我认为（在中国的）传教活动是我们这个时代最伟大的壮举。它不仅有利于上帝的荣耀，基督教的传播，亦将大大促进人类的普遍进步，以及科学与艺术在欧洲与中国的同时发展。这是光明的开始，一下子就可完成数千年的工作。将他们（中国）的知识带到这儿，将我们的介绍给他们，两方的知识就会成倍的增长。这是人们所能想象的最伟大的事情。"

莱布尼茨所说的这一"所能想象的最伟大的事情"，在中国史学界又称为"西学东渐"和"中学西传"。

四、阜成门外玫瑰发，杯酒还浇利泰西

当1983年，利玛窦来华400周年之际，中国刚刚从一场恶梦中醒来。虽然如上所述，中国的领导人作出了重修利玛窦墓地的决定，但主流舆论并没有给予足够的重视，《人民日报》发表了吕同六先生的一篇纪念文章，《人民画报》两个整版的图文介绍了他的事迹，仅此而已。在绝大多数人们（包括专家学者）的意识中，他那高高的儒生帽子上还写着"帝国主义的文化特务"几个字。

　　随着国家改革开放的日益深入，人们的观念逐渐地变化着，学术界对他的评价逐渐趋于公正、客观。利公在越来越多的中国人的心目中成为了正面形象。2006年国务院公布"利玛窦和外国传教士墓地"为国家重点文物保护单位。

　　作为历史工作者的我，也循着利公足迹一步步前行。1995年，正是他进入江西400周年之际，我发表了《利玛窦在江西》，不久又发表了《利玛窦在南京》。2001年利玛窦进京400周年之际，我的拙作《早期西方传教士与北京》由北京出版社出版。2005年南堂创建400周年之际，我完成了《中西文化交流的历史见证：明末清初北京的天主教堂》一书的写作，并在澳门文化局的讲坛上作了题为《纪念南堂创建400周年》的讲座。2007年，是《几何原本》出版400周年，我到上海参加以此为主题的国际学术研讨会，并作了发言。《凤凰卫视》约我拍摄了介绍利玛窦生平和事迹的专访节目。

　　2010年恰逢利玛窦逝世400周年，首都博物馆与意大利有关方面合作举办了题为《利玛窦：明末中西科学技术文化交融的使者》的精美展览。向我约稿的媒体有好几家。5月11日，利公墓碑前鲜花锦簇，前来瞻仰和凭吊的中外人士络绎不绝。这使我想起了清代文人尤桐的诗句："阜成门外玫瑰发，杯酒还浇利泰西"。

　　400年前，利玛窦在中国大地上行走了28年，成就了中西文化交流的伟业；400年后，几乎又用了28年，中国重新发现了利玛窦。

　　编后语：2010年5月11日是利玛窦在华逝世400周年。在这一天到来之前，北京的媒体出现了"利玛窦热"，多家报刊杂志向我约稿。《中国科学探险》的思路比较独特，要求我将利玛窦的实际和贡献，与我一步步走进这一研究领域的过程穿插起来，就像该杂志其他探险一类的文章一样。此文发表在《中国科学探险》2010年第11期。正好，我现在把它放在本文集的第一篇，并将该题目作为本书的书名。本文第四、第五部分内容与下文重复，略去。

利玛窦对中西文化交流的贡献及其历史地位

一、利玛窦对中西文化交流的贡献

利玛窦（Matteo Ricci）1552年出生于意大利东部小镇马切拉塔（Macerata）的一个虔诚的天主教家庭。1571年，他违背父亲的意愿，加入了耶稣会。他先在耶稣会办的罗马大学学习神学、哲学、天文地理，1578年奉命东赴果阿，1582年来到澳门。1583年，利玛窦进入内地，在肇庆定居。在这之后，他先后定居于韶关、南昌和南京，1601年进入北京，并获得在京的居住权，直到1610年他去世。北京的南堂，是利玛窦的住所，也是北京的第一处天主教教堂。

利玛窦以毕生的精力在中西文化交流中做出巨大贡献，他全方位地将欧洲的科学文化介绍到中国，这包括：地理学、天文学、数学、机械学、生物学、西医药学、哲学、逻辑学、伦理学、心理学、语言学、西方文学、西方美术、音乐，以及造纸印刷术，等等。

地理学：他绘制了包括五大洲四大洋的世界地图；他告诉中国人地球是一个球体；他对中国一些重要的大城市进行了经纬度的测定，修正了欧洲出版的世界地图中中国部分的错误。

天文学：他制作若干件日晷、天球仪等天文仪器作为礼物送给中国学者和官员；他多次准确地预报了日食和月食；他最早提出修改中国历法的动议，开启了明末历法改革的先河；他撰写了介绍欧洲天文学的多部著作：《浑盖通宪图说》《理法器撮要》《乾坤体义》《寰容较义》等。

数学：他与徐光启、李之藻等人合作翻译了《几何原本》《同文算指》《测量法义》等。

机械学：他将体现西方机械学原理的自鸣钟带到中国，成为中国钟表业的行业神。

生物学：利玛窦在肇庆撰写、并于 1593 年刻印的第一本中文著作《无极天主正教真传实录》的第五章至第八章，分别以"论世界万物之事实"、"论下地草本等植物类"、"论下地禽兽之事情"和"论世间禽兽之志所饮食章"为题，介绍了他所了解的欧洲生物知识，并有附图[1]。

西医药学：他在上述著作的第九章介绍了"佛朗机"医治眼病和便秘的两种药物，也有附图。

哲学：利玛窦在他的《天主实义》一书中，通过对天主的论证介绍了托马斯•阿奎那的西方经院哲学，研究者称：这"实际上已经把亚里士多德、柏拉图、奥古斯丁、安瑟伦的思想间接地介绍到中国，从哲学交流史的角度看，利玛窦的这个功劳是很大的。"[2]

逻辑学：他翻译的《几何原本》一书不仅介绍了西方数学，同时也介绍了西方的逻辑学。徐光启称："能精此书者，无一事不可精；好学此书者，无一事不可学。"[3]《四库全书总目提要》评价《几何原本》："有界说，有公论，有设题。界说者，先取所用名解说之；公论者，举起不可疑之理；设题则据所欲言之理，次第设之，先其易者，其次难者，由浅而深，由简而繁，推之至于无以复加而后已。"[4]

伦理学：利玛窦用中文撰写介绍西方交友之道的《交友论》。他还第一次向中国人介绍并推行"一夫一妻"的婚姻制度。

心理学：他撰写了介绍记忆方法的《西国记法》。

语言学：他首次制订出用拉丁字母为汉字注音的方案，并以此撰写了《西字奇迹》一书；编纂出第一本中外文的词典——《中葡字典》。

西方文学：利玛窦在他的《畸人十篇》中第一个向中国介绍了《伊索寓言》

---

[1] 方豪著《中西交通史》，岳麓书院 1987 年版，（下）第 788—789 页。

[2] 张西平著《中国与欧洲早期宗教和哲学交流史》，东方出版社 2001 年版，第 47 页。

[3] 朱维铮主编《利玛窦中文著译集》，复旦大学出版社 2001 年版，第 305 页。

[4] 永瑢等《四库全书总目提要》，中华书局 1956 年版，第 916 页。

的故事。

除此之外，他首次将西方的油画和使用透视法的绘画技法带入中国；首次将钢琴（西琴、天琴、铁琴）带入中国；他带来的体现西方造纸和印刷术的书籍，也使中国人耳目一新；等等。

同时，利玛窦也把中国的情况全面、准确地介绍到欧洲，这就是：他发往欧洲的大量的书信和"天主教进入中国史"，这本书的中译本名为《利玛窦中国札记》。

由于他在中西文化交流方面所做的杰出贡献，1610年的利玛窦去世后，中国朝廷赐给他一块墓地。他是第一位获得在京长久居住权的外国人，也是第一位被允许安葬在北京的外国人。

二、利玛窦的"文化适应"策略架设了
中西文化交流的桥梁

利玛窦的贡献不仅仅局限于他本人将欧洲的文化传到中国，将中国的情况介绍到欧洲。如果说这是他传送了文化产品的话，那么更重要的是他建造了一座沟通东西方两大文明的桥。这就是"文化适应"政策。

早期来东方的葡萄牙传教士与到达美洲的西班牙传教士一样，欲以本国的文化完全征服当地的文化。他们的传教策略和方法是强迫信徒完全葡萄牙化，即使要求接受天主教的中国人在语言、服饰、姓名、习俗等等一切生活习惯方面都葡萄牙化，使其变成一名华裔葡萄牙人。这种传教方法在中国屡屡碰壁，以致他们在中国的大门外绝望地哀鸣："没有士兵的介入而希望进入中国，就等于尝试着去接近月球。"[1]这种方法不改变，外国传教士就不可能进入中国，中西文化的交流也无法实现。

耶稣会远东巡察使范礼安(Alexandre Valignani 1538—1606)在澳门进行了"划时代的观察"，制定了全新的传教策略：不是要信徒葡萄牙化，

---

[1]（美）邓恩著，余三乐、石蓉译《从利玛窦到汤若望——晚明耶稣会士在中国》，上海古籍出版社2003年版，第3页。

而是要传教士中国化；要求来华传教士学习汉语和中国典籍，改穿儒服，起中国名字。

利玛窦则是实践和发展"文化适应政策"的开拓者。

他采取学术传教的方法；对中国的传统宗教采取排佛补儒的策略；认为祭祖和祭孔是世俗礼仪，而非宗教礼仪，而加以宽容；根据中国的实际情况对天主教礼仪作适当调整，如礼拜形式、星期天和对女教徒的特殊对待，等等。

正是因为利玛窦开拓了"文化适应"的策略，中西两大文明之间才架起了一座桥梁，才使在随后的 200 年间有数以百计的西方传教士进入中国，持续地将西方文化介绍到中国，同时将中国的文化介绍到西方，即造就了被称为"西学东渐"的全方位的文化交流。"西学东渐"对中国科学史（天文学、数学、地理学、地质学、测绘学、气象学、水利学、力学、物理学、光学、机械学、建筑学、化学、军事工程学、造纸印刷术、人体科学、西医药学、动植物学、酿酒业，等等）、艺术史（美术包括油画、铜版画和雕塑、音乐包括乐器、乐理、乐曲、园林艺术，还有玻璃、珐琅等等）和人文学史（伦理学、哲学、语言学、心理学、逻辑学，等等），当然还有宗教史，都起到了里程碑式的重要作用，在有些领域甚至是从无到有的开创性作用。

在当今中国的学术界，几乎包括所有的学科门类，只要追溯它的发展史，都无法回避"西学东渐"的影响。中国的小学生，从一入学时语文课上学习的汉语拼音开始，到算术课上学的竖式笔算法，自然课上的日食、月食的成因，地理课上的五大洲四大洋知识，到中学时学的平面几何、平面三角、对数函数、物理学的杠杆、滑轮等等知识，无不来自那时"西学东渐"的结果。诚然，利玛窦到中国来的主要目的是传布天主教，但为了这个目的他无意间，有时甚至是有意地传播了西方的科学文化。因此毫不夸张地说，作为"西学东渐"的第一人和开创者，利玛窦堪称历史上对中华文明贡献最大的外国人。

同时，利玛窦又是不同国家、不同文化之间平等相待、平等交流、互相学习、取长补短的典范。尤其是在他所生活的西方列强弱肉强食，殖民主义大肆扩张的时代，这种精神就显得格外难能可贵。也正是因为这个缘故，在很长一个时期中，利玛窦在西方天主教社会并没有得到应有的评价。

三、利玛窦得到历代中国官方和民间的高度评价

早在明代万历期间，利玛窦就成为第一个获准留居北京的外国人，成为第一个得到皇帝御赐墓地的外国人。当时有的官员对赐墓地一事持异见，他们以"从无此例"来诘问内阁。内阁大学士叶向高曾这样反驳他们：自古来华的洋人，"其道德学问，有一如利子者乎？毋论其它事，即译《几何原本》一书，便宜赐葬地矣。"[1]

到了清代，康熙皇帝将利玛窦所倡导的"文化适应"政策称为"利玛窦规矩"，作为来华传教士必须遵守的准则。在发生"礼仪之争"的时候，康熙皇帝说："尔西洋人自利玛窦到中国二百余年，并无邪乱，无非修道，未犯中国法度。"又称："众西洋人自今以后若不遵利玛窦的规矩，断不准在中国住，必逐回去。"[2]

1949 年，中华人民共和国建立。由于共产党是无神论者，也由于不少中国民众和学者出于对近代以来欧洲列强侵略中国帝国主义行径的义愤，同时又不善于区分敌友，因此在一个时期内对利玛窦等来华传教士采取了全盘否定的态度。

具体有以下几种观点：

1. 有人说，利玛窦等人传播科学文化只不过是为了传播宗教的骗人的手段。当目的达到了之后，他们就不再介绍科学文化知识了，甚至阻碍中国人获得知识。例如：利玛窦和徐光启合作翻译了《几何原本》前六卷之后，徐光启想继续将全书翻译完，而利玛窦则没有同意，以致完整的《几何原本》中译本直到 19 世纪才出版。

我们不否认利玛窦主要和最终的目的是传播宗教，但是他客观地传播了科学文化，也是值得肯定的。评价历史人物，重要的是看他的客观效果，动机则是次要的。再者，利玛窦介绍西方科学文化是真诚的，他曾 3 次试

---

[1] 艾儒略《西泰先生行迹》，载于张星烺《中西交通史料汇编》第一册，第 382 页。
[2] 中国历史档案馆编《清中前期西洋天主教在华活动档案史料》，中华书局 2003 年版，第一册，第 35 页。

图将《欧几里得几何学》译成中文，最终没能全部译成，是因为徐光启南下奔父丧和他的过早逝世。

2. 有人说，利玛窦等人介绍到中国来的科学知识不是先进的，是落后的保守的，因此不值得肯定。他的天文思想是"地心说"，可是当时哥白尼的"日心说"已经问世了。

诚然，包括利玛窦在内的有些传教士们带来的科学，并不是当时欧洲最为先进的，但对于中国来说，却是闻所未闻。传教士可能不是传递科学的最佳使者，他们毕竟不能像科学家那样站在学术发展的最前沿，也不能否认，有的科学知识由于他们的宗教偏见，而被隐瞒了，或被歪曲了。但当时毕竟只有他们做了这件事。在当时传播手段落后的时代，科学、文化不可能像今天这样便利地交流，科学家也不可能跋山涉水到异国去讲学。既然没有人要求玄奘和鉴真和尚必须传递最先进的科学，这样苛求利玛窦等外国传教士也是不公平的。根据历史唯物主义的观点，判断历史人物的功绩，不是根据历史活动家是否提供后人所要求的东西，而是根据他们是否比他们的前辈提供了新的东西。利玛窦等人的天文理论（主要是第谷的天文模式）尽管在欧洲已经不是最先进的了，但是却比当时中国的天文理论先进，这在测定日食月食等天象的多次实践中都得到了验证。再说，最终将哥白尼的"日心说"介绍到中国的也是这些传教士。

3. 与对利玛窦的评价相联系的是对西方天主教传入中国一事的评价。的确，在近代的100多年中，西方天主教曾经与帝国主义列强的政治压迫和军事侵略相结合，扮演了极不光彩的角色。但是这是1840年以后的事情。这在天主教传入中国的漫长历史中只是一个片断。

早在公元7世纪大唐鼎盛时代，被称作"景教"的天主教聂斯脱里派就传入中国，曾经受到唐太宗、唐玄宗的善待，到唐武宗灭教为止，延续了两个世纪。元代时期方济会神父再次将天主教传入中国，13世纪末蒙高维诺神父受到元成宗的接纳，在大都城和泉州城里修建了教堂。后来随着元朝的灭亡天主教也撤离了中原。16世纪末利玛窦第三次将天主教传入中国。这样算来，直到1840年，天主教在中国社会中平和或基本上平和存在的时间长达五、六百年。与佛教文明一样，天主教文明也为中华文明注入了新鲜营养。除了前面提到的利玛窦等传教士介绍的西方科学文化之外，天主教所倡导的平等观念（在天主面前人人平等）、分权和制衡观念（该归天主的归天主，该归凯撒的归凯撒）、通过选举产生领导者的观念（主教或教皇无后，继承人由选举产生）以及一夫一妻制的家庭模式，对中国这样一个长期中央集权制、宗法制的东方社会，更是不无积极意义。因此，史学界多年形成的肯定佛教的传入而否定天主教的传入的观点，是有失公正的。

尽管在这一时期的主流舆论对利玛窦等人持不公正的态度，但新中国的最高领导层中也不乏对利玛窦等人给予肯定的评价的声音。50 年代中期，北京市在此建设党校，墓地迁至西北旺。国务院周总理决定利玛窦等 3 名最著名传教士的墓碑在原地保留。

周恩来总理"当前文字改革的任务"（1958 年 1 月 10 日）的报告中说："采用拉丁字母为汉字注音，已经经历了三百五十多年的历史。一六零五年，来中国的意大利传教士利玛窦最初用拉丁字母来给汉字注音。"[1]

"文化大革命"期间，墓地被破坏，但墓碑得到人民的保护。

"十一届三中全会"召开前夕，1978 年 10 月，包括邓小平在内的最高领导层决定：重修利玛窦墓地。随着国家改革开放的日益深入，利玛窦在中西文化交流中的功绩得到越来越广泛的认可。

1982 年是利玛窦来华 400 周年，当时海峡两岸的中国人都以不同的形式加以纪念。2001 年，是利玛窦到达北京 400 周年，在北京召开了一次隆重的国际学术研讨会。自 1984 年起，"利玛窦墓和明清以来外国传教士墓地"就成为北京市文物保护单位。2006 年 5 月，经国务院批准，"利玛窦与外国传教士墓地"升格为全国重点文物保护单位。

中华世纪坛的世纪厅中将利玛窦列为对中华文明做出杰出贡献的人物之一。

原政协主席李瑞环在访问意大利期间说："利玛窦等人把欧洲的天文、数学、地理等知识传播到中国，给中华文化注入了新鲜血液。"（人民日报 1998 年 5 月 20 日）

此外，中国领导人对利玛窦的继承人——汤若望、南怀仁等传教士也分别给予正面评价。2005 年，胡锦涛访问德国时说："1622 年，著名的科隆人汤若望抵达中国，并在中国生活了 43 年。他参与了中国明末的历算改革，清初又编订《崇祯历书》，为中国实行新历法作出了重要贡献。"在南怀

---

[1]《周恩来选集》（下），人民出版社 1984 年版，第 291 页。

仁逝世 300 周年之际,中国政府向他的母校——比利时鲁汶大学南怀仁基金会赠送了"天球仪"(即南怀仁设计制造的大型天文仪器之一)的模型,以纪念他在中国科学史上的贡献。

近年来,利玛窦墓地已经成为涉外旅游的重要景点,来自世界各地的一批又一批的外国游客,特别是意大利游客,到这里瞻仰利玛窦墓地,缅怀利玛窦的事迹。其中包括:意大利总统斯卡尔法罗、总理安德雷奥蒂,法国前总统德斯坦,等等。

利玛窦永远活在中国人民和世界人民的心中。

编后语:此文为提交 2006 年由肇庆学院主办的第一届"利玛窦学术研讨会"的论文,发表在《肇庆学院学报》2007 年第 3 期。早在 2001 年我第二次造访肇庆的时候,就与肇庆市政协主席刘伟铿先生商议召开利玛窦学术研讨会一事。2006 年终于举办了中国大陆自 1949 年之后的第一次以利玛窦冠名的学术研讨会。会前我协助该市博物馆馆长肖建玲和图书馆馆长范雪梅筹办了题为《利玛窦——中西文化交流第一人》的展览。此展览也堪称中国第一次。

2007 年,此文经删节后以《北京应建利玛窦博物馆》为题在《瞭望周刊》2007 年第 11 期(3 月 13 日)发表,并被《文摘报》(2007 年 3 月 18 日)摘登。

利玛窦在江西

  在韶州期间，利玛窦从过往的商旅和文人墨客口中了解到，和山水毗邻的江西比较起来，广东只不过是流放罪犯的蛮荒之地，而江西才是"钟鸣鼎食地，温柔富贵乡"。尤其在文化上，江西每年通过科举而走进政坛的文人之多，是广东数年之和都难以望其项背的。经过被逐出肇庆的打击后，利玛窦以自己亲身的经历进一步痛感到，在中国，长官意志的随意性太大了，如果得不到最高统治者——皇帝的准许，在中国传教始终是没有保证的。因此更坚定了他"到北京去，面见皇帝，贡献礼物，取得皇帝的欢欣，得到皇帝的恩准"的决心。然而这在当时实在是太难了。利玛窦心想，即使一下子难以做到，也应一步步地向北京，或是南京接近。退一步说，即使不能进入北京和南京，就是到江西去，也比在广东好得多。他的一个中国学生和好友瞿太素就说过，南昌很适合神父们"来中国的目的，是可居住的好地方"[1]。

  1595 年（万历二十三年）4 月，利神父果断地抓住了一个转瞬即逝的好机会，随同重新被召用的兵部侍郎[2] 石星一行北上，进入江西。

  由于明与日本在朝鲜开战，已经退休了的原兵部侍郎石星奉诏北上入京待命。利玛窦以给他精神失常的儿子治病为由被允许随行。利神父本打算径直跟到北京去，但石星说不行，大明帝国的都城是不允许外国人随便进入的，况且又在战争期间。利玛窦又施小计，赠送三棱镜给石星。石侍郎虽然对此颇感

---

[1]《利玛窦书信集》，第 154 页。

[2] 据德礼贤考证此人为石星。《利玛窦中国札记》第 277 页，译者注：一般认为此人是石星。但林金水为可能是另一个叫孙矿的兵部侍郎，见《利玛窦与中国》第 38 页注四。本文暂取前者。

兴趣，但表示不能接受。最后经过神父的恳求，石星终于答应帮助他到南京去。

利神父和他的助手随着石星及其家属一行人，翻过广东与江西交界处的大庾岭，来到小镇南安后，便乘坐小船沿章水顺流而下。他到达的第一个城市就是赣州，并在他的札记和书信中对赣州作了不少描述。赣州位于赣江的两条支流——章水与贡水会合处，也就是赣江的起点。"赣"字就是由"章"字和"贡"字组合而成的。据利玛窦本人的记述，在离赣州不远的赣江上，他和同行的兵部侍郎石星的家眷，先后在叫做"十八滩"和"天竹潭"江面遇险落水。利玛窦的一个助手葬身鱼腹，而他只是由于偶然地抓住了一截绳子，才幸运地活了下来。

1997年初冬，我专程来到赣江岸边的渔民之家，打听"十八滩"和"天竹潭"两个地方。老船工都熟悉这些地方，说那里曾是行船最危险的江段。80年代末，由于在下游万安建造水坝，使得这一带江面水位提高，礁石淹没，成为了水上通途。我与渔民讲好价钱，请他们驾舟送我过去实地察看一下。

在渔船码头的附近，有一座名为"广济庙"又称"储君庙"的建筑，它是过去船民祈求行船平安的所在。利玛窦也谈到过它：在这段河流的开始，"建有一座辉煌的庙宇，虔诚的教外人必在这里祷告，奉献金钱，以求平安通过。"[1] 在"广济庙"里，我买到一份有关广济（储君）庙和赣江航运史的油印资料，了解到"十八滩"是赣江从赣州到万安一段江面上的十八处激流险滩。广济庙位于第一滩——"桃园滩"的岸边，其中第五滩叫做"天柱滩"。航运史资料写道："天柱滩，在赣州市下约25公里的高坑庙附近，与横弦滩相连，是最为险峻的滩群之一。有巢衣石，棋子石、圃官石、栏杆石、棺材笼、放舵石、大小鼓颈、人头石等8处险隘、礁石，靠西边的3块石峰暗伏中流。船必三折而过，浪涌如山，故称'天柱'。"《利玛窦中国札记》和《书信集》中所称之"天竹潭"[2] 并不在列，可见是翻译者以音译字之误。（后读林金水先生书亦有此见解。[3]）我乘渔舟行进了近3小时，来到所说的天柱滩一带。如今这里已全无往日的惊险，往来于赣州与万安之间的小客轮嘎嘎而过。昔日的高坑庙只剩下断壁残垣了。

---

[1]《利玛窦书信集》，第195页。

[2] 同上书，第149页。

[3]《利玛窦与中国》第39页注三：《江西通志》中有"天柱滩"为十八滩之一的记载。

渔舟返回时路经章、贡二水汇合处，修葺一新的"八境台"巍然耸立。远远望去，东河（即章水）浮桥像一条细线漂浮在宽阔的江面上（尽管如今有了与之平行的雄伟的东河大桥），肩挑车运的百姓们鱼贯而过。这些都是在《利玛窦札记》中记述过的景象。沿江的古赣州城墙和"涌金门"城楼也按原样修复。而码头上忙碌的起重机械，和船只轰鸣的马达声，则表明那个古老的时代已经一去不复返了。

就在利玛窦从南向北贯穿整个江西期间，他做出一个重大决策——脱下和尚服，换上儒生装。

在广东的时候，一身和尚服确实帮助金发碧眼的利玛窦他们，减少了中国人对"蛮夷"的传统排外心理。但是后来，他们发现，不仅穿这身异教的"偶像崇拜者"的服装使他们感觉极不舒服，而且对于扩大与中国官员和学者的交往，也颇为不便。在很多场合，正是由于他们的僧侣装束，学者们不愿意与他们来往，如利玛窦自己所说，"因为僧人在中国人眼中，身分是很低而且卑贱的"。如果没有一件"像高度有教养的中国人那样"的绸袍，"就不配和官员，甚至一个有教养阶层的人平起平坐"[1]。

早在 1592 年 10 月，范礼安第四次巡视澳门。他传话要利玛窦到澳门去一趟，一则是医治利玛窦在一次被入室抢劫的强盗打伤的腿，二则是就传教事业遇到的一些重大问题进行磋商。就是在这一期间，利玛窦就改换服饰一事请示了范礼安，并得到他的批准。

利玛窦在江西的樟树第一次穿上了中国读书人的服饰——身着深紫色的绸制长袍，腰间束一条半掌宽的同色腰带，腰带上还装饰了两根飘带，一直下垂到脚。再配上一项用绸缎遮盖的轿子，走在街上，俨然中国学者。这一举动，果然带来了不同寻常的效果。他在谈到拜访一位官员的情景时说，"当从前我们穿僧服去时，受到淡薄而不热情的接待。现在则不同，穿上与他们相似的服装，能受到长时间的款待，并得到设宴招待。"利玛窦曾向人们表示："我们学有专长，从事文人的工作，并为天主献身服务。"[2] 他能说流利的中国话，写地道规范的书面文字，现在又穿上了儒士的服装，这样，一个欧洲天主教神父与中国学者的距离就大大缩短了，所不同的仅

---

[1]《利玛窦中国札记》上册，第 276 页。
[2]《利玛窦书信集》，第 153 页。

仅在于是否"为天主服务",而共同点却很多。从此利玛窦出入中国学者的交际圈时,就更加游刃有余了。

告别樟树后不久,利玛窦一行来到南昌,他怀着好奇心参观了南昌附近一处被称为"铁柱宫"的供奉许真君的道教观宇。道观的院里有两根巨大的铁柱,上缚毒龙。传说许真君用法术降服了危害百姓的毒龙,给南昌一带的人民带来了幸福和吉祥。这实际上表达了处于赣江与鄱阳湖交汇处的南昌一带的平民百姓,对风调雨顺和避免洪灾的一种企盼。当利公兴致勃勃地参观的时候,围观的当地人非要他向许真君下跪不可,说否则就会遭到神明的惩罚。利神父严守自己的教义,坚持不肯。双方争执得不可开交。这时有一位中国水手前来解围,向人们解释说:"外国人是不拜偶像的。"就这样,事情很快就平息了。利玛窦因此得出结论:"中国人对于宗教的事从不采用武力或强制,对外国人尤其如此。"尽管这样,为了避免误会,他还是觉得,"在尚未使中国人明白我们的立场前,不去参观中国庙宇"[1]为好。

我也曾到南昌寻找过"铁柱宫"。"铁柱宫"是"万寿宫"的俗称。南昌有两处万寿宫,一处在西山,相传是许真人的升天处;一处在赣江边,现已划在的市区内。可惜的是与利玛窦有联系的后者,已在"文化大革命"中拆毁,在原址上建了第二十一中学。但万寿宫的地名犹存,"万寿宫商城"是熙熙攘攘、摩肩接踵的小商品市场。而西山的万寿宫则于近年得到重建。徜徉在许逊锁蛟龙的石雕以及表现他率领民众治水和为民医病的壁画前,可以理解当时善男信女们要求利玛窦下跪的心情。当然信仰是不能强求的。

利玛窦一心向往早日到帝国的陪都——南京去开辟新的天主教会所。他在南昌稍事停留后,便驱舟驶入鄱阳湖,遥望被云雾遮住真面目的庐山,出湖口,进长江,一路直奔南京而去。

不幸的是,当时正处于中日在朝鲜开战的时期,气氛十分紧张,南京的朋友都没有胆量收留他。利玛窦原在广东时结识的南京工部侍郎徐大任甚至还公然驱逐他。万般无奈,利玛窦在陪都住了些时日后,只好又返回南昌。

在南昌,利玛窦没有受到怀疑和驱逐,他通过石星的一个好友——王继楼医生的帮助,结交了越来越多的上层人士,进入了南昌的社交圈。其

---

[1]《利玛窦书信集》,第 198 页。

中有两位朱姓的亲王——建安王朱多㸅和乐安王朱多㷲,还有江西巡抚陆万垓。利神父的名声很快就传遍全城。络绎不绝的好奇者带着礼物来拜访他,他又一一回访。他在自己的札记中风趣而又不无得意地写道:"我有时忙得连吃饭的时间都没有;有时又不得不接连不停地去赴宴,幸亏我有一个健康的胃。"[1] 甚至连他神圣的宗教日课,也只好等到夜里再念了。

有一次在宴会上,利玛窦为与会者表演了他令人吃惊的记忆力。他请一个中国人在一张纸上任意写许多互无联系的汉字,利玛窦当众读一遍,然后一字不差地背诵出来,接着他又将那些字倒着背一遍。这令在座的个个目瞪口呆。这一绝技最令依靠皓首穷经谋取一官半职的中国读书人神往。于是携带厚礼前来求教的秀才们踏破了门槛。江西巡抚陆万垓也为了他的儿子特意把利玛窦请到官邸。他允诺利玛窦等人可以在此地定居,同时也请利公将其记忆方法用中文写出来,以便教授他的子女。

利玛窦于是撰写了《西国记法》一书。《西国记法》分为六篇:原本、明用、设法、立象、定积、广资。作者熟谙欧洲的思维科学和中国的文字学,把两者巧妙地加以结合,又以标准的文言文表达出来,填补了中国学术领域的一项空白。他写道,记忆的器官是大脑,在"颅首后,枕骨下",所以人们在想事情一下子想不起来的时候,"其手不觉搔脑后"[2]。他还用人脑受伤就会失去记忆来加以反证。这对于长期认为"心之官则思"的中国人来说,颇为新鲜。因此《西国记法》一书被称为"西洋传入之第一部心理学书"[3]。对此期望值极高的陆巡抚拿到这部书爱不释手,仔细阅读后对利玛窦说:"书中所有的记忆规律,的确不错而且真实。只是要想利用它们,必须先有好的记忆不可。"[4] 因为全书一共 6 篇,内容也不少。

在与建安王交往时,利神父被询问西方人对友谊的看法,他回到自己的住所,将少年时读过的欧洲名人关于友谊的格言回忆整理,编纂成一本题为《交友论》的小册子。我在今年访问马切拉塔的时候,得到了主人赠予的意大利国立图书馆藏的 1601 年所刻的《交友论》一书的

---

[1]《利玛窦书信集》,第 190 页。

[2]《西国记法》。

[3] 方豪《中西交通史》下,岳麓书社 1987 年版,第 799 页。

[4]《利玛窦书信集》,第 230 页。

复制本。这在国内很难看到。利玛窦在开头介绍了撰写此书的缘由:

"窦也,自太西航海入中华。仰慕大明天子之文德,古先王之遗教。卜室岭表,星霜亦屡易矣。今年春时,度岭浮江,抵于金陵。观上国之光,沾沾自喜,以为庶几不负此游也。远览未周,返棹豫章。停舟南浦,纵目西山,玩奇挹秀,计此地为至人之薮也。低回留之不能去。遂舍舟就舍。因而赴见建安王。荷不鄙许之以长揖。宾序设醴欢甚。王乃移席握手而言:凡有德行之君子,辱临吾地,未尝不请而友且敬之。太西邦为道义之邦。愿闻其交友道何如。窦退而从述囊少所闻,辑成友道一帙,敬陈江左。"

早在先秦时期,中国人是很看重朋友间的情谊的。孔子曰:"有朋自远方来,不亦说乎?"汉代以后,君臣、父子、师生、夫妇这些上下隶属关系的伦理道德被奉为至高无上的"纲常",而反映人与人平等交往的交友之道则被冷落了一千多年。当明代商品经济有了一定发展,人与人之间再度呼唤"友谊"的时候,自古重视伦理道德的中国人读到根据西方哲人的名言而改写的《交友论》就感到耳目一新了。《交友论》虽然是为建安王所写,却在当时的文人中不胫而走,产生了广泛的影响。当时的名士冯应京在《刻交友论序》中写道:

"西泰子间关八万里,东游于中国,为交友也。其悟交之道也深,故其相求也切,相与也笃,而论交道独详。嗟夫!友之所系大矣哉!……夫交非泛泛然相欢洽,相施报而已。相比相益,相矫相成。根于其中而不容己;而极于其终不可解,乃称为交。""京不敏……视西泰子迢遥山海,以交友为务,殊有余愧,爰有味乎其论,而益信东海西海,此心此理,同也。"[1]

从这篇序言中,可以看到《交友论》在当时的中国文人中为利玛窦赢得的良好声誉。利玛窦在一封信中对他的欧洲教友自豪地说:这本书"为我与欧洲人争了不少光彩,比我所做的其他事情影响都要大……这本书介绍修养、智慧与文学,因此许多人非常喜欢这本书。"[2] 在南昌的日子里,

---

[1] 转引自徐宗泽《明清间耶稣会士译著提要》,中华书局 1989 年版,第 344 页。
[2]《利玛窦书信集》,第 258 页。

利玛窦曾准确地预测过一次日食。1596年（万历二十四年）9月某日，日食在他预报的时间发生了，而朝廷钦天监预报的时间却迟了。这使许多中国人对他加深了敬佩之情。他簇拥着利公纷纷发问："为什么会有日食、月食？""怎样才能知道它发生的确切时间？"[1] 利玛窦总是向他们耐心地一一讲解，使好奇的人们对他敬佩不已。以致当时的文人有"今天下无人不知有西泰利先生矣"[2]之叹。一位文学家兼画家的李日华曾赠诗利玛窦曰：

> "云海荡朝日，乘流信彩霞。
>
> 西来六万里，东泛一孤槎。
>
> 浮世常如寄，幽栖即是家。
>
> 那堪作归梦？春色任天涯。"[3]

利玛窦定居南昌期间，常常应邀在九江附近的"白鹿洞书院"讲学，并与当时"白鹿洞书院"主持人章潢（又名本清）建立了友好关系。利玛窦在致耶稣会某神父的信中曾写道："在南昌附近的庐山有一闻名的白鹿书院，众多学人、秀才来此讲学，研究人生的大道理。"[4] "白鹿洞书院的读书人待我十分客气与景仰，对人生与身后重大问题常和我辩论……他们的院长章本清和我是最好的朋友，我们时常见面，对我们的教义与礼规倍加赞扬。他遣发他的弟子来向我请教，对天主也赞颂不已。"[5] 然而他也承认，真正爱听他的宗教道理的读书人只是极少数，白鹿洞书院的多数人最感兴趣的还是他的数学、天文和地理方面的新鲜知识。章本清将利玛窦送给建安王的《世界图志》临摹下来，以《舆地山海全图》为名，收在他所编辑的《图书编》里。《图书编》内还收集有另外两种版本的利玛窦绘制的地图，称为：《舆地图》（上、下）和《昊天浑元图》。[6]

章本清在《舆地山海全图叙》中，对从利氏所绘的世界地图而感悟到

---

[1]《利玛窦书信集》，第230页。

[2]《西国记法·序》。

[3] 转引自《利玛窦与中国》，第49页。

[4]《利玛窦书信集》，第187页。

[5] 同上书，第211页。

[6] 林东阳《利玛窦的世界地图及其对明末士人社会的影响》，见《纪念利玛窦来华四百周年中西文化交流国际学术会议》，1983年台北出版，第347页。

的"地域之无穷"论道：

> "尝闻陆象山先生悟学有云：原来只是个无穷。今即舆地一端言之，自中国达四海，固见地无穷。然自中国及小西洋道途二万余里，使地止于兹，谓无有穷尽可也。若由小西洋以达大西洋尚隔四万里余，矧自大西洋以达极西，不知可以里计者，又当如何？谓之无穷尽也，非与？此图亦自大西洋以至广东，其海上程途可以里计者如此……"[1]

由于利玛窦上述诸方面的活动，使他在南昌赢得了政界和知识界的一致好感。他终于获准在城中靠近知府衙门的黄金地带购置一处房产，建立了一座教堂。在此地传教的"垦荒"工作也有了一定的进展。

1597年到1598年（万历二十五年——二十六年），范礼安再次来到澳门视察以推进在中国的工作。这时他已经不再负责印度的事务而专管中国和日本的传教事务。"范礼安看到耶稣会的高级领导不深入到这种实践中，就不能了解特殊的困难。进一步说，对事业有利的机会是转瞬即失的，他需要立即采取行动，而不能等待远在澳门的领导人去作决定。"[2] 鉴于利玛窦在中国取得的成就，和他表现出来的非凡的能力，范礼安决定将中国教务从澳门教区独立出来，专门成立中国教区，并指定利玛窦为中国传教团主管。他在签发给利玛窦任命的同时，还给他一个重要的指示——尽一切努力到北京去开辟一个居留点，以便取悦皇帝，使在中国的开教事业得到永久的保障。为此他"给利玛窦送去了礼物，让他晋见朝廷。他还要利玛窦向他们在澳门的主管提出所需的礼物，由后者提供。范礼安指派李玛诺（Manuel Diaz）担任此职，因为李玛诺对中国非常亲善。"[3]

翌年，也就是1598年（万历二十六年），利玛窦又抓住一个机会，跟随吏部尚书王忠铭一齐北上入京。从此他离开居住了3年的江西。

---

[1] 章潢《图书编》卷二九，北京大学图书馆善本室藏本。

[2] J•W•Witek《The Missionary Strategy of Matteo Ricci in China during the Late Ming Dynasty》，见1998年罗马出版的《LE MARCHEE L'ORIENTE》一书的第36页。

[3] Edward Malatesta S.J.《Alessandro Valignano，（1539—1606）Strategist of the Jesuit Mission in China》见澳门文化署编辑出版的《The Jesuits 1594—1994, Macao and China, East meets West》第43页。

编后语：此文于 1995 年撰写，是我第一篇关于利玛窦事迹的论文，发表在 1995 年版的由陈文华主编的《江西历史名人研究》上。时隔 20 年，该文中的有些史实经当代学者的研究考证有了新的解读，应给予纠正。如载于《利玛窦中国札记》一书中提及的兵部侍郎石星，应为余立。

利玛窦在南京

与利玛窦在中国度过 28 年的漫长生涯相比，他在南京的岁月是短暂的。但是这短暂的岁月却是他一生中一个承前启后的重要阶段，是他最后进入明帝国都城——北京的一个中转站，是他达到其事业高峰的一个不可缺少的台阶。

一、两次短暂的停留

于 1582 年到达澳门的利玛窦，翌年进入内地，定居于广东的肇庆，继而到韶州，前后居住了 12 年。这期间他刻苦学习中国的语言文字、儒家典籍，同时也深入观察中国社会。他一方面从书本上，一方面从现实生活中，渐渐加深了对中国社会的了解。他和他的上司与同事一致认识到，中国是一个法制不健全的国家，官员的态度有很大的随意性。友好的官员固然能给予其传教事业极大的帮助，然而抱有敌意的官员却完全能够毁灭他的事业。同时，中国又是一个中央高度集权的国家，皇帝的意志决定一切。因此最好的办法就是得到皇帝一纸允许传教的命令，这样才能确保无虞。为此，他的伙伴罗明坚受耶稣会远东巡察使范礼安的派遣，返回罗马，向教宗要求派出使团到中国，以期建立正式的外交关系。这一举措，曾在日本发生了积极的作用。而利玛窦则留在中国，凭他的个人努力，凭他渊博的中外学识与宽厚待人之道，探索进京的道路。

1595 年，中日两国在朝鲜的战事，给利公带来了机会。朝廷召用已经退休了的原兵部侍郎石星北上入京待命。利玛窦以给他精神失常的儿子治病为由被允许随行。利神父本打算径直跟到北京去，但石星说不行，大明帝国的都城是不允许外国人随便进入的，况且又在战争期间。利玛窦又施小计，赠送三棱镜给石星。石侍郎虽然对此颇感兴趣，但表示不能接受。最后经过神父的恳求，石星终于答应帮助他到南京去。

1595 年（万历二十三年）4 月，利神父和他的助手随着石星及其家属一行人，翻过广东与江西交界处的大庾岭，来到小镇南安后，便乘坐小船沿章水顺流而下。

原本身着和尚僧衣的利玛窦，在从南向北贯穿整个江西期间，做出一个重大决策——脱下和尚服，换上儒生装。如利玛窦自己所说，"因为僧人在中国人眼中，身分是很低而且卑贱的"。如果没有一件"像高度有教养的中国人那样"的绸袍，"就不配和官员，甚至一个有教养阶层的人平起平坐"[1]。换装之后利玛窦出入中国学者的交际圈时，就更加游刃有余了。

利玛窦一心向往早日到帝国的陪都——南京去开辟新的天主教会所。他在南昌稍事停留后，便驱舟驶入鄱阳湖，遥望着被云雾遮住了真实面目的庐山，出湖口，进长江，一路直奔南京而去。

5 月 31 日，利玛窦随石星一行来到南京。第一次来到帝国陪都，利玛窦异常兴奋。他写道："确实或许很少有其他城市可以与它匹敌或胜过它。""在某些方面，它超过我们的欧洲城市。"[2]特别是他还碰到了在肇庆期间曾经打过交道的总督刘继文的儿子刘五和他的朋友。刘五和他的朋友们虽然十分热情，但是不具有批准利公在南京定居的权力。当利玛窦得知一位曾在广东任兵备道的老熟人徐大任，现任南京工部侍郎时喜出望外，"他觉得好像是上帝赐他的恩福"。在广东时，利玛窦曾经赠送一个天球仪和一个沙漏给他。这些都是被中国人看得很宝贵的西洋礼品。徐大任也曾几次帮助过利公，也曾提出过要将利公带往南京。于是，利玛窦身着盛装，带上礼物去拜访徐大任。

徐大任一见到利玛窦就深感诧异，当他听说利玛窦要在南京定居时，

---

[1]《利玛窦中国札记》上册，中华书局 1983 年版，第 276 页。
[2]《利玛窦中国札记》上册，第 286—287 页。

大吃一惊，高声表示反对。他说，南京不是外国人居住的地方。他还特别担心，神父的这次到访会给他带来麻烦，劝利公赶紧离开南京。当利玛窦离开他家后，他又赶在利公返回住所之前，把旅馆的老板找来，训斥了一顿，给他戴上"勾结外国人"的大逆不道的罪名，命其绝对不能收留利玛窦。

尽管利玛窦的朋友劝他不要理会徐大任的命令，另找一个地方或在郊区住下来。但是，勉为其难不是利公的处世准则。利玛窦凡事都本着谨慎、稳妥的原则。他深谙中国一句古老的格言：欲速则不达。他要的只是瓜熟蒂落、水到渠成的收获。于是他离开了南京，尽管他说："就我对定居南京所抱的强烈愿望来说，宁愿被投进监狱，我也不愿意离开南京。"[1]

利玛窦后来对徐大任的态度给予了宽容和理解。当时正处于中日在朝鲜开战的时期，气氛十分紧张，因此没人有胆量收留他。

此后，利公在江西的省会城市——南昌居住了 3 年。在这期间，他在官员和文人社交圈中广交朋友，他预测日、月食，撰写《西国记法》和《交友论》，介绍世界地图，以其学贯中西的渊博知识获得了崇高威望，被称为"最有学问的人"。与此同时，他的伙伴罗明坚在罗马的使命已彻底失败。于是，范礼安做出决定：第一，将在中国的教务从澳门教区独立出来，由利玛窦担任会长；第二，命利玛窦尽快设法到北京去向皇帝进贡，争取得到准予传教的许可。为此他还给利玛窦送来了精美的贡品。

1598 年，利玛窦抓住了又一个难得的机会。他的一个朋友，已经辞官回家乡海南的原任南京礼部尚书的王忠铭，得到官复原职的命令，而且准备在到任一个月后赴北京为皇帝贺寿。早在韶州定居时期，利玛窦就与回乡路过的王忠铭相识。当时王就有意在以后返京时带利氏进京，参与修历。这时终于可以践诺了。6 月 25 日，利玛窦携意大利神父郭居静（Lazare Cattaneo）和两位出生于澳门的耶稣会修士——钟鸣仁和游文辉，随王忠铭再次来到了南京。

这时，中日在朝鲜的战争仍处于胶着状态，南京的气氛仍然十分紧张。那里的人们都不敢公开接待利玛窦等外国人。利玛窦没有上岸住宿，他晚

---

[1]（美）邓恩（George H. Dunne）著 Generation of Giant—The Story of the Jesuits in China in the last Decadesof the Ming Dynasty，美国印第安纳州 Notre Dame 大学出版社 1962 年版，第 39 页。

上住在他的小船里，白天乘着遮盖严密的轿子拜访朋友。可喜的是，这次他却结识了应天巡抚赵可怀。

赵可怀为了向官复原职的王忠铭表示祝贺，送给他一件自认为很得意的礼物——他根据从利玛窦的另一位朋友王应麟手里得到的一份世界地图而石印的副本。王忠铭告诉他，地图的作者就在他这儿。赵可怀"立即派卫队长赛信前往，请求尚书尽快将地图的作者送到他那里，他说由于他（指利玛窦）名声远扬，他已等待很久想要会见他了。"[1] 巡抚派来的一顶暖轿和轿夫就等在外面。

利玛窦本来已经准备和王忠铭一起启程赴北京，但还是应邀来到了应天巡抚的驻地——句容。他向巡抚赠送了几件欧洲的礼品。赵可怀高兴地收下了礼品，和他进行了"无休无止"的谈话。他们讨论了数学问题，谈到了欧洲的趣闻。主人还看到了利公准备进贡给皇帝的礼物。他兴致盎然，将利玛窦强留了 10 天之久，还介绍南京提学使陈子贞与利公认识。陈子贞后来在北京成为利公的挚友。临别前赵可怀还赠送了一大笔银子，给利玛窦作为路费。8 月底，赵巡抚派轿子送利玛窦抵达运河岸边，登上了北上京城的船。

二、定居南京

1598 年 9 月 7 日，利玛窦终于实现了他多年梦寐以求的愿望——来到了明帝国的都城——北京。但是他很快就失望了。

中日战事带来的恐外、仇外心理一样笼罩着北京城。利神父开始时在王忠铭北京的家中居住。但朝廷有令，为给皇帝祝寿的官员必须一个月后离开，王尚书原来期望的改任北京礼部尚书的愿望没有实现，便悻悻地回南京了。不论是王忠铭的朋友，还是利玛窦的朋友，没有人愿意在这个时候收留外国人，甚至连在家中接待一次他的访问都不愿意。"接待外国人

---

[1]《利玛窦中国札记》上册，第 322 页。

竟是如此的可怕。"利玛窦万分感慨地写道，"福音光辉照亮北京的时刻还没有到来"[1]。于是他决定离京南下。

虽然利玛窦第一次进京并没有成功，但是此行收获还是很大。第一，他对北京有了最初步的印象；第二，他在沿途对所经过的城市的经纬度作了测量，因此得出马可·波罗笔下的契丹就是北中国、汗八里就是北京的结论；第三，他在返回南方的途中，与他的同伴一道制定了第一个用拉丁字母为汉字注音的方案。

沿运河南下的利玛窦身染疾病，到苏州投奔他的老朋友瞿汝夔（字太素）。在瞿汝夔的悉心照料下，他很快恢复了健康。瞿汝夔建议利玛窦选择苏州作为新的栖居地。他说，"南京的大官太多，很难期望他们全部对教会采取友好态度。很容易发生这样的事，由于某种原因，某个大官可能反对神父们把他们赶出住所，不光彩地遣送出境。"[2]而在苏州，却不会发生这样的麻烦。但即使是在苏州定居，也必须到南京去一趟，请礼部尚书王忠铭给苏州的地方官写一封信。

当时正值春节期间，利玛窦和瞿汝夔先到镇江，与在那里任知府的老朋友王应麟一起高高兴兴地欢度佳节，然后，于1599年2月6日第三次进入南京城。他被南京城征服了。

《利玛窦评传》的作者写道："利玛窦只熟悉西斯廷五世（1585—1590时期任教宗）时代之前的罗马，而那时罗马城人口要少好几万，街道曲里拐弯，两侧往往是龌龊的破屋。现在目睹南京这座大城，未免眼花缭乱，虽然他事先研究了中文的描述，心里还是不敢过于置信的。确实，明代的南京城极其雄伟壮观，堪与十九世纪的欧洲任何最大的首都相比拟。本朝开国皇帝洪武把它造成奇迹，东方所能见到的一切都无法望其项背。"[3]

这次南京城的气氛与前两次迥然不同。1598年的9月，也就是利玛窦离开北京的几天之后，发动对中、朝战争的日本关白丰臣秀吉死了。临死前他命令日军撤出朝鲜。这样困扰明帝国多年的战争终于结束了。

利玛窦等人先在位于旧城中心、内桥东南不远的一个叫作"承恩寺"

---

[1] 《利玛窦中国札记》，第335页。

[2] 同上书，，第340页。

[3] （法）裴化行著、管震湖译《利玛窦评传》，商务印书馆1993年版，第254页。

的庙宇落脚，几天之后就去拜访王忠铭。王忠铭非常高兴，主动劝利玛窦在南京买房定居。他说，南京的气候很好，他也愿意神父们住在附近，从而保护他们比较方便。他甚至当下命下属为神父寻找一处合适的房子。

利玛窦告辞回住所不久，尚书大人便身着盛装官服，以全副的传统礼仪前来回访，并邀请利玛窦到他的府第住几天，一起度元宵，赏灯火。南京城的元宵节自然也非一般城市可比，利玛窦叹道："一个月的工夫耗费的硝石、火药，比欧洲连续作战两三年还要多。"

身居高位的王忠铭对利玛窦的破格招待，惊动了南京的官场。刑部尚书赵参鲁、刑部侍郎王樵、户部尚书张孟男、礼部侍郎叶向高、郭正域、杨道宾、吏科给事中祝世禄等等，还有一些知名学者如李心斋、王肯堂等纷纷来访。很多人还盛情邀请神父到他们家里去住。

南京官员和学者们出乎想象的热情，使利玛窦改变了定居苏州的初衷。不久，利玛窦根据工部员外郎刘冠南提供的信息，以很低的价格买下了一处因为据说常常"闹鬼"而无人敢住的房子。其位置在正阳门西营崇礼街，"四周可以看到皇宫和各部衙门"，是一个城市中心的黄金地段。在这里，利玛窦一直居住到 1600 年 5 月中旬，他第二次北上进京为止。

这一期间，这所房子成为展示西方文明的展览馆。仅举一例：由于朋友们对利公给皇帝进贡的贡品很感兴趣，希望先睹为快。利玛窦一方面为了感谢友人的帮助，一方面为了扩大西方文化的影响，决定公开展出几天，让好奇朋友前来参观。结果他们没有预料到的情况出现了：

"客人们成群地来观看。礼物的新奇超过了他们的预计，以致很多人吃惊得连赞叹的话都说不出来，他们看来不知疲倦地观赏和议论。来过的人告诉别人，再传给另外的人，直到参观变得不堪忍受，神父们不得不关闭门户。但参观者不愿被拒之门外。他们甚至准备破门而入，先抗议说，他们坚持要看，不是因为无理取闹，而是因为他们的羡慕。"[1] 后来出于安全等多方面的考虑，利玛窦决定将圣像、三棱镜等贡品交由祝世禄妥为保管。他们将贡品送往祝府时，"抬着它们经过城里的大街，庄严地游行了一周"，使得南京市民几乎家喻户晓。

可以说，随着利玛窦的到来，在那一短暂的时期，南京成为了中西文

---

[1]《利玛窦中国札记》，第 375 页。

化交流的中心。同时，由于南京的独特的地位与功能，南京时期在利玛窦的一生中也占有特殊和重要的地位。

三、南京生涯的特殊性和重要性

从 1599 年 2 月入住南京，到 1600 年 5 月离开，仅仅一年多一点的时间却在利玛窦在华全部生涯中占据了非常重要的位置，对他日后的成就产生了极其有益的作用。这一切都是与"南京"的特殊的地位和功能相关联的。仅以以下几方面加以说明。

1. 在南京，利玛窦第一次对明王朝的政治结构有了了解。作为陪都，南京保留着六部、六科等与北京几乎相同的朝廷架构。利玛窦写道，"在北京所有的部门及其主管大臣，除了阁老外，在南京都重复有一套；但因为皇上不在南京，他们也就不那么重要。"[1] 正是由于在南京的经历，利玛窦在进入北京之前就对明朝廷政府各部门的设置、职能，甚至对太监这一特殊人群的重要作用都有了基本的认识。

2. 利玛窦在南京的一年多时间里，结交了大量官场和学术界的朋友。他自己曾在致高斯塔神父的信中写道，"每天有许多显贵之人来拜访我们，由于应接不暇，有时连吃饭的时间都没有。因此清早赶快用过早点，因为有时一个接连一个前来，我只有饿着肚子应酬了。"[2] 在林金水先生撰《利玛窦与中国士大夫交游一览表》[3] 中所涉及的 142 名人中间，在南京结识的有 31 名，几乎占了 1/4。虽然他在广东、江西期间也很注重结交朋友，但是由于南京作为帝国陪都的、仅次于北京的历史地位，这里的朋友档次无疑远远高于广东和江西。

就官员方面说，除了上述提及的一些之外，还有南京大理寺卿李本固、

[1]《利玛窦中国札记》，第 54 页。

[2]《利玛窦书信集》，第 259 页。

[3]《利玛窦与中国》，中国社会科学出版社 1996 年版，第 286—316 页。

刑部侍郎王汝训、刑部主事吴中明等等。而且不少此时在南京任职的官员后来都成为了北京朝廷的顶级人物。如叶向高，不久就升任北京礼部尚书，进而入阁，任首席大学士多年。他对进入北京后的利玛窦给予了别人无法替代的帮助。除官员外还有 3 位显贵的人物——魏国公徐弘基、丰城侯李环和曾经当过司礼监秉笔太监的冯保。利玛窦曾应邀作客于魏国公的花园。他在札记中对该花园的豪华与奇妙作了详尽的描述。据考证这就是至今仍存在的"瞻园"。

就学者方面而言，利玛窦在南京结识了德高望重的焦竑和具有反叛思想的李贽。他和李贽的第一次见面就是在焦竑的家中。他们在反对宋明理学方面找到了共同语言，并成为好友。李贽十分清高，从不拜会高官显爵，却屈尊先行前来拜访利玛窦。李贽谈到，他曾与利玛窦三度会面。另一次是 1600 年利玛窦再度北上进京路过山东济宁时。当时李贽曾给其在北京的几位朋友写信，请他们给利公以帮助。李贽还帮利玛窦修改了准备呈递给皇帝的奏疏。李贽在一封致朋友的信中对利玛窦给予很高的评价："西泰（即利玛窦）大西域人也。……知我大明国土先有尧、舜，后有周、孔。……今尽能言我此间之言，作此间之文字，行此间之礼仪，是一极标致人也。中极玲珑，外极朴实……我所见人未有其比，……皆让之矣。"[1] 他赠予利玛窦一把折扇，上题有《赠利西泰》的五言诗。

更为重要的是，利玛窦在南京第一次认识了徐光启，这位当时中国思想最为进步、头脑最为开放的知识分子。徐光启后来（1604 年）在一篇序文中写到他与利玛窦认识的经过，"西游岭嵩，则尝瞻仰天主像设，该从欧逻巴海舶来也。已见赵中丞（可怀）、吴铨部（中明）前后所勒舆图，乃知有利先生焉。间邂逅留都，略偕之语，窃以为此海内博物通达君子矣。"[2] 1600 年徐光启进京参加会试路过南京。他对利公的道德学问早已耳闻，也目睹过利公的世界地图。由于赶考，他在南京仅匆匆路过。其间利玛窦赠送他自己的著作《天主实义》，使他的心灵产生震撼，也从此奠定了二人终生友谊的基础。徐光启不久后担任了内阁大学士的要职。从一定意义上说，明末的中西文化交流史，就是利玛窦与徐光启两人领衔书写的。利、徐二

[1] 李贽《续焚书》卷一，中华书局 1974 年版，第 91—93 页。

[2] 转引自朱维铮主编《利玛窦中文著译集》，复旦大学出版社 2001 年版，第 135 页。

人合作的黄金时代固然是在北京，但其发端却在南京。

3. 利玛窦在南京曾造访了皇家钦天监，第一次目睹了中国国家天文台精美的天文仪器。利氏在他的札记中详细地记录了他对钦天监的印象。他说，那里的天文仪器"其规模和设计的精美远远超过曾在欧洲曾经看到的和知道的任何这类东西。这些仪器虽经受了近二百五十年的雨、雪和天气变化的考验，却丝毫无损于它原有的光彩"[1]。他详细地记录了浑天象、浑天仪、量天尺和简仪 4 件大型仪器。这些都是元代科学家郭守敬制造的原件。而他后来在北京看到的天文仪器则都是复制品。这无疑使利玛窦对中国最高档次的天文仪器有了近距离的了解。同时也对某些不学无术、在钦天监里混饭吃的某些官员有了认识。

与此同时，利玛窦也持续不断地向中国学者介绍西方的天文学知识。他制造了"标明着天体的天球仪和标明整个地球表面的地球仪及其他仪器"[2]，还制造了各种样式的日晷，分送给他的朋友们。

南京期间，"利玛窦一直没有中断对中国的历法改革问题进行周密的调查"[3]，萌生了帮助明朝廷修改历法的打算。他在南京起草的给皇帝的奏疏中，自称："天地图及度数，深测其秘。制器观象，考验日晷，并与中国古法吻合。倘皇上不弃疏微，令臣得尽其愚，披露于至尊之前，斯又区区之大愿。"[4] 这一产生于南京的最初愿望经利玛窦和徐光启锲而不舍的推动，终于在他逝世近 20 年后由徐光启和后继的传教士们精诚合作一道完成。

4. 在南京期间，利玛窦应南京吏部主事吴中明的一再请求，再次修订和补充了他所绘制的世界地图。世界地图始终最能吸引中国文人的好奇心并开阔他们的眼界。利玛窦"非常乐于从事这项工作"。第一版世界地图是在肇庆绘制的。在南昌他又绘制了两个版本。在南京的这一版本取名为《山海舆地全图》。吴中明"对这一新舆图感到非常高兴。他雇了专门的刻工，用公费镌石复制，并刻上了一篇高度赞扬世界舆图及其作者的序文。"由于这次是在南京这一南方的政治文化中心出版的，因此"这幅修订的舆图

[1]《利玛窦中国札记》，第 353 页。

[2] 同上书，第 352 页。

[3] （法）裴化行《利玛窦对中国科学的贡献》，《新北辰》1935 年 10 月第 10 期，第 58 页。

[4] 转引自张维华《明史欧洲四国传注释》，上海古籍出版社 1982 年版，第 140 页。

在精工细作上和印行数量上都远远超过原来广东的那个制品。它的样本从南京发行到中国其它各地，到澳门甚至日本。"[1]

这一版本后来还衍生了更多的版本。后来成为利玛窦挚友的冯应京曾将南京版的《山海舆地全图》辑入他所编撰的《月令广义》中而刻印发行。他在北京还摹刻了题为《方舆胜略》东西两半球图。而贵州巡抚郭子章也根据《山海舆地全图》，将其缩刻为"便于观览"的小册子，并为之撰写了序言[2]。

5. 在传播西方数学方面，在南京期间也有了进一步的拓展。早在韶州时期，瞿汝夔就师从利玛窦学习数学。到了南京，更多的中国文人向利公学习这方面的知识。其中两人是由李心斋推荐的；一人是由王肯堂推荐的，名叫张养默。"学的最好的是张养默；他个性很强，不甘落人之后。利神父所讲的，他都当金科玉律接受，一点也不质疑。"[3]张养默曾在南京试图将欧几里德几何学翻译成中文，虽然没有成功，但也应该看作是一次有益的尝试。张养默曾对利玛窦说："不必反驳异教邪说，只专心教授数学就好了。因为中国人知道了物质世界的真理后，自然就会看出邪教的书是不足取信的。"[4]这里他主要是指佛教关于日夜交替和日食、月食形成的理论。据佛教解释，夜间太阳是藏在了海底两万四千浬的海底的须弥山后面；有一个名叫阿罗汉的巨人，他用右手把太阳遮住便是日食，用左手把月亮遮住便是月食。

6. 他曾应邀聆听了在天坛（即大祀殿）演奏的祭祀音乐，不仅对中国的乐器和音乐有了初步的认识，也亲身感受了皇家建筑宏伟气派。由于中国乐器的音律与欧洲不同，他在札记中写道：这些乐器"一齐鸣奏，其结果可想而知，因为声响毫不和谐，而是乱作一团。中国人自己也知道这一点。他们的一位学者又一次说，他们祖先所知道的音乐艺术经过几百年已经失传了，只留下了乐器。"[5]

---

[1]《利玛窦中国札记》，第 355 页。

[2] 参见林东阳《利玛窦的世界地图及其对明末士人社会的影响》，载于 1983 年台北出版的《纪念利玛窦来华四百周年中西文化交流国际学术会议》，第 316—317 页。

[3]《利玛窦中国传教史》，台北利氏学社 1986 年版，第 300 页。

[4] 同上。

[5]《利玛窦中国札记》，第 361 页。

利玛窦对天坛建筑群的皇家气派作了惟妙惟肖的描写，此处不再赘述。显然，在广东和江西，他是看不到这样的建筑的。

四、利玛窦在南京的传教活动

毋庸讳言，利玛窦来华的根本目的在于传教。因此将其传教活动单辟一节专门论述。南京是他在中国开辟的第四个传教点；南京期间，利玛窦第一次与佛教的高僧进行了面对面的辩论；他撰写了一部宣扬天主教道德的中文著作《二十五言》；南京时期，也是他借以传播天主教的"文化适应策略"和"科学传教策略"日趋成熟的时期。

1. 建立传教点，传教取得进展。从南昌开始，利玛窦就不主张建造正式的教堂，也不采取聚众布道的方法。他曾经说过，"我不认为我们应该修建一座正式的教堂，而是代之以一间做讨论问题之用的房间。另一个厅则当作用来做私人弥撒的场所或做接待室。因为在这里，通过私下的谈话传播福音要比正式的布道效果更好，成果更显著。""在初始阶段我们还不打算建教堂或祈祷厅，而是有一个谈话室。"利玛窦布道主要是通过会客，通过与朋友的谈话在潜移默化中进行。利玛窦曾记道："在那时代，南京的学者们也经常聚在一起，讨论道德问题，及修身养性的事情，达官显贵也常参加这类聚会。"[1] 同时，他向客人讲述天主教在欧洲的情况，使客人对天主教抱有好感。

"神父就把欧洲基督世界的各种风俗和宗教习惯一一向他们做了介绍。他向他们解说了医院、孤儿院、济贫所、照料无依无靠的寡妇和囚犯的慈善团体等等的宗旨和管理情况。……一年中有某些日子规定为圣日，献给上帝，专门用于崇拜与祈祷，从而使基督徒不至于放松其信仰的实践。他着重指出了基督教仁爱的美德和实行美德的种种方法，诸如布施钱财以救

---

[1] 利玛窦、金尼阁著《中国传教史》，台北光启书社，1986 年版，第 312 页。

济穷人。"[1] 利玛窦特别向来访人们强调天主教的婚姻是一夫一妻制，并倡导永恒的夫妻关系，即使国王也不例外。对于这点，听众都"大加赞赏"，尽管"没人愿意照着去做"。也许他们是出于礼貌才赞成利玛窦的观点。当利玛窦指出在欧洲，儿童的婚姻被禁止时，来客们都十分认可。利玛窦还向他们讲述了教会的组织系统，客人们得知"教宗的尊严比天主教国家的所有的国王还要高"之后，都十分惊奇。利氏在他绘制的世界地图上特别标出了教宗所在地的位置。

"培养对基督教世界的友好态度的另一种方法，就是在神父们所写的一切东西上都习惯地加上一些简短的道德箴言……中国人喜欢这个习惯，往往收集这些警句，写在自己的扇子上或抄在纸上，从而可以贴在墙上阅读。"[2]

利玛窦这种有别于其他海外传教士的独特的传教方法，在南京取得了谨慎的、缓慢的，但同样也是可喜的收获。他的第一位皈依者，是一名70多岁的姓秦的官员，取了"保禄"的教名。他的儿子在武举考试中得到解元头衔，在南京任都指挥使，不久也入了教，取了"马丁"的教名。后来他们全家男女老幼都加入了天主教，成为一个虔诚的天主教家庭。

利玛窦对在南京的工作进展十分满意，他说："今年南京会院做了不少事，南京正处在帝国中部，为南直隶，所以也十分高贵富丽。我们在这里也深得朝野人士的好感，且可说今年获得双倍的收获。"[3]

2. 与"三淮"的辩论。刚一进入中国的时候，为了使自己区别于中国人十分厌恶的葡萄牙人的形象，曾身着佛教和尚的服装。在韶州期间，利玛窦的住所离南华寺很近，这使他得以有机会近距离观察中国的和尚，他发现和尚在社会上并不很受尊重，名声也不是很好；同时随着他"合儒排佛"方针的逐渐清晰，产生了要与他们区别开来的想法，于是就有了在江西换上儒生服装的举动。南京相对他以前居住的地方来说，佛教的影响更大一些，很多官员和文人也都不同程度地信仰佛教。可以说，利神父第一次与佛教的辩论发生在南京，以及后来南京发生的由沈潅发起的教案，都不是偶然的。

---

[1]《利玛窦中国札记》，第380页。引文中"基督徒"、"基督教"等词汇严格来说不够准确。目前约定俗成的译法应为"天主教"、"天主教徒"，而"基督教"、"基督徒"特指新教。但中译本原文是这样的，特此说明。

[2] 同上书，第382页。

[3]《利玛窦书信集》，台北光启书社1986年版，第257页。

这次聚会是由李本固召集的。李本固本人是一名佛教徒，他"坦然地承认佛教如同烂了一半的苹果，虽然如此，在挖掉烂的一半的同时，也要保留住好的那一半"[1]。关于利玛窦与三淮辩论的详情，主要来自《利玛窦中国札记》的记载，作为辩论当事的一方，不能期望他做完全公正和客观真实的记录。不过我们从中了解到他们讨论的内容。

利玛窦记道：对手三淮"同那些由于懒散无知而声名狼藉的一般寺僧大不相同，他是一位热情的学者、哲学家、演说家和诗人"。他们讨论了有关"天主存在"、"认识论"和"人性的善和恶"等问题。利玛窦不仅在此场合宣传了他的宗教，在辩论中也运用了西方的逻辑学原理。他认为，在座的人对自己的论点十分满意，他自认为是取胜了。虽然佛教高僧三淮并没有认输，当然更不可能放弃他的信仰。但是利玛窦借此机会扩大了影响，得到了很大的收获。他们的话题也引起在座客人的广泛兴趣，"以致后来在他们的集会上，他们又对这些问题讨论了好几个月。"更重要的是，这使中国文人们"终于得出结论：他们原以为是蛮夷之道的，实际上并不如他们所想象的那么野蛮。"[2]

3. 撰写《二十五言》。在南京期间，利玛窦撰写了宣扬天主教道德的《二十五言》一书。这是他继《天主实录》《交友论》《西国记法》之后以中文撰写的第四本著作。《二十五言》一书在徐宗泽的《明清间耶稣会士译著提要》中被列入"格言类"。据考，其主要内容取材于古罗马爱比克泰德（Epictetus，约卒于公元135年）的遗说简编《手册》一书。其主旨在于劝说世人"顺命而行"、"安静其心"。

所谓"顺命而行"。他比喻说，就像自己去天主那里做客，主人以食物招待你。轮到你了，你可以"徐徐寡取之"；没轮到你，"毋迎之"，错过了你，"毋援之"。他又说，"人生世间，如俳优在戏场上"，戏台上虽有帝王、公卿、大夫、士庶、奴隶、后妃、妇婢之别，演出结束就都是一样的了。"故俳优不以分位高卑长短为忧喜也。"[3]

---

[1]（美）邓恩（George H. Dunne）著 Generation of Giant—The Story of the Jesuits in China in the last Decadesof the Ming Dynasty，第 61 页。

[2]《利玛窦中国札记》第 369 页。

[3]《利玛窦中文著译集》，第 128—134 页。

所谓"安静其心"。他说:"心之安静贵耶?天下贵耶?心之安静贵,无疑矣。"欲要心安,须舍俗虑。不要追求财、爵、名、寿这些属于"不在我者"的身外之物,而应"不阿顺,不苟誉,存直蓄忠于己"。

利玛窦在文中运用了"仁、义、礼、智、信"这些中国传统的道德词汇,并赋予天主教道德的新含意。关于"仁",他说:"夫仁之大端,在于恭爱上帝","如以外物得失为祸福,以外至荣辱为吉凶,或遭所不欲得,或不遭所欲得,因而不顺命,甚且怨命,是皆失仁之大端也"。关于"智",他说:"知顺命而行,斯之谓智"[1]。这些都体现了利玛窦为使天主教"中国化",以及"合儒补儒"所作的探索与尝试。

《二十五言》于 1599 年在南京杀青,先在文人中流传,后于 1604 年由冯应京在北京刻印,冯氏撰写了序言,徐光启写了跋。该书为利公赢得了良好声望。他在 1605 年 2 月写的一封书信中谈到:"在此小册子中我只谈修德养性","不攻击任何宗教,当然呈现天主教伦理的色彩。所以所有的宗教人士皆喜欢读它。其他会院都来函告诉我这本小册子已传遍四方。不少人劝我多写几本书,这样为传扬圣教大有裨益。""凡拜访的人无不认为书籍与我们的科学的介绍,对教会会产生丰硕的成果。"[2] 在同年 5 月的一封信中,他又提及此书,说:"此书并不攻击其它宗教,只谈人内心修养,颇呈现希腊斯多噶派学人的意味,但我以适合于我们的伦理为限。此小册子人人喜爱,人人赞扬。"[3] 他还说,人们希望他们关于教义要理的书籍也采取这样的风格。

从利玛窦以上几方面的工作,我们可以看出,南京时期是他借以传播天主教的"文化适应策略"和"科学传教策略"日趋成熟的时期。经过近 20 年对中国社会的观察与研究,利玛窦对中国的国情有了更深入的认识,因而也就探索出更为适合中国国情的传教方法。

现存的利玛窦书信中,只有一封写于南京,即 1599 年 8 月 14 日一封给他在罗马的朋友高斯塔神父的信。在这封信中,他着重谈了中国传教的

---

[1] 《利玛窦中文著译集》,第 128—134 页。原文在仁、义、礼、智、信几个字上都加了圆圈,以示强调。

[2] 《利玛窦书信集》,第 268 页。

[3] 同上书,第 276 页。

特殊性问题。

他说："也许有人会问我，什么时候才会有大批的中国人皈依？……假使拿我们这一点儿成果和其他传教区所有的相比，他们所有的成果似乎非常辉煌。而我们在中国这个时候，不但不是收获季节，而且连播种的时期也不是，而是筚路蓝缕、胼手胝足、驱逐猛兽、拔除毒草的开荒的工人而已，以备未来的传教士来播种、收获。"这是因为"中国就是中国，和他国不一样"，"中国人不喜欢外国人，百姓怕洋人，皇帝更畏惧外国人……假如我们聚集许多教友在一起祈祷开会，将会引起朝廷或官吏的猜忌。因此为安全计，应慢慢来，逐渐同中国社会交往，消除他们对我们的疑心，而后再说大批归化之事。"[1]

他认为，借以同中国社会交往的最好的方式就是文化交流。他说，"任何可能认为伦理学、物理学和数学在教会工作中并不重要的人，都是不知道中国人的口味的。他们缓慢地服用有益的精神药物，除非它有知识的佐料增添口味。"[2]

总之，利玛窦在南京居住的时间虽然不长，但在各个方面都取得了斐然的成绩。然而，他并不就此止步，他的最终目标是到首都北京去，向皇帝进贡，争取得到能在中国自由传教的许可。1600年年初，前面谈及的郭居静神父与另一名新来的西班牙籍耶稣会士庞迪我（Diego de Pantoja），从澳门来到南京，带来了新的贡品。利玛窦决定将南京的教务交由郭居静负责，自己与庞迪我再次北上进京。5月18日，利玛窦一行告别了南京的朋友们，搭乘一支进京的船队，沿运河北上。从此他的生命又翻开了新的篇章。

编后语：此文系为2003中国明史学会第十届国际研讨会提交的论文，发表在《明代文化研究 南京专辑》（中国文史出版社2003年版）上）。2012年南京日报记者向我约稿，此文经删节后刊登在2012年11月15日《南京日报》。文中提到的"石星"应为"佘立"。

另，1999年我曾到南京考察利玛窦遗址。考察结果写入了《利玛窦中国遗址考察初记》一文，发表在《国际汉学》第五辑（大象出版社2006年版）。

---

[1]《利玛窦书信集》，第256—257页。
[2]《利玛窦中国札记》，第347页。

有关章节附录于下：

主人公在记述其在南京的生活时，较详细谈到的有以下几处地方——承恩寺、钦天监、瞻园、大祀殿和利玛窦所建造的南京最早的教堂，是此次考察的重点。我们先是走访了南京市地名办公室 80 岁的老专家汪尔驹先生，向他请教了若干问题，并查阅了未曾刊印的《南京地名志》和《江苏省南京市地名录》，然后对上述地点的遗址进行了考察。

第一，承恩寺。

这是利玛窦到达南京后的临时住所。《利玛窦中国札记》中写到："他们住的地方叫承恩寺，是一个宽敞的庙宇，挤满了客人。他们愿意住在这里是因为它位于城市的中心。"利玛窦在这里展示了代表西方文化的"自鸣钟"、"八音琴"和"圣像"等，引起很多中国人的兴趣。"老朋友们到寺院的住处来看他们"。

在 1947 年由国民党政府南京市长叶楚伧主编的《首都志》中，对承恩寺有如下记载："《南都察院志》：景泰二年内官王瑾住宅，奏改为寺，赐额'恩承'。《客座赘语》：承恩寺踞旧内之右最为嚣华之地，游客服贾蜂屯蚁聚，而佛教之木叉刹宇荡然尽也。"说明在当时这里是一处非常繁华的地方。1984 年编纂的《江苏省南京市地名录》收录了叫作"承恩里"的地名，称："承恩里，位于建康路西段北侧，南起裱画廊，北至李家苑，以古承恩寺得名。""明朝该地有一承恩寺。承恩里小学即为当年寺庙大殿旧地。有古井一口，老槐一株。"

看来，当年的承恩寺已经不存了，我们一路打问，找到了承恩里小学，在该校校长的引导下，看到了那口古井的石制井口，旁边还立着一块文物保护的石牌，但被油漆涂抹，字迹已经模糊了，只有"古井"二字清晰可辨，这里早就成了一处被人遗忘的角落。附近一棵高大的老槐树矗立在教室楼前。小学校长告诉我们，这一带马上就要拆迁了。届时连这个古井井口恐怕也要进历史博物馆了。

第二，钦天监。

人们都知道位于北京建国门大街一侧的"古观象台"。那曾是明清两代王朝的钦天监。在明代，在作为陪都的南京也设有钦天监。《利玛窦中国札记》曾提道："城内一侧有一座高山，它的一边有一块开阔的平地，非常适于观察星象。这个区域附近有一群宏丽的房屋，就是该院人员的住宅。""他们在这里安装了金属铸就的天文仪器或器械，其规模和设计的精美远远超过曾在欧洲曾看到的和知道的任何这类东西。这些仪器虽经受了近二百五十年的雨、雪和天气变化的考验，却丝毫无损它原有的光彩。"利玛窦还特别详细地依次介绍了其中"四件最大的仪器"：浑天仪、浑天象、量天尺和简仪。

汪尔驹先生告诉我们，鸡鸣山（又称鸡笼山）旁边的北极阁曾是明代钦天监。裴化行在《利玛窦评传》中写道："利玛窦名望与日俱增，数学仪器在全城广泛传播，北极阁小山上的观象官员对此深为不安。利玛窦说：'那是一所学堂，值得敬重，与其说是由于天文科学，不如说是由于建筑！他们满足于依据古老规律预报节日、推算每年星象，万一事实否定了他们的预言，他们就说原该如其预计，但上天给予这一突变，是向大地发出警告；为此，他们任意捏造出种种解释。'这些不学无术的官儿为自己的'饭碗'提心吊胆，就偷偷来找神父的弟子，承他们告知，这样卓越的一位夫子到中国来，不是为了夺走他那种卑微而报酬极低的官职！双方拱手言欢而别，甚至互相拜会。就是利用这种机会，利玛窦得以观赏元代郭守敬制作的、已经没有人懂得的绝妙天文仪器的。"

关于北极阁原明代观象台遗址，在中国史书和地方志中也有记载。据《元史·天文志》载，当金兵攻破北宋都城开封后将宋王朝的天文仪器运到北京（当时称燕京），元世祖忽必烈定都北京（称大都），开始时，袭用宋代旧仪器，但感到不足。于是太史郭守敬创制简仪、仰仪等仪器，"皆臻于精妙"。而且下令将每种仪器，造十三件，分置在当时的十三个行省。《首都志》所收《南京天文台记》指出："南京天文台之建筑，盖即规划于是时。"又曰："南京天文台之建筑动议，虽在于一二八〇年世祖之朝，然实施则在一三八一年（即洪武十四年）也。"书中引《万历上元志》的记载："明于山巅置仪表，以测玄纬，名观象台，更名钦天山。"鸡鸣山天文台作为当时国家的天文台比英国格林威治天文台要早300年。《首都志》中还刊登了一幅题为《明鸡鸣寺观象台》的图。据裴化行所提供的线索，我推断此图原出于1627年版的《金陵梵刹志》。

《南京天文台记》曰："台之遗址在山巅之平原。地形长方，广约廿五米至三十米，长稍过之。其间有平房一所，门南向，为占星者居室。又有稍高之台，形四方，则所以陈列仪器。其器皆置于露天之台上。"接着便明确记载了利玛窦的活动："仪器凡四事，利玛窦及其弟子辈尝考察此四仪器，有所传述，颇足为后人所利赖。""第一仪器为一铜制球……第二仪器为浑天仪……第三仪器为日规……第四仪器……据利氏所述，此种仪器制作皆极精妙，所用材料皆甚耐久。利氏见此器时在一六〇〇年，距制作之时已二百五十年，二其器犹焕然若新。其作工之巧，可以想见。惟在科学上之价值殊逊。其所分三百六十五度又若干分，无论于天象不相干，即所分亦殊不平均。是足见当日天文家知识之陋矣。"

1668 年康熙皇帝下令将此处的所有仪器运往北京。后来他南巡至此时登临此山，随后兴建了北极阁等建筑。鼎盛时期，在此观景曾是金陵四十八景之一，曰："鸡笼云树"。1853 年北极阁毁于战火，后来重建，规模逊于往日。《首都志》载："民国十七年（即 1928 年）大学院于山上重建气象台，台旁为中央研究院气象研究所。又有陆军无线电台。有驰道通汽车。山前为中央大学，山之东麓有鸡鸣寺。"书中附有气象台和气象研究所的照片。这里现为江苏省气象台和南京市气象台所在地。

12 月 4 日，我们一行 3 人爬上了的北极阁。现存建筑为民国时期所建。房屋是仿古琉璃瓦大屋顶，像天坛的祈年殿一样，瓦色深蓝。另有一六角形高台，上置天线。南京市政府将此处定名为"北极阁气象台旧址"市级文物保护单位，刻有标志石牌。院中青松郁郁，芳草蔓蔓，环境宜人。一尊石碑矗立，但字迹漶漫难辨。查方志始知，此碑为康熙二十八年百姓感戴朝廷免税而立，与天文历法无关。至于原存此地的天文仪器，如明代仿郭守敬原物制造的简仪等，业已移至紫金山国家天文台。

第三，瞻园。

《利玛窦中国札记》一书中曾谈到，利公在一处"全城最华贵的花园里受到接待"："他（指利玛窦）参观花园中许多赏心悦目的事物，看到了一座色彩斑斓未经雕琢的大理石假山。假山里面开凿了一座奇异的山洞，内有接待室、大厅、台阶、鱼池、树木和许多别的胜景。""洞穴设计得像一座迷宫，更加增添了它的魅力；它并不太大，尽管全部参观一遍需要好几个小时，然后从一个隐蔽的出口走出。"据本书的中文译者考证，这处花园是明代开国元勋魏国公徐达府第的西花园，叫作"瞻园"。它当时的主人是魏国公徐弘基。

清代时，魏国公府成为布政使藩台衙门。乾隆皇帝南巡时，曾驻跸此地，御笔所题"瞻园"二字，现嵌刻在青砖洞门之上。据说乾隆极爱此园，回京后命人以瞻园为蓝本，在西郊长春园中建一"茹园"。1853年太平天国定都南京，这里先后为东王杨秀清和夏官副丞相赖汉英的王府。天京失陷后，王府及花园都遭到破坏。现在位于"瞻园路"畔的"瞻园"是由著名建筑学家刘敦桢教授主持恢复建成的。原王府旧址现辟为"太平天国历史博物馆"。现在的瞻园虽然已看不到利玛窦在其札记中谈到的设有接待室、大厅、鱼池等设施的"大理石假山"和"奇异的山洞"，但仍以山石著称，全园0.6公顷，假山约占一半，沿水池分为南、北、西三部分。其中北假山据称是明代遗物，格外享誉海内外。

瞻园现在是南京重要的旅游景点。公园入口大门上方悬有赵朴初先生题写的匾额——"金陵第一园"。

第四，利玛窦住所，即南京最早的教堂。

利玛窦得到定居南京的许可后不久，就买到一处房子。这本是刚刚竣工不久的新房，因为房主认为常常闹鬼，不敢住，不得不低价售出。利玛窦认为：他有耶稣基督的保佑，魔鬼必定退避三舍，便乐于买下。这处房产"座落在城里最高的地段，不怕河水浸淹，并且位于南京的大街上，此处街道约有一投石的宽度。从瞭望楼四周，可以看到皇宫和各部衙门"。据研究利玛窦的专家德礼贤考证，这所房产位于"正阳门西营崇礼街"。

然而在现在的南京地图上，已经找不到"正阳门"。我们请教汪尔驹先生，他说明代的"正阳门"后来称为"光华门"，50年代已拆毁；而"崇礼街"如今改叫"尚书巷"。《南京地名志》载："尚书巷，明朝原名崇礼街。""万历二十六年，意大利传教士来南京时，住在崇礼街西营三铺。"

我们在原光华门西侧的旧城区中，找到了尚书巷。这里早已没有了当年教堂的任何遗迹，连住了60多年的老住户，也闻所未闻。

的确，从利玛窦定居南京之日至今，已经整整400年了。400年中南京这座古都历经岁月沧桑。在利玛窦死后不久，就爆发了"南京教案"，以南京礼部尚书沈潅为首的保守派官员对天主教进行的大规模的攻击，导致曾经破例允许利玛窦居住在北京，并赐予他墓地的万历皇帝下令将外国传教士一律驱逐出境。清代的顺治、康熙两帝曾一度开放教禁，汤若望、南怀仁等大批西方传教士来华，一方面为朝廷服务，一方面传布天主教。但在康熙末年，禁教之议又起，而且越来越严，北京的几所教堂虽然有幸得以保留，但包括南京在内的各地教堂概被没收，作为他用。

鸦片战争之后，在西方列强的武力压迫下，中国政府不得不解除禁教之令，天主教、基督教重新进入中国。我们走访的一处天主教教堂建于1870年；而另一处基督教教堂则建于20世纪30年代，被称为"基督将军"的冯玉祥还在教堂的墙壁上留下了墨迹。

第五，大祀殿。

大祀殿，也就是南京的天坛。利玛窦在《札记》中描写道："它不论从规模来说，还是从建筑的宏伟来说，都是真正的皇家气派。它位于京城的一端，在一片丛林或者说一片松树林中，环以围墙，周长12意大利里。庙宇的墙壁是青砖砌成的，其余的都是木结构。它分为5个区或殿，都为两排木柱所围绕。两个人伸出手臂都很难抱住一根木柱，木柱的高度和围长成比例。屋顶盛饰以浮雕，全部涂金。这座庙宇大约是在两百年以前建造的，由于皇帝不再住在南京，现在已经不再供皇帝祭典之用；尽管如此，它却丝毫没有颓损，气象不减当年。"

可惜，大祀殿连同全部的明代皇宫明末时已相当破败，清兵南下时又经历了第二次劫难，太平天国战争之后，就仅存一派悲凉景象了。现在，在原皇宫的废墟上建立了"明故宫遗址公园"。人们只能通过一座座宫殿的石柱础和一些残存石刻，去领略它昔日的辉煌。

中西文化交流史上的双子星座

——利玛窦与徐光启

在北京十里长安街的西段，为了迎接新世纪的到来建造了一座外形恰似巨型日晷的建筑——中华世纪坛。在其中心的圆形"世纪厅"中装饰有一圈人物浮雕群像，以显示中华文明五千年的发展史。其中有名有姓的人物约六、七十位。在明代时段有一位提笔著书的文人，他就是著名的科学家——徐光启。在他的身后，有一位大胡子的外国人，就是意大利耶稣会士——利玛窦[1]。在上海的光启公园里，塑有利玛窦与徐光启一起切磋学问的雕像。正是他们两位巨人联手，成就了400多年前中欧两大文明平等交流的一段佳话。

一、泰西奇人利玛窦

16世纪是欧洲风云激荡、社会骤变、英雄辈出的时代，文艺复兴运动刺激了科学文化的迅猛发展，大航海极大地了扩展人们的视野，促进了商

---

[1] 此处的利玛窦浮雕以一架天文仪器和世界地图的背景显示了利玛窦在华传播天文学和地理学的贡献，但是他操作的望远镜则与历史事实不符。望远镜是由荷兰人于1608年发明的，此时利玛窦已在中国，且两年后就去世了。1622年德国耶稣会士邓玉函和汤若望将望远镜传入中国。

品的交流、市场的开拓，宗教改革则推动了中世纪主导欧洲人精神王国的天主教的蜕变。就在这样的历史条件下，1534年一个全新的天主教修会——耶稣会诞生了。

耶稣会一方面反对新教，维护教皇权威；另一方面则促使天主教自我更新和与时俱进。它的两个显著的特点是重视科学教育和致力于东方的传教事业。为此，耶稣会在欧洲各地兴办学校，除了神学之外，也研究和讲授天文、数学等自然科学。与此同时，耶稣会成为向新大陆传播天主教的一支生力军。

与天主教其他修会有明显不同的是，耶稣会在海外传教时所强调的"灵活性"和"适应性"。现代美国耶稣会学者邓恩曾论道："这个修会是由教宗保禄三世（Paul III）于1540年9月27日正式批准的年轻的修会。宗教的修会，就像一个人一样，通常在它的年轻时期比较能够显示出它的适应性和灵活性。""耶稣会的创始人圣·依纳爵·罗耀拉（St. Ignatius of Loyola）不惧怕开辟新路。他制定的修会规则，对他的追随者的传教方式不做狭隘严格的限定。相反，他决定对耶稣会的成员采取与众不同的做法。"1542年，当保禄三世派遣耶稣会士博爱特（Broet）和萨摩荣（Salmeron）到爱尔兰去的时候，"依纳爵命令他们要适应爱尔兰人的风俗习惯。"当另一名耶稣会士巴雷托（Barreto）被阿比西尼亚提名为族长的时候，依纳爵给他下了指示，让他表现出广泛的"适应精神"，并且警告他，"不要贸然轻率地改变那些可能潜入礼拜仪式的陋习，而是要慢慢地改变，这样才不会不适当地触动根深蒂固的偏见。"[1]

作为修会创始人之一的方济各·沙勿略亲赴东方传教。他的足迹遍及印度、斯里兰卡、马来亚、新加坡、日本等地，由于遵循了"适应精神"，他在亚洲的传教取得了巨大的成功。最后他立志进入中国，但是却被奉行"闭关锁国"政策的大明王朝拒之门外，不幸于1552年病死在一个名叫上川的小岛上。弥留之际，他面向中国大陆感叹道："岩石岩石，你何时才能裂开？"

就在这一年，一个名叫马特奥·利奇（Matteo Ricci）的男孩在意大利东部的马切拉塔城诞生了。冥冥之中上帝将沙勿略未竟的事业交付给了他。

少年时的利奇身体强健，性格活泼，聪明过人，记忆力强。幼年的他

---

[1] （美）邓恩著、余三乐等译《从利玛窦到汤若望》，上海古籍出版社2003年版，第11—12页。

常常跟着笃信天主教的母亲进教堂，诵圣经，作弥撒，其就学的小学和初中，也是天主教耶稣会开办的。这一切对他的思想启蒙产生了重大的影响。他的父亲若翰·利奇是名药剂师，也作过教皇国的市长和省长。父亲希望儿子将来也能做一名官员，于是当儿子刚刚16岁的时候，就被他送到罗马去学法律。

但是利奇却对那位到远东传教的耶稣会先贤的传奇经历十分感兴趣。沙勿略的探险经历和献身精神，深深地感动了这位年轻人。他于1571年8月某日敲开了耶稣会总会长办公室的门，请求作一名耶稣会士，从此，他违背了父亲的意愿，抛弃了诱人的前程，为自己选择了一条铺满荆棘的道路。

立志献身天主的利奇，改而进入耶稣会创办的罗马学院攻读哲学与神学。该校的哲学课程也包括天文、数学等自然科学。这期间，对利奇奥影响最大的是克拉委奥教授（Christoph Clavius）。克拉委奥是耶稣会中造诣很高的数学家和天文学家，是著名科学家开普勒和伽利略的好友。

当年轻的利奇正在潜心攻读神学和哲学的时候，葡萄牙在印度的代理人来到了罗马学院，挑选几名年轻的传教士东来。利奇等4人应召而往，并得以觐见教皇。1578年的3月24日，一行14名年轻的传教士登上了"圣路易"号。他们在海上颠簸了半年，历尽艰难困苦，总算于同年的9月安全地抵达果阿。

1573年，一位才智非凡的神父——范礼安（Alessandro Valignano）被任命为耶稣会远东教务巡察使，翌年来到澳门。他细心观察了澳门的风土人情，总结了天主教在澳门发展极为缓慢的原因。秉承了耶稣会特有的"适应精神"，他对过去的传教方法做了重大修改。他要求到中国的传教士首先要精通中国的语言和文字，了解中国的风土人情，他甚至允许传教士们脱下教服而身着佛教的僧衣。在他看来，既然中国人能容忍来自西域印度的和尚，或许也能容忍他们这些碧眼金发的来自远西的洋僧。为了推行这种全新的传教方针，利奇被范礼安派往中国的澳门，

1582年8月，刚满"而立"之年的马特奥·利奇踏上了这片伴随他后半生并最终永世长眠于斯的神奇国土。从此他有了一个中国名字——利玛窦。他先在澳门学习了一年中文，于翌年9月，突然得到了一个机会而进入了当时两广总督的驻跸地——肇庆。在知府王泮的批准下，利神父在肇

庆城东的西江岸边买了一块地皮，建造了一幢两层的欧式建筑。王泮亲笔
为他们题写了两块牌匾：一块悬挂在院门门眉，曰"仙花寺"；一块悬挂
在客厅上方，曰"西来净土"。

利玛窦在"仙花寺"住了6年。这期间他刻苦学习汉语及重要的中国
典籍。利玛窦在1585年10月20日写给耶稣会总会长阿桂委瓦神父的信中
说，他"目前已可不用翻译，直接和任何中国人交谈了"[1]，并且能够非
常熟练地阅读中文书籍。他还和同伴罗明坚编纂了一部葡汉词典。这也是
中国历史上第一部中外语言的辞典。这期间，他广泛地接触中国的官员和
学者，请他们前来参观从欧洲带来的新奇物品——印刷精美的圣经、魔术
般变幻光线的棱镜以及自鸣钟等。当时的文人对这些从未见过的西方物品
称赞不已，而给中国士人心灵极大震撼的，还是那幅题为《山海舆地图》
的世界地图。

关于《山海舆地图》的来历是这样的："当时在利氏寓所中挂着一幅
用欧洲文字标注的世界地图。中国学者见到它都颇感新奇，非常希望能够'看
到一幅用中文标注的同样的图'。特别是肇庆知府王泮本来就是地图爱好者，
他见到利玛窦挂出的世界地图后很感兴趣，恳请利氏把它译成汉文。利玛
窦清楚地知道，绘制出一幅中国人所重视和欢迎的地图，不仅可以使他的
个人赢得声望，而且可以为传教活动创造良好条件。于是他立即着手工作，
编绘出了一份汉文地图。"[2]为了尊重中国人的自尊心，利玛窦将地图的子
午线东移，使中国的版图位于地图的中央。

1589年，新任的两广总督刘继文提出希望利玛窦等离开肇庆的要求，
并建议他们到广东北部城市韶州定居。利玛窦爽快地同意了。韶州地处粤
北山区，自然不如肇庆富庶，但它是进入湖南、江西，甚至进一步向明王
朝的两个都城——南京和北京进发的门户，是水陆交通的枢纽。在那里居
住6年之后，1595年（万历二十三年）4月，利神父果断地抓住了一个机会，
随同重新被召用的兵部侍郎佘立及家人北上，进入江西，而命另一名耶稣
会士郭居静留守韶州。此行利公进入了被称为"陪都"的南京城。但是由
于中日在朝鲜的战事，他未能在那里落脚，而是返回了南昌购屋定居。

---

[1] 罗渔译《利玛窦书信集》，台湾光启出版社1986年版，第69页。

[2] 黄时鉴、龚缨晏编著《利玛窦世界地图研究》，上海古籍出版社2004年版，第4页。

从 1595 年到 1598 年，利玛窦在江西的首府南昌定居了 3 年。这期间利玛窦换上了儒生的服装，以他对"中国礼仪"的宽容态度，以及娴熟的中文和渊博的知识赢得了众多文人与官员们的好感。他将原本极易被天主教排斥的、中国传统的"祭祖"和"祭孔"礼仪，解释为可被接受的"感谢父母的养育之恩"和"感谢老师的教育之恩"，从而化解了阻隔两大文明和谐相处、平等交流的坚冰。他用中文撰写的两本小册子——论述友谊的《交友论》和关于记忆的《西国记法》，并编绘了新版的世界地图——《舆地山海图》，再加上他屡试不爽的天文气象预测和超人的数学技能。这一切使他得以融入中国社会，并且在文人学者圈中如鱼得水，游刃有余，赢得了崇高的威望。

二、两位伟人的初识

下面出场的是本文的第二位主人公——徐光启。

徐光启比利玛窦年轻 10 岁，生于 1562 年（明嘉靖四十一年）的上海。当时的上海只是一个人烟稀少的小村庄。他的祖父和父亲世代以农商为业。就在徐光启出生前不久，他的家乡遭受到横行于东南沿海的倭寇的大肆劫掠，以致原来还算殷实的徐家家道中落。徐光启的童年生活就是与下层民众一道在贫寒中度过的。父、母亲身体力行的教诲，使他一生都关注国计民生，特别是与老百姓生命攸关的农业、水利、军事防卫等被当时人们称为"经世致用"的学问。

在那个时代，青年学子的唯一出路是通过科举考试，谋取一官半职。徐光启自然也不例外，父母亲希望他能以此为进身之阶，从而做一名为民造福的正直官吏。1581 年，20 岁的徐光启考中了秀才。之后他在家乡设馆教学，当了一名私塾先生。但他所向往的是"世可无虑不足，民可无道殣"，即人民得以丰衣足食地生活的人生理想，为此他特别注重研究关系国计民生的学问。这虽然遭到时人的嗤笑，但他"独持迂论"，"固陋之心终不能移"[1]。

---

[1]《徐光启集》，上海古籍出版社 1984 年版，第 69 页。

也正因为如此，在之后的 15 年数次为求中举的乡试考试中，徐光启一次又一次名落孙山。他只好到一个名叫赵凤宇的家塾中任教，并随雇主一同到了广东的韶州。

这时的他，心中极度苦闷。正值壮年气盛，空有救国救民的志向和经国济世的才能，但无用武之地。自己的出路在哪里？国家的出路在哪里？一天，在韶州城护城河边百无聊赖地散步时，徐光启看到一幢据说是来自遥远"泰西"的外国人的住宅。他没料想到，他推开了自己的人生道路发生重大转折的一扇门，也推开了为中国的思想界、科学界带来光明的一扇门。

开门接待他的是身材高大魁梧、满脸络腮胡子，取了个中国名字——郭居静的意大利耶稣会士。已经掌握了流利汉语的郭居静非常友善地接待了他，并引导他参观了他们的住所。徐光启看到了完全陌生、又感到新奇的天主画像及其他西洋物品，但最使他震撼的是一幅从未见过的《山海舆地图》。

原来世界竟是如此之大！一向勤奋好学，且以"一物不知，儒者之耻"为座右铭的徐光启一下子被其吸引住了。通过与郭居静的交谈，徐光启得知这幅地图的作者名叫利玛窦，此时他已离开了韶州，前往南昌定居。

徐光启在韶州任教一年多，随后又到了广西。1597 年，他再次赴乡试，终于考中了第一名——解元。但是在随后的考进士的会试中，徐光启不幸落榜，只得返回上海老家，一面开馆授徒，一面静心读书，过着清贫的生活。

1598 年在南昌定居了 3 年的利玛窦，再次抓住机会，随同礼部尚书王弘海进入大明帝国的首都北京。可不幸的是，还是因为朝鲜战事无法在那里立足，他只好顺运河南下。冬季的运河难免因冰冻而停航。利玛窦利用这段时间，将自己长期摸索的用拉丁字母为汉字注音的方案进行了归纳总结。他哪曾想到，这本来是为后来的外国传教士提供的一个学习汉语的工具，却成了 400 年后中国小学生必须掌握的"汉语拼音方案"之滥觞。

就在南下途中，恰好日本统治者丰田秀吉突然死去，朝鲜的战争结束了。利玛窦得以在气氛变得宽松的南京定居下来，与官员、学者们频繁交往。这期间他应吴中明的要求，将在肇庆绘制的世界地图修订补充，由吴氏出资刻印了《舆地山海全图》。

徐光启在不同的场合又多次见到利玛窦修订后的世界地图。于是，他对西学再度产生强烈的兴趣，并下决心要与作者见面。1600 年（万历二十八年），机会终于来了，徐光启从上海赴京参加会试，在路经南京时，徐光启特意专程拜访了仰慕已久的利公玛窦。由于还要进京赶考，他在南京只作了短暂的停留。

利玛窦在他发往欧洲的书信中记道，徐光启在听利氏讲了恭敬唯一的天主，回家后便做了一个奇怪的梦，并因此而领会了天主教"三位一体"[1]的道理。中文史料中对利、徐会面没有具体的记载，但徐光启通过此次会面对利玛窦有了"海内博物通达君子"的评价。"博物"是说他的知识渊博；"通达"是说他明白事理，容易交往；"君子"是称其人品高尚。这次短暂的相处和交谈，奠定了徐、利二人之后结为跨国界、跨文化的"莫逆之交"的基础，为他们携手谱写中西文化交流的伟大篇章，开了一个好头，同时，徐光启也因此受到第一次天主教教义的启蒙教育。

徐光启告别利公，匆匆赴京参加会试，但依然没有考中。当他回程再到南京拜访利玛窦时，利公已经踏上第二次进京的行程。徐光启只见到了留守南京的罗如望神父。

3年后，1603年徐光启从上海到南京办事，再次拜访罗如望。神父陪他参观了教堂中的圣母像，并送给他两本中文撰写的有关天主教教义的书——《天主实义》和《天主十诫》。

如获至宝的徐光启当晚就将两本书读完。第二天他就去见罗如望，要求领洗入教。"罗如望很有些惊讶，答说教义不是一夜能够学好的，至少也得八天问道。光启就一连八天午前午后都去听道。"[2]8天之后，罗如望对他细加考问，认为他已经明了教理，于是就给他施了洗礼，并取教名"保禄"。

以当今宗教平等和信仰自由的普世观点来看，不能说佛教与天主教孰优孰劣。但是，具体到晚明时期的中国，我们不能不看到，儒家的心学和佛教的禅宗都不能为社会的进步提供新鲜的营养，不能为社会的前进注入动力。它们对世界的解释也远远落后了。如佛教的世界观是"一四天下"，即："东毗提诃洲、南瞻部洲、西瞿陀尼洲、北拘卢洲"。佛教对白昼黑夜的形成、日月交食等自然现象的解释都停留在上古神话传说的水平；儒教的天人感应学说也充满了神秘的色彩。而当时的天主教则是经过自我更新、与时俱进，

---

[1] 罗渔译《利玛窦书信集》，台湾光启出版社1986年版，第290页。
[2] 罗光著《徐光启传》，《罗光全书》，台湾学生书局出版，第272页。

且与比较先进的科学相联系。中国人将之统称为"天学"。徐光启及晚明时代其他加入天主教的开明学者，他们对天主教的好感和熟悉，是从接受西方的科学开始的。皈依天主可以说是在他们向西方寻求真理的道路上的中间驿站，或者说是最终的归宿。

不仅如此，在长期闭关自守的明代社会，打破"华夷之辨"的千年传统，信仰一种全新的、来自从来闻所未闻的遥远外国的、又与被认为是"奇技淫巧"的学问联系在一起的宗教，无疑需要与众不同的胆识和勇气。徐光启的这种胆识和勇气首先来自他对传教士们所带来的西方科学的真理性的确信。应该说利玛窦"科学传教"的做法极其睿智，也非常成功。他的胆识和勇气也来自对利玛窦等传教士人格的仰慕。早期来华的西方传教士不仅是学贯中西的大师，同时也是道德高尚的楷模。利玛窦等人对信仰的无私无畏的追求，孜孜以求地济弱救贫的善举，正直、坦诚、以德报怨的处世准则，不婚不宦、粗茶淡饭的清贫生活，学而不厌、诲人不倦的治学态度，以及他们倡导的"相比相益，相矫相成"[1]的交友之道和"一夫一妻"的婚姻模式，等等。这一切，与晚明社会物欲横流、追逐名利、勾心斗角、尔虞我诈的官场陋习和社会颓风形成了强烈的对比，因此而成为具有极大感召力的榜样的力量。而徐光启等痛感世风日下、人心不古的为人正直、为官清廉的开明学者，其倾心天主教，不独对他们自己来说是道德回归的精神寄托，同时也是他们希冀借助天主教的戒律以重整社会道德风尚的一种探索与尝试。因此，当时徐光启等开明学者信奉天主教，不仅有助于推广西方科学知识，而且具有改良社会的进步意义。

三、汇聚京师，联手翻译《几何原本》

利玛窦在南京住了一年之后，与刚刚从澳门来的西班牙籍耶稣会士庞

---

[1] 冯应京《交友论序》。徐宗泽《明清间耶稣会士译著提要》，上海译文出版社2010年版，第264页。

迪我（Diego de Pantoja）一道，于 1600 年（万历二十八年）5 月 18 日，再次向北京进发。这回他特意又让人从澳门带来一座大的自鸣钟和一幅绘制精美的圣母像，以便使他向皇帝贡献的礼物更为引人注目。

1601 年 1 月 24 日，在中国纪年表上称万历二十八年十二月二十一日，利玛窦一行历经千辛万苦终于到达北京。他所携带的 30 多件贡品送进宫中，利玛窦还呈上一本由中国朋友修改润色并誊清的、措词极为恭谦诚恳的奏疏。

利玛窦在疏中自称为臣，并称：一向仰慕天朝的"声教文物"，愿终身为天朝一子民，所以"航海而来，历时三年，路经八万余里"。在广东肇庆、韶州二府居住 15 年，学习语言文字，诵记中国古代圣人之学。后由江西至南京，又居住了 5 年。知"天朝招徕四夷"，便携本国方物，陈献御前。他称：臣于"天地图及度数，深测其秘"；能"制器观象，考验日晷，并与中国古法吻合"[1]，表示了自己愿意将所学之天文、数学等知识贡献于中国皇帝面前，又以婉转的口吻，表达了想在北京留居的愿望。

奏章也许并没有引起皇帝的注意，但一大一小的两架自鸣钟却使皇帝爱不释手。万历皇帝从没见过如此精巧的玩艺儿，喜不自禁。过了 8 天钟突然不走了，皇帝以为坏了，急命太监召神父进宫。利玛窦仅仅旋紧了发条，自鸣钟又行走如初。皇帝因此感到这位西洋人的价值，于是力排众议，破例准许利玛窦在北京购房定居，还给他们发了俸禄。利神父成了御用的钟表修理师。这也就是的中国钟表业将大胡子利玛窦奉为行业神的历史缘由。

利玛窦的贡品中还有圣母像和西洋琴，这也是西洋美术和音乐进入中国的开端。

利玛窦在中国朋友的帮助下，在宣武门内购得一处房产，将其改建成自己的住所和北京的第一座天主教堂，即现在的"南堂"的前身。

就在利公定居北京后不久，1604 年徐光启再次入京赴会试，一举得中，并点了翰林，任翰林院庶吉士。于是，徐光启也举家迁居京师。他就在利公住所的附近租了房子，常常身着便服，走进教堂，与利玛窦朝夕聚谈，切磋道德学问。徐光启称："四方人士无不知有利先生者。诸博雅名流亦无不延颈愿望见焉，稍闻其绪言余论（即科学知识），即又无不心悦志满，

---

[1]《正教奉褒》。引自韩琦等校注《熙朝崇正集熙朝定案（外三种）》，中华书局 2006 年版，第 259 页。

以为得所未有。"而他自己"亦以间从游请益，或闻大旨也。"1605 年，徐光启在为利玛窦《二十五言》一书撰写的《跋》中说，自己"生平善疑"，但是听了利玛窦的议论，就像是拨云见日，"了无可疑"。在与利氏交谈中，"求一语不合忠孝大旨，求一语无益于人心世道者，盖不可得。"他甚至认为，"余向所叹服者，是乃糟粕煨烬，又是糟粕煨烬之万分之一耳！"[1] 自己几十年所追求的学问与利玛窦的西学相比，简直一钱不值。

从 1604 年到 1607 年这三年，是二位中外伟人携手共创中西文化交流大业的黄金岁月，而其中最为彪炳史书的成就，就是合作翻译《几何原本》。

利玛窦早就有将一些西洋科学书籍、特别是欧几里得几何学介绍给中国的想法。利玛窦在早年罗马求学时，曾师从克拉维奥教授研习欧几里得几何学，深得其秘。来中国后，他在与中国学者切磋学问时了解到，中国学者对此道并非完全不知，但"未睹有原本之论"，"既阙根基，遂难创造"，"不能推明所以然之故"[2]。因此，利玛窦萌生了翻译介绍作为西方科学基础的欧氏几何学的念头，也想以此作为酬谢中国朋友善待他的好意。

他先后尝试了几次，第一次是在韶州与瞿汝夔合作，第二次在南京与张养默合作，到了北京后，利玛窦又与一位被称为"保禄的朋友"的举人合作尝试着翻译几何学，但都没有成功。因为"东西文理，又自绝殊，字义相求，仍多缺略，了然于口，尚可勉图，肆笔为文，便成艰涩"，所以难度极大。以致此项翻译"三进三止"[3]。利玛窦认为：除非有突出的天分，没有人能承担这项任务并坚持到底。利公在与徐光启探讨学问时，常常提及此书翻译之事，他还说，"此书未译，他书俱不可论。"[4]

一次，利玛窦再次提到几何学，谈及"此书之精，且陈翻译之难，及向来中辍状"。常以"一物不知，儒者之耻"为座右铭的徐光启决定亲自动手，与利公合译此书。他说："既遇此书，又遇子不骄不吝，欲相指授，岂可畏劳玩日，当吾世而失之？"他更进一步说，"吾避难，难自长大；吾迎难，

---

[1] 徐光启《跋二十五言》，徐宗泽《明清间耶稣会士译著提要》，第 192 页。

[2] 利玛窦《译几何原本引》，朱维铮主编《利玛窦中文著译集》，复旦大学出版社 2001 年版，第 301 页。

[3] 同上书，第 301 页。

[4] 徐光启《刻几何原本序》，朱维铮主编《利玛窦中文著译集》，第 303 页。

难自消微。必成之。"[1]

在《利玛窦中国札记》中关于《几何原本》的翻译缘起和过程是这样写的：

"徐保禄博士有这样一个想法，既然已经印刷了有关信仰和道德的书籍，现在他们就应该印行一些有关欧洲科学的书籍，引导人们作进一步的研究"。"经过日复一日的勤奋学习和长时间听利玛窦神父讲述，徐保禄进步很大，他已用优美的中国文字写出来他所学到的一切东西。"[2]

就这样，自 1606 年秋天开始，徐光启每日下午到利氏居所工作 3 至 4 个小时。利氏口传，徐光启笔授。二人"反复辗转"，"重复订正"，"凡三易稿"，历时一年，终于完成了《几何原本》前六卷。有史料说，在翻译过程中，杨廷筠、李之藻、叶向高、冯应京、曹于忭、赵可怀等都曾参与过"质疑辩难"[3]，熊三拔、庞迪我也参与过意见，再加上之前瞿汝夔、张养默等人的虽然不曾完成且又不算成熟、但不乏参考价值的文稿，可以说《几何原本》也包含了其他中外人士的智慧与辛劳。

《几何原本》前六卷于 1608 年在京刻印出版。卷首刊登了徐光启写的序言和署名为利玛窦而其实也是徐光启代笔的引言。

在序言中，徐光启强调了几何学作为基础学科的重要性，称："《几何原本》者，度数之宗"，"由显入微，从疑得信，不用为用，众用所基"，"以当百家之用"。不仅如此，还能锻炼人的思维能力，"将以习人之灵才，令细而确也"[4]。

引言中，作者介绍了几何学的方法，即"题论之首，先标界说；次设公论，题论所据；次乃具题，题有本解、有作法、有推论。先之所征，必后之所恃。"[5] 随后作者详细地列举了几何学在测地、量天、制器、造屋，甚至军事方面的广泛用途。

《几何原本》的翻译与出版引起了当时学者文人的高度重视。后来内阁大学士叶向高在反驳一些官员以"从无此例"来杯葛在北京赐予利玛窦墓地时说：自古来华的洋人，"其道德学问，有一如利子者乎？毋论其它事，

[1] 利玛窦《译几何原本引》，朱维铮主编《利玛窦中文著译集》，第 302 页。
[2] 何高济等译《利玛窦中国札记》，中华书局 1983 年版，2001 年第 4 次印刷，第 517 页。
[3] 转引自梁家勉著《徐光启年谱》，上海古籍出版社 1981 年版，第 83 页。
[4] 徐光启《几何原本序》，徐宗泽《明清间耶稣会士译著提要》，第 258 页。
[5] 利玛窦《译几何原本引》，朱维铮主编《利玛窦中文著译集》，第 301 页。

即译《几何原本》一书，便宜赐葬地矣。"[1]

利玛窦对《几何原本》的出版也非常得意。他将两册《几何原本》寄给了耶稣会总会长阿桂委瓦神父，并在信中说："这类书在中国还是破天荒，它的证明方法及其清楚分析，引起中国士大夫的惊异。中国人从每页的图形可以明了其中的含意。"[2]他在另一封寄往罗马的信中也谈到此事，称"此举不但把科学介绍给大明帝国，提供中国人一种有用的工具，而且也因此使中国人更敬重我们的宗教。去年已译完六卷，分六册，立即付梓，文辞十分高雅完美。""在《几何原本》中介绍了许多中国人前所未闻的知识。"[3]

尽管中文译本《几何原本》只是原书的前六卷，但它对中国数学发展史的贡献还是划时代的。梁启超曾评价它为："字字精金美玉，是千古不朽的著作。"他们确定的用中文词汇表达的几何学概念，如点、线、面、平面、曲线、曲面、直角、钝角、锐角、垂线、平行线、对角线、三角形、四边形、多边形、圆、圆心、相似、外切等等，以及几何学一词本身一直使用到今天。该书引入了西方数学的公理化、证明等方法，深刻地影响中国的数学界，使得一大批学者诚心倾服。其影响力不仅限于中国，而且惠及朝鲜和日本。徐光启进一步试图用《几何原本》的演绎方法解释中国传统的数学。他所著的《测量异同》与《勾股义》就是这方面的代表作。

《几何原本》一书出版后，利玛窦曾对其进行了若干校正。1607年徐光启南下为父亲守制，利氏将此校正本寄给徐光启，希望有愿再版此书者参照修订。徐光启于1610年再度进京时，利玛窦已经过世。在他的遗书中，有一本经他亲手校订的《几何原本》。庞迪我、熊三拔就将这本利氏遗书赠予徐光启。1611年徐光启略有闲暇，便与庞、熊二人合作，在利玛窦校订的基础上进一步增订、整理，出版了《几何原本再校本》，使之比第一版更加严谨，"差无遗憾矣"[4]。

徐光启还写了《几何原本杂议》一文。在此文中，他说《几何原本》有"四不必"即"不必疑，不必揣，不必试，不必改"；"四不可得"，即"欲

[1] 艾儒略《西泰利先生行迹》，载于张星烺《中西交通史料汇编》第一册，第382页。
[2] 《利玛窦书信集》，罗渔译，台北学生书社出版，第384页。
[3] 同上书，第356页。
[4] 徐光启《题几何原本再校本》，朱维铮主编《利玛窦中文著译集》，第307页。

脱之不可得，欲驳之不可得，欲减之不可得，欲前后更置之不可得"；"三至三能"，即"似至晦，实至明，故能以其明明他物之至晦；似至繁，实至简，故能以其简简他物之至繁；似至难，实至易，故能以易易他物之至难"。该书不是告诉人们现成的结论，而是教人们掌握一种一通百通的思维方法，他说："能精此书者，无一事不可精；好学此书者无一事不可学"[1]，对《几何原本》一书给予了高度赞扬。

《几何原本》前六卷的成功翻译是利玛窦和徐光启两位伟人精诚合作的硕果。一方必须是精通此义，又乐于此道的外国传教士，其舍利玛窦而无他；另一方必须是立此志向，又有此能力的中国学者，又非徐光启而莫属。而利、徐二公同在北京又仅有短短的 3 年时间（即从 1604 年徐光启中进士到 1607 年他为父亲守制而离京）。这期间还必须有国际、国内宽松的外部环境。诸多条件缺一不可。这部经典著作出版问世简直就是一个奇迹！这也足以说明，为什么 15 卷完全本的《几何原本》要等到 250 年后，才由李善兰和伟烈亚力合作在 1856 年翻译出版。

四、利、徐关于生死的对话和利氏之死

1608 年利玛窦另一本中文著作《畸人十篇》在京师刻印出版了。全书由利玛窦口述，由徐光启笔录。书中包括十篇问答体的短文，其中有两篇就是利玛窦回答徐光启有关生死问题的文字。此外还有与吏部尚书李戴、礼部尚书冯琦、吏科都给事中曹于汴、工部郎中李之藻等人的对话。利玛窦在书中宣扬了天主教的道理，对中国文人提出的问题给予回答。利玛窦第一次将古希腊著名的"伊索寓言"故事介绍给中国人，以有趣的故事说明深刻的道理。

书中的《常念死候利行为祥第三》《常念死候备死后审第四》两篇[2]，

---

[1] 徐光启《几何原本杂议》，朱维铮主编《利玛窦中文著译集》，第 305 页。
[2] 《畸人十篇》，朱维铮主编《利玛窦中文著译集》，第 448—462 页。

是利玛窦回答徐光启关于生死问题的。利玛窦鉴于中国人以死为不祥、往往回避的特点，介绍了西方天主教文明中关于生死的不同认识。他说，每个人都是要死的，"有备则无损矣"。他说，人死是一个过程，人生就像一支蜡烛，在一点一点地燃烧，一步一步地走向生命的终点。人的一生，从少年到青壮年，再到老年，就是一个从生到死的过程。人死后，肉体腐烂，但灵魂则要到天主面前接受审判，生前所作的一切坏事都被记录得清清楚楚，因此要多做善事，不做恶事。

利玛窦说，常常想到死有五大好处：第一，"知寿数不长，则不敢虚费寸阴"；第二，不会被一时的欲望迷惑，而做出有损德行的事情；第三，将"财货功名富贵"看轻看淡；第四，可以克服人的傲气；第五，可以不畏死，当死之将近，坦然面对。

徐光启听了这番道理，茅塞顿开，称："于戏！此皆忠厚语，果大补于世教也。"[1]他说，现在的一般人，在为死做准备时，总是追求坚厚的棺材，为寻找到一个风水好的坟地而占卜，哪里考虑到死后将面临的天主的审判呢？今后我懂得了应该为自己的死准备些什么了。利玛窦进一步阐述说，"夫善备死候者，万法总在三和。三和者，和于主，和于人，和于己是也。"和于主，就是听从天主的教导，忏悔自己的过错，"得罪于主无所逃"[2]。和于人，就是不应占有别人的财物，如有则应还给别人；不应对别人进行诽谤，如有则应予以纠正；宽以待人，和睦相处。和于己，就是如果曾经沉迷酒色丑念邪情者，应经常反省，痛改前非，弃恶从善，拒绝诱惑。只有这样，才能在死后获得安宁。

利玛窦在写给欧洲的教会同仁的书信中，专门描述了《畸人十篇》一书在中国文人中产生的影响。他说，"神父，您想不到'畸人'的这两点思想给予中国哲人的刺激有多大啊！数年前就有一知名学者因而抛弃了他祖先给他遗留下的大批图书，因为他在书中找不到一个'死'字。死亡一词在中国表示生命的结束且为不祥之事。而我这两篇正提供他们莫大的劝言和启示，这是中国人向所未闻的。因此很多人争相阅读，再三向我索取此书。"[3]

---

[1]《畸人十篇》，朱维铮主编《利玛窦中文著译集》，第 461 页。

[2] 同上。

[3]《利玛窦书信集》，第 358 页。

1610 年，这位在《畸人十篇》中劝导中国人平和对待死亡的泰西神父，平静地迎来了自己的死亡。

这一年的利玛窦特别忙碌。这既是天下举子的"会试"之年，又是地方官吏的"大计"之年，大批的官员和考生从全国各地汇聚于北京。熊三拔记道："很多官员或考生早闻利玛窦神父大名，趁机和他会面，有些故交，更要与他畅谈不可；因此日夜访客不停，连吃饭的时间都没有。又正逢四旬严斋之期，多次打断了中饭去接见访客官员，尤其因他们送礼来，必须还礼回拜不可。"[1] 这使利玛窦十分疲乏。这时正巧李之藻病了，利玛窦又对他细心侍候调治。李之藻深受感动，当他痊愈后就领洗成为一名天主教徒。这年的 5 月，过度操劳的利玛窦终于一病不起。

利神父其实已经意识到这一点了，他多次说过自己不会长寿。在几个月之前，他完成了题为《天主教传入中国史》的回忆录，他"烧掉了一些信件；将一些文件整理好；写下万一他死了对传教团今后工作的一些指示，并且指明由龙华民接替自己的工作。他的同事注意到，与平时相比，他晚上做祈祷的时间要更长些。有人还听他几次说，他现在能够给予在中国人中促进天主教信仰发展的最大贡献就是死亡。'直到那颗麦粒掉落在地上'……"[2] 这是一句来自《圣经》的格言，意思是说，一颗麦粒如果没有落在地下，就永远只是一颗；如果落在地下，就会萌芽、生长，孕育出更多的麦粒。

5 月 11 日，利玛窦倒在了他度过了 28 年岁月的中国大地上，享年仅仅 59 岁。可惜在他弥留之际，他最好的中国朋友——徐光启没能守护在他的病榻旁边。徐光启在上海为父亲守制未归。

利公去世后，他的耶稣会同伴和中国朋友为他能在北京获得一处墓地，得以长眠在帝国的都城而四处奔走。在时任内阁大学士的叶向高和礼部尚书吴道南等人的促成下，万历皇帝终于同意打破常规，在北京城周边赐给利玛窦一方墓地——位于城西阜成门外二里之遥的"滕公栅栏"。经过差不多一年的筹划和改建，京师西郊的第一处洋人墓地终于准备停当了。这时徐光启也守制完毕，返回了北京。

---

[1]《利玛窦书信集》，第 536 页。

[2]（美）邓恩著余三乐等译《从利玛窦到汤若望》，上海古籍出版社 2003 年版，第 89—90 页。

1611年11月1日，在被天主教称为"诸圣节"的那天早晨，以徐光启为首的教友们都来到了墓地，为利玛窦举行隆重的葬礼。徐光启亲手执绳把他的朋友利玛窦放入最后的长眠之所。

利玛窦的墓葬也是中西合璧，坟墓是欧洲式的，而墓碑则是中国式的。高大的汉白玉碑体的上方，镌刻着龙的造型，并有代表天主教会的标志——十字架。墓碑中间刻有一行大字：

"耶稣会士利公之墓"

右边是中文小字：

"利先生讳玛窦，号西泰，大西洋意大里亚国人。自幼入会真修。明万历壬午年，航海首入中华衍教。万历庚子年来都，万历庚戌年卒。在世五十九年，在会四十二年。"[1]

左边是横向书写的拉丁文字，内容与中文所写的大体相似。

五、徐光启继续利玛窦未竟之事业

从1600年南都初识，到1607年京师永诀，徐光启与利玛窦的交往总共也只有8年。这其中，同在一地能够经常往来的时间更短，可以说不足4年。但是这却改变了徐光启的一生。同时东西两大巨子联手，也改写了中国的科技史和中西文化交流史。1610年利玛窦的去世，就他与徐光启共同开创的晚明"西学东渐"而言，至此进入到一个新的阶段。在这之前，从1583年起，利玛窦是当之无愧的旗手，徐光启只是学生和助手；在此之后，其领袖的责任无疑落在了徐光启的肩头。是他独立支持，将多项利玛窦生前就已经筹划而未竟的事业最终完成，例如与熊三拔合作翻译的《泰西水法》

---

[1] 北京行政学院《青石存史》，北京出版社2011年版，第152页。碑文所刻"庚戍年"有误，应为"庚戌年"。

和《简平仪说》。

利玛窦在世时,曾与徐光启一起讨论过水利问题。徐公后来回忆道,"昔与利先生游,常谓我言:'薄游数十百国,所见中土土地人民、声名礼乐,实海内冠冕;而其民顾多贫乏,一遇水旱,则有道馑,国计亦绌焉者,何也?'"[1] 利玛窦表示,很想在这方面有所作为,以报答皇上礼遇的隆恩。他说,西洋有关于水利的学问,如能在中国实行,就可以富国足民。

徐光启听了这番话非常兴奋。前面说过,徐光启自青年时代始,就对有关国计民生的农业及水利问题特别关注,写过《量算河工及测量地势法》等文章。于是他说,"余尝留意兹事二十余年矣。询诸人人,最多画饼。"于是急不可待地向利玛窦请教。利先生介绍了一些梗概。徐光启感到"悉皆意外奇妙",闻所未闻。当他为处理父亲丧事离京回乡而向利公告别时,利玛窦将同伴熊三拔介绍给他,说,"昨言水法不获竟之。他日以叩之此公可也。"[2] 但是,待徐光启返回京城时,利玛窦已去世了。传授西方水力学知识,从而帮助中国百姓抗御水旱灾害,成为利公一项未竟的事业。

好在他向徐光启介绍了熊三拔,并向熊三拔托付了此事。徐光启于是就向熊三拔请教有关水利之事。可是由于后任的中国教会负责人龙华民,不太赞成利玛窦的"科学传教"的方针。他认为把过多的时间和精力花在介绍科学上,有悖教会的宗旨。在他的影响下,熊三拔在徐光启向他求教时,态度也不甚积极,"唯唯者久之。察其心神,殆无吝色也,而顾有怍色"。徐光启知道,熊先生不是舍不得传授知识,而是怕人们对传教士万里东来的主要目的产生误解。于是解释道:"人富而仁义附焉,或东西之通理也。"教义精微,可以拯救人们的精神;水利等事虽然粗俗,但可以拯救人们的生命。"并说之,并传之以俟知者,不亦可乎?""先圣有言,'备物致用,立成器以为天下利,莫大乎圣人。'器虽形下而切世用,兹事体不细已。"[3] 在徐光启积极促成之下,两人合作,费时二载,才完成《泰西水法》一书。

《泰西水法》共六卷,前四卷分别介绍了提取江河之水的龙尾车、提取井泉之水的玉衡车、恒升车等提水工具,收集储存雨雪之水的水库的建

---

[1] 徐光启《泰西水法序》,《明清间耶稣会士译著提要》,第 235 页。
[2] 同上书,第 235 页。
[3] 徐光启《泰西水法序》,《明清间耶稣会士译著提要》,第 235 页。

造方法，以及如何寻找水源确定打井位置的方法。第五卷则以问答的形式回答了有关灌溉、排水的若干难题。第六卷完全是图谱，形象地教人们如何制作这些水利工具和设施，非常实用且可操作。书成之后，徐光启、曹于汴、郑以伟为之撰写了序言。邓恩先生写道："当这部著作刊行之后，熊三拔将书分赠给朝廷里最重要的官员，包括内阁大学士们。他们都非常礼貌地、恭谦地接待了他，并在第二天派家人回访了熊三拔。"[1]

熊三拔在著书之余，还在南堂亲手制造了很多水利机械。曾为《泰西水法》撰序的郑以伟称，1612 年他造访熊三拔的住所，"见其家，削者、鬃者、绹者，皆治水具也"[2]。这些新奇的水利工具吸引京城的官员学者纷纷来到北京会院，争睹为快。有记载曰："都下诸公闻而亟赏之"，不少人还"募巧工从受其法。器成即又人人亟赏之"[3]。一时间，耶稣会士的北京会院居然成为展示各种西洋水利工具的博物馆。在 1635 年刻印出版的《帝京景物略》一书对宣武门天主堂中展示的西洋奇器作了描述，其中就谈到熊三拔制作的水利仪器："龙尾车，下水可用以上，取义龙尾，象水之尾尾上升也。其物有六：曰轴、曰墙、曰围、曰枢、曰轮、曰架。潦以出水，旱以入，力资风水，功与人牛等。"[4]

《泰西水法》一书后来被收入《四库全书》，其编者在提要中称："西洋之学，以测量步算为第一，而奇器又次之。奇器之中水法又切民用，视他器之徒矜工巧为耳目之玩者又殊，故讲水利者所必资也。"[5]

与《泰西水法》情况类似的还有《简平仪说》。

简平仪是星盘（即扁平化的浑仪）中较为简化的一种。元代时曾有西域回回天文学家所制作的星盘传入，但直到明末之前未见星盘在中国的使用和流传。随着利玛窦来华，星盘被再次传入中国。早在南昌居住时，利玛窦就送给江西巡抚一副自己制作的星盘，并教会瞿太素如何制作这种仪器。1608 年在北京，他在与李之藻合作题为《浑盖通宪图说》的一书（即他老师克拉维奥所著的《天文学教程》的中文译本）中，对这种星盘做了介绍。

[1] 《从利玛窦到汤若望》，第 101 页。

[2] 郑以伟《泰西水法序》，《明清间耶稣会士译著提要》第 238 页。

[3] 同上书，第 236 页。

[4] 刘侗、于奕正《帝京景物略》，北京古籍出版社 1982 年版，第 153 页。

[5] 纪昀等著《四库全书总目提要》，中华书局 1965 年版，第 853 页。

　　有一次，徐光启在南堂时，正遇到熊三拔将自己制造的简平仪呈给利玛窦看。利玛窦对此仪器颇为赞赏，并向徐光启作了简略的介绍。有心的徐光启做了笔录，但对简平仪的原理和使用方法不甚了了。利玛窦去世后，有志于将西方天文理论引入中国以改革历法的徐光启，便向熊三拔请教。开始时，熊三拔还是持犹豫的态度。但是徐光启再三恳求，并说撰写此书介绍简平仪，是历法改革的第一步，熊三拔这才同意了。《简平仪说》一书于 1611 问世，徐光启亲笔撰写序言。

　　借助西方天文学理论，改革当时明代的历法，也是萦绕在利玛窦心头多年，但最终未能实现的一项遗愿。

　　明代的历法基本上沿用了元代郭守敬制定的"授时历"。明初朱元璋命翻译回回历作为补充，更名为"大统历"。但是到了晚明时期，"大统历"的误差越来越大，预测日月交食常常发生失误。曾在罗马的耶稣会大学专修过天文学的利玛窦，进入中国之后，就一直十分关注中国的天文历法。在韶州时，他就自称是一名"天文学家"[1]，他所制作的体现了欧洲天文学理论的日晷和天球仪等仪器，和他的世界地图一样，是博得中国文人青睐的礼物。在 1596 年 9 月的南昌，曾发生过一次日食。居住在那里的利玛窦早在几个月之前就对此做了准确的预报，而朝廷钦天监所作的预测却与实际天象不符。为此，他在进入北京城时写给万历皇帝的奏疏中，就提出愿意参与修改中国历法。遗憾的是，直到他去世都未付诸实施。

　　后来由于钦天监的天象预报一次次地出现失误，时任南京太仆寺少卿的李之藻和在钦天监任职的周子愚、戈丰年等，先后上疏，提出参用西法，延揽西人，修订历书。但是采用西洋天文理论，修改中国传统历法，在长期闭关锁国且妄自尊大的明王朝里，不是一件容易的事情。他们的奏疏也一次次石沉大海。1629 年（崇祯二年）五月初一，又一次发生日食，钦天监的预测再次出错。这时已升任礼部侍郎的徐光启，再上倡议修改历法的奏疏。崇祯皇帝览奏之后，批准了徐光启的计划。这才正式成立历局，由徐光启领衔，以西法修历。

　　徐光启提出"欲求超胜，必须会通；会通之前，先须翻译"[2]的修历方针，

[1] 罗渔译《利玛窦书信集》，第 96 页。
[2] 《徐光启集》，第 374—375 页。

组织李之藻、邓玉函、龙华民等集中力量翻译西洋数学、天文、历法书籍。中西人士精诚合作，"臣等藉诸臣（指外国传教士）之理与数，诸臣又藉臣等之言与笔。功力相倚，不可相无。"[1]不久邓玉函不幸病逝，徐光启又举荐汤若望、罗雅谷入局译书。

与此同时，徐光启非常重视实际的天文观测，将其作为检验历法、算法是否精当的唯一标准。他首次将传教士带来的西洋望远镜用于天文观测，并不顾年老体衰，坚持亲力亲为。1630年年底，当徐光启以69岁高龄，冒着凛冽的寒风，登上观象台进行观测时，突然不慎失足，滚落台下，腰部和膝盖严重受伤，动弹不得。皇上得知，命他不必事必躬亲地登台观测。但当他稍有好转，又登台观测。

直至1633年（崇祯六年）的几年中，徐光启分5次向皇帝进呈了翻译的西洋历书共137卷。这一年72岁高龄的徐光启已经病入膏肓，他在病榻上向皇上预报了即将发生的月食，并推荐李天经来继承自己未竟的事业。十一月初八日，为中国科学事业操劳了一生的徐光启与世长辞。虽曾位高极品，但始终两袖清风的他，"盖棺之日，囊无余资"，"宦邸萧然，敝衣数袭外，止著述手草尘束而已"[2]。

李天经不负期望，秉承徐光启遗志，与传教士汤若望等通力合作，终于完成了新法历书——《崇祯历书》的编纂工作。虽然新历法没能在明代施行，但徐光启等人的努力并没有白费。后来，这一以西洋方法修订的历书终于在清代顺治年间以"时宪历"之名颁行天下。当时的摄政王多尔衮，还在历书的封面题上"依西洋新法"5个大字。

六、中西文化交流史上的双子星座

从1600年利、徐二人初次相识，到1633年徐光启逝世，总共不过

---

[1]《徐光启集》，第344页。

[2] 转引自梁家勉著《徐光启年谱》，上海古籍出版社1981年版，第203页。

三十几年，却为中国的数学、天文等多个科学领域带来了划时代的进步。不仅如此，利玛窦实行的"文化适应"策略，也得到徐光启的积极配合，而为他们之后一百多年两大文明持续平等地交流打造了一个唯一可行的平台，从而造就了自 16 世纪以来在中国学术发展史上占有重要的历史地位的"西学东渐"文化启蒙运动。这一文化启蒙运动对中国科学史（包括天文学、数学、地理学、地质学、测绘学、水利学、力学、物理学、光学、机械学、建筑学、化学、造纸印刷术、人体科学、西医药学、动植物学，等等）、艺术史（美术包括油画和雕塑、音乐包括乐器、乐理、乐曲、玻璃珐琅制造工艺，等等）和人文学史（伦理学、哲学、语言学、心理学、逻辑学，当然还有宗教，等等），都起到了里程碑式的重要作用，在有些学科门类上甚至起到了从无到有的开创性作用。因此，毫不夸张地说，利玛窦堪称在历史上对中华文明贡献最大的外国人，而徐光启则是中国历史上第一代睁眼看世界、向西方寻求真理的先驱。

一个意大利的耶稣会士不远万里来到中国，为了传播天主教而介绍欧洲的科学和文化；一个中国学者，为了救国救民而突破精神藩篱，努力学习和宣传欧洲的科学，甚至信奉了陌生的天主教。两位伟人从各自不同的出发点，走到同一条路上，携手完成了一项惠及中欧两大文明的伟业。

德国哲学家、科学家莱布尼兹曾评价说："我认为（在中国的）传教活动是我们这个时代最伟大的壮举。它不仅有利于上帝的荣耀，基督教的传播，亦将大大促进人类的普遍进步，以及科学与艺术在欧洲与中国的同时发展。这是光明的开始，一下子就可完成数千年的工作。将他们（中国）的知识带到这儿，将我们的介绍给他们，两方的知识就会成倍地增长。这是人们所能想象的最伟大的事情。"[1]

利玛窦在他的《交友论》中说道："交友之旨无他，在彼善长于我，则我效习之；我善长于彼，则我教化之。"[2] 正是在徐光启和利玛窦这对肝胆相照的朋友之间孜孜不倦的"效习"和"教化"中，谱写了东西两大文明交流融合、相得益彰的不朽诗篇，成就了被哲人誉为"所能想象的最伟大的"

---

[1]《莱布尼茨中国书信集》，第 55 页。转引自李文潮、H. 波塞尔编《莱布尼茨与中国》，第 75 页。

[2]《交友论》，朱维铮主编《利玛窦中文著译集》，第 112 页。

历史功绩。

当代中国人将他们并排镌刻在中华世纪坛上，就是对他们最好的、永久的纪念。

编后语：此文发表在 2012 年香港思维出版社出版的《耶稣会教育论文集》。2006 年上海古籍出版社编辑吕健先生向我约稿，为文史丛书写两个题目，其中一本就是《徐光启与利玛窦》。此书出版后获得广泛好评。香港耶稣会周守仁神父约我撰写了此文。2015 年我又应邀为香港华仁书院作了一次同题讲演。

成也萧何，败也萧何

——天主教与西方科学在中国

距今四百年前，即 1610 年，一位意大利神父利玛窦在北京安静去世；也是在四百年前的 1610 年，一位意大利科学家伽利略用自己制作的世界上第一架天文望远镜观测天空。读者不禁要问，一个是宗教，一个是科学，这两件事能联系到一起吗？

我的回答是：能。将宗教与科学这两件看似风马牛不相及的事件联系到一起，将这两位远距几万里的意大利科学家和来华传教士联系到一起，把天主教与望远镜联系到一起，就演绎出这里将要叙述的故事。

1552 年，天主教耶稣会的创始人之一，圣方济•沙勿略——最早将传播福音的希望寄托在中国的先驱，连中国大陆的土地都没能踏上，就在上川岛上病逝了。也就在这一年，利玛窦在意大利东部的小城——马切拉塔诞生。似乎上天注定要让这一新生儿担起先辈未完成的使命，30 年后，利玛窦果然踏着沙勿略的足迹来到了中国。他成功了！天主教在唐代、元代短暂地存在而又匆匆消失之后第三次传入了中国。而且这次传入后就在中华大地扎下了根，虽经历种种磨难，却一直延续至今。

被中国人称为"泰西"的欧洲与被欧洲人称作"远东"的中国，分处于欧亚大陆的两端，相隔何止千山万水。双方在相互隔绝（基本上）的条件下，形成了各自独特的文明。这两种文明又何止千差万别！当大航海时代到来时，它们第一次实质性地碰撞了，"亲密地"接触了，才发现彼此是如何的格格不入。在沙勿略死后的 30 年中，一名又一名想要高擎着十字架进入中国的传教士，在坚固的"万里长城"阻挡下寸步难行，一筹莫展。而利玛窦却成功了，实现了被当时认为"不可能实现的任务"——即"登上月球"的奇迹[1]。

载着利玛窦和圣经成功地进入中国的两个车轮是"文化适应"和"科学传教"。"文化适应"在一定程度上消除了中国主流意识形态儒家学说对外来天主教的戒意，使来华传教士得以在中国立足，从而在东西两大异质文明之间架起一座相互沟通的桥梁；"科学传教"则改变了中国传统的文化优越感，将欧洲科学文化引进中国。对利玛窦的成功来说，二者缺一不可。从中华文明发展的角度看，后者"为中华文明注入了新鲜血液"（李瑞环语）。

利玛窦传入中国的西学涉及了非常广泛的领域，但本课题所聚焦的望远镜不是他传入的。因为当他离开欧洲远赴东方的时候，望远镜还没有诞生；当望远镜在欧洲诞生的时候，他已经病入膏肓了。1610年，他完成了自己的使命，结束了繁忙的一生，投入到天主的怀抱。对于继任者来说，他为他们打开了一扇门[2]。

他的后继者邓玉函、汤若望、南怀仁等相继来华的西方传教士们驾驶着前辈设计的"双轮车"，勤奋地工作，度过了明清交替的危机，开创了中西文化交流的黄金时代，当然也是中国天主教历史上的黄金时代。

事实证明，"科学传教"的方略是欧洲天主教进入中国的最佳切入点。这是因为：

一、中国历来认为只有中国是文明礼仪之邦，中国以外的人都是野蛮、未开化的"蛮夷"而加以鄙视。耶稣会传教士在中国文人面前展示出高度发达的西方文化，以破除中华文化独尊的偏见，乃是他们得以进入中国上层社会的前提。

二、传教士们以先进的科学技术帮助中国朝廷解决诸如"修正历法"、"铸造火炮"、"绘制地图"等关乎国家大计的难题，使皇帝和朝廷感到他们和他们的知识不可或缺，因而使他们获得在华、在京的居住权，进而争取到合法传教的许可。舍此，传教就根本无法谈及。

三、他们为皇室和达官贵人们在修造钟表、绘画、建造园林、施医治

---

[1]（美）邓恩著，余三乐、石蓉译《从利玛窦到汤若望：晚明的耶稣会传教士》，上海古籍出版社2003年版，第3页。
[2] 同上书，第94页。

病等方面的服务，使他们在朝野人士中赢得好感，广交朋友，扩大影响，以便在遇到困难和麻烦时得到帮助和保护。

四、以精确、高超的西方科学知识征服中国文人，使这些社会精英人士产生"既然西方的科学是这样的高明，想必其宗教也是高明的"逻辑推理，进而对天主教发生兴趣，甚至受洗入教。

其实在欧洲也同样。天主教耶稣会自其创立时起，就非常重视科学和教育，它的理念是：人们越是深入地了解大自然的规律，越是惊叹其数学的精确性，就越是不得不承认这一切只能来自于一个万能的主。为此，他们创立了当时世界上第一流的大学，培养出一批最优秀的科学家。这与某些人通常认为宗教等于无知和迷信完全不同。事实上，欧洲的很多科学家，正是因此而成为虔诚的教徒；也有很多科学家，正是出于证明天主万能的原始动机，激励他们在科学的道路上孜孜以求，最终取得骄人的成就。欧洲的天主教既有扼杀科学的一面，也有促进科学发展的另一方面。

在康熙亲政，"历狱"昭雪，特别是南怀仁主持钦天监之后，以耶稣会传教士为主要媒介的中西文化交流达到了高峰。西洋的数学、历法从此确立了其权威性，再也没有遭到有力的质疑。即使再保守、再排外的人也不得不承认西洋人"精于数学"、"通晓算法"[1]。雍正皇帝在一方面严禁天主教的同时，还不忘下令地方督抚查明西洋人中"果系精通历数及有技能者起送至京效用"[2]。

对于在 100 多年中内战消弭、人口繁衍、生产发展、文化繁荣，特别是在奠定中国现代国家疆域版图上做出特殊重要贡献的"康乾盛世"来说，发生在明清两代的中西文化交流，既是造就它的原因之一，也是它的表征之一；同时在对外交流方面反映出来的局限和后来这一交流的中断，也是"康乾盛世"主要弱点及其最终短命的突出表象和重要原因之一。

首先，明末清初的中西文化交流是促成百年统一、稳定的政治局面的因素之一。汤若望所献的"时宪历"成为清王朝"奉天承运"的标志，"历狱"

[1] 福建巡抚周学健《密陈西洋邪教蛊惑悖逆之大端折》，载于《清中前期西洋天主教在华活动档案》，中华书局 2003 年版，第一册，第 88 页。

[2] 礼部允裪《饬禁愚民误入天主教折》载于《清中前期西洋天主教在华活动档案》，第一册，第 57 页。

的平反昭雪成为康熙亲政的重要契机；康熙对传教士和西学的借重成为作为少数民族的满族统治者用以平衡汉族势力从而维持政局稳定的有效策略；南怀仁设计、监制的西洋大炮成为平定"三藩之乱"以及取得对俄作战胜利的有力武器；徐日升、张诚参与和促成的《中俄尼布楚条约》的签署缔造了中俄两大国之间几十年的和平，并为清廷集中兵力平息"准噶尔叛乱"创造了条件，这一切为奠定中国现代国家辽阔版图打下了基础；而传教士们参加的《皇舆全览图》和《钦定皇舆西域图》的绘制则是一个最好的总结。传教士们对世界的介绍和作为翻译和顾问对外交事务参与，也多少改变了中国统治者对外完全封闭无知的状况，沟通了中国与世界的联系。徐光启等人介绍、推广引种甘薯、介绍西方水利机械和其它有利于国计民生的新式机械，也多少促进了这一时期的经济发展。在传教士的推动下，康熙创建了"蒙养斋"，这当然与欧洲各国的国家科学院有很大不同，存在时间也不长，但毕竟也培养了梅毂成、明安图、何国宗等一批数理人才。

其次，欧洲科学、文化和艺术的引入，直接造成了"康乾盛世"文化的多样性和空前繁荣。以欧洲天文学理论制定的新式历法改变了明末旧式历法屡屡出错困境，观象台新式天文仪器的制造缩短了中国天文学与欧洲的差距，朝廷主导编纂的《数理精蕴》《律吕正义》等大型类书吸收了从数学到音乐多方面的西学，这一切使欧洲天文学、数学在保守的中国学界确立了领先地位；郎世宁等传教士创立了中西结合的"海西画派"，开创了中国美术史上的新纪元；传教士们设计的欧式建筑和园林也丰富了中国建筑和园林设计，开西化之先河；在这一时期达到顶峰的的瓷器、玻璃器等艺术品制造融入了西方的技术与风格；他们介绍来的乐器、乐曲和乐理知识，令国人耳目一新；欧洲医疗、药品的引入，也是中国近代西医药学的滥觞。这一时期的"西学东渐"成为中国历史上空前的、全方位地吸收外来文明的一个高峰，是欧洲近代科学、艺术大规模传入中国的开端。

正是在这样的历史大背景之下，本意为了传布天主教的耶稣会士们，把在欧洲刚刚诞生之后不久的望远镜带到了中国，使之在中国天文学发展和历法改革中发挥了重大作用，成为当时中国与欧洲科技差距最为接近的范例之一。而且作为一种最具普及性的西方舶来的科学仪器，望远镜在中国皇帝、官员、文人和民间学者中获得了最广泛的认知，进入了他们的生活和诗词、文学创作中。因此毫不夸张地说，望远镜在明清两代的"西学东渐"中扮演了重要的角色。

但是，正如"成也萧何，败也萧何"。借助传教士带到中国的西方科学文化，在经过一个多世纪的繁荣之后，又因为宗教的缘故而停滞，甚至几乎终止。

1705年携带了教宗严禁中国礼仪敕令的教廷特使多铎来到中国。西方天主教统治当局对中国礼仪文化粗暴歧视的态度激怒了康熙大帝。以1692年的《容教令》为标志的天主教在华的鼎盛阶段，刚刚过了十多年就戛然而止。虽然康熙帝并没有严厉禁教，爱好科学的他对遵照"利玛窦规矩"的耶稣会士们一直抱有好感。他可能也明白"鱼与熊掌不可兼得"，要想吸纳有用的西学而完全禁止西方的宗教是不可能的，为了西学，他对天主教采取了比较容忍的态度。但是在他之后的雍正帝和乾隆帝就不同了。他们明确地宣布："重其学不重其教"，而且如果不能兼得，宁可舍弃西学也要厉行禁教。

当很多研究者在不无遗憾地谈到清廷禁教而造成中西文化交流中止的时候，往往把原因仅仅归结于教廷禁止尊孔祭祖的中国礼仪一事。我认为这是不全面的。实际上还有另一方面的原因，即从雍正帝、乾隆帝以及后来的清朝皇帝和大臣们越来越清晰地认识到以天主教为代表的西方文明对中国君主集权政治制度的潜在威胁，因而对其实行越来越严厉的打击。

的确，天主教与中国传统的君主集权的政治制度之间存在着不可克服的深刻矛盾。在欧洲历史上，作为世俗统治者的国王和作为精神统治者的教宗或主教，几乎是平起平坐的两个分享权力的统治者。用天主教的语言来说，就是"该归天主的归天主，该归凯撒的归凯撒"。而在中国，"溥天之下莫非王土，率土之滨莫非王臣"。"卧榻之旁岂容他人酣睡"，皇帝是不允许任何人觊觎其王权的。即使是最高宗教领袖，也毫无例外是皇帝陛下的臣民。这是第一。第二，天主教标榜的是"天主面前人人平等"；而中国的儒教讲究的是"贵贱有等，长幼有序"。第三，天主教实行一夫一妻制，提倡男女平等；中国传统道德则主张"三纲五常"、"男女有别"、"一夫多妻"，等等。在这些涉及政治和道德核心价值的方方面面，中西两大文明的冲突是明显的。

如果说在利玛窦时代，万历皇帝没有看到这一点的话，那是因为利玛窦待人处世事事低调，他一直向公众隐瞒了其传教的使命。但当他的继任者稍事张扬之后，就发生了"南京教案"。如果说崇祯皇帝没有看到这一点的话，那是因为农民军和清军的两面夹击已使其无暇他顾，同时他也寄希望用来自西洋的大炮来挽救行将崩溃的明王朝。如果说顺治和康熙两代皇帝没有看到这一点的话，那是因为他们面临的主要威胁还是汉人（南明王朝、三藩割据和郑氏台湾）的反清势力。到了康熙末期，特别是雍正、乾隆时期，绝大多数汉人已经接受和认可了满清王朝；大清也以中华帝国的正统王朝自居。他们必然地要禁止一切违反中国传统意识形态的"异端邪说"。同时，也正是由于明末清初几十年的平稳发展，天主教招募了教徒，扩张了势力，其对中国一元政治权力结构的威胁日渐显现。读一读当时力倡禁教的封疆大吏的奏折，"无君无父"、"有伤风化"等等指责，无不切中要害。特别令乾隆皇帝恼火和不能容忍的，是他发现了外国人居然能在他的帝国里任命"官员"（其实是宗教职务）。当权者自然会联想到，中国历史上的很多反政府的叛乱都是借助一种新的"宗教"而发动和组织的。当时又确实存在一种反清的民间宗教组织"白莲教"。于是天主教属于严禁之列就不可避免。

禁止天主教，必然伤及那些兼有科学文化传播者身份的传教士。虽然乾隆皇帝多次向在宫廷服务的外国神父们申明，朝廷的禁教不涉及他们的宗教生活，只是禁止中国人信教。但恰恰为了让中国人信教，这些欧洲传教士们才背井离乡，不远万里来到中国；恰恰是为了让中国人信教，他们才小心翼翼地侍候皇帝和朝廷，将他们的时间和精力花费在并不是他们最乐于从事的、与宗教无关的科学、文化等工作中。禁止中国人信奉天主教，传教士来华就失去了意义。因此自乾隆后期以降，来华传教士就越来越少，特别是那些希望以自己天文、数学、艺术、医学等方面的才华为皇帝服务，藉以换取传教自由的文化传播型传教士渐渐绝迹。

于是，这第一场在两个多世纪中，由多种必然和偶然因素所促成的、由宗教与科学两个主角出演的、被称作"西学东渐"的活剧，就到了谢幕的时候了。第二场戏的开场锣鼓将由大炮和毛瑟枪来奏响。

编后语：此文是《望远镜与西风东渐》一书（社会科学文献出版社 2013 年版）的导言。该书系澳门文化局资助的研究课题。

中西文化的核心差异与利玛窦等耶稣会士成功的历史偶然

"时势造英雄，还是英雄造时势？"这是历史学界争论不休的问题。本人以往较多关注利玛窦等耶稣会士对中西文化交流所做的贡献，也就是着眼于后者，本文想就前者——他们得以成功的客观条件谈一点认识。

一、中西文化的核心差异：一元与二元的政治权力结构

在相隔九万里的欧亚大陆的东西两端的中国和欧洲，在彼此相对隔绝的条件下，经过几千年各自不同的历史发展进程，到了 16 世纪的时候，各自形成了有独特特征的高度发达的文明，这包括：不同的政治、经济体制，不同的哲学、宗教和道德准则，不同的艺术流派和审美标准，等等。简直就是两个不同的世界。而双方又都同样认为，只有自己的区域具有高度发达的文明，而自己区域之外的都是野蛮人。

人们在研究明末清初的中西方的接触时，比较多的笔墨注重于双方在"礼仪"上的差异和争议。可以说，利玛窦奉行的"适应策略"曾一度解决了这一难题。我认为，"礼仪之争"还不是涉及彼此核心利益的最根本差别。我认为，双方差异最大、最无法调和的分歧是在"权力结构"上的差异。我把它概括为：

欧洲：教俗分权，一教独大；

中国：皇权至尊，多教平等。

在欧洲，天主教在罗马帝国的中期以后，从一个被压迫的宗教转变为整个帝国统一的国教。后来，随着罗马帝国的崩溃，世俗政权分裂成若干个小公国，而天主教仍是统一的。这在漫长的中世纪，就形成了"教权大于王权"的局面。作为天主教徒的欧洲公民、特别是教会方面的人士通常认为，对神的义务要高于对国王的义务。不仅如此，那些笃信天主教教义的国君们虽然掌握着强大的政治、军事权力和巨额的财富，但是与中国皇帝苦苦追求长生不老一样，他们也不满足于今生今世的富贵荣华，更想追求死后天堂享受永世的幸福，而天堂的"钥匙"则是掌握在教会统治者（主教和教皇）手里。这就造成"王权"往往不得不屈从"神权"的特有的社会现象。后来在民族国家创立的过程中，教俗权力之争始终不断，势力此消彼长，但直至形成现代社会之前，双方基本上势均力敌。世俗的国王往往需要教皇来加冕，即使是雄才大略的独裁统治者拿破仑也不例外。这就是西方世界传统的二元政治结构。圣经中所言："该归天主的归天主，该归凯撒的归凯撒"，就是这种二元权力结构的生动诠释。

在这点上，利玛窦没有做任何妥协和变通，也没有隐瞒，他在《天主实义》中明确、坦率地表述了这一观点。他说，中国的儒家学说讲求三纲五常，而"君臣为三纲之首"，但是"邦国有主，天地独无主乎？"[1] 也就是说，国君是邦国之主，而天主则为天地之主。显然，天地之主高于邦国之主。而且天主并不是虚无缥缈的，代表他的是"教化皇"。教化皇"专以继天主，颁教谕世为己职"，各国的君臣，"皆臣子服之"[2]。

关于中国人最为看重的"孝道"，他说，"吾今为子定孝之说。欲定孝之说，先定父子之说。凡人在宇内有三父，一谓天父，二谓国君，三谓家君也。逆三父之旨者，为不孝子矣。天下有道，三父之旨无相悖。盖下父者，命己子奉事上父者也，而为子者顺乎一，则兼孝三焉。天下无道，三父之令相反，则下父不顺其上父，而私子以奉己，弗顾其上；其为之子者，听其上命，虽犯其下者，不害其为孝也，若从下者逆其上者，故大为不孝

[1] 朱维铮编《利玛窦中文译著集》，复旦大学出版社 2001 年版，第 6 页。

[2] 同上书，第 86 页。

者也。"[1] 这就是说，如果国君与家父的意见与天主相悖，必须服从天主，否则就是不孝。他还进一步说，"国主与我相为君臣，家君与我相为父子，若是比乎天主之公父乎，世人虽君臣父子平为兄弟耳焉。"并且强调说："此伦不可不明矣！"[2]

这种关于天主、国君和父亲关系和对"孝"的全新说教，无疑颠覆了中国延续了几千年的"三纲五常"的儒家伦理。天主教被一些反教人士攻击为"无君无父"、"率天下而为不忠不孝"，并非无的放矢。

当然，利玛窦也没有过分鼓吹这一与中国的儒家学说格格不入的天主教的伦理说教，以至与他接触最多的徐光启称：从他的言行之中，"百千万言中求一语不合忠孝大旨，求一语无益于人心世道者，竟不可得。"[3]

与西方天主教文明不同，中国则有其完全不同的历史传统与国情。中国自秦以后就是君主集权制，中国人信天、畏天、祭天，然而天与皇帝是统一的。皇帝是"奉天承运"、"皇权天授"。皇帝称为"天子"，定于一尊，绝没有另一个能与他平起平坐的神权。

尽管利玛窦努力将天主教的"敬天主"混同于中国儒家的"敬天"，但无法弥合二者本质的不同。在天主教中，天主面前人人平等，教徒信众可以与国王贵族一样崇拜天主。而在中国，祭天则是最高统治者皇帝一个人的特权，平民百姓不得僭越。这就是"《礼》曰：'天子祭天地，诸侯祀封内山川，大夫祀宗庙，士庶人祀祖祢。'以明天至尊不容僭也，祀有等不容越也。"[4]

在中国，民间的宗教有佛教、道教、伊斯兰教、喇嘛教、萨满教，甚至犹太教，等等。各种宗教在中国基本上是平等的，但绝对不能挑战皇帝的独一无二的权威。在中国永远是皇权高于教权。

其实正是这种政治和宗教的状况，为天主教进入中国开了绿灯。利玛窦指出："中国人对于宗教的事从不采用武力或强制，对外人尤其如此。在这方面他们允许有完全的自由"，"这个事实对于我们在这里的目的也

[1] 朱维铮编《利玛窦中文译著集》第 91 页。
[2] 同上。
[3] 同上书，第 135 页。
[4] 徐昌治编《圣朝破邪集》卷 5，黄问道《辟邪解》，载于周骟方编校《明末清初天主教史文献丛编》，北京图书馆出版社 2001 年版。

帮助不小"[1]。试想，在天主教统治的欧洲中世纪，在同是信奉耶稣、圣母的基督宗教的不同派别之间（天主教与犹太教、天主教与东正教、天主教与新教）还往往发生你死我活的战争的情况下，有可能容忍另一种宗教（比如佛教和伊斯兰教）和平进入吗？雍正皇帝就说过："倘若朕派和尚到尔等欧洲各国去，尔等的国王也是不会允许的。"[2]在中国各种宗教在皇权一尊的前提下，基本上和谐相处，甚至"三教合一"。相比之下，应该说当时的中国对外来宗教的容忍程度要远远高于欧洲国家。但是当天主教势力在中国发展到一定程度，甚至有可能威胁到至高无上的皇权的时候，情况就逆转了。

　　对于天主教倡导的二元权力结构与中国传统的皇权至上之间的矛盾，明末反教人士曾一针见血地指出："据彼云，国中君主有二。一称治世皇帝，一称教化皇帝。治世者摄一国之政，教化者统万国之权。""是一天而二日，一国而二主也。无论尧舜禹汤文武周公孔子之政教纪纲，一旦变异其经常，即如我皇上可亦为其统驭，而输贡献耶？嗟夫！何物妖夷？敢以彼国二主之夷风，乱我国一君之治统？"[3]

　　雍正皇帝也清楚地看到了这一点。他曾对传教士们说，"你们还说，你们的教和我国的儒教没有多大区别。果真如此，你们又何必把你们的教强加于我们呢？如果两者还是有区别，那么你们应该知道，我们是不会为了你们的宗教而放弃有几千年历史的儒学的。"[4]他说，"尔等欲我中国之人尽为教徒，此为尔等之要求，朕亦知之。但试思一旦如此，则我等为如何之人？岂不成为尔等皇帝之百姓乎？"[5]"四海之内，为天与共；一国之中，宁有二主！"[6]他还说："教友惟一认识尔等，一旦边境有事，百姓惟尔等之命

[1] 利玛窦、金尼阁著《利玛窦中国札记》，中华书局 1983 年版，2001 年第 4 次印刷，第 284—285 页。

[2]（法）宋君荣著、沈德来、罗结珍译《有关雍正与天主教的几封信》，载于杜文凯编《清代西人见闻录》，中国人民大学出版社 1985 年版，第 145 页。

[3] 徐昌治编《圣朝破邪集》卷 5，张广湉《辟邪摘要略议》，载于周骎方编校《明末清初天主教史文献丛编》，北京图书馆出版社 2001 年版。

[4]《中国来信》，第 53 页。

[5] 转引自顾长声著《传教士与近代中国》，上海人民出版社 1991 年版，第 91 页。

[6]（法）宋君荣著、沈德来、罗结珍译《有关雍正与天主教的几封信》，载于杜文凯编《清代西人见闻录》，中国人民大学出版社 1985 年版，第 158 页。

是从，虽实在不必顾虑及此。然，苟千万艘战船来我海岸，则祸患大矣！"[1]

这些当然是中国的最高统治者不能容忍的，最终成为雍正、乾隆等历任皇帝厉行禁教的主要原因之一。

相反，雍正认为教皇只不过是个小国的皇帝。他说："朕乃中国皇帝。世界上大小国家都派遣使臣来朝觐。教皇派来之人也是小国使臣。"[2] 这也是天主教人士所不能接受的。

在实践中，由于利玛窦之后的来华传教士，特别是与奉行"文化适应"策略的耶稣会士持不同意见的其它修会的传教士，摒弃了利玛窦低调传教的策略，使得教徒与地方民众和政府的冲突屡屡发生，有的直接导致了反教事件的发生。

由于天主教固有的强烈排他性，"有愿从其教者，必使自践其祖宗、父主之神位，而焚于所尊之十字架之下"[3]，并在公开场合捣毁以前信仰的佛教偶像。因此在公众心中造成"不认祖宗，不信神明"的印象，激起公愤。一名叫做陈细的生员，入教后不拜孔子及关帝诸神，官府"强令往拜先师，至欲责处，抵死不从"，直至官府言称，不从则惩治外籍神父，"然后勉强叩拜，犹云身虽拜，心仍不服也"[4]。

在教会与地方政府发生纠葛时，一些教徒声称："我辈为天主受难，虽死不悔"，导致武力抗官的事件。在福建福安"城乡士庶男妇大概未入教者甚少，该县书吏衙役多系从教之人，是以审讯时竭力包庇，传递消息"，而造成"通邑士民衙役不畏王法，舍身崇奉邪教夷人"[5] 的现象。更有甚者，各地的传教者将入教的中国人以教名登记造册，名为"坚振录"，"每年赴澳门领银时，用番名报国王，国王按其册报人数，多者受上赏，少者受下赏"。且"查询受雇前往澳门取银之缪工禹等，据供每年往澳门取银时，遇见北京、江西、河南、陕西各处人皆来缴册取银等语"。官员惊呼："天朝士民而册报番王，俨入版籍，以邪教为招服人心之计，其心犹不可测也。"[6]

---

[1] 徐宗泽《中国天主教传教史概论》，第 255 页，转引自《中国教案史》，第 154 页。

[2] （捷）严嘉乐著、丛林、李梅译《中国来信》，大象出版社 2002 年版，第 49 页。

[3] 《清中前期西洋天主教在华活动档案》，中华书局 2003 年版，第一册，第 69 页。

[4] 同上书，第 117 页。

[5] 《清中前期西洋天主教在华活动档案》，中华书局 2003 年版，第一册，第 84—90 页。

[6] 同上书，第 118 页。

这当然引起地方官员的高度警惕和强烈不满，福建督抚甚至担心："福安一县，不过西洋五人，匿其地为时未几，遂能使大小男妇数千人坚意信从，矢死不回，纵加以槌楚，重以抚慰，终莫能转，假令准此以推，闽省六十余州县，不过二三百西洋人，即可使无不从其夷教矣。"[1] 以致福建等省地方督抚屡次上奏，要求禁教。

因此，中国朝廷君臣一致认为，西方的天主教来到中国，长久地看，必然是对皇权的威胁，禁教也就不可避免了。

二、利玛窦等耶稣会士成功的历史条件

由于上述中西政治权力结构的巨大差异，当大航海时代来临，这两种文明第一次面对面碰撞时，相互之间格格不入乃情理中事。在利玛窦之前，当众多传教士凭借殖民主义的枪炮开路，成功地将欧洲文明移植到美洲的时候，在"万里长城"脚下却遭受了一次又一次的挫败。他们中间的一些人绝望地呼叫："没有军队的介入，要进入中国就等于要登上月球。"

但是，利玛窦却奇迹般地做到了。1583 年，他进入肇庆，建立了第一个定居点，继而进入韶关、南昌、南京，1601 年进入大明王朝的都城——北京。万历皇帝打破了外国人不能在京师长住的惯例，批准他定居北京；当他在京去世时，又破例赐给他墓地。利玛窦死后，一批又一批的天主教传教士来到中国，有的效力宫廷，有的传教地方，一直延续了 200 年之久。正是由于他们的居中介绍，中国历史上发生了被德国哲学家莱布尼茨称为"可以想象的最伟大的事业"，即中国史学家用"西学东渐"和"中学西传"两个词汇概括的中国与欧洲两大文明的全方位的交流。

这究竟是为什么？

近年来中外研究者对利玛窦之所以能够成功的原因做了大量的研究，利玛窦所开创的"文化适应"和"学术传教"策略，无疑是他成功的法宝。

---

[1]《清中前期西洋天主教在华活动档案》，中华书局 2003 年版，第一册，第 120 页。

而对后来这种交流的中断，人们往往归咎于罗马教廷在"礼仪之争"中所采取的错误的决定。

我今天想说一点不同的意见。我的观点是：以利玛窦来华为开端、持续了 200 年左右的中西文化交流，是中国历史乃至世界历史上一个少见的特例，或者说是一次奇妙的"巧合"。换言之，这其实是一次"偶然"。论据如下：

第一，利玛窦来华时，中国的最高统治者正好是一个玩物丧志、昏庸透顶的万历皇帝。他对利玛窦进贡的西洋自鸣钟的偏爱，促使他违背"大明会典"的规定，默许利玛窦在京居住。如果利玛窦碰到的是一个像明王朝开国皇帝朱元璋一样的有为之君，就绝不会那样幸运。《明史·天文志》载："明太祖平元，司天监进水晶刻漏，中设二木偶人，能按时自击钲鼓。太祖以其无益而碎之。"[1] 当然明代的昏君占了大多数，但是如果利氏碰到的是万历皇帝之前痴迷道教的嘉靖皇帝，或是之后的痴迷木匠手艺的天启皇帝，恐怕对西洋自鸣钟的的兴趣都不足以使他们作出打破明代法律的举动，利玛窦也就很难在北京立足。

第二，利玛窦恰巧结识了徐光启。徐光启既是杰出的科学家，又是当朝的大学士（权位几乎相当于宰相），这在中国历史上即使不是绝无仅有，也是几百年不遇的特例。诚然，在明代末年，中国社会形成了一个开明学者群体，除了徐光启之外，还有王洋、李之藻、杨庭筠、王征等人。但熟悉这段历史的人都知道，没有人能取代徐光启的作用。没有徐光启，利玛窦绝不可能取得如此大的成就，《几何原本》就不可能翻译出版，传教士们也不可能安然度过"南京教案"的打击，明末引进欧洲天文理论而进行的历法改革也不可能发生。

第三，利玛窦及其耶稣会同伴来华的时期正好是明清两代交替的时期，这为他们的存在提供了难得的历史机遇。

这是因为：首先，明王朝为了抵御清军需要西洋大炮。万历末年，传教士们在因"南京教案"被赶出京城后，正因为此才又得以返回。

其次，随后替代明王朝定鼎中原的大清朝，为了证明其"奉天承运"改朝换代的正当性，而需要一部有别于明朝的、更加准确的历法。汤若望

[1]《明史》卷二十五，中华书局 1974 年版，第二册，第 357 页。

就是这样成为清王朝的座上客的。

第三，当时恰好遇上了个思想比较开明且喜爱科学的康熙皇帝。这也是中国历史上绝无仅有的。

康熙皇帝其实并不喜欢天主教，但是当他意识到严禁天主教，就将导致传教士离华，而没有传教士就不可能有西方文化、科学的传入时，他宁肯对天主教采取容忍的态度，直至1692年"容教令"的颁布。后来因为教皇在"礼仪之争"表现的蛮横态度，康熙转变了政策。但他并没有采取严厉的措施，对愿意遵守"利玛窦规矩"的传教士还发票，允许他们传教。

而在他之后的雍正、乾隆则不同。他们虽然也钟情西方的美术、音乐、工艺、园林、建筑等，但坚决禁止传教士向中国人传教，只允许他们在京城为皇室和朝廷服务，保存京城的教堂，允许他们自己照常过宗教生活。如越"雷池"，就毫不留情地予以取缔。

更为重要的是，在清朝定鼎中原的初期，文化程度不高、人口又少的满族人，为了统治人口众多，文化积淀深厚的汉人，需要有一种能够制衡汉人的力量，而这些具有高度文明的西洋人，正好符合了这种时代的需要。特别是在顺治、康熙年间，对清王朝而言，来自汉人的威胁要远远大于来自西洋人的威胁。这就为这一时期的来华传教士提供了存在的空间。

如果这发生在一个稳定的王朝统治下，情况就不一样。正如在雍正、乾隆以及之后朝代那样。在雍正特别是乾隆朝代，由于清王朝统治者不断调整满汉关系，加上几十年的统一、和平与经济发展，作为中国人口主体的汉人，特别是汉人中间的官员、文人和乡绅等上层人士，基本上认可了满族为中华民族的一员，认可了满清王朝的正统性。满汉矛盾弱化，阶级矛盾上升，而不少下层民众的反抗势力又往往借助一种体制外的宗教（如白莲教等）作为号召。而经过多年发展有了一定实力的异域宗教——天主教，对巩固皇权的作用就不再是正面的了。因此中外矛盾逐渐上升，天主教在华存在的空间被大大压缩了。

然而禁止中国人信教，势必大大降低了传教士来华的积极性，致使西学人才的匮乏。但是雍正、乾隆之后的皇帝们在权衡二者的利害得失后，选择了宁可没有西学，也要严禁天主教。再加上18世纪中后期，能够遵照"利玛窦规矩"行事、较为能被中国人接受的耶稣会，反而被教皇解散了，于是延续了大约200年的中西文化交流戛然中止。

三、几点结论

随着人类驾驭自然的能力的增长，地理上相隔遥远，自古以来长时期隔绝的异质文明的相互接触、碰撞与影响，是历史的必然。然而采取的形式则有不同，也具有偶然性。

在世界历史上，当欧洲的天主教文明向世界各地扩张，而与当地文明碰撞时，通常呈现的是美洲模式，即外来的欧洲文明以毛瑟枪与十字架为先导，在经过了残酷的种族灭绝式的战争后，几乎完全取代当地的印第安人文明。但也有日本模式，即在炮舰的威胁下，当地政府被迫开放门户，从而欧洲文明和平地影响当地文明。当然也可能还有其它的模式。

而对中国来说，鉴于上述政治结构的核心差异，也鉴于中国比较强盛，虽然当时开始走下坡路，但还有很大的实力，当欧洲天主教文明与之遭遇时，其最初被拒之门外是必然的。当双方的势力此消彼长之后，西方通过鸦片战争及之后一次又一次的侵略战争，迫使其签订各种不平等条约，随后中国的有识之士"师夷长技以制夷"，以求得民族的解放，从而或是被动、或是主动地接受西方文明，这也是历史的必然。唯有利玛窦及其耶稣会同伙平和地进入，并持续存在了 200 年，一方面播撒下天主教的种子，一方面又传播了双方的文化的这一历史事件，具有极大的偶然性。

只有到了 21 世纪的今天，各种文明、各个宗教平等相处的理念成为普世的价值观，宗教仅仅作为人们心灵的诉求而退出政治领域和权力博弈的时候，天主教（也包括其它宗教）在客体文明区域和平存在和自由传播才成为真正的可能。

正因为如此，关注 17—18 世纪以利玛窦等传教士为中介的中国与欧洲两大文明的沟通与交流，关注那次由于多种偶然因素而促成的"美好的历史巧合"，不仅令人兴趣盎然，也能为全球化日渐深刻的今天，不同国家、不同文明的和谐相处，提供一些有益的启示。也正因为如此，2010 年当利玛窦逝世 400 周年之际，世界各地才纷纷举行纪念活动，又一次掀起利玛窦热。

编后语：此文系为第二届利玛窦国际论坛（2010 年）提交的论文。后发表在《肇庆学院学报》和澳门《文化杂志》2012 年夏季刊总字第八十三期。

向西方寻找真理的先驱

——晚明知识界的一代伟人

一、心学与禅宗造就了晚明空虚的学风

我以为，社会的发展与进步的根本动力，来自于不同文明区域彼此间的交流与竞争。[1] 根据系统论的定律，系统与外界环境之间的物质、能量和信息的交换，是系统走向有序的动力；换言之，如果这种交换被窒息了，系统将走向无序，社会将失去活力。

某个文明前进步伐的停顿不可避免地反映在学术的僵化与枯竭上。明代中后期由王阳明创立的"心学"逐渐成为学术界的主流思想。王阳明的主要社会实践就是平息叛乱，平息来自底层人们的叛乱，平息来自少数民族的叛乱，平息来自诸侯王的叛乱。他从中认识到"欲破山中贼，须先破心中贼"、"破山中贼易，破心中贼难"的道理，因而继承了宋代陆九渊所主张的"宇宙便是吾心，吾心即是宇宙"的"心学"，并发扬光大。他以"心外无理，心外无物"，一切从"心"出发，"不须外面添一分"为信条，引导人们通过"静坐"、"克己"、"省察"，而"致良知"，然后"知行合一"。认为以此就能达到天下大治。"心学"的出现对于纠正宋代"理学"繁琐注释、

---

[1] 最近读到美国著名历史学者麦克尼尔的一句话："各个文明之间的交往互动是文明演化、历史变革的动力。"（孙岳等译，《西方的兴起》，中信出版社 2015 年版）

言行不一的弊端有一定的积极作用。但是它所倡导的脱离实际的空疏学风，则窒息了人们向丰富多彩的客观世界寻求真理，向大自然获取财富的创新精神。

与此同时，佛教的禅宗在明代中后期颇为流行。禅宗将成佛的功夫简易化，提出"心佛"的概念，主张"心即是佛"、"道由心悟"，修道功夫不在心外，只要明心见性即可成佛；强调"一心而万法皆备，万法尽通，自性是佛，不假外求"。可见，这一时期的佛教禅宗思想与王阳明的"心学"的基本点是相通的。或者更准确地说，王阳明的"心学"是吸收和借鉴了佛教禅宗的营养。

在王阳明"心学"和佛教禅宗的影响下，明代中后期的多数文人学者、社会精英普遍只讲心性之学，不求经世致用之道，不注重国计民生。"内乐悠闲虚静之便，外慕汪洋宏肆之奇"[1]；"治田赋则目为聚敛，开闸扦边者则目为粗才，读书作文者则目为玩物丧志，留心政事者则目为俗吏，徒以生民立极天地立心万世开太平之阔论，钤束天下。一旦有大夫之忧，当报国之日，则蒙然张口，如坐云雾……"[2] 以致"无事袖手谈心性，临危一死报君王"成为晚明的所谓清流士子的通病。

二、追求经世致用的开明学者与西学一拍即合

就在空疏之风日盛之时，社会上也涌现出少数有识之士抱有强烈社会责任感，敏锐地察觉到王朝潜在的各种危机，因而热衷于经世致用之学，期望以此经国、济世、救民、平天下。本文中称他们为"开明学者"。他们对谈心论性而不务实的风气强烈不满，批评道："自昔圣贤之生，救世为急。""今也，牧民之宰，簿书不遑，过陇亩问桑麻亦多未睹，他何论哉？虽前树艺之方，在于《月令》诸编，上不倡，下不谙也。食胡以足？""崇重农功，

---

[1] 冯应京《天主实义序》，见徐宗泽《明清间耶稣会士译著提要》，中华书局 1989 年版。本文中所引用的"序"、"引"等凡未注明具体出版物者，皆出于此书，不再注明。

[2] 黄宗羲《南雷文定后集》卷三

固王道之先也。不图于是，而欲晞踪隆古之治，必弗可觊已。且安有尊处民上，坐享民膏，不为民执计，忍令其饥以死，此岂天之意哉？"[1]

他们对佛教也丧失了信心。汪汝淳说道："竺干居士，予以正觉，超乘而上，庶几不坠于迷途，盖化实而归于虚，欲人人越诸尘累，不谓于世道无补也。"他因此主张"持今日救世之微权，非挽虚而归之实不可。"[2] 冯应京曰：佛家信条"一切尘芥六合，直欲超脱之以为高"，众人佞佛，以致"古学者知天顺天，而今念佛作佛；古仕者寅亮天工，不敢自暇自逸，以瘝天民；而今大隐居朝，逃禅出世矣。"他因此痛感"空谈之弊，而乐夫人之谈实也"[3]。

这些人因这样或那样偶然的机会与以介绍西方文明为主要传教方式的利玛窦等传教士结识，了解到各种西方新知识。他们一下子就被这种"实修实证"、"实心实行"的实学所吸引[4]。如徐光启所言：泰西诸君子"其实心实行实学，诚信于士大夫也"。"余常谓，其教必可以补儒易佛；而其绪余，更有一种格物穷理之学，凡世间世外，万事万物之理，叩之无不河悬响答，丝分理解，退而思之，穷年累月，愈见其说之必然而不可易也。格物穷理之中，又复旁出一种象数之学。大者为历法，为律吕；至其它有形有质之物、有度有数之事，无不赖以为用，用之无不尽巧极妙者。"[5] 毕拱辰更以形象的描绘表现出西学对他产生的巨大震撼"余幸获兹编，无异赤手贫儿，蓦入宝山，乍睹零玑碎璧，以不胜目眩心悸，骨腾肉飞，遑待连城驮采，照乘夜光哉！"[6]

他们认为西学是"能令学理者去其浮气，练其精心"的真理，是"率天下之人而归于实用"的必由之路。于是他们以强烈的愿望寻求真理，以开明的态度接受真理，以刻苦的精神学习真理，以顽强的意志传播和实践真理，以无畏的勇气概捍卫真理，成为中国历史上第一批向西方寻求真理的先驱。

美国学者邓恩写了一本反映以利玛窦为代表的晚明来华耶稣会传教士

---

[1] 曹于汴《泰西水法序》

[2] 汪汝淳《天主实义跋》

[3] 冯应京《天主实义序》

[4] 晚明时期也有一些追求经世致用的文人官员，未得机会与传教士相识、相知，没有机会研习西学，但也在他们力所能及的范围内，做了于国计民生有益之事，如本人曾作过一定研究的庞尚鹏、孙承宗、袁崇焕等。

[5] 徐光启《泰西水法序》

[6] 毕拱辰《泰西人身说概序》

的著作，取名为《一代伟人》。借用他的提法，我将这同一时期以徐光启为代表的、睁眼看世界、向西方寻求真理的中国的开明学者，称为晚明知识界的"一代伟人"。他们成为来华耶稣会士——《交友论》和《逑友篇》的作者们的肝胆相照、荣辱与共的挚友。给中国学术史以重大影响的"西学东渐"和被称为"天主教传播史上的一大奇迹"的中国开教，都是由这些中国"伟人"们与传教士"伟人"们携手共同成就的。

对于他们寻求真理、传播真理、实践真理、捍卫真理的故事，完全应该用与邓恩先生《一代伟人》一书相同篇幅的著作来表现。这不是一篇文章能够完成的，本人仅作一梗概的论述。

三、开明学者寻求真理、接受真理和实践真理

1. 他们都是忧国忧民的志士，以强烈求知欲去寻求真理。

如徐光启，他早年"即身任天下，讲求治道，博及群书。诗赋书法，素所善也。既谓雕虫不足学，悉屏不为，专以神明治律兵农，穷天人旨趣"[1]，对历法、数学、水利、农业、国防等关系国计民生但为一般儒士所重的所谓"形而下"的学问，情有独钟。他"躬执耒耜之器，亲尝草木之味"[2]。他在京津沪三地都亲自耕种过试验田；在《救荒本草》中他记录亲口尝过的草根树皮 400 多种，以供人们荒年"聊以充饥"。他还为推广种植来自海外的高产作物番薯而写了《甘薯疏》。

关于水利，徐光启曾写道，"昔与利先生游，常谓我言：'薄游数十百国，所见中土土地人民、声名礼乐，实海内冠冕；而其民顾多贫乏，一遇水旱，则有道馑，国计亦绌焉者，何也？"利玛窦表示，很想在这方面有所作为，"为主上代天养民之助"，以报答皇上的隆恩。在西洋，有关于水利的学问，如能在中国实行，就可以富国足民。"徐光启听了这番话，非常兴奋。他说，"余

---

[1] 张溥《农政全书序》
[2] 陈子龙《农政全书例言》

尝留意兹事二十余年矣。询诸人人，最多画饼。"于是急不可待地向利玛窦请教。利先生简明扼要地介绍了一些梗概。徐光启感到"悉皆意外奇妙"，闻所未闻。当他为处理父亲丧事离京回乡而向利公告别时，利玛窦将同伴熊三拔介绍给他，说，"昨言水法，不获竟之。他日以叩之此公可也。"待徐光启返回京城时，利玛窦已去世，他就向熊三拔请教有关水利之事。熊三拔"唯唯者久之。察其心神，殆无吝色也，而顾有怍色"。徐光启明白，熊先生不是舍不得传授知识，而是怕人们对传教士万里东来的主要目的产生误解。于是就解释说："人富而仁义附焉，或东西之通理也。"教义精微，可以拯救人们的精神；水利等事虽然粗俗，但可以拯救人们的生命。"并说之，并传之，以俟知者，不亦可乎？"古代的圣人曾经说过："备物致用，立成器以为天下利，莫大乎圣人；器虽形下，而切世用，兹事体不细已。"[1]在徐光启积极促成之下，熊三拔制造了很多水利机械。徐光启与他合作，费时六载才完成了《泰西水法》一书。

兴修水利、防治水害也是徐光启翻译《勾股义》一书的主要出发点。他在该书的《序》中说道："方今历象之学，或岁月可缓，纷论众务，或非世道所急。至如西北治河，东南治水利，皆目前救时至计。然而欲寻禹绩，恐此法终不可废也。"[2]

介绍西方科学，翻译科学著作，因为"东西文理"差距太大，"字义相求，仍多缺略，了然于口，尚可勉图，肆笔为文，便成艰涩"，所以难度是很大的。《几何原本》一书的翻译，就曾经"三进三止"。当徐光启有意与利公合作翻译此书时，利公"述此书之精，且陈翻译之难"，并谈及几次尝试翻译都不成功的往事。徐光启则不因此而止步，说："吾先正有言，一物不知，儒者之耻。仅此一家已失传，为其学者皆暗中摸索耳。即遇此书，又遇子不骄不吝，欲相指授，其可畏劳玩日，当吾世而失之？"[3]何况"此书未译，则他书俱不可得论。"[4]他更进一步说，"吾避难，难自长大；吾迎难，难自消微。必成之。"利玛窦受徐光启强烈的求知欲所感染，同意合作翻译。

---

[1] 徐光启《泰西水法序》

[2] 徐光启《勾股义序》

[3] 利玛窦《几何原本引》

[4] 徐光启《刻几何原本序》

于是一人口传，一人笔受。利玛窦云：徐光启如此勤奋，我也不敢懈怠，于是二人"反复辗转"，"重复订正"，"凡三易稿"，披沥四载（1603年冬——1607年春），终于完成了前六卷。徐光启还不愿停笔，打算一鼓作气将十五卷译完。是利公建议"请先传此，使同志者习之，果以为用，而后徐计其余。"[1]徐光启才作罢。可见其求知欲望之强烈。

另如王征，他自幼喜爱制器，"间尝不揣固陋，妄制虹吸、鹤饮、轮壶、代耕及自转磨、自行车诸器，见之者亦颇称奇。"他偶然读到艾儒略《职方外纪》一书载有西方奇器，便感叹道："嗟乎！此等奇器何缘得当吾世而一睹之哉？"1626年（天启六年）王征入京为官，专门拜访邓玉函、汤若望等传教士，请教西洋奇器。邓玉函等笑着拿出有关这方面的西洋书籍，说："专属奇器之图之说者，不下千百余种"。王征看到"诸奇妙器无不备具"，"种种妙用，令人心花开爽"，便迫切提出愿与他们合作将书译成中文。而邓先生却说，要译此书，"必先考度数之学而后可"，要王征先学《同文算指》和《几何原本》二书。于是业已56岁高龄的王征又去攻读数学、几何。在与邓玉函合作翻译时，王征对西洋奇器做了精心挑选，"不关切民生日用者"不录，"非国家工作所急需者"不录，特录其最切要者、最简便者和最精妙者。

当时有人对王征进行非难，说，"今兹所录，特工匠技艺流耳。君子不器，子何敝敝焉于斯？"王征回答说："学原不问精粗，总期有济于世；人亦不问中西，总期不违于天。兹所录者，虽居技艺末务，而实有益于民生日用、国家兴作甚急也！"他驳斥说，假如以"君子不器"鄙视之，孔子为何有"备物制用，立成器以为天下利"之说？况且有机会遇到外国人的"绝学希闻"，这是多么的难得！"岁月不待，明睹其奇而不录以传，余心不能已也！"其它的种种议论，我是顾不上考虑的！他还说，"古之好学者，裹粮负笈，不远数千里往访"，求学；而"今诸贤从绝徼数万里外赍此图书以传我辈，我辈反忍拒而不纳欤？"[2]其为国为民而渴望向西方寻求真理的一片痴心跃然纸上。

后来发生并越演越烈的明朝与后金战争，也是驱使他们向西方寻求救国之策的强大动因。本来"不谙韬钤"的焦勖，"以虏寇肆虐，民遭惨祸，

[1] 利玛窦《几何原本引》
[2] 王征《远西奇器图说录最》

因目击艰危，感愤积弱，日究心于将略，博访于奇人，就教于西师，更潜度彼己之情形，事机之利弊，时势之变更，朝夕讲究，再四研求，只为痴愤所激然耳！"[1] 为此，他发奋与汤若望合作出版了介绍制造西洋大炮的《火攻挈要》。

杨廷筠曾在出任地方官时"缓催科，均徭役，又加意学校，月课岁试，奖进不倦"[2]，有"仁侯"之誉，并敢于弹劾炙手可热的矿税太监。后结识西方传教士，对西学和天主教发生浓厚兴趣。面对汗牛充栋的西方书籍，他曾立下如此宏愿：西洋书籍"所称六科经济，约略七千余部，业已航海而来，且在可译"。"假我十年，集同志数十手，众共成之"。"人寿苦短，何哉？吾终不谓如许奇秘，浮九万里溟渤而来而无百灵为之呵护，使终湮灭"[3]。徐光启更有著名的十六字箴言"欲求超胜，必须会通；会通之前，先须翻译"。

2. 不存夷夏之偏见，主张"东海西海，心同理同"，以平和开放的心态面对世界。

他们一方面都认为中华学术有优良的传统和辉煌的历史，但另一方面也坦承在有些领域技不如人，正视以往中国文化的某些局限性。

李之藻"性明敏，法令划一，摘发如神，人莫敢欺。于诸家之学，无所不窥"[4]，20岁时曾自绘中国15省地图，1601年在京结识利玛窦等传教士，即为西学所吸引，对天文、地理、军事、水利、音乐、数学、理化、哲学、宗教各个领域无不钻研。1608年他任澶州地方官，筹划兴修水利，重筑州城，以西法治案牍。《州志》称："犹精历律：吏会计钱谷，多隐匿。之藻视案牍，以西洋算法正之，众骇服。"[5] 后又在高邮治水，成效卓著，被当地人入祀七贤祠。

1613年，在南京太仆寺少卿任上的李之藻上《请译西洋历法等书疏》。疏中列举了西学中"言天文历数有我中国昔贤谈所未及者，凡十四事"。其中包括有"地圆之说"、推算七大行星直径的方法、日月交食的成因及计算

[1] 焦勖《火攻挈要自序》

[2] 转引自方豪《中国天主教史人物传》（上）中华书局1988年版，第126页。

[3] 杨廷筠《刻西学凡序》

[4] 转引自方豪《中国天主教史人物传》（上）第113页。

[5] 同上书，第116页。

方法、纬度一度的距离等等。他说，"凡此十四事者，臣观前此天文历志诸书，皆未论及，或有依稀揣度，颇与相近，然亦初无一定之见。"特别是"观其所制窥天窥日之器，种种精绝，即使郭守敬诸人而在，未或测其皮肤，又况见在台监诸臣，刻漏封尘，星台迹断，晷堂方案尚不知为何物者，宁可与之同日而论、同事而较也？"不仅如此，西学"不徒论其度数而已，又能论其所以然之理。"[1]

西学有此种种优越之处，并非西人天生睿智，中西制度不同使然。李之藻分析说，"该彼国不以天文历学为禁，五千年来通国之俊曹聚而讲究之，窥测既核，研究亦审，与我国数百年来始得一人，无师无友，自悟自是，岂可以疏密较者哉？"徐光启也曾说过："西士之精于历无他谬巧也。千百为辈，传习讲求者三千年，其青于蓝而寒于水者时时有之。以故言理弥微亦弥着，立法弥详亦弥简。""吾且越百载一人焉，或二三百载一人焉。此间何工拙可较论哉！"[2]

李之藻进一步说，除了天文历志书籍之外，西学还有"水法之书"、"算法之书"、"测望之书"、"仪象之书"、"日轨之书"、"万国图志之书"、"医理之书"、"乐器之书"、"格物穷理之书"等等。"以上诸书，多非吾中国书传所有"，"皆有资实学，有裨世用"。[3]

另一个突出的事例，就是对利玛窦所绘制的世界地图的态度。当看到在世界地图上中国仅处于东方一隅时，一班墨守陈规的人便大加指责，声讨其"小中国而大四夷"之罪，称此为"无稽之言"，如此"小吾中国，是大可痛也"[4]。许大受称："彼诡言有大西洋国，彼从彼来，涉九万里而后达此。按汉张骞使西域，或传穷河源，抵月宫，况是人间有不到者。《山海经》《搜神记》《咸宾录》《西域志》《太平广记》等书，何无一字记及彼国者？"礼部尚书朱国祚在奏疏中称："《会典》止有西洋琐里国，而无大西洋，

---

[1] 徐宗泽《明清间耶稣会士译著提要》，中华书局 1989 年版，第 255 页。

[2] 徐光启《简平仪说序》

[3] 李之藻《请译西洋历法等书疏》，载于徐宗泽《明清间耶稣会士译著提要》，中华书局 1989 年版，25—256 页。

[4] 林东阳《利玛窦的世界地图及其对明末士人社会的影响》，见《纪念利玛窦来华四百周年中西文化交流国际学术会议》，1983 年台北出版，第 361 页。

其真伪不可知。"[1] 他们以古代有限的地理知识为标准，以《会典》条文为标准，来否认利氏带来的全新的世界地理知识。

而以徐光启为代表的这批先进的文人和官员，则敏锐地觉察到它的价值。徐光启斩钉截铁地说："西泰子之言天地圆体也，犹二五之为十也。"冯应京则勇敢地承认自己"足不出阃域，识不越井天"，对世界的了解是井蛙之见。瞿太素的儿子瞿式穀说："中国居亚细亚十之一，亚细亚又居天下五之一，则赤县神州而外，如赤县神州者且十其九，而戈戈持此一方脅天下，而尽斥为蛮貉，得无井蛙之诮乎？"张京元说："吾中国人足不履户外，执泥局曲，耳目所未经，与之语辄大骇。西域人多泛大海，涉重溟，多者数十载，集百年来实闻实见，画而成图。"[2]

既然中国人都没有周游过五大洲，那么相信利玛窦之世界地图者是否为盲从呢？不是。第一，利玛窦对日月交食的多次准确的预测和其过人的数理知识，使任何一个不带偏见的中国人承认他所传授的世界地图是可信的。第二，利玛窦以西方的理论与方法对中国地理的若干测量，被实践证明是正确的。李之藻就做过这样的验证："凡地南北二百五十里，即日星晷必差一度。其东西则交食可验。每相距三十度，则交食差一时也。与依法测验，良然。"[3]第三，从其它渠道得来的西洋地理书籍也可以做验证。[4]

米嘉穗在《西方问答序》中对国人"夜郎自大"的世界观作了如下的评论："学者每称象山先生'东海西海，心同理同'之说，然成见作为，旧闻塞胸。凡纪载所不经，辄以诡异目之。抑思宇宙大矣，睹记几何？于瀛海中有中国，与中国中有我一身，以吾一身所偶及之见闻，概千百世无穷之见闻，不啻井蛙之一窥，荧光之一照也。"他说，读了西学之书，感觉到"则真有前圣所未知而若可知，前圣所未能而若可能者"。因此他认为，"吾儒之学得西学而益明"。

当然也有一些学者认为"天下失官，学在四夷"，因而中国古代科学流传到西洋，而在中国由于秦始皇焚书，反而不存了，持阿Q式的"西学中源"

---

[1]《明史》卷三二六《意大利亚传》

[2]《明史》卷三二六《意大利亚传》，第355页。

[3] 李之藻《刻职方外纪序》

[4] 李之藻《刻职方外纪序》有曰："会闽税珰又驰献地图二幅，皆欧罗巴文字，得之海舶者。"

之论。但有人不赞同这种说法，如米嘉穗就认为："岂天不爱道，不尽于尧舜周孔，而复孕灵于西国欤！"[1]

"东海西海，心同理同"虽然出自宋代大儒陆九渊之口，但显然陆九渊所论的不是远在九万里之外的欧罗巴洲。开明学者们借用了这句话，破除了自古以来的华夷之限，打开了人们的眼界。这在中国古代思想史上不能不说是一件划时代的大事件。

3. 为了使更多的中国人浣旧淬新，他们以极大的热情和百折不回的勇气传播真理、实践真理。

一个突出的事例是修订历法。

明代的历法基本上沿用了元代郭守敬制定的"大统历"。明初朱元璋命翻译回回历，以作为补充。但是到了晚明时期，"大统历"的误差越来越大，预测日月交食常常发生失误。修之说屡屡提起，但当局总是以"古法未可轻变"为由加以拒绝。1601年利玛窦进京时，就在呈给皇上的奏折里表达了有意参与修订历书的愿望。他还将欧洲的《格列高利历书》译成中文。1610年（万历三十八年）十一月日食，钦天监预测有误。礼部"因请博求知历学者，令与监官昼夜推测"，发现错误并非是人为的计算所致，而在方法的本身。于是五官正周子愚奏曰："大西洋归化远臣庞迪我、熊三拔等，携有彼国历法，多中国典籍所未备者。乞视洪武中译西域历法例，取知历儒臣率同监官，将诸书尽译，以补典籍之缺。"[2] 结果是疏入，留中。1613年（万历四十一年）李之藻任南京太仆少卿，上奏《请译西洋历法等书疏》（就是本文前面所引用的），提出："今迪我等年龄向衰，乞敕礼部开局，取其历法，译出成书。"但是，"时庶务因循，未暇开局"[3]。1614年（万历四十二年）时任钦天监监副的周子愚，在为熊三拔的《表度说》撰写的序言中，再次提出，"大西洋诸君子所携本国书典，其种甚广，各极其妙。我中国人当一一传译之。""尽传其书，以裨履端考正之功，而佐我国家敬天勤民之政，是千古一快事也。"[4] 熊明遇亦有"倘祠官采译以闻，太史

[1] 米嘉穗《西方问答序》

[2]《明史》卷三十一《天文志历一》

[3] 同上。

[4] 周子愚《表度说序》

氏参伍刊定，以补台监之不及……举正归余，直媲美乎黄轩之历矣，何汉唐之足云"[1]之言。

1629 年（崇祯二年），徐光启任礼部侍郎，以西洋算法理对五月初一的日食作出与大统历、回回历都不相同的预测，结果只有他的测报得到验证。崇祯皇帝严责钦天监官员。监官戈丰年奏曰：大统历于至元十八年开始使用，仅近 18 年之后就出现了误差。况且至今已 260 年了，未作任何修订。他说："今若循旧，向后不能无差。"崇祯皇帝这才任命徐光启领衔历局，率传教士以西法修历。

徐光启首先组织李之藻、邓玉函、龙华民等集中力量翻译西洋天文历法书籍。中西人士精诚合作，"臣等借诸臣（指外国传教士）之理与数，诸臣又借臣等之言与笔。功力相依，不可相无。"但最后还是由徐光启亲自定稿，他白天"入阁办事，会因阁务殷繁，不能复寻旧业。止于归寓，夜中篝灯详绎，理其大纲，定其繁节"，"每卷必须七、八易稿"[2]，辛苦非常。第二年邓玉函不幸病逝，徐光启又举荐汤若望、罗雅谷入局译书。

在翻译书籍的同时，徐光启不放过任何一次实际预测和验证的机会，以向皇帝、向朝臣证明西法之精确，大统历、回回历及其它历法之谬误。他推算 1631 年（崇祯四年）四月四川的月食，事后四川报告说，"新法密合"。

直到 1633 年（崇祯六年）徐光启分五次向皇帝进呈了翻译的西洋历书共 137 卷。其中有一半书稿"略经臣目手"，另一半书稿"经臣目者十之三、四，经臣手者十之一、二"[3]。这年冬徐光启逝世。他一直坚持到临死前一个月才辞职。历局由李天经接手。

李天经秉承徐光启遗志，一面译书，一面观测。1635 年（崇祯八年）"新法书器俱完，屡测交食凌犯俱密合"。但由于守旧官员和太监的多方阻挠，崇祯皇帝仍不能下决心颁布新法，只是"谕天经同监局虚心详究，务祈划一"。1636 年（崇祯九年）正月的月食预报，钦天监、回回科与李天经的数值都不同。李天经为了避免到时候"云掩难见"，"乃按里差，推河南、陕西所见时刻，

---

[1] 熊明遇《表度说序》

[2]《徐光启集》，上海古籍出版社 1984 年版，第 385 页。

[3] 同上书，第 425 页。

奏遣官分行测验"。结果"唯天经所推独合"[1]。1637年（崇祯十年）正月初一，京师日食。又一次"食时推验，唯天经为密"。皇帝准备废"大统历"、用新法。但又有人奏："中历必不可尽废，公历必不可专行。四历（指西洋历、大统历、回回历及魏文魁的历书）各有短长，当参合诸家，兼收西法。"[2]于是，1637年（崇祯十一年）"仍行大统历"。直到1643年（崇祯十六年）又一次日食发生时，再一次验证了西洋历法的正确性，崇祯皇帝才于八月诏曰："西法果密，即改为大统历法，通行天下。"可惜已经太晚，明王朝的丧钟已经敲响！

明末开明学者前赴后继，愈挫愈坚，表现出了实践真理的顽强精神。虽然新历法没能在明代施行，但他们的努力并没有白费。后来，这一以西洋方法修订的历书终于在清代顺治年间颁行天下。

四、开明学者的宗教信仰及他们捍卫真理的无畏勇气

首先说明，本文论述的晚明时期的开明学者与天主教徒之间不能划全等号。我所说的"开明学者"是指那些以徐光启为首的勇于接受西学，传播西学，实践西学的晚明文人、学者和官员。他们中的一些人，或者说最杰出的代表入了教，但有些人则由于种种原因没有入教。相反，那些未曾在传播西学方面卓有建树的单纯的天主教徒，如弘光朝的太监、皇妃等，则不在本文所说的"开明学者"范围之内。

晚明时期的中国，儒家的心学和佛教的禅宗都不能为社会的进步提供新鲜的营养，不能为社会的前进注入动力。它们对世界的解释也远远落后了。如佛教的世界观是"一四天下"，即："东毗提诃洲、南瞻部洲、西瞿陀尼洲、北拘卢洲"。佛教对白昼黑夜的形成、日月交食等自然现象的原因的解释都停留在上古神话传说的水平；儒教的天人感应学说对地震等自然灾害的解

[1] 《明史》卷三十一《天文志历一》
[2] 《明史》卷三十一《天文志历一》

释也充满了神秘的色彩。而当时的天主教则是与相对先进的西学相联系的。人们将之统称为"天学"。崇祯皇帝曾为汤若望御赐了书有"钦褒天学"牌匾；李之藻编纂了包括神学著作与科学著作在内的大型丛书——《天学初函》。绝大多数加入天主教的开明学者，他们对天主教的好感和熟悉，是从接受西方的科学开始的。皈依天主可以说是在他们向西方寻求真理的道路上的中间驿站，或者说是最终的归宿。

站在宗教平等和信仰自由的立场上看，信仰佛教与信仰天主教并无孰优孰劣之差别。然而在当时，信仰一种全新的、来自闻所未闻的遥远外国、又与传统上被认为是"奇技淫巧"的"形而下"的学问联系在一起的宗教，无疑需要与众不同的胆识和勇气。这胆识和勇气首先来自他们对传教士们所带来的西方科学的真理性的确信。应该说利玛窦"科学传教"的方针，是极其睿智的，也是非常成功的。另一方面，他们的胆识和勇气也来自对利玛窦等传教士人格的仰慕。早期来华的西方传教士不仅是学贯中西的大师，同时也是道德高尚的楷模。利玛窦等来华传教士们对信仰的无私无畏的追求，孜孜以求的济弱扶贫的善举，正直、坦诚、以德报怨的处世准则，不婚不宦、粗茶淡饭的清贫生活，学而不厌、诲人不倦的治学态度，以及他们倡导的"相比相益，相矫相成"[1]的交友之道和"一夫一妻"的婚姻模式……这一切，与晚明社会物欲横流、追逐名利、勾心斗角、尔虞我诈的官场陋习和社会颓风形成了强烈对比，因而成为具有极大感召力的榜样力量。而痛感世风日下、人心不古的为人正直、为官清廉的开明学者，其倾心天主教，不独对他们自己来说是道德回归的精神寄托；同时也是他们希企借助天主教的戒律以重整社会道德风尚的一种探索与尝试。因此，在当时开明学者信奉天主教，协助传教士们传播天主教，不仅有助于推广西方科学知识，而且具有改良社会的进步意义。

1616 年至 1617 年间（万历四十四年至四十五年），发生了由沈㴶为首信奉佛教的保守官员发动的"南京教案"。导致"南京教案"的原因是多方面的，其中也包括王丰肃偏离了利玛窦的谨慎策略。沈㴶在 1616 年 5 月、8 月和 12 月接连参奏的"参远夷"三疏，可以说是儒家保守派与"西学"矛盾的总爆发。尽管他的理由，在我们今天看来有些是很可笑的。

---

[1] 冯应京《交友论序》

第一，"自称其国曰大西洋，自名其教曰天主教。夫普天之下，薄海内外，为皇上为覆载照临之主。是以国号大明。何彼夷亦曰大西？且既称归化，岂可为'两大'之辞，以相抗乎？"

第二，"尤可恨者，城内住房既据洪武冈王地，而城外又有花园一所，正在孝陵卫之前……龙蟠虎踞志向，其狐鼠纵横之地，而狡夷伏藏于此，意欲何为乎？"

第三，"更可骇者，臣疏向未发抄，顷七月初才又邸报，……及至二十一日，已有番书订寄揭稿在王丰肃处矣。夫置邮传命，中国所以通上下而广宣达也，狡焉丑类，而横弄线索于其间，神速如此，又将何为乎？"

第四，称王丰肃同党"诈称行天主教，欺吕宋国主，而夺其地，改号大西洋。然则闽、粤相近一狡夷尔，有何八万里之遥？"[1]

奏疏中，并无对天主教教义进行实质性批判的内容，也没有提供天主教危害社会的有力证据，只是一些无知的猜测。面对他们的发难，徐光启等人挺身申辩，表现出敢于担当的坦荡襟怀和捍卫真理的非凡勇气。他说：

"臣见邸报，南京礼部参西洋陪臣庞迪我等，内言'其说浸淫，即士大夫亦有信向者'；一云：'妄为星官之言，士人亦坠其云雾。'曰士君子，曰士人，部臣恐根株连及，略不指名。然廷臣之中，臣常与诸臣讲究道理，书多刊刻，则信向之者，臣也；又常与之考求历法，前后疏章具在御前，则与言星官者，亦臣也。诸臣果应得罪，臣岂敢幸部臣之不言以苟免乎？然臣累年以来，因与讲究考求，知此诸臣最真最确，不止踪迹心事一无可疑，实皆圣贤之徒也；且其道甚正，其守甚严，其学甚博，其识甚精，其心甚真，其见甚定，在彼国中亦千人之英，万人之杰。所以数万里东来者，盖彼国教人，皆务修身以事上主。闻中国圣贤之教，亦皆修身事天，理相符合。是以辛苦艰难，履危蹈险，来相印证，欲使人人为善。"

他说："盖彼西洋临近三十余国奉行此教，千数百年以至于今，大小相恤，上下相安，路不拾遗，夜不闭关，其久安长治如此。然犹举国之人，兢兢业业，唯恐失坠，获罪于上主。则其法实能使人为善，亦既彰明较着矣。此等教化风俗，虽诸陪臣自言，然臣审其议论，察其图书，参互考稽，悉皆不妄。皇上豢养诸陪臣一十七载，恩施深厚。诸陪臣报答无阶，所抱之道，所怀之忠，

---

[1] 沈㴶《南宫署牍》，载于徐昌治辑《圣朝破邪集》。

延颈企踵，无由上达。"[1]

徐光启接着说，这些实情，我既然知道，如果默默不语，则有隐瞒之罪，因此冒昧陈请。允许天主教与僧徒道士一体留容，数年之后，就能看到其效果，即人心世道，渐次改观，法立而必行，令出而不犯，国家将万世太平。

他说："臣闻：由余西戎之旧臣，佐秦兴霸；金日磾西域之世子，为汉名卿。苟利国家，远近何论焉？"

至于西学、西教是否危害国家，徐光启提出了三种验证的方法：

"其一，尽召书中有陪臣名，使至京师。乃择内外臣僚数人，同译西来经传。凡事天爱人之说，格物穷理之论，治国平天下之术，下及历算医乐农田水利等兴利除害之事，一一成书。钦命廷臣共定其是非。果系叛常拂经，邪术左道，即行斥逐，臣甘受扶同欺罔之罪。"

"其二，诸陪臣之言，与儒家相合，与释老相左，僧道之流，咸其愤嫉，是以谤害中伤，风闻流播，必须定其是非。乞命诸陪臣与有名僧道互相辩驳，推勘穷尽，务求归一。仍令儒学之臣，共论定之。如言无可采，理屈词穷，即行斥逐，臣与受其罪。"

"其三，书译若难就绪，僧道或无其人，即令诸陪臣将教中大意、诚劝规条，与其事迹功效，略述一书，并已翻译书籍三十余卷，原来本文经典一十余部，一并进呈御览。如其踳驳背理，不足劝善戒恶，易俗移风，即行斥逐，臣与受其罪。"

徐光启还提出，传教士们现今的衣食，来自于西人的捐施，自然不能割断于西人的来往。如果认为此事不妥，可以由朝廷"恩赐钱粮"，并接受国人捐助，使其衣食有着。然后对"西来金银""严查阻回"。如此可"尽释猜嫌矣"。

本文在此肯定徐光启捍卫真理的勇气，并非仅指其捍卫天主教的教义，而是指其敢于捍卫事实的真相。事实的真相是：从利玛窦以来直至"南京教案"发生时，外国来华传教士并未做过任何危害中国的事情，他们介绍的西学有利于国计民生，他们的宗教也是引导人们去恶向善，他们的人品是高尚的。

徐光启对沈㴶的三篇《参远夷疏》逐条辩驳，写了洋洋数千言的《辨

---

[1]《徐光启集》，第 431 页。

学章疏》，杨廷筠撰写了《鸮鸾不并鸣说》《代疑编》等书，列举14条理由和三异点以证明天主教与白莲教之不同。当朝廷终于批复了沈㴑的奏章，强行驱逐传教士后，徐光启、杨廷筠、李之藻、王征、孙元化等人则甘冒风险，尽其所能，为他们提供庇护。当时真正被驱逐到澳门的仅有庞迪我、熊三拔、曾德昭、王丰肃4人，而龙华民、阳玛诺、艾儒略、傅泛济、郭居静、金尼阁、毕方济等都在中国教徒家中藏身。之后不久，曾德昭、王丰肃以及新来的传教士又再次进入内地，5年之后，在华传教士的人数就超过了"南京教案"之前的人数。

五、结 论

由于现代的政治制度、生产方式以及科学技术，主要源自西方，因此中国现代化的历史，从某个角度来说，就是向西方学习的历史。如果自晚明算起，至今可以大致分为四个阶段：

第一阶段：从16世纪末到18世纪末，即是包括本文所论述的晚明时代在内的、历史上称作"西学东渐"的阶段。

第二阶段：从1840年鸦片战争至20世纪初，在西方帝国主义的大炮威胁下，中华民族面临亡国灭种的危急关头，以孙中山、康有为、梁启超、严复等人，向西方学习君主立宪、民主共和，最终推翻了延续几千年的封建专制制度，建立了共和国。

第三阶段：20世纪初至20世纪50年代，中国国民党人向西方学习资本主义制度，中国共产党人则学习源自西方的马克思主义和俄国十月革命。经过铁与血的残酷较量，中华人民共和国成立，中国实现了民族独立，初步建成了社会主义国家。

第四阶段：20世纪70年代之后，以邓小平为领袖的中国人民实行"改革开放"的政策，向西方学习先进的科学技术、管理经验及一切值得我们学习的东西，以期实现中华民族的伟大复兴。

这四个时期的向西方寻求真理的过程，各有其不同的特点，但也有其相同点。显然，本文所谈及的晚明时期向西方寻求真理的历史过程，就其深度与广度而言都远远逊色于后者。它仅仅涉及了科学技术、宗教道德等领域，而未触及到政治、经济的层面。但是，这毕竟是中国历史上的第一次，或者说是一出波澜壮阔的正剧的序幕。这是在中国尚未遭到西方列强的侵略，尚未面临生死存亡的威胁的时候发生的。因此不能不说这些当事人更具洞悉"大风将起于青萍之末"的超前敏感，有着"众人皆醉我独醒"的先知先觉，因此也面临着古老传统更为盘根错节的阻力。称他们为一代伟人，是当之无愧的。

意大利哲学家克罗齐所曾深刻地出："一切历史都是当代史"，而一切"过去史"其存在的条件是，"历史包容的事实引起了历史学家精神的震颤"[1]。正如邓恩先生在 20 世纪 60 年代以利氏讴歌利玛窦等一代伟人，蕴含着他对反种族歧视的理想，并以此为其战斗的武器一样，我们在改革开放的今天，在中国勇敢地面对全球化的挑战，融入世界现代化大潮的新世纪，回顾晚明知识界以徐光启为领军人物的一代向西方寻求真理的先驱，也具有温故知新、以古鉴今的现实意义。

编后语：*此文发表在《新视野》2007 年第二期。*

---

[1]《一切历史都是当代史》，《世界哲学》2002 年第 6 期。

晚明西洋望远镜传入中国轨迹

从某种意义上讲，人类文明的发展史就是工具的发展史。人类的祖先最初完全是凭借着自己的肢体和感官，在大自然中谋求生存。后来他们发明了工具——石器、棍棒和弓箭，这是手臂的延长；他们发明骑马和驾车，这是腿脚的扩展。石器后来被更坚固、更锐利的青铜器和铁器所取代，人手和腿的功能一步步地进展，征服自然的力量也日渐加强。人们也渴望能扩展眼睛的观察功能，扩大耳朵的听觉功能。看得远、听得远，在狩猎活动中，就意味着能得到多于其他人的收获；在战争中，就意味着增加一分胜利的机会，避免一分流血的可能。

因此自古以来，中国人就梦想着能具有超常的视力，三星堆遗址里瞳仁伸长、耳廓飞扬的"纵目人"面具，反映了先人对增长视力的渴望 [1]。在中国古代传说中，人们还创造出了目力超常的神话人物——离娄。后来离娄被赋予了更为直白的名字——千里眼。离娄，或称千里眼屡屡出现在中国古代文学作品中，如今又成了民间信仰中的妈祖的守护神之一（另一位是顺风耳）。

尽管中华民族在漫长的历史上成就了众多伟大的发明创造，有我们在上小学时就学到的四大发明：造纸术、火药、指南针和活字印刷术，有丝绸、茶叶和瓷器等等，为人类文明做出了重大的贡献。但使人的眼睛得以望远的发明，则不是中国人成就的。它来自于同一块大陆的西端——欧洲。中国在

---

[1] 王红旗在《三星堆人有望远镜吗》（《文史杂志》2002年第1期，第20页）中称纵目人面具表明三星堆人已经有了类似望远镜的发明。本人认为，这只是反映他们的梦想或宗教崇拜。

光学上落后于欧洲，因而不能先于欧洲发明望远镜的主要原因有两个：第一，是古代玻璃制造业的不发达。从上述引证的我国古代光学成就中，我们看到，没有一项是通过使用玻璃仪器取得的。有关专家认为，是中国发达的陶瓷业制造出精美、耐用、保温而又便宜的瓷器器皿，排挤了玻璃器皿，因此造成了玻璃业的萎缩。而透明的玻璃镜片恰恰是光学研究的最重要的工具。第二，中国古代没有几何学，则是中国光学相对滞后的另一个重要原因，因为"对空间和光的认知"，"正是几何学的核心"[1]。

一、17 世纪第一个十年：欧洲人发明了望远镜

2008 年，在北京的人大会堂召开了有多名诺贝尔奖金获得者参加的"隆重纪念望远镜诞生 400 周年——科学大师讲演会"，同时北京天文馆引进了意大利筹办的题为"伽利略望远镜——改变世界的工具"展览。这说明，望远镜的诞生时间，被举世公认确定为 1608 年。而就在这一年，两位荷兰人几乎同时宣称：自己发明了望远镜，这就是利普赫和约翰逊。但将望远镜献给荷兰政府并提出专利申请的则是前者。

很多有关望远镜发明史的书籍都这样写道：在地处阿姆斯特丹西南约 130 公里的米德尔堡市，有一位名叫汉斯·利普赫（Hans Lippershey）的眼镜制造商。1608 年，即 400 年前的一天，学徒趁他不在，闲暇之余通过那些透镜窥视四周自娱自乐。最后，这个徒弟拿了凸透镜和凹透镜两片玻璃透镜，一近一远地放在眼前，结果惊讶地看到远处教堂上的风标仿佛变得又近又大了[2]。利普赫立刻明白了这项发现的重要性，并且认识到应该将透镜安装到一根金属管子里，制成了第一架望远镜。

利普赫将望远镜献给了荷兰政府。"当时荷兰正在反抗西班牙的侵略与西班牙苦战了 40 年还未分胜负。荷兰海军得到了望远镜，它能够让荷兰

[1]（英）麦克法兰、马丁著、管可秾译《玻璃的世界》，商务印书馆 2003 年版，第 46 页。
[2] 卞毓麟《追星：关于天文、历史、艺术与宗教的传奇》，上海文化出版社 2007 年版。

舰队的船只早在敌人看见他们之前就发现敌人的动静"[1]。于是荷兰能够抵抗住西班牙的优势兵力而生存下来,利普赫也因此得到政府的嘉奖。

英国自然科学史学家李约瑟曾说:"可以肯定的是,在 1550—1610 年间至少有六个人摆弄过双透镜的组合,使用了双凸透镜和双凹透镜,并获得了令人惊讶的原出物体放大的效果。""某一种设想一传播开来,就有许多人几乎同时付诸实践,这种现象,如望远镜的发明,在现代以前几乎是不可能的。"[2]

的确,从看似偶然地将一片凸透镜与一片凹透镜组合起来观物,到望远镜的诞生,再到望远镜的不断改进和发展,其实并非纯粹偶然。欧洲早在古希腊时代,几何光学已经有了令人瞩目的成就了。在距当时近 2000 年前的公元前 3 世纪,欧式"几何学"的创始人欧几里得就撰写了一部《光学》。450 年后的公元 2 世纪,希腊科学家托勒密撰写了论述几何光学的专著《光学》,对光的反射和折射的基本规律作了数学式的精确描述,也试着寻找光线通过不同介质时不同的折射率。戴维·林德伯格的《西方科学的起源》一书对此进行了介绍,还根据托勒密的理论画出了光路图[3]。

公元 5 世纪,随着罗马帝国的崩溃和日耳曼蛮族的入侵,希腊的科学被中断。但是,代表了古希腊文明高峰的欧几里得几何学和伴随着几何学而发展起来的光学并没有绝迹,而是传到了阿拉伯世界(包括被阿拉伯人占据的西班牙)。11 世纪末,欧洲的基督教势力再次收复了西班牙,"阿拉伯文化中心和阿拉伯藏书落入了基督徒手中,最重要的中心托莱多于 1085 年陷落,在 12 世纪期间其图书馆中的财富开始得到严肃的开发"[4]。于是一个伟大的"翻译运动",即将阿拉伯文的文献翻译成拉丁文的运动开始了。其中就包括:托勒密的《至大论》、欧几里得的《几何学》《光学》《光的反射》等等。在漫长的中世纪,艰难地发展着的几何学和光学,与

---

[1] 温学诗、吴心基著《观天巨眼:天文望远镜的 400 年》,商务印书馆 2008 年版,第 28 页。
[2] 李约瑟、鲁桂珍《江苏两位光学艺师》,载王锦光《中国光学史》,湖南教育出版社 1986 年版,第 192 页。
[3] (美)戴维·林德伯格著,王珺等译《西方科学的起源:公元前六百年至公元一千四百五十年宗教、哲学和社会建制大背景下的欧洲科学传统》,中国对外翻译出版公司 2001 年版,第 112 页。
[4] 同上书,第 211 页。

玻璃制造技术一直相辅相成，相互促进着。没有这一深厚的科学底蕴，荷兰眼镜商人就不可能捕捉到那稍纵即逝偶然发现，望远镜也不可能在短短的时间内就在欧洲各地同时掀起轩然大波。在没有深厚几何学传统的中国，望远镜即使传入了也很难发展起来，就是一个明白的反证（有趣的是，当时从传教士那里学到西方光学的中国人，称之为"造镜几何心法"，说明也认识到光学与几何学密不可分的关系）。那当然是后话了。

尽管"谁发明了望远镜"这个问题可能有多个答案，而"谁首先将望远镜用于科学"这个问题却只有一个答案，这就是意大利物理学家——伽利略。

伽利略 1564 年出生在意大利比萨的一个没落贵族之家。他的父亲是一个富有才华、思想开放的绅士。伽利略从小勤学好动，有强烈的求知欲。他 17 岁时进入比萨大学，先是遵从父命学习医学，继而改学数学和物理。他从年轻时代就表现出反叛精神，从不盲目迷信权威，对任何问题喜欢打破沙锅问到底。1583 年，在他 19 岁还是一名大学生时，就受教堂吊灯的启示，经过多次试验，发现了"单摆定律"，即单摆摆动的时间与摆的重量、形状和摆动的幅度都无关，而是与摆的长度成反比。1589 年，25 岁的伽利略成了比萨大学的数学教授。第二年他就在著名的比萨塔上进行了自由落体实验，从而证明自由落体的速度与落体的重量无关。但是他的这一实验却遭到被称为"旧传统的顽固堡垒"的比萨大学所不容，因为它违背了经典权威亚里士多德的著名定律——物重先落地。不媚世俗的伽利略最终被比萨大学解聘了。"塞翁失马，安知非福"，不久伽利略接到另一所学术空气自由活跃的学校——帕多瓦大学的聘书。1592 年 28 岁的伽利略到这所开明的威尼斯大公管辖之下的高等学府担任数学教授，而且得到一位富有而且学问渊博的贵族——皮内利的赏识，二人结成了好朋友。帕多瓦大学的自由空气使伽利略如鱼得水，不仅成为深受学生喜爱的教师，而且接踵取得一个又一个重大的科研成果。

就在荷兰眼镜商们宣布发明了望远镜的第二年，即 1609 年，伽利略从朋友和学生那里知道了这项有趣的发明。他敏锐地意识到这一被别人仅仅当成玩意儿的仪器或战争中的利器，将会在科学研究中大有作为，就决定自己动手制作一架望远镜。他当时并没有看到望远镜的样品，只是凭着自己的光学知识，反复设计图纸，计算曲率，亲手磨制镜片，花了整整一个夏天，终于制造出一架能放大 9 倍的望远镜。伽利略接受了朋友的建议，他请威尼斯的上层人士登上该市最高的教堂塔顶，去观看海景。海上远处的舰船历历在目，使这些达官贵人大饱眼福。伽利略还将这架望远镜卖给了威尼斯大公，他得到的回报是，帕多瓦大学聘请他为终身教授，而且薪酬也增加了一倍。

伽利略划时代地将望远镜指向了星空，从而得到了震撼世界的发现。这就是 1610 年被写进《星际使者》一书的一系列内容：月球表面的环形山、银河系无以数计的恒星、木星的四颗卫星、还有太阳表面的黑子、土星外围的光环，等等。他的发现动摇了教会的传统观念，"很多人声称，通过由两个有曲面的玻璃片构成的望远镜不可能窥破宇宙的奥秘。但是决定性的支持来自一年以后，四位耶稣会天文学家在罗马签署了一份声明，确证了伽利略的发现。"[1] 因此遭到了来自罗马教廷的迫害。当然，这些就不是本文要关注的了。但是，一位曾经与伽利略一起站在罗马的圣·垂尼塔提斯（S·Trinitatis）教堂的楼顶上观测星空的、名叫约翰·施莱克（Johannes Schreck）的德国人，却是本文需要关注的人物。

二、伽利略的朋友——施莱克（邓玉函）

约翰·施莱克（Johannes Schreck） 1576 年出生于德国与瑞士接壤的康士坦茨天主教主教管区，更具体点说是一个叫作西格玛瑞根公爵（Zollern Sigmaringen）的臣属区的一个叫做"宾根（Bingen）"的小镇[2]。早在 1603 年，施莱克在帕多瓦大学学医学的时候，就与大他 12 岁的该大学数学教授伽利略相识了。1611 年享誉欧洲的伽利略应邀访问了罗马，在罗马大学展示了他的望远镜，并作了精彩的讲演。这时施莱克也在罗马大学。他是教皇药剂师法伯（Johannes Faber）的助手，同时又在罗马大学攻读神学研

---

[1]（英）米歇尔·霍斯金主编、江晓源等译《剑桥插图天文学》，山东画报出版社 2003 年版，第 120 页。

[2]（德）蔡特尔著，孙静远译《来自德国康士坦茨的传教士科学家邓玉函（1576—1630）》载《汉学研究》第十一集，学苑出版社 2008 年 9 月出版，第 326 页。

究生。罗马大学是耶稣会主办的著名的高等学府，有享誉全欧洲的学者任
教，其中最杰出的有利玛窦的数学教师格里斯多夫•克拉维奥（Christophorus
Clavius），这时他已经很老了；还有施莱克的天文教师克里斯托弗•戈兰
伯格（Christoph Grienberger）。戈兰伯格和伽利略是很好的朋友，他真心
支持伽利略的观点，但是不能公开表示。

　　施莱克在十几年之后的一封信中，回忆到与伽利略在罗马圣•特里尼塔
蒂斯（S. Trinitatis）山上共同观测星空的一个难忘的夜晚。他还同时嘲笑了
一名顽固坚持错误观念而且愚蠢可笑的神父，他写道："那位和我们一起站
在教堂上的神父，拒绝用伽利略的望远镜观看天上的星星，以便不必承认他
的双眼迫使他不得不接受的事实。"[1] 这就说明，施莱克不是一个保守的
人。但他和他的老师一样，也不是像伽利略一样勇于向守旧势力宣战的斗士。
在当时关于宇宙模式的三种学说中，他既不赞成守旧的宗教当局所坚持的
地球是宇宙中心的托勒密学说，也不赞成伽利略确定地将哥白尼的太阳中
心说奉为不二真理，他倾向一种折衷的理论——第谷学说，即行星都是围
绕太阳旋转的，而太阳则是围绕地球旋转的。

　　在罗马，他们两人还共同地成为"灵采研究院"（因其会标是一只山猫，
所以又称山猫研究院）的成员。"灵采研究院"是楷西侯爵于 1603 年发起
成立的全世界第一个科学团体。他的宗旨是："希望热心于追求真正知识
并致力于研究自然尤其是数学之哲学家成为其成员；同时本学会也不忘优
雅的文学与语言学之装点作用，因此类科学犹如优美之服装，亦可使科学
自身增辉声色也。"[2] 在该研究院的院士名单上，伽利略与施莱克分别排
名第六和第七。著名的耶稣会科学家《中国图说》的作者、基歇尔（Athanasius
Kirchers）曾这样评价施莱克："这位德国康斯坦茨神父在加入耶稣会之前
就已经是全德最著名的学者、医生和数学家之一。由于他博学多才、广泛
深入的自然科学知识以及卓有成果的高超医术，使他受到众多的王公贵族
们的热烈欢迎。"[3] 也正如中国学者方豪所说的那样：而且也已经以"医

---

[1] 转引自 （德）蔡特尔著，孙静远译《来自德国康士坦茨的传教士科学家邓玉函（1576—
1630）》载《汉学研究》第十一集，学苑出版社 2008 年 9 月出版，第 327 页。
[2] 松鹰著《三个人的物理学》，中国青年出版社 2007 年版，第 45 页。
[3] 转引自 （德）蔡特尔著，孙静远译《来自德国康士坦茨的传教士科学家邓玉函（1576—
1630）》载《汉学研究》第十一集，学苑出版社 2008 年 9 月出版，第 327 页。

学、哲学、数学无一不精；英文、法文、德文、拉丁文、希腊文、葡萄牙文、希伯来文无一不晓，还兼修过动物、植物、矿物等学科"，而"名满日耳曼"了 [1]。

但是，令伽利略不解和失望的是，施莱克就在这一年加入了天主教的耶稣会，成为一名神父。他说：施莱克的消息，"使我颇为不快，这是我院的损失。但他决定进耶稣会，而不入别的会，还可以使我感到欣慰，因为我最重视耶稣会。" [2] 的确，在天主教各个修会中，耶稣会是最为重视科学和教育的。罗马大学就是由耶稣会主办的。曾经在这里当过利玛窦数学教师的克拉维奥就是参与制定教廷"格列高利历法"的主要成员。其实，施莱克既然来到罗马大学，加入耶稣会就是题中应有之义。他与伽利略不同，伽利略是罗马大学慕名请来的贵宾。

关于施莱克退出楷西研究院而加入天主教耶稣会的原因，近来的研究者有了新的解释。1611 年施莱克曾应楷西公爵之邀，"承担一项富有挑战性的任务，帮助他出版《墨西哥词典》（Thesaurus Mexicanus）"。该书的内容是西班牙医师赫尔南德斯奉国王菲利普二世之命游历墨西哥收集来的大量关于新大陆的植物、动物和矿物的信息。施莱克的任务是编辑和评述。他以注释的形式在书中加入了自己的评论，并由此而产生了对探索"欧洲以外自然史"的强烈的兴趣。然而在当时，全球化其实"是一个有关征服和基督教化的问题，而科学只能附随于这个与境中出现的机遇"，"教会以其世界范围的活动提供了独一无二的机会"。"事实上，耶稣会士不仅展示了将科学追求融入宗教世界观的可能性，而且提供了一种组织上的支持，它比赞助人的支持更优越。"专家认为，这种选择对于施莱克来说具有格外的吸引力，因为"他既没有独立的收入，也没有学术机构中的位置，更没有贵族的赞助。" [3]。

换句话说，施莱克是为了获得考察海外未知的自然界的机会，才加入天主教耶稣会的。因为耶稣会一方面特别重视科学教育工作，一方面积极向

[1] 方豪著《中国天主教史人物传》（上）中华书局 1988 年版，第 216 页。
[2] 转引自《中国天主教史人物传》（上）中华书局 1988 年版，第 221 页。
[3] 张柏春等著《传播与会通——"奇器图说"研究与校注》（上篇）江苏科学技术出版社 2008 年版，第 59 页。

海外派遣传教士。果然，后来施莱克在 1618 年到达果阿后，在那里停留了 7 个多月，收集了当地 500 多种的动、植物和矿物的资料，编写了一部被他命名为《印度的普林尼》（Plinius Indicus）的亚洲自然史著作。他之所以这样命名他的书，是因为在公元 1 世纪，罗马有一本百科全书式的自然史著作名为《老普林尼》。另外施莱克在中国的经历，也可以为他加入耶稣会的动机做出令人信服的注释：他几乎全身心地投入到科学事业中，根本无暇从事宗教工作。

1614 年，施莱克的机会来了。这一年，一名从遥远的中国返回的耶稣会士尼古拉斯·垂勾特（Nicolas Trigault）到了罗马。他的中文名字叫做"金尼阁"。

金尼阁 1577 年出生在比利时之杜埃城（现属法国境内），1594 年加入耶稣会，于 1610 年远赴澳门，翌年进入南京。

进入中国大陆后不久，金尼阁又被他的上司、利玛窦的继承人——意大利耶稣会士龙华民（Nicolò Longobardo）派回了欧洲，去向罗马教廷请示有关中国传教事业中的若干问题。在从中国返回欧洲的漫长路途中，金尼阁将利玛窦生前用母语意大利语撰写的回忆录翻译成拉丁文，并补充了两章，记述了利玛窦死后向皇帝申请墓地和举行葬礼的情况。1614 年，金尼阁回到罗马，中国传教团的各项请求都得到了教皇和耶稣会总会的首肯。那部揭开古老中国神秘面纱的书稿也得到批准，以《天主教传入中国史》的书名出版，引起轰动。然而金尼阁并不满足，他最需要的还是志愿到中国传教、具有较高科学素养的传教士。为此他造访了罗马的"灵采研究院"。施莱克，还有亚当和罗等旋即决定加入金尼阁的中国传教团队。

从 1614 年决定加入金尼阁的团队，到踏上远赴东方的航船，施莱克在欧洲各国巡游了差不多 5 年的时光，他的足迹到过米兰、佛罗伦萨、都灵、里昂、巴黎，还有金尼阁的故乡——比利时的杜埃、荷兰、德国的慕尼黑、奥格斯堡、瑞士的日内瓦，等等。金尼阁给他的任务"是为在华传教事业之需要收集当代最新的科学文献与仪器、器械。"[1] 其中对本文主题异常重要的是，米兰的红衣主教博罗梅奥赠送给他一架伽利略的望远镜。施莱

---

[1]（德）蔡特尔著，孙静远译《来自德国康士坦茨的传教士科学家邓玉函（1576—1630）》载《汉学研究》第十一集，学苑出版社 2008 年版，第 327 页。

克因此成为第一位将望远镜带入中国的人[1]。

金尼阁在巡回演讲中表现出口若悬河的天才，很快就在欧洲掀起了一场"中国热"，他从教皇和多位欧洲公国的君主那里获得了大量精美的礼物、仪器和图书，以及支持中国传教事业的款项。耶稣会进入中国的先驱者利玛窦，为了在中国站住脚，并顺利地传布福音，创立了"科学传教"的策略，并被他的后继者奉为圭臬。施莱克在这方面具有无可争议的优势。

1618 年 4 月 16 日施莱克登船离开里斯本港，与他一同加入金尼阁远征东方团队的耶稣会士共有 22 名，其中德国人亚当和意大利人罗，也都是灵采研究院的院士。

亚当（Jean Adam Schall von Bell）1591 出生于科隆，先在当地的耶稣会学校就读，1608 年进入罗马大学，1611 年加入耶稣会。在罗马大学，亚当与施莱克相识，共同开始充当见习修士。罗（Giacomo Rho）1593 年出生于米兰，精于数学。

经过充分的准备，各国君主赠送给中华传教团的礼品、书籍也纷纷到达启航的港口——里斯本，1618 年 4 月 16 日，金尼阁率领他的远征团队，包括施莱克、亚当和罗在内的 22 名年轻教士，搭乘了 3 艘大船圣加罗号（St•Carlo）、圣茂罗号（St•Mauro）和善心耶稣号（Der gute Jesus），以及另外两艘小船，浩浩荡荡地出发了[2]。

海上的旅途是漫长的，以金尼阁为首的耶稣会士小团体将时间安排得紧张而又充实：从周一到周六，每天下午排有课程：周一和周四由枯心（P•Cousin）神父演讲道德；周二和周五由施莱克讲授数学；周三和周六由金尼阁讲授中国语言文字课。此外，施莱克、亚当和罗等几名年轻人"很勤奋地作观察星象、流星、风向、海流和磁针移动等等工作"[3]，无疑，包括伽利略望远镜在内的各种仪器成了他们有力的帮手。

长时间的海上航行最怕感染瘟疫。船上没有正式的有资格的医生，于是曾在帕多瓦大学学过医学的施莱克担当起医生的职责。一行中的金尼阁、

---

[1] 张柏春等著《传播与会通——"奇器图说"研究与校注》（上篇），江苏科学技术出版社 2008 年版，第 60 页。

[2]（德）魏特著，杨丙辰译《汤若望传》（上），商务印书馆 1936 年版，第 54 页。

[3] 同上。

亚当，包括施莱克自己都曾一度被瘟疫击倒，唯有罗只是仅仅感到有点头疼，并无大碍。幸运的是他们几人先后都战胜了病魔。经过几个月的生死搏斗，"善心耶稣"终于在 10 月 4 日到达了果阿。耶稣会士们在这里得到了几个月的休整时间。这期间施莱克潜心于他计划的植物学研究。"凡造物主为新世界（即印度和中国等东方世界）创造的东西——动物和植物，他都要记录下来。这就是题为《印度的植物世界》（Plinius Indicus）的一本包括动、植物的百科全书。仅在印度时，他一个人就对约 500 种不为欧洲所知的植物画出图像并做了描述。我们有一封施莱克于 1619 年 5 月 4 日从果阿发给他在罗马的朋友法伯（Faber）的信函。信中写道：'如果我能在这里待上一年，我肯定能为他们给出上千种全新的植物和它们的治疗功效'。我们在此清楚地看到他研究植物的主要动机也许就是他亚洲之行的主要动机，即：寻找药用植物。"[1]。

而亚当则在果阿东北的一个小岛上专作观察彗星的工作。几个月时间经常使用望远镜，使以前对这一新式仪器并无太多了解的亚当，对其原理和使用方法已经谙熟于胸。

1619 年 5 月 20 日，施莱克、亚当、罗等人在金尼阁的率领下，分别乘坐两艘船向澳门进发，他们先后于 7 月 15 日和 22 日到达了他们此次远航的最终目的地。从欧洲迢迢万里带来的书籍、仪器，当然也包括那架伽利略望远镜，也都一道抵达了中国。

从此，他们有了各自的中文名字：邓玉函、汤若望和罗雅谷。

三、望远镜来到中国

2000 年为了迎接新世纪的曙光，在北京长安街的西端建造了一座"中华世纪坛"。其外形是一座巨大的日晷。世纪坛内的核心建筑是一个圆形

---

[1] 转引自（德）蔡特尔著，孙静远译《来自德国康士坦茨的传教士科学家邓玉函（1576—1630）》载《汉学研究》第十一集，学苑出版社 2008 年 9 月出版，第 328—329 页。

的"世纪厅"。"世纪厅"内环形墙上装饰着以中华文明发展史为主线的大型浮雕群像，从北京猿人开始，孔夫子到邓小平，纵贯数千年对中华文明做出杰出贡献的人物依次排列，栩栩如生。在七、八十名可以叫出姓名的人物中间，有两个外国人，且都是意大利人——马可·波罗和利玛窦。浮雕中的利玛窦背后是世界地图，下方是天文仪器，身旁是他最亲密的中国朋友——徐光启。利玛窦身着儒生服饰，专心致志地操作着一架望远镜。这是不是在告诉人们，利玛窦是将望远镜介绍到中国的第一人呢？

资深的中国科学史研究专家江晓原撰文指出，起码有两则中文史料证明，利玛窦在华时曾持有望远镜：

第一条来自明代郑仲夔的《玉麈新谭·耳新》卷八："番僧利玛窦有千里镜，能烛见千里之外，如在目前。以视天上星体，皆极大；以视月，其大不可纪；以视天河，则众星簇聚，不复如常时所见。又能照数百步蝇头字，朗朗可诵。玛窦死，其徒某道人挟以游南州，好事者皆得见之。"

第二条来自清初王夫之的《思问录·外篇》："玛窦身处大地之中，目力亦与人同，乃倚一远镜之技，死算大地为九万里"之语。江先生称："虽然王氏未提供进一步的细节，无法知道其说之所自，但这是中国文献中关于利玛窦拥有望远镜的又一记载。"[1]

但多数研究者认为这是不可能的，本人也持同样意见。因为当 1608 年荷兰眼镜商人向政府申请专利的时候，利玛窦已经在中国生活了 26 年了，离开欧洲已经 30 年了。虽然他即使在中国也有可能从通信中、从后来来华的同伴中得知他来华以后欧洲发生的事情，也可能间接地得到来自欧洲的书籍和自鸣钟。但是，他却不太可能知道望远镜，更不可能得到望远镜。因为这时离他 1610 年 5 月去世，仅仅只有一年多的时间了。而当时从欧洲及到中国的信件都不太可能在一年之内到达，前面引述的邓玉函的话，寄书需要 3 年的时间。

更为有力的证据是，利玛窦在其回忆录《利玛窦中国札记》中连一处都没有提到望远镜，却屡屡提到了令中国人赞叹的、能将白光变成七色光的三棱镜。如果他手中真的有令中国人赞叹的这种望远神器，他是不会不在

---

[1] 江晓原著《来自德国康士坦茨的传教士科学家邓玉函（1576—1630）》载《汉学研究》第十一集，学苑出版社 2008 年 9 月出版，第 328—329 页。

自己的回忆录中自豪地提及的。在利玛窦最亲密的朋友如徐光启、李之藻等人的著作中，也从未提到过在利玛窦生前见过望远镜，尽管在利玛窦去世和邓玉函、汤若望来华之后，他们都盛赞过这一西洋仪器。而且在其它来华耶稣会士的大量的书信、著作中，至今也还没有发现一处说到利玛窦曾携有望远镜的。因此，我认为上述两条中文史料尚不足为据。方豪先生推测其原因时指出："盖尔时国人极崇拜利玛窦，故凡闻一异说，见一奇器，必以为玛窦所创。"[1]

所以，世纪厅中的利玛窦形象，如果不是史实的错误，可以理解为：这一利玛窦是明末清初为中国带来欧洲科学文化的众多传教士的集中代表。

最先将望远镜这一欧洲的新发明告诉中国人的是耶稣会士阳玛诺。

阳玛诺，原名：Emmanuel Diaz Junior，1574 年出生于葡萄牙卡斯特尔夫朗科，1610 年来华[2]。这虽然是在 1608 年和 1609 年之后，但他离开欧洲，到达澳门却在望远镜诞生之前。费赖之书记载曰：阳玛诺"于 1601 年至果阿完成其学业。已而赴澳门，教授神学六年。1611 年与费奇规神父共至韶州"[3] 这就是说，阳玛诺到达澳门的时间，最迟是在 1606 年，也是伽利略使用望远镜取得多项重大发现之前。他当然是在东方得到这些消息的。

1615 年，阳玛诺在周希令、孔贞时、王应熊三位中国文人帮助下撰写的《天问略》在北京刻印。这部书用问答体裁介绍了以托勒密的地心体系为核心的旧式欧洲天文学理论，涉及太阳在黄道上的运动，月相成因，交食及交食深浅的原因，等等内容。但在最后又介绍了伽利略的望远镜，和他借助望远镜取得的一系列新发现：

"凡右诸论，大约则据肉目所及测而已矣。第肉目之力劣短，曷能穷尽天上微妙理之万一耶？近世西洋精于历法一名士，务测日月星辰奥理而哀其目力尫羸，则造创一巧器以助之。持此器观六十里远一尺大之物，明视之，无异在目前也。持之观月则千倍大于常。观金星，大似月，其光亦或消或长，无异于月轮也。观土星则其形如上图，圆似鸡卵，两侧有两小星，其或与本

[1] 方豪《伽利略生前望远镜传入中国朝鲜日本史略》，《方豪文录》，北平上智编译馆 1948 年版，第 292 页。

[2] 方豪著《中国天主教史人物传》（上），第 174 页。

[3]（法）费赖之著、冯承钧译《在华耶稣会士列传及书目》，中华书局 1995 年版，第 110 页。

星联体否？不可明测也。观木星则四围恒有四小星，周行甚疾，或此东彼西，或此西彼东，或俱东俱西，但其行动与二十八宿甚异。此星必居七政之内别有一星也。观列宿之天，则其中小星更多、稠密。故其体光显相连，若白练然，即今所谓天河者。待此器至中国之日，而后详其妙用也。"[1]

阳玛诺称伽利略为"西洋精于历法一名士"，称望远镜为"巧器"，可在 60 里外清晰地看到一尺左右的物体，用以观月能将月球放大一千倍。他还介绍了伽利略发现的金星的相位变化、土星的类似两颗小星的光环、木星的四颗卫星以及由众多、稠密的发光体组成的"天河"（即银河）。

作者最后满怀期望地说："待此器至中国之日，而后详其妙用也。"期盼着望远镜传到中国后，详细地了解它的各种"妙用"。这句话说明，阳玛诺本人并没有亲眼看到过望远镜，使用过望远镜，他对此一西洋"巧器"的介绍只是听说来的。同时这句话也再明白不过地印证了笔者前面的结论，即利玛窦并没有为中国带来望远镜。

《天问略》1615 年在中国出版，距《星际使者》1610 年在欧洲出版，仅仅相差 5 年的时间。在这一点上，可以说耶稣会士以第一时间将欧洲的最新科研成果介绍到了相隔九万里的、欧亚大陆东端的中国。

七年之后，1622 年随着邓玉函、汤若望、罗雅谷踏进内地的脚步，望远镜也来到了中国。1626 年，汤若望撰写了专门介绍望远镜的《远镜说》。在这之后不久出版的《帝京景物略》一书中，作者刘侗、于奕正谈到，位于宣武门内的天主堂展示了各种西洋奇器，其中就有望远镜："其国俗工奇器，若简平仪，仪有天盘，有地盘，有极线，有赤道线，有黄道圈，本名范天图，为测验根本。龙尾车，下水可用以上，取义龙尾，象水之尾尾上升也。其物有六：曰轴、曰墙、曰围、曰枢、曰轮、曰架。潦以出水，旱以入，力资风水，功与人牛等。沙漏，鹅卵状，实沙其中，颠倒漏之，沙尽则时尽，沙之铢两准于时也，以候时。远镜，状如尺许竹笋，抽而出，出五尺许，节节玻璃，眼光过此，则视小大，视远近。候钟，应时自击有节。天琴，铁丝弦，随所案，音调如谱。"[2] 这是中国学者亲眼目睹望远镜神奇妙用的最早纪录。

差不多几乎与此同时，葡萄牙籍耶稣会士陆若汉也将望远镜带进了北

---

[1] 阳玛诺著《天问略》，台湾学生出版社《天学初函》第五册，第 2717 页。

[2] 刘侗、于奕正著《帝京景物略》，北京古籍出版社 1982 年版，第 153 页。

京城，并且将这一西洋奇器赠送给了在京的朝鲜使者郑斗源。

陆若汉（原名：Jean Rodriguez Tcuzzu），1561 年出生，16 岁时就到了日本，1580 年加入耶稣会[1]。1614 年日本排教，陆若汉被逐避居澳门。就在这之后不久，大明王朝在与东北满族八旗的交锋中节节败北。曾与利玛窦等耶稣会士结成好友，热衷西学，且受洗入教的徐光启、李之藻等人向朝廷提出借助西洋火炮，阻击八旗铁骑的策略。朝廷同意此议，便与澳门葡人接洽。澳门方面选派陆若汉作为澳方代表，后又派遣他率炮队驰援北京。1630 年，陆若汉所率炮队与进犯北京的八旗军遭遇，涿州一战，力克清军锐气，解京师之围。2 月 14 日，远征葡军意气风发地开进北京城[2]。

朝鲜史料《李朝实录》记载：1631 年，"陈奏使郑斗源回自帝京，献千里镜、西炮、自鸣钟、焰硝花、紫木花等物。千里镜者，能窥测天文，觇敌于百里外云。西炮者，不用火绳，以石击之，而火自发。西洋人陆若汉者来中国，赠郑斗源也。"[3] 这是朝鲜人第一次知道望远镜，第一次拥有望远镜。

从这条史料，我们可以推测：第一，陆若汉在这次率领葡军炮队对后金八旗军的作战中，使用了望远镜；第二，作为大明王朝聘请的外援，陆若汉肯定也会赠送若干西洋奇器（包括望远镜）给中国，而且数目应该不会比赠送给朝鲜使者的少。第三，在陆若汉逗留北京期间，一定会有不少好奇的中国的文人和官员得机会一睹这些西洋奇器。

也差不多是与此同时，国人在福建福州的耶稣会驻地，好奇地看到了望远镜。住在那里的耶稣会士是意大利人艾儒略和立陶宛人卢安德。方豪先生称：1631 年"望远镜已由卢安德传入福建三山，嗣后又由艾儒略携至桃源、清障"[4]

艾儒略，原名："Jules Aleni"，1582 年出生于意大利的布雷西亚，成长于水城威尼斯。1600 年加入耶稣会，1609 年派赴远东，1610 年到达澳门，1613 年进入内地[5]。他先后到过北京、上海、扬州、陕西、山西、杭州等地。

---

[1]（法）费赖之著、冯承钧译《在华耶稣会士列传及书目》，中华书局 1995 年版，第 217 页。

[2] 刘小珊《明中后期中日葡外交使者陆若汉研究》，2006 年暨南大学博士学位论文。

[3]《李朝实录仁祖大王实录》卷四，崇祯四年七月甲申条。

[4] 方豪《伽利略生前望远镜传入中国朝鲜日本史略》，《方豪文录》，北平上智编译馆 1948 年版，第 294 页。

[5]（法）费赖之著、冯承钧译《在华耶稣会士列传及书目》，中华书局 1995 年版，第 132 页。

后应退职大学士叶向高之邀，入福建传教，被称为"西来孔子"。卢安德，原名"Andre Rudomina"，1594 出生于立陶宛一贵族之家，1626 年至澳门，后赴福州协助艾儒略。《口铎日钞》是一部记录艾、卢两位神父言行语录的书，书中三次提到望远镜，但并非从科学角度，而是将望远镜用于道德和宗教的说教。

第一次，"诸友复请远镜，卢先生出示之，其一面视物，虽远而大，一面视物，虽近而小。观毕，先生谓余曰：'斯远镜者，一面用以观人，一面用以观己。'余曰云：'何？'先生曰：'视人宜大，而视己宜小。'"[1]卢安德以望远镜正看将远处之物放大，反看将近处之物缩小的特性，教导人们要善于看到别人的优点和自己的缺点，力戒骄傲自大。

第二次，"先生过林太学家，偶谈西国奇器，太学曰：'昔只谒于桃源，见示贵邦远镜。视远若近，视近若远。归述之，未有信者。'先生曰'贵邑离桃源几何？'太学曰：'才一舍耳。'先生曰：'夫以一舍而遥之隔，以君郑重之人，亲见之事，述之亲友，尚有疑心，何况余辈自泰西航海东来，涉程九万，历岁三秋，传千古来未经见闻之事，而人有能遽信遽从者乎？'太学叹曰：'先生言是也！'"[2]从这一则史料，我们可以了解到，通过口口相传，很多内地国人也都听说了望远镜之事，尽管开始时他们还不太相信。一旦有机会亲眼看到，也就不能不信了。

第三次，"林有杞入谒，求观远镜。先生曰：'子何镜之观也？有视至九重天而止者矣，有透九重天以上，而视天主无穷之妙理者矣。孰远孰近，二者奚择？'有杞曰：'视天主之妙理者，其人之心镜乎？数日来幸从先生讲解经旨，颇窥天外理矣。今愿假视形天者，一寓目焉。'先生出示之。正观则极远之物，皆近而大；倒观则极近之物，皆远而小。有杞异之，先生曰：'无异也。身后之事世人以为极远，不知其至近，而所系之大也；眼前之事，世人以为极近，不知其至远，而所系之小也。'有杞正容曰：'先生教我矣。'"[3]这条史料充分显示了来华传教士以科学促传教的策略。一位国人对西洋奇

---

[1] 钟鸣旦、杜鼎克编《耶稣会罗马档案馆明清天主教文献》，台北利氏学社2002年版第七册，第 109 页。

[2] 同上书，第 216 页。

[3] 同上书，第 272 页。

器感兴趣，艾儒略却要借机宣传福音教义，即所谓"透九重天以上，而视天主无穷之妙理者"。当国人一再重申要看能够观测天空的望远镜，神父们拿出来给看了。但当当事人好奇，问起其之所以能够将物体放大的原理时，神父却又答非所问地讲了一套道德说教。

然而不管怎样，地处欧亚大陆东端——福建的中国人，终于有机会看到了这种发明于遥远欧洲的望远仪器。这不能不感谢传教士所起到的中介作用。

又有记载，1639 年（崇祯十二年）十二月初六日，"毕方济进呈珍奇中，亦有'千里镜一具'"[1]。

山西绛县人、天主教徒韩霖（1596—1649）在其军事著作《守圉全书》谈到了望远镜并有附图。韩霖曾向徐光启学习兵法，向传教士高一志学习西洋火器。他写道："望远镜，来自大西洋国，用筒数节，安玻璃两端，置架上，视远如近，视小为大，可以远望敌人营帐、人马、器械、辎重，毫发不爽。我可预备战守，安放铳炮，曾闻海上一镜，因天气晴明，见鱼网于一百二十里外，亦奇矣。近日西洋陪臣贡献御前，间有闻鬻者，直四五十金。"[2]可见当时还有卖西洋望远镜的。

就这样，多名欧洲传教士先后将望远镜传入中国，最早者离它在欧洲被正式发明的时间还不到 20 年。

四、汤若望的《远镜说》

1626 年第一本用中文撰写的全面介绍望远镜的著作——汤若望的《远镜说》出版问世。

汤若望，即与邓玉函、罗雅谷等人一同追随金尼阁东来的德国科隆人

---

[1] 方豪《伽利略生前望远镜传入中国朝鲜日本史略》，《方豪文录》，北平上智编译馆 1948 年版，第 294 页。

[2] 转引自汤开建、吴宁《明末天主教徒韩霖与＜守圉全书＞》，《晋阳学刊》2005 年第 2 期，第 80 页。

亚当，于 1622 年进入北京。他先是在京城住了 5 年，后赴西安传教。在京期间，他学习汉语，也准确地预报了三次月食。《远镜说》是他 1626 年在京师时的著作。可以想象，当到教堂参观的中国朋友，看到新来的耶稣会士们从欧洲远道带来的这种望远奇器，兴趣盎然，好奇地问这问那。汤若望可能就是为此，而根据 1618 年法兰克福出版的罗拉莫·西尔图里（Girolamo Sirturi）所著的《望远镜，新的方法，伽利略观察星际的仪器》一书 [1]，与中国学者李祖白合作，撰写了这部书稿。

短短 5000 字并有附图的《远镜说》，分为：自序、利用、缘由、造法、用法几个部分。

在"自序"中，汤若望说："人身五司耳目为贵"，即人的五官中主听觉的耳和主视觉的目最为重要。"耳目皆不可废者也，则佐耳佐目之法亦皆不可废者也。第佐耳者用力省，以管则远，以螺则清。利物出于天成其巧，妙自无可得而言。佐目者用力烦，管以为眶，镜以为睛。利物出于人力，其巧妙诚有可得而言者。无可得而言之则诞，有可得而言者密之则欺。" [2] 即帮助眼睛提高视觉能力的方法比较复杂、巧妙，需要加以论述。如果我不知道其中的奥妙乱说，那是荒诞的；如果我知道了却不说，那么就是欺骗了。

"利用"一节是占篇幅最大的。它分别介绍了望远镜在观测天空时的最新发现和望远镜的其它用途，而开宗明义地指出："夫远镜何昉乎？昉于大西洋天文士也。"虽然没有指出姓名，显然是指伽利略。

汤若望介绍了伽利略通过望远镜得到的新发现，共计六项：

1. 观测月球："用以观太阴，则见其本体有凸而明者，有凹而暗者。盖如山之高处先得日光而明也。"他告诉国人，月亮表面并非如人们想象的有月宫、玉兔、嫦娥、桂树，而是高低不平的山谷。

2. 观测金星："用以观金星，则见有消长，有上弦下弦如月焉。其消长上下弦变易于一年之间，亦如月之消长上下弦变易于一月之内。又见本体间或大小不一，则验其行动周围随太阳者。居太阳之上其光则满，居太阳之

---

[1] 方豪《伽利略生前望远镜传入中国朝鲜日本史略》，《方豪文录》，北平上智编译馆 1948 年版，第 293 页。
[2] 汤若望《远镜说》，引自《丛书集成》本，本节凡引自该书者不再注明。

下其光则虚。本体之大小以其居太阳左右之上下而别焉。"这里汤若望指出，金星存在着相位变化，这就暗示了金星围绕太阳转动，而所谓金星围绕地球旋转的托勒密"地心说"是错误的。

3. 观测太阳："用以观太阳之出没，则见本体非至圆，乃似鸡鸟卵。盖因尘气腾空，遮蒙恍惚使之然也。（即此可知尘气腾空高远几许）。若卯酉二时，并见太阳边体，龃龉如锯齿，日面有浮游黑点，点大小多寡不一，相为隐显随从，必十四日方周径日面而出，前点出，后点入，迄无定期，竟不解其何故也。"他提到了太阳黑子，"但是没有提到太阳黑子是由于太阳的转动引起的"[1]。

4. 观测木星："用以观木星，则见有四小星左右随从护卫木君者。四星随木，有规则有定期，又有蚀时，则非宿天之星明矣。欲知其于木近远几何，宜先究其经道圈处，合下即验矣。"汤若望还给出了木星卫星图。

5. 观测土星："用以观土星，则见两旁有两小星，经久，渐益近土，竟合二为一，如卵两头有二耳焉。"汤若望称，土星两旁有两颗小星，逐渐靠近土星，最后形成类似有两个耳朵的卵状物。日本自然科学史专家桥本敬造指出：这"实际上是绕土星异常光环体系的开普勒解释"[2]。

6. 观测银河系中的其它恒星："用以观宿天诸星，较之平时不啻多数十倍，而且界限甚明也。即如昴宿，数不止于七而有三十多。鬼宿中积尸气。觜宿中北星，天河中诸小星，皆难见者，用镜则了然矣。又如尾宿中距星及神宫，北斗中开阳及辅星，皆难分者，用镜则见相去甚远焉。是宿天诸星借镜验之，算之，相去几何，丝毫不爽。因之而观察星宿本相，星宿所好，星宿正度偏度，于修历法，尤为切要。"

这段文字中有诸多古代天文学的专业术语，桥本敬造先生曾有注曰："昴宿，即昴星团。鬼宿中积尸气诸星，即巨蟹座中星云；鬼星团，M44。觜宿，即猎户座。尾宿中距星及神宫，即天蝎座 μ1 及天蝎座 ξ。北斗中开阳及辅星，即大熊座 ξ 及 81。天河，即银河。"[3]

---

[1]（日）桥本敬造著，徐英范译《伽利略望远镜及开普勒光学天文学对＜崇祯历书＞的贡献》，《科学译丛》1987 年第 4 期，第 3 页。
[2] 同上书，第 5 页。
[3] 同上书，第 3 页。

汤若望这段话的意思是，用望远镜观测星空，比起肉眼观测来，可以清晰地看到多出数十倍的星体。原来相距很近，难以分辨的星体，也可以容易地分辨了。所谓天河（银河）中无以计数的小星，看得非常清楚。对于修改历法而言，使用望远镜观察星空是极其重要的一步。

在这里汤若望向中国人介绍了伽利略使用望远镜观察星空所获得的主要发现。他所依据的既不是托勒密的"地心学说"，也不是哥白尼的"日心学说"，而是第谷的折衷的理论，即金星、水星、火星、土星、木星等行星是围绕太阳旋转的，而太阳则是围绕地球旋转的。汤若望及其它来华耶稣会士，之所以选择了第谷理论，"除了其宗教蕴涵之外，第谷体系极为完备，而且材料也丰富。另外，它能合理地解释望远镜的发现"[1]。

在论述望远镜的其它用途时，汤若望特别指出了其在战争中的巨大作用：在陆上，"若陡遇兵革之变，无论白日，即深夜借彼火光用之，则远见敌处营帐人马器械辎重，便知其备不备。而我得预为防。宜战宜守，或宜安放铳炮，功莫大焉。"在海上"我能别其船舟何等，帆旗何色，或为友伴，或为强徒，与夫人数之多寡，悉无谬焉。"

汤若望指出："夫远镜者，二镜合之以成器也。"如将两片镜片分开，也有其各自的用途，"即中国所谓眼镜也"。

对于"年老目衰"，看不清近处物体者，即我们现在说的患了老花眼者，可用"中高镜"，即凸透镜，加以矫治；对那些用目过度，而看不清远处物体的书生们，即近视眼患者，则可用"中洼镜"，即凹透镜，加以矫治。

汤若望同时指出："吾人睛中有眸，张闭自宜，睛底有屈伸如性，高洼二镜自备目中"，人的眼睛的构造就像有一组凸透镜和凹透镜相配合，目力健康的人戴眼镜反而有害。眼镜只能调节视力，不能增强视力。如果视力衰竭，戴眼镜也无能为力，即"人有目精全衰，视物全暗者，则与无目同，天日不能照。固非镜之所能与力也。"

在"缘由"一节中汤若望揭示了望远镜的原理，为此他首先介绍欧洲的光学理论。桥本敬造指出，他是以开普勒 1604 年版的《天文光学说明》和 1611 年版的《光学》两部书为基础的。

---

[1]（日）桥本敬造著，徐英范译《伽利略望远镜及开普勒光学天文学对＜崇祯历书＞的贡献》，《科学译丛》1987 年第 4 期，第 2 页。

他说，人的眼睛能够看到的有形之物，就是因为物体反射的光线无阻碍地进入人的眼睛。如果眼睛和物体之间有阻碍，光线就会发生改变，即"易象"。"易象"有两种情况，汤若望称之为"斜透"和"反映"，也就是我们今天所说的"折射"和"反射"。就阻碍光线的物体的质地而言，有"通光之体"和"不通光之体"，即"透明物"和"不透明物"；而就其形状而言，有"突如球"者、"平如案"者和"洼如釜"者。物象遇到不透明的物体，就会被反映（即反射），而"反映之象自不能如本象之光明也"。光线遭遇"通光之体"就会发生"折射"，又分 为遭遇"大光明易通彻者"或是遭遇"次光明难通彻者"两种。"一谓物象遇大光明易通彻者，比发象元处更光明，而形似广而散焉。一谓物象于次光明难通彻者，比发象元处少昏暗，而形似敛而聚焉。"

以前者为例，汤若望画了简单的示意图 1，解释了容器储水而折射光线的现象。他说，"甲象居盂底直射乙目，乙目可视。乙目偏东则象不现而目不见，碍于盂边也。若充水齐边，则象上映于水，遇空明气之大光明即斜射，而象更显焉。甲象更广散于丙丁边，东目视丙边，即视丙象，而象体似居戊处矣。即东目更移东，尚可见象，而象体若更浮戊上矣。是又因象映而然也。"

用当今的白话文解释这段话，就是说，在一个碗底放一物甲，通常的情况人眼在乙点可以看到，如果从偏左（汤文称偏东）的地方看去，由于碗边的阻挡，就看不到甲物了。但是当碗中盛满水时，情况就改变了，就可以看到甲物了。而且甲物的位置似乎移动到戊点。这就是由于甲物的影像从"次光明难通彻"即折射率较大的水中，折射到"大光明易通彻"即折射率较小的空气中时，而发生的光路改变的现象。

反过来，他画了另一幅图 2，并指出："甲象在空明气，盂底无水，直射盂底乙处，乙处可视甲象。若戊处则象不射，戊不见，碍于盂边也。盂内充水至于丙丁，则空明甲象，入水稍暗，敛聚于丙丁边。戊视丁边，则明见甲象，而象体似居巳处矣。"

即是说，如果碗中无水，那么从碗底乙处可以看到甲物，而在戊点则因为碗边的阻挡看不到甲物；但如果碗中充水至丙丁一线，在戊点就可以看到甲物，并且似乎该物移至到巳的位置。这也是因为甲物的影像从折射率较小的空气中射入折射率较大的水中而发生的光路改变的显现现象。

前面说过，早在古希腊，几何光学已经有了令人瞩目的成就了。在公元前 3 世纪和 450 年后的公元 2 世纪，欧几里得和托勒密先后撰写了论述几何光学的专著《光学》，对光的反射和折射的基本规律作了数学式的精确描述，也试着寻找光线通过不同介质时不同的折射率。然而在中国史籍中，像《远镜说》这样论述基础的几何光学原理，开天辟地还是第一次。

汤若望又举出现实生活中的两个例子："如舟用篙橹，其半在水，视之若曲焉"[1]，"张眇取鱼，多半在水，视之若短焉。又鱼者见鱼象浮游水面而投叉刺之，必欲稍下于鱼，乃能得鱼。"

以上说明，不同质地的物体有"广而散"和"敛而聚"两种折射光线的性能。汤若望又指出，即使是同一种介质也可产生两种不同的折射光线的情况，如同是玻璃镜片，折光亦有不同。其原因是"同体而不同形"："中高类球镜"，"能聚大光于一点，而且照日生火"，即今之凸透镜；"中洼类釜镜"，"照日光渐散大光之于无光，而且照日不能生火"，即今之凹透镜。望远镜正是将"二镜合用"，产生"视象明而大"的效果。

汤若望说，"二镜之性乃相反，以相制者也。独用则偏，并用则得中而成器焉。夫远物发象从并行线入目，则目视远物亦必须从并行线视象。假若二镜独用其一，则前镜中高而聚象，聚象之至则偏，偏则不能平行；后镜中洼而散象，散象之至则亦偏，偏亦不能平行。故二镜合用，则前镜赖有后镜，自能分而散之，得乎并行线之中，而视物自明；后镜赖有前镜，自能合而聚之，得乎并行线之中，而视物明且大也。"这就说明了伽利略式望远镜的原理。

最后，汤若望介绍了望远镜的造法和用法。他没有给出具体的计算方法和数学公式，只是说：用玻璃制造前、后二镜片，即"中高镜"（凸透镜）和"中洼镜"（凹透镜），在组合二镜片时，"须察二镜之力若何，相合若何，长短若何，比例若何。苟既知其力矣，知其合矣，长短宜而比例审矣，方能聚一物象"。用以固定两片透镜的筒，可以有多个，"筒筒相套，欲长欲短，可伸可缩"。

还须制一镜架，"视欲开广，将镜床稍稍挪动。欲左而左，欲右而右，

---

[1] 利玛窦在其《天主实义》中也谈到这种现象，他说："置直木于澄水中，而浸其半，以目视之，如曲焉，以理度之，则仍自为直，其木非曲也"。见朱维铮《利玛窦中文著译集》，上海复旦大学出版社 2001 年版，第 35 页。但是他在这里只是以此说明眼睛看到的现象并不一定是真实的道理，并未涉及其中反映出的光线折射的原理。

欲上而上，欲下而下，架无不随者。只用螺丝钉拧住，宜坚定不移"。

用望远镜观测时，"止用一目，目力乃专，光益聚，而象益显也"。

如用于观测太阳、金星等光线明亮者，"须于近镜上再加一青绿镜，少御其烈"。也可以"以白净纸一张，置眼镜下，远近如法，撮其光射。则太阳在天在纸，丝毫不异"。

视力正常者，"用此镜远视物体，更明且大无惑也"。患远视或近视者，即"衰目人短视人亦可用"。只要将镜筒略微伸缩，"盖筒内后镜伸长，能使易象于前镜者仍并行线入目；缩短能使易象于前镜者反以广行线入目"。如是，"一伸一长能称衰目短视人，则巧妙又在伸缩得宜焉。""有短视人寻常用眼镜者，今用望远镜，仍用本眼镜照之亦可"，平日戴眼镜者，带着眼镜使用望远镜也可以。

以上就是《远镜说》这本仅有五千字的小册子的主要内容。

汤若望在之后编写《崇祯历书》中的《交食历指》中还提到了《远镜本论》一书。对此，中国学者赵栓林分析说："《交食历指》在谈及望远镜时两次引用《远镜本论》，说明《远镜本论》是在《交食历指》前完成的。而据现有资料来看，《远镜本论》一书在中国没有刊行，只有1626年成书、1630年刊行的汤若望《远镜说》一书。那么，《远镜说》与《远镜本论》是否是同一本书呢？按当时的情况推测，《远镜本论》很可能是汤若望等从西方带来的一本书，时常放在手边作为参考书用，它可能就是《远镜说》的底本。有人认为，《远镜说》的底本是1618年法兰克福出版的西尔图里的《望远镜，新的方法，伽利略观察星际的仪器》，《远镜本论》可能是这本书。另一种可能的情况是，汤若望在《远镜说》的基础上在1630~1634年期间又编《远镜本论》，而后者未在中国刊行。《远镜说》与《远镜本论》即使不是同一本书，但内容大同小异。所以，可以根据《远镜说》来推测《交食历指》中有关望远镜的内容。"[1]

《远镜说》是我国第一部，也是直到19世纪唯一的一部专门介绍望远镜和西方光学知识的中文著作，在中国光学史上具有划时代的作用。我们在随后的论述中将会看到它对我国光学研究和望远镜制造所起到的重要

---

[1] 赵栓林《关于＜远镜说＞和＜交食历指＞中的望远镜》，《内蒙古师范大学学报》，2004年9月出版，第334页。

作用。该书问世后的第二年，1627 年，邓玉函在他与中国学者王征合著的《远西奇器图说》一书将其列入了参考书目。"足见其书一出，即为国人乐诵"[1]。陆若汉在向朝鲜使者赠送望远镜等西洋仪器的同时，还一并赠送了汤若望的《远镜说》[2]，使当时熟悉汉字的朝鲜人也接触到了西方的光学理论，了解了望远镜的用法和制造方法。

入清以后，汤若望重新编定《崇祯历书》，将其更名为《新法算书》。他特将《远镜说》也编入《新法算书》的第 23 卷。后来，《远镜说》作为《新法算书》的一部分，被收入《四库全书》。

五、徐光启领导的明末历法改革与望远镜

中西交流史学家方豪先生评论道："明末中国天主教人士，在科学上作了一件集体大工程，那就是崇祯年间的修历。"[3] 关于明末徐光启主持的引进西方天文学理论进行中国历法改革一事，中外专家学者的论述已经很多、很充分了。笔者在这里只涉及有关望远镜的内容。

日本学者桥本敬造指出，就观测而论，天文学的发展经历了三个阶段："第一阶段的观测是用肉眼。接着是用望远镜"，第三个阶段是"射电天文学阶段"[4]。中国的天文学自上古开始直到 1629 年的几千年间，都处于第一阶段；而自 1629 年开始，中国人首次使用望远镜观测天象，并通过科学的观测来修正历书，从而使中国的天文学进入了划时代的新阶段。成就这次划时代跨越的带头人，就是徐光启。

---

[1] 方豪《伽利略生前望远镜传入中国朝鲜日本史略》，《方豪文录》，北平上智编译馆 1948 年版，第 293 页。
[2] 转引自刘小珊博士论文《明中后期中日葡外交使者陆若汉研究》，CNKI 中国知网，第 331 页。
[3] 方豪著《中国天主教史人物传》中华书局 1988 年版，（中）第 298 页。
[4]（日）桥本敬造著，徐英范译《伽利略望远镜及开普勒光学天文学对〈崇祯历书〉的贡献》，《科学译丛》1987 年第 4 期，第 1 页。

经过了旷日持久的争论，1629 年 9 月 1 日（崇祯二年七月十四日），崇祯皇帝终于在徐光启上奏的的《礼部为奉旨修改历法开列事宜乞裁疏》上批答曰："这修改历法四款，俱依议。徐光启见在本部，着一切督领。李之藻速与起补，蚤来供事。该部知道。"[1] 于是拉开了参用西法，修改历书的大幕。

关于修改历法，徐光启胸中有上、中、下三策。此三策道尽徐光启的一番苦心。

下策曰："苟求速就，则豫算日月交食三四十年，次用旧法，略加损益附会其间，数月可竣。夫历家疏密，惟交食为易见，余皆隐微难见者也。交食不误，亦当信为成历，然三四十年之后，乖违如故矣。此则昧心罔上，臣等所不敢出。"这就是说，下策是沿用旧法，稍作修补，以能在三四十年的短时期内测算日月交食为准。过了三四十年，还是错误百出。他说，这种昧心欺君之事，我是不敢做的。

中策曰："依循节次，辨理立法，基本五事，分任经营。今日躔一节，大段完讫，恒星半已就绪，太阴方当经始。次及交食，次及五星，此功既竟，即有法有数，畴人世业，悉可通知，二三百年必无乖舛。然其书已多于曩者，其术亦易于前人矣。"也就是说，中策就是现在所作的，"日躔"、"恒星"、"太阴"、"交食"、"五星"，"基本五事，分任经营"，致使二三百年之内不会发生错误。即便如此，也已经超过前人了。

徐光启最为向往的当然是上策。上策曰："事竣历成，要求大备，一义一法，必深言所以然之故，从流溯源，因枝达干，不止集星历之大成，兼能为万物之根本。此其书必逾数倍，其事必阅岁年。既而法意既明，明之者自能立法，传之其人，数百年后见有违离，推明其故，因而测天改宪，此所谓今之法可更于后，后之人必胜于今者也。"[2] 简言之，即不仅仅编制了实用准确的历书，而且探究天体运动的终极规律，将这些规律传之后人，以至数百年后，即使历书的某些个别地方发生了偏差，后人也能根据这些规律，了解出现偏差的原因，改正历书的错误。但是要完成这一任务，

---

[1]《徐光启集》卷七，上海古籍出版社 1984 年版，第 329 页。

[2] 同上书，第 376—377 页。

须翻译编纂更多的书籍，花费更长的时间。徐光启感到，这对他来说是不可能完成的任务了。他称：像我这样年老体衰的身体，就是照中策办理，也未必能亲眼看到成功，更何况上策呢！但即使这是难于实现的、类似"精卫填海"、"愚叟移山"的理想，我也要提出来，请皇上深思。

尽管胸怀"上策"的理想，但徐光启并不好高骛远，而是按照"中策"脚踏实地地做事。9 月 13 日（七月二十六日）徐光启上《条议历法修正岁差疏》，其中提到启动修历相关的若干事项。其中最重要的就是采用西法："万历间西洋天学远臣利玛窦等尤精其术"，"今其同伴龙华民、邓玉函二臣，见居赐寺，必得其书其法，方可以校正讹谬，增补缺略"。另一项是制造仪器，开列了十项工作，其中包括有："装修测候七政交食远镜三架，用铜铁木料"[1]。

这些建议得到崇祯皇帝的首肯。徐光启就在宣武门内原"首善书院"旧址成立历局，延揽邓玉函、龙华民二人入局办事。徐光启禀承"欲求超胜，必须会通；会通之前，先须翻译"[2] 的理念，与他们一道，"逐日讲究翻译"，即翻译欧洲天文、数学著作，同时制造必要的天文观测仪器。另选原钦天监官生戈丰年、周胤等人，"分番测验晷景"[3]。李之藻因病耽搁了行程，直到第二年年中才到京。

在徐光启开列的修造仪器的"急用仪象十事"中前九项都是使用了"造"，只有第十项关于望远镜，用的是"装修"二字，且所用材料为"铜铁木料"，并没有制造关键零件透镜的玻璃。

11 月 7 日（九月二十三日）徐光启再为历局各项开支申请预算上疏皇帝，其中提到"望远镜架三副，每架工料银六两。镜不在数"[4]。由此看来，徐光启将前次提出的"装修望远镜"的动议，其实只是制造望远镜的支架。这说明传教士们从欧洲带来的望远镜是可用的，只是缺少观测用的镜架；说明此时他所主持的历局已拥有三副望远镜了。同时也说明，当时的历局还没能造出完整的望远镜，特别是其中的关键部件——玻璃磨制的凸、凹

[1]《徐光启集》卷七，上海古籍出版社 1984 年版，第 336 页。

[2] 同上书，第 374 页。

[3] 同上书，第 343 页。

[4] 同上书，第 342 页。

两种镜头。

不料历局刚刚开始办事两个月，辽东后金大汗皇太极率八旗兵入犯京师，皇帝又派徐光启参与防守退敌之事。徐光启向崇祯皇帝提出将望远镜与西洋大炮配合使用，并主张严守秘密，曰："未可易学，亦不宜使人人能之"[1]。

这一期间，在历局中，"独两远臣与知历人等自行翻译"[2]。半年之后又传噩耗，邓玉函于 1630 年 5 月 13 日（崇祯二年四月初二日）因病去世。徐光启沉痛地向皇帝报告说："此臣历学专门，精深博洽，臣等深所倚仗，忽兹倾逝，向后绪业甚长，只藉华民一臣，又有本等道业，深惧无以早完报命。"于是他推荐了汤若望、罗雅谷二人，"二臣者其术业与玉函相埒，而年力正强，堪以效用"[3]。崇祯皇帝立即批准召汤、罗二人进京。

皇太极退兵之后，徐光启再回历局，李之藻和罗雅谷、汤若望等人也相继参与进来，"臣等借诸臣（即传教士）之理与数，诸臣又借臣等之言与笔"，中外人员精诚合作，译书工作进展很快。

在译书的同时，徐光启十分重视实际观测。他说："谚曰：'千闻不如一见'，未经目击而以口舌争，以书数传，虽唇焦笔秃，无益也。"[4]当日食、月食等天象发生时，徐光启就不顾年老体衰，率领中外员工进行实际观测。

1631 年 10 月 25 日（崇祯四年十月初一日），徐光启首次通过望远镜观测了日食。他在历局率钦天监秋官正周胤、五官司历刘有庆、漏刻博士刘承志、天文生周士昌、薛文灿以及罗雅谷、汤若望一道观测。他们"于密室中斜开一隙，置窥筒眼镜，以测亏复；画日体分数图板，以定食分。"[5]观测时他采取汤若望在《远镜说》中介绍的方法，在望远镜后面适当的距离上放置一张白纸，即"取其光影映照尺素之上，自初亏至复圆，所见分

---

[1] 方豪《伽利略生前望远镜传入中国朝鲜日本史略》，载于《方豪文稿》北平上智编译馆 1948 年版，第 294 页。

[2]《徐光启集》卷七，上海古籍出版社 1984 年版，第 343 页。

[3] 同上书，第 344 页。

[4] 同上书，第 387—388 页。

[5] 同上书，第 393 页。

数界限真确，画然不爽。"[1]

他还下令在观象台另设一架望远镜，同时观测，"亦宜如法障蔽，仍置备窥筒眼镜一架"，由钦天监官员观测后"据实奏闻"。通过这次使用望远镜的实际观测，徐光启深感望远镜的优越性，他感叹道，"若不用此法，止凭目力，则眩耀不真。"[2]

11月8日（崇祯四年十月十五日），徐光启又率历局中外人员一起，以此法观测了一次月食，在之后写给皇上的奏疏中，他说：观测"日食之难，苦于阳精晃耀，每先食而后见；月食之难，苦于游气纷侵，每先见而后食。且暗虚之实体与外周之游气界限难分。臣等亦用窥筒眼镜，乃得边际分明。"[3]且在此后，使用望远镜观测天象就形成惯例了。

直到1633年（崇祯六年）为止，徐光启分5次向皇帝进呈了翻译的西洋历书共137卷。其中有：《大测》《测天约说》《日躔历指》《恒星历指》《月离历指》《交食历指》《五纬历指》等等。在这些著作中，他们虽然主要是遵循了第谷的天文模式，但是仍然广泛地介绍了欧洲天文学的3个主要派别的学说，即"多禄某"（即托勒密）、"第谷"和"谷白泥"（即哥白尼），也介绍了赞同哥白尼理论的"刻白尔"（即开普勒）、"加利娄"（即伽利略）的新发现，介绍了使用望远镜观测天体所得到的新发现。这正是本课题所特别加以关注的。例如：

邓玉函在其《测天约说》中说道：

"独西方之国，近岁有度数名家造为望远之镜，以测太白，则有时晦，有时光满，有时为上下弦。计太白附日而行远时，仅得象限之半，与月异理。因悟时在日上，故光满而体微。时在日下则晦，在旁故为上下弦也。辰星体小，去日更近，难见其晦明，因其运行不异太白，度亦与之同理。"[4]这里所说的太白即金星，辰星即水星。

"太阳面上有黑子，或一、或二、或三、四而止；或大、或小，恒于太阳东西径上行，其道止一线，行十四日而尽。前者尽，则后者继之，其

---

[1]《徐光启集》卷七，上海古籍出版社1984年版，第414页。

[2] 同上书，第393页。

[3] 同上书，第395页。

[4]《测天约说》卷上，徐光启编纂潘鼐汇编《崇祯历书》，上海古籍出版社2009年版，第1147页。

大者能减太阳之光。先时或以为金、水二星，考其躔度则又不合。近有望远镜，乃知其体不与日体为一，又不若云霞之去日极远，特在面前而不审为何物。"[1]

罗雅谷在《月离历指》中详细地记述了用望远镜观察到的月球上的阴影，他说："月体如地球，实处如山谷、土田，虚处如江海。日出先照高山，光甚显；次及田谷、江海，渐微。如人登大高山视下土崇卑，其明昧互相容也。试用远镜窥月，生明以后，初日见光界外别有光明微点，若海中岛屿。然次日光长魄消（日渐远，明渐生，如人上山渐远，渐见所未见），则见初日之点或合于大光，或较昨加大，或魄中更生他点（如日出地，先照山巅，次照平畴等）。以光先后，知月面高庳，此其征已。"[2] 学者指出："《月离历指》中对月面的描述与色物利诺（Severin Longomontanus, 1562—1647）《丹麦天文学》（Astronomia Danica）中的描述非常相似。"[3]

罗雅谷还介绍了用望远镜测冬至夏至"两径之差"的方法："以远镜求冬夏二至两径之差法，木为架以远镜一具，入于定管，量取两镜间之度。后镜之后，有景圭欹置之。管与圭皆因冬夏以为俯仰，其管圭之相距，则等至时从景圭取两视径以其较较全径为二至日径之差。"[4]

罗雅谷在《五纬历指》中称："按古今历学皆以在察玑衡齐政授时为本，齐之之术，推其运行、合会、交食、凌犯之属。在之之法，则目见器测而已。然而目力有限，器理无穷。近年西土有度数名家，造为窥筒远镜，能视远如近，视小如大，其理甚微，其用甚大。具有《本论》。"[5] 他这里提到的《本论》，想必就是以上所引的汤若望文中说到的《远镜本论》一书。

接着，罗雅谷系统介绍了使用望远镜而得到的一系列天文新发现："今

[1]《测天约说》卷上，徐光启编纂潘鼐汇编《崇祯历书》，上海古籍出版社2009年版，第1160页。

[2]《月离历指》卷四，徐光启编纂潘鼐汇编《崇祯历书》上海古籍出版社2009年版，第197页。

[3] 王广超、吴蕴豪、孙小淳《明清之际望远镜的传入对中国天文学的影响》，《自然科学史研究》2008年第3册第316页。

[4]《月离历指》卷三，徐光启编纂潘鼐汇编《崇祯历书》，上海古籍出版社2009年版，第177页。

[5]《五纬历指》卷一，徐光启编纂潘鼐汇编《崇祯历书》，上海古籍出版社2009年版，第365页。

述其所测有关七政者一二如左：

"其一，用远镜见周天列宿，为向来所未见者，不可数计。"

"其二，土星向来止见一星，今用远镜见三星，中一大星，是土星之体，两边各一小星系新星，如图。两新星环行于土星上下左右，有时不见，盖与土星相食。或曰土星非浑圆体，两旁有附体如鼻，以本轴运旋，故时见圆，时见长。"

"其三，木星，目见一星，今用远镜见五星。木星为心，别有四小星，常环行其上下左右，时相近时相远。时四星皆在一方，时一或二或三在一方，余在他方，时一或二不见，皆用远镜可测之。"

"又问：远镜中若少离木星之体，即不得见小星，何故？曰：本星光助目，以能分小星之体。以上两言，聊以答问，未知正理安在？俟详求之。"

"其四：为金星旁无新星，特其本体如月，有朔有望，有上弦下弦。"

"其五，太阳四周有多小星，用远镜隐映受之，每见黑子，其数其形其质体，皆难证论。时多时寡，时有时无，体亦有大有小，行从日径，往过来续。明不在日体之内，又不甚远，又非空中物，此须多处多年多人密测之乃可。不关人目之谬，用器之缺。"

"又以远镜窥太阳体中，见明点，其光甚大。"

"又日出如是，用远镜见日体偏圆，非全圆也，其周如锯齿状。然因其行无定率，非历家所宜详。"[1]

罗雅谷在《五纬历指》卷五《金星经度》一节中详细介绍了用望远镜观测金星的结果。他说："金星因岁轮于地时近时远，远时显其体小而光全，若以远镜窥之，难分别其或圆或缺之体。在极远左右数十度亦然。若在中距者，其光稍淡，则远镜可略测其体之形，然光芒锐利，亦难明别为真体，或为虚映之光。唯在极近数十度，则光更淡，又于地近，其体显大，可明见之，系凡金星为迟行或逆行，用远镜窥之，可测其形体，若更近，见其体缺更大。"[2]

他还以望远镜观测的结果，证明了金、木、水、火四行星绕日运行，

[1] 《五纬历指》卷一，徐光启编纂潘鼐汇编《崇祯历书》，上海古籍出版社 2009 年版，第 365—367 页。

[2] 《五纬历指》卷五，徐光启编纂潘鼐汇编《崇祯历书》，上海古籍出版社 2009 年版，第 417 页。

而非绕地球运行的理论："本历总论，有七政新图，以太阳为五纬之心。然土、木、火三星在太阳上难征。今以金星测定，无可疑，后详之。试测金星于西将伏东初见时，用远镜窥之，必见其体其光皆如新月之象；或西或东，光恒向日。又于西初见东将伏时，如前法窥之，则见其光体全圆。若于其留际观之，见其体又非全圆而有光有魄。盖因金星不旋地球如月体，乃得齐见其光之盈缩，故金星以太阳为心。"[1]

汤若望在《恒星历指》中记述了用望远镜观测恒星的情况："各座之外，各座之中，所不能图不能测者尚多有之。可见恒星实无数也。更于清明之夜比蒙昧之夜又多矣；于晦朔之夜比弦望之夜又多矣；以秋冬比春夏又多矣；以利眼比钝眼又多矣。至若用远镜以窥众星，较多于平时又不啻数十倍，而且光耀灿然，界限井然也。"又如："问天汉何物也？曰：古人以天汉非星，不置诸列宿天之上也。意其光与映日之轻云相类，谓在空中月天之下，为恒清气而已。今则不然，远镜既出，用以仰窥，明见为无数小星。盖因天体通明映彻，受诸星之光并合为一，直似清白之气，于鬼宿同理。不藉此器，其谁知之？"[2]

他在《交食历指》中记录了（崇祯四年十月）在历局用望远镜观测日食的情况："用远镜，或于密室，或在室外。但在外者，必以纸壳围窥筒，以掩余耀，若绝无次光者，然而形始显矣。盖玻璃原体厚，能聚光，使明分于周次光。又以本形能易光，以小为大，可用以细测（以小为大，非前所云光形周散也。因镜后玻璃得缺形，光以斜透，其元形无不易之使大。见《远镜本论》）。然距镜远近无论，止以平面与镜面平行，开合长短，俱取乎正（光中现昏白若云气则长，边有蓝色则短。进管时须开合得正），余法与前同。崇祯四年辛未十月朔，在于历局测日食。用镜二具，一在室中，一在露台。两处所测食分，俱得一分半。"[3]

他还在该章节中又一次简略地解释了望远镜的原理，他说道："或问

---

[1]《五纬历指》卷五，徐光启编纂潘鼐汇编《崇祯历书》，上海古籍出版社 2009 年版，第 416 页。

[2]《恒星历指》卷三，徐光启编纂潘鼐汇编《崇祯历书》，上海古籍出版社 2009 年版，第 124—125 页。

[3]《交食历指》卷七，徐光启编纂潘鼐汇编《崇祯历书》，上海古籍出版社 2009 年版，第 333 页。

远镜前后有玻璃：在前者聚光，渐小至一点；乃在后者，受其光而复散于外。则后玻璃可当一点之孔，何所射之光形不真乎？曰：后玻璃不正居聚光之点，必略进焉。以接未全聚之光，乃复开展可耳（见《远镜本论》）。故谓此当甚微之孔则可，谓当无分点之孔则不可。所以用镜测者，纵或不真，然较之不用镜者，不但能使所测之形大而显，亦庶几于真形不远矣。"[1] 汤若望在这里提到了本文将在以后论及的因玻璃透镜的"球面像差"而造成聚焦不真的问题，但是他说，即使有些失真，但也强似肉眼观测。

1633 年（崇祯六年）当徐光启向皇帝献上《崇祯历书》已经杀青的书稿 137 卷的时候，他已经病入膏肓了。早在 1630 年年底，一次当徐光启以 69 岁高龄，冒着凛冽的寒风，登上观象台进行实际观测时，突然不慎失足，滚落台下，腰部和膝盖都严重受伤，动弹不得。皇上得知，命他不必事必躬亲登台观测。但当他稍有好转时，还是不放心，他上奏说："本局督视无人，虽有远臣台官等依法测验，不致乖舛，然非臣目所亲见，而即凭以上闻，且勒以垂后，实臣心所未安"。为此"请乞容臣于是日照前登台实测"[2]，于是又恢复了躬身登台观测。另外，他还担任着内阁大学士之职，政务纷繁，白天"会因阁务殷繁，不能复寻旧业，止于归寓夜中篝灯详绎，理其大纲，订其繁节，专责在局远臣、该监官生并知历人等，推算测候"[3]。夜以继日的繁重工作，熬尽了这位老人的生命之灯。当他自知已无法完成修订历法，编制《崇祯历书》的任务，便向皇帝推荐李天经、金声、王应遴等人，供皇帝选择，作为自己的接班人，将历法改革事业进行下去。这年的 12 月 7 日（十一月七日），徐光启上了最后一份奏章，安排后事，为参与修历的中外人士表彰功绩、请求封赏。在这之后的第二天，为中国科学事业操劳了一生的徐光启与世长辞了。虽曾位高极品，但始终两袖清风的他，"盖棺之日，囊无余资"，"宦邸萧然，敝衣数袭外，止著述手草尘束而已"[4]。

[1]《交食历指》卷七，徐光启编纂潘鼐汇编《崇祯历书》，上海古籍出版社 2009 年版，第 333 页。

[2]《徐光启集》卷七，上海古籍出版社 1984 年版，第 410 页。

[3] 同上书，第 424 页。

[4] 转引自梁家勉著《徐光启年谱》，上海古籍出版社 1981 年版，第 203 页。

六、李天经向崇祯皇帝进呈望远镜

继承徐光启主持历局的是李天经。

李天经，字仁常，又字性参、长德，河北吴桥人，1579年（万历十七年）生人，1603年（万历三十一年）中举，1613年（万历四十一年）中进士，"出任开封府学教谕，天启初任济南知府"[1]。徐光启举荐他时，他正任山东省布政使。

李天经上任后，秉承前任的遗志，一面译书，一面观测。他也十分重视使用望远镜，甚至为此遭到无知者的参劾，说他在1634年10月16日（崇祯七年闰八月二十五日）观测木星时，舍其它仪器而独用望远镜。崇祯皇帝下旨，曰："测验例用仪器，李天经独用窥管。此管有无分度？作何窥测？着李天经奏明。"[2]

为此李天经于11月13日（九月十三日）上奏，称：原观象台有旧式的浑仪、简仪等仪器，历局新式仪器也有黄赤经纬仪、象限仪等等，但各种仪器都有不同的功能，适应不同的观测。"而窥管创自远西，乃新法中仪器之一，所以佐诸器所不及，为用最大。"所以原辅臣徐光启生前计划制造一架望远镜，待日晷、星晷造完后一起进呈给皇上。至于独用望远镜观测的原因，李天经解释道："此窥管之制，论其圆径，不过寸许，而上透星光，注于人目，凡两星密联，人目难别其界者，此管能别之；凡星体细微，人目难见其体者，此管能见之。两星距半度以内，新法所谓三十分，穷仪器与目力不能测见分明者，此管能两纳其星于中，而明晰之。"在那天观测木星时，"因木星光大，气体不显，舍窥管别无可测。臣以是独用此管，令人人各自窥视"[3]，取得了非同一般的观测效果。他还说，准备呈献给皇帝的望远镜已经完成，到时候皇上可以亲自测验。

---

[1] 方豪《中国天主教史人物传》（中），中华书局1988年版，第22页。

[2]《治历缘起》卷三，徐光启编纂潘鼐汇编《崇祯历书》，上海古籍出版社2009年版，第1617页。

[3] 同上书，第1617—1618页。

12 月 19 日（十月二十九日），李天经再次上奏，说明望远镜的构造和用途："若夫窥筒亦名望远镜"，"其制两端俱用玻璃，而其中层迭虚管，随视物远近以为短长，亦有引伸之法。不但可以仰窥天象，且能映数里外物如在眼前。可以望敌施炮，有大用焉！此则远西诸臣罗雅谷、汤若望等从其本国携来，而葺饰之，以呈御览者也。"[1] 三天后，皇上下旨，命将窥筒呈上御览。

12 月 24 日（十一月五日），李天经引皇上派来的太监卢维宁、魏国征验看了将呈献给皇帝的望远镜，详细介绍了"引伸之法，窥视之宜"，将一架望远镜，及其附件托镜铜器（二件）、锦袱（一件）、黄绫镜箓（一具）、木架（一座），一起交给二太监，转呈崇祯皇帝[2]。

这是中国皇帝第一次见到这一来自远西几万里的新式仪器——望远镜。

半年多之后，1635 年 8 月 24 日（崇祯八年七月十二日），李天经忽接圣旨，命再造两架望远镜进呈。他不敢怠慢，"即督同本局远臣汤若望、罗雅谷等将本国携来玻璃，星夜如法制造"。不到一个月的时间，9 月 19 日（八月初九日），两架望远镜鸠造完工，连同附件托镜铜器各二件、黄绫镜箓二具、木架二座，一道"恭进御览"[3]。

这两次向皇帝进呈的望远镜，一次是将传教士从欧洲带来的成品，经过"葺饰"后，配以自制必要附件进呈；一次是使用从欧洲带来的玻璃镜片，经汤若望等制造简管，组装而成，再配以必要附件进呈。这说明，历局的国人还未掌握制造望远镜的全部工艺，特别是没有学会如何磨制望远镜的关键部件——凸透镜和凹透镜两种玻璃镜片。有学者根据徐光启在奏折中的"急用仪象十事"列入"测候七政交食远镜"一节，即称：徐光启是中国制造望远镜的第一人。由此看来，不仅徐阁老没有造出一架望远镜，就连他的继承人李天经在数年之后，也没有完整地造出一架这种西洋奇器。

1637 年 1 月 26 日（崇祯十年正月初一日），京城将再见日食。1 月 14 日（崇祯九年十二月十九日），即在日食发生的 12 天之前，李天经上奏，

---

[1]《治历缘起》卷三，徐光启编纂潘鼐汇编《崇祯历书》，上海古籍出版社 2009 年版，第 1622 页。

[2] 同上书，第 1623 页。

[3] 同上书，第 1643 页。

向皇上详细介绍如何使用望远镜观察日食，介绍了使用这一仪器的优越性。他说："临期日光闪烁，止凭目力炫耀不真。或用水盆，亦荡摇难定。唯有臣前所进窥远镜，用以映照尺素之上，自初亏至复圆，所见分数，界限真确，画然不爽。随于亏复之际，验以地平日晷时刻，自定其法，以远镜与日光正对，将圆纸壳中开圆孔，安于镜尾，以掩其光，复将别纸界一圆圈，大小任意，内分十分，置对镜下，其距镜远近，以光满圈界为度。将亏时务移所界分数就之，而边际了了分明矣。"他还说，对此次日食的食分，西洋新历、回回历、大统历各自做了不同的预报，"臣等所推京师见食一分一十秒，而大统则推一分六十三秒，回回推三分七十秒"，"似此各法参差，倘不详加考验，疏密何分？"他请皇上亲自观测，"省览各法，疏密自见。其于考验，不无少有裨益矣"。皇上批答道："知道了。着临期如法安置考验。" [1] 然而没有史料证明，崇祯皇帝用望远镜观测了这次大年初一发生的日食。

此时，李天经督率的历局已经完成了新法历书——《七政历书》和《经纬历书》的编制，但皇上出于各方的考虑，畏首畏尾，一直不能下决心废除旧历，颁行新历。李天经进呈望远镜，介绍如何使用的方法，力劝皇上亲自观测，"百闻不如一见"，以其借此彰显新法的优越性，促使皇上早日下决心力排众议，颁行新历。

1638 年 1 月 8 日（崇祯十年十二月初一日）京师将再次发生日食。为了验证新法历书的正确，李天经对这次日食的观测非常重视，做了精心的安排。

十二月初一这天，李天经兵分两路，一路由自己"督率远臣罗雅谷、汤若望、大理寺副王应遴、钦天监博士杨之华、黄宏宪、祝懋元、张宷臣、朱国寿、孟履吉、生儒朱廷枢、王观晓、宋发、王观明、陈正谦、李昌本等，随带臣局窥远镜等器，公同礼部祠祭清吏司主事巩焴、右监副周胤"及历科、灵台等官 14 名、天文生多名齐赴观象台。另一路则委派"天文生朱光大携带远镜前赴礼部，公同监官潘国祥、薛永明、左允化等测候" [2]。

李天经一路众人登上观象台后，由主事巩焴向大家申明测验要领："治

---

[1]《治历缘起》卷五，徐光启编纂潘鼐汇编《崇祯历书》，上海古籍出版社 2009 年版，第 1677—1678 页。

[2] 同上书，第 1687—1688 页。

历系国家大典，修改数载，亦当结局。诸人宜虚公纪验，运仪测候。两局及该监各用一人，庶无偏倚之嫌。"还说，"测验止凭于天象，断不敢欺君父，欺天下万世。"然后再一次验查仪器，向同来观测者介绍仪器的用法。时值午正初刻，即中午十二点刚过，日食开始显现，"远臣罗雅谷、汤若望等用远镜照看，随见初亏，众目共睹。巩主事（焞）执笔亲纪。"日食发生的时间正好"与臣局所推为合"。到未初二刻半，即下午两点半左右，达到食甚。"远镜映照见食六分有余，随见食分秒退"。这是在观象台观测的官生员等"众目皆同"。"礼臣亦亲笔书纪，是与臣局时刻分秒俱合"。直至申初初刻，即下午四点一刻左右，太阳复圆，礼臣又纪道，"是与臣局所推申初一刻弱者又合"[1]。

为此李天经在第二天的奏疏中，奏报皇上："此番日食，各家所报，俱各参差不一，其中亦有甚相远者。而臣局今岁日月三食俱合，于众论不一之日画一于天。"即天象给几方的争论做出了一个铁证如山的答案。他说，历局编制的新历《七政历》《经纬历》已于3年前（崇祯八年）就完成，屡次经历日食、月食的验证，都被证明是精密、准确的，这次日食观测再次得到验证，而明年将不再有交食现象发生，恳请皇上"圣明干断"，"敕令改定维新"，否则"治历大典终无结局之日"[2]。李天经还说，其实钦天监的官员们对这几种历法的优劣得失，早已心知肚明，只是不愿承认。他们是害怕皇上责怪他们。然而预报的错误责任并不在他们身上，关键是大统历的整个体系已经过时。

礼部主事巩焞亦于第三天上奏曰："职仰睇日光初亏于午时初刻，食甚未初二刻半，复圆未末申初，约食将及五分。"而另在礼部观测的结果，与在观象台观测的结果有微弱差别，"据灵台各官报称及西洋玻璃望远镜所验分秒，初亏于午初四刻，食甚未初二刻五十分，复圆未末申初，约食六分余。"皇上批答道："这日食分秒时刻，新局为近，其余虽于时刻有一二稍近，又于分秒疏远。着即看议，画一奏夺。"[3] 崇祯皇帝虽然肯定了新法优于

---

[1]《治历缘起》卷五，徐光启编纂潘鼐汇编《崇祯历书》，上海古籍出版社 2009 年版，第 1688 页。

[2] 同上书，第 1688 页。

[3] 同上书，第 1690 页。

其它各法，但仍没有下决心颁布新法历书。

1639年12月22日（崇祯十二年十一月二十八日）李天经将印制装潢完毕的新法历书——《七政历》和《经纬历》各一册进呈皇帝御览。他还先后向皇上进呈汤若望等传教士制作的体现西洋天文理论的日晷、星晷、星球仪等多种仪器，并将简明的用法刻在仪器上，以便皇上有暇时使用，同时又多次上奏，陈说新法之优越，促使皇上早下决心颁行新法。但皇上总是首尾两顾，优柔寡断，批答一些摩棱两可的言辞。如1641年2月13日（崇祯十四年正月初四日）他在李天经的奏折上批曰："这所进十四年经纬新历，知道了。李天经还着细心测验，不得速求结局。"[1]

1641年（崇祯十四年），李天经推算在4月25日（三月十六日）将再次发生月食。他于20天之前，向皇上奏报了据新法推算的资料：食分八分二十一秒，初亏酉正一刻强（即傍晚六点半左右），食甚戌初三刻半（即晚九点半左右），复圆亥初二刻强（即晚十点半左右）。他还预报了南京应天府、福建福州府、山东济南府、山西太原府、湖广武昌府、陕西西安府、浙江杭州府、江西南昌府、广东广州府、四川成都府、贵州贵阳府、云南云南府等十二座城市将看到的月食食甚的时间。

皇上闻奏后，命礼部"从长一并确议具奏，不得瞻延"[2]。

于是礼部尚书林欲楫，率左右侍郎、郎中、员外郎等全部属员，于4月23日（三月十四日）视察观象台，24日（十五日）亲赴位于宣武门原首善书院的历局，"详询各法，审定仪器，以俟临期测验"。25（十六日）日即月食发生当日，礼部一行人，钦天监监正张守登、监副贾良栋率监局官生，及远臣汤若望一道赴观象台观测。观测的结果是："本日日入在酉正三刻，初亏在酉正一刻，故月出地平已见亏食。当用黄赤经纬、简仪等器，测得酉正四刻余，果见四分有奇。月已高四度矣。仍用本仪候至戌初三刻余，见食八分有奇。候至亥初二刻，觇见复圆。时刻分秒及带食诸数，一一悉与新法相符。"李天经第二天就将此结果奏报皇上，并称"此礼臣、台官之所目击亲验者"，而根据旧法预报的时间差了四刻，食分少了二分。

[1]《治历缘起》卷七，徐光启编纂潘鼐汇编《崇祯历书》，上海古籍出版社2009年版，第1725页。
[2] 同上书，第1727页。

此次报告中虽然没有记载使用了望远镜，但推测使用该器已成定例，也就不再特别强调了。但皇帝担心此为李天经一己之言，命礼部"复议具奏"[1]。

同年 9 月 24 日（八月二十日）李天经再次上疏，预报即将发生的一次月食和一次日食：

10 月 18 日（九月十四日）将发生月食，食分六分九十六秒，初亏丑初二刻弱（即凌晨三点左右），食甚寅初初刻强（即凌晨四点一刻左右），复圆寅正二刻强（即早五点半左右）。他还预报了南京应天府、山东济南府、山西太原府、湖广武昌府、陕西西安府、浙江杭州府、江西南昌府、广东广州府、四川成都府、贵州贵阳府、云南云南府等 11 座城市将看到的月食食甚的时间。

11 月 3 日（十月初一日）将发生日食，食分八分五十五秒，初亏未初初刻强（即午后两点一刻左右），食甚未正一刻半（即下午三点一刻左右），复圆申初三刻弱（即下午四点三刻左右）。如月食预报之例，天经同时开列了南京应天府、河南开封府、福建福州府、山东济南府、山西太原府、湖广武昌府、陕西西安府、广东广州府、广西桂林府、浙江杭州府、江西南昌府、四川成都府、贵州贵阳府、云南云南府等 14 座城市将看到的日食食甚的食分和时间。[2]

这次崇祯皇帝闻奏后，决定使用李天经进呈的新法仪器"御前亲测"即将发生的日食。李天经闻讯非常高兴，"不胜额手称庆"，称"钦仰我皇上留神钦若，御前亲测，且用臣所进新法之黄赤仪，测定极准时刻。即古先帝王尧舜之命羲和察璇玑、敬授民时者，无过于是。"恭维一番之后，他提出，以前进呈的仪器，有的需要更换，"以罗经小器不足得天上之真子午"；有的需要做观测前精确的调试与核准，"否则毫厘或差，刻数难定矣"。为此他请求皇上"传远臣汤若望等，仍携原器，将黄赤仪并地平日晷等，再一审定安妥，临期兼用望远镜以窥太阳亏甚、复圆分秒"。皇上下圣旨，命"即传在事诸臣，仍携原器，如法安妥，以候测验。"[3]

---

[1]《治历缘起》卷八，徐光启编纂潘鼐汇编《崇祯历书》，上海古籍出版社 2009 年版，第 1728 页。

[2] 同上书，第 1730—1731 页。

[3] 同上书，第 1732—1733 页。

这次实际观察的结果，又一次证明李天经所推独验。"至未初二刻，日于云薄处果见初亏，不待初三矣，于未正二刻已见退动，则食甚在未正，可知食约八分有余。又去申初远矣。及至申初二刻五十分已见复圆，正所谓三刻弱，于新法又合矣。本日远臣蒙礼部传赴本部同测，即同本局官生祝懋元等、监官贾良琦等测，至未初二刻时，仰见初亏，即报救护。又用悬挂浑仪于未正一刻半测看，日食八分有余；又用原仪远镜测看，复圆乃申初三刻也，此时凡在礼部救护朝臣所共见者。若皇上于大内亲测，用黄赤仪之影圈以上对日体，其所测时刻必有更准于外庭者，想在睿鉴中矣。"[1]

日食发生后的第八天，11月10日（十月八日），皇帝颁旨："御前测验这次日食，时刻分秒西法近密"[2]。这也是中国皇帝第一次使用望远镜观测日食的记载。

1642年年初（崇祯十四年十二月）礼部尚书题"谨遵屡旨，查议具复"一本冗长奏折，其中终于承认："本年三月十六日辛卯夜望月食"，礼部官员到观象台观测的结果是"时刻分秒及带食诸数，一一悉与新法相符。此礼臣台官之所目击亲验者"，而旧法所报时刻、食分俱有错误。随后九月十四日夜的月食，礼部主事、钦天监左右监副及汤若望等人到观象台观测，"台官随测随报，礼臣登记在案"，结果"亏食时刻分秒与新法推算一一吻合。若大统所推，每先天二刻；而回回则后天不啻五六刻矣"。至于十月初一日的日食，虽然"是日阴云蔽天，日体于薄云中时见"，但仍能测验到天象"与新法又合矣"。礼部终于表态，承认西洋新历法胜于大统历、回回历等历法了。但是又说："西法今日较密，在异日亦未能保其不差"。对李天经、汤若望及历局其它人员"累年所进历书一百四十余卷、日晷、星晷、星球、星屏、窥筒诸器，多历学所未发，专门劳绩，积有岁年"，应给予不次升赏。至于对李天经提出的修历工作完成后，将原历局熟悉西法的人员，吸收进钦天监，"以便随时测验"的建议，他提出应在钦天监中"另立新法一科，令之专门传习"。李天经原是打算用西洋新法改造钦天监，而礼部则要保留旧制，只是将新法作为其中一科。皇上闻奏后批答曰："另立新法一科，

[1]《治历缘起》卷八，徐光启编纂潘鼐汇编《崇祯历书》，上海古籍出版社2009年版，第1739—1740页。
[2] 同上书，第1740页。

专门教习，严加申饬，俟测验大定，徐商更改，亦是一议。"[1] 还是未对颁行新法大计做出决断。

1643 年 2 月（崇祯十六年正月），李天经对在即将到来的 3 月 20 日（二月初一日）发生的日食做出预报。这一天，礼部员外郎刘大巩、钦天监监副周胤及历科、天文科等官员一行、历局朱光大、黄宏宪率远臣汤若望等人照例齐赴观象台测验。他们使用简仪、新法赤道日晷和望远镜测得资料"与本局新法所推密合"。李天经本人则在广宁门与另外数名官员"亦用远镜及新法仪器映照测验，一一与新法吻合"，取得同样的结果。他恳请皇上催促礼部落实前次圣旨下达的命令，成立新法科，以便"专门传习"西法，"更正无稽，而盛世大典，亦得刻期告襄"，即结束修历之事，并对有功之人进行封赏。皇上在接到观测报告后 4 个多月才作批答："这日食分数时刻，各有异同，御前亲测，西法多合。还与该监细加考正，以求画一。"[2] 可见此时崇祯皇帝已被民变和辽事搞得焦头烂额，几乎无暇顾及天文、历法之事了。

这年的 9 月 27 日（八月十五日）月食再次光顾神州大地，李天经照例于一个月之前作出预报，并开列南京应天府、福建福州府、山东济南府、山西太原府、湖广武昌府、河南开封府、陕西西安府、浙江杭州府、江西南昌府、四川成都府、贵州贵阳府、云南云南府等 12 座城市将看到的月食食甚的时间。皇上这次终于下圣旨曰："本内朔望日月食，如新法得再密合，着即改为大统历法，通行天下。"[3]

从 1635 年（崇祯八年）李天经完成新法历书的编纂，到 1643 年（崇祯十六年）皇帝终于决心将新历颁行天下，历时足足 8 年的时间。更为可悲的是，这时的大明江山已经风雨飘摇，关外的清军屡屡入犯，关内李自成、张献忠两支民军南北遥相呼应，逐鹿中原，所向披靡，打得官军连连败绩。问题似乎已经不是大明王朝何时将新法历书颁行天下，而是把新法历书颁行天下的华夏新主将花落谁家了。

[1]《治历缘起》卷八，徐光启编纂潘鼐汇编《崇祯历书》，上海古籍出版社 2009 年版，第 1740 页。
[2] 同上书，第 1746 页。
[3] 同上书，第 1752 页。

不管谁将成为华夏新主，肇始于徐光启而终结于李天经的明末历法改革，都是中华文明发展史的一个重大进步。从历局成立的1629年算起，这次以西洋天文学为指导思想的历法改革，费时将近15年时间，大量的西洋天文学、数学得以翻译出版，若干西法天文仪器得到引进和使用，并在一次又一次的对日食、月食和对其他天象的观测中，证明了西洋新法的精准和优越。在这其中，望远镜无疑扮演了极其重要的角色，它效果最直观、使用最简便，特别是对那些不甚熟悉天文学深奥理论的普通学者、官员，甚至最高统治者皇帝而言。

人们或许要说，在比较西洋新历与大统历、回回历在预测日月交食的时刻、食分时孰优孰劣，似乎肉眼观察也能胜任，那么望远镜又起到了什么作用呢？王广超等认为："远镜的最大作用就是可以将整个日食的过程投影在'尺素'之上，使到场观看的所有人可以'共睹之'，从而为评定历法优劣提供一个客观标准，即所谓：'众目皆同礼臣，亦亲笔书纪，是与臣局时刻分秒俱合'。而后来测日食时程序的变动也是逐渐地在向扩大公开性、增强透明度和准确性方向改进。另外，望远镜对于食甚时日体被掩刻分的验测是很关键的，其可以准确地将日体投测在尺素的指定位置上，从而得到'边际了了分明矣'的结果，就当时的技术条件来看，如果没有望远镜很难达到如此结果。"[1]

除了用于天文观测之外，明末时期，望远镜也被用于战争。

1642年（崇祯十五年）明廷命汤若望制造各种仪器，支持战事。其中包括大、小火炮和"望远镜二具"。《明史》载："若夫望远镜，亦名窥筒，其制虚管层迭相套，使可伸缩，两端俱用玻璃，随所视物之远近以为长短。不但可以窥天象，且能摄数里外物如在目前，可以望敌施炮，有大用焉。"[2]

另有记载曰："崇祯中，流寇犯安庆。巡抚张国维令（薄）珏造铜（炮），（炮）发三十里。每发一（炮），设千里镜（视）贼之所在（远近），贼先后糜烂。"并进一步指出薄珏的这种千里镜："镜筒两端嵌玻璃，望四、五十里外，如

---

[1] 王广超、吴蕴豪、孙小淳《明清之际望远镜的传入对中国天文学的影响》，《自然科学史研究》2008年第3册，第314页。

[2]《明史》卷25《天文志一》，中华书局1974年版，第361页。

在咫尺。"[1] 有研究者对这段史料进行了考证，指出：第一，薄珏使用千里镜于安庆之战的时间"是崇祯八年，即 1635 年。确切地讲，是崇祯八年旧历二月"；第二，史料中所说的流寇，不是李自成军而是张献忠军；第三，薄珏的千里镜应该不是装在大炮上的瞄准器，"就是一具单筒三节可伸缩的望远镜"[2]。以上说到徐光启、李天经都多次使用望远镜观测天象，但他们也没有照葫芦画瓢地制造出一架望远镜来。明末民间发明家薄珏堪称为中国第一位制造出望远镜的人。

　　总之，由于望远镜等一系列西式仪器的使用，使得在晚明时期，中国与欧洲天文学之间的差距大大缩短了。这表现在：第一，伽利略通过望远镜所获得的天文新发现被介绍到中国；第二，通过望远镜将第谷的地心—日心的宇宙模式介绍到中国；第三，望远镜不仅促使中国编制出基于西方天文理论、远较当时中国历法先进的新的历书，也使众多中国官员和文人、特别是最高统治者皇帝通过一次又一次的实际观测，终于心悦诚服地接受了这种西洋新法。因此可以说，由于望远镜在最短的时间从它的诞生地传到了中国，使这一时期成为近代之前中西天文学发展水平最为接近的时期。望远镜的引进也成为明末时期中西文化交流地精彩范例之一。毫无疑义，明末来华传教士对此立下了开创之功。

　　编后语：此文为澳门文化局资助的研究奖学金课题《望远镜与西风东渐》的一部分。按照该奖学金章程规定，2013 年 11 月我曾以此文稿在澳门文化局主办的讲坛上作了讲座。《望远镜与西风东渐》一书于 2013 年由社会科学文献出版社出版。

---

[1] 邹漪《启祯野乘》之《薄文学传》，故宫博物院图书馆印本 1932 年版。

[2] 王世平、刘恒亮、李志军《薄珏及其"千里镜"》，《中国科技史料》1997 年第 3 期，第 27—28 页。

利玛窦的继承人龙华民

一、龙华民来华之前

龙华民，原名为：Nicolas Longobardi，1559 年 [1]9 月 10 日出生于今意大利西西里岛上之卡尔塔基罗内（Caltagirone）城的一个贵族家庭。2010年本人访问了他的家乡，当地的主教与我在龙华民故居的两层老屋前合影。老屋墙上饰有一方石牌，石牌上以意大利文镌刻道："龙华民在此诞生，1654 年在北京逝世。"

龙华民自幼进入位于墨西拿（Messina）的天主教会初级修院学习语言。1582 年他加入耶稣会，继而在巴勒莫（Palermo）学习两年哲学 [2]。当时欧洲教会学校的哲学课程，是包含了一些自然科学的内容的。但是没有资料证明龙华民像其他绝大多数来华耶稣会士那样，在学习期间受过值得称道的数学、地理学或天文学方面的培训，或者说像很多来华耶稣会士那样显

---

[1] 关于龙华民的出生年份，有几种说法：维基百科网和费赖之书都记为 1559 年（见费赖之著冯承钧译《在华耶稣会士列传及书目》，中华书局 1995 年版，第 64 页），龙华民墓碑碑文也持此说（见北京行政学院编《青石存史》，北京出版集团 2011 年版，第220 页）；另一说见（意）Antonino Lo Nardo 所著 Missionari siciliani nella storia della Compagnia di Gesù p147 中，记为 1565 年；还有另一说：1556 年。

[2] 利玛窦曾说起龙华民的学业：龙华民"自入了耶稣会，攻人文与修辞两年、哲学三年，而神学只读了两年"。见利玛窦著罗渔译《利玛窦书信集》，台北光启书社 1986 年版，第 322 页。

露出某一种科学技术方面的专长。从他后来在中国的数十年生涯来看，缺乏这方面的专长，不仅限制了他在中西文化交流方面的作为，甚至直接导致他对利玛窦所开创的"学术传教"的策略的怀疑和轻视，以至他所主导的传教事业以及他本人都付出了代价。

早在 1589 年和 1592 年，龙华民就先后向上峰提出去印度和日本传教的申请，但没有获准，只好继续他的神学学习。1696 年，他终于得到批准，登上了远赴中国的航船。

二、龙华民在韶关主持教务

1597 年，龙华民远渡重洋来到中国。这时，曾经草创韶关传教事业的利玛窦已经北上江西南昌，于是耶稣会远东负责人范礼安就把他派到韶关主持教务，在韶关及周围地区传教达 10 多年之久。利玛窦在回忆录中，用了两个整章的文字（第四卷第十七章在"韶州的庄稼开始成熟了"和第十八章"更暗淡的韶州岁月"）对龙华民在韶关的活动作了详细的记载。

"我们把西西里人龙华民神父和黄明沙修士留在韶州，他们在那里孤独地居住了好几年"，"虽然他是一个孤零零的教士并且缺乏经验，他却成功地给教会的精神仓廪增加了收获"。起先，在韶州城内传教进展困难，龙华民就走到乡间，到一个叫做"马家坝"的地方向贫苦农民宣讲布道，散发中文撰写的小册子《天主教要》。利玛窦特别写道："在三年期间，上帝看到这次收获增长到三百名信徒，这是个可观的数字，如果考虑到最初所遇到的困难的话。"[1]

龙华民之所以能在下层民众中取得成效，一个很重要的原因是他所宣扬的在上帝面前人人平等的道理。《利玛窦中国札记》中写道，龙华民对他的信众说，"我要你们明白这一点，那就是在上帝前面人人平等，人们所制造的人与人的差别确实不是他们生存的巩固基础。""这番话真正打

---

[1] 利玛窦、金尼阁著，何高济等译《利玛窦中国札记》，中华书局 1983 年版，第 443 页。

动了他（指那位信徒）的心，以致（像他自己所肯定的）他永远不能忘怀。"[1]

利玛窦在札记中记载了这样一件事：有一次一位基督徒的房子着火了，他周围的邻居都因为他信仰了洋教而敌视他，拒绝出手帮助救火。当附近的一些基督徒匆匆赶来扑救时，房屋已经烧光了。"虽然他们救不了，但他们却帮他从事恢复。他们全都尽力捐助来重建屋舍。有的出钱，有的出砖瓦，有的送来了木料。工人们出力而不要工钱，因为他们是在为同胞基督徒而劳动。房屋竣工时他们提供完整的设备"，"新房子盖得更好、更加壮丽。被火烧毁的东西，仁爱之焰又加以恢复了。"[2]与利玛窦强调的以欧洲的科学文化来争取文人士大夫的方法不同，龙华民以天主教倡导的平等和互助的理念在平民百姓中取得了收获。

龙华民还在妇女中争取到人数可观的信徒。在中国传统社会里，妇女的地位永远比男人低贱，在婚姻制度中更是受损害的弱者。因此，主张一夫一妻制和男女平等理念的天主教更容易征服她们的心。《利玛窦中国札记》记载了龙华民领导下的女信众中发生的有趣的故事："这三个妇女（笔者注：指上文提到的上层社会的女信徒）时时在一块谈论她们的天主教，她们听说有个邻居也是基督徒，便邀请她参加她们的聚会。她们毫不在意这位邻居是属于下层百姓的，而中国的贵族却是不习惯跟他们交往的。事实上，她们认为由于有共同宗教的纽带，哪怕村里的农妇也和她们平等，而并不因自己的生活地位就不高贵。她们邀请这些人到她们家去聚会和吃饭，没有人因此评论她们。相反地，她们因基督式的仁爱而为人羡慕。"[3]

早在利玛窦离开韶州北上的时候，"耶稣会官方视察员神父的意见是当神父们在别的地方安然定居时，他们应该关闭韶州的传教团。"其原因有二：一是这里的气候不良，二是这里不断闹事，因此"在该地区收获精神果实的希望微弱"。但是经龙华民的不懈努力，这里的传教事业搞得生气勃勃，很有起色。这促使决策者改变了初衷，"一致决定那个有希望的前景不应该因气候或者骚扰和恐吓而加以放弃。于是传教团被保留了下来"[4]。这一期

---

[1] 利玛窦、金尼阁著何高济等译《利玛窦中国札记》，中华书局1983年版，第449页。
[2] 同上书，第451页。
[3] 同上书，第448页。
[4] 同上书，第452页。

间，在韶州周边地区新建了新的教堂，如：靖村教堂。利玛窦对龙华民在韶关的工作也给予充分的肯定，他在写给耶稣会总会长的信中称：龙华民"能力十足，在会岁月也不短，对中国事务也颇有研究，在韶州传教已十有二年，吃了不少苦头，故以我的看法，他已有资格发四大圣愿了"[1]。

初出茅庐就取得成功，使龙华民过分地乐观。在他写给欧洲的信件中，"充满了对中国局势过于天真的判断和不实际的赞扬"。他说，"在这块土地上处处体现着美德：人们孜孜不倦地救济穷人，为医院捐款，帮助弱者；人们还盛赞一夫一妻制（龙华民没有注意到，在中国有相当多的人过的是一夫多妻的生活）"[2]。产生这种错觉的原因主要是他的无知，他到中国的时间还不长，除了韶州没去过别的地方。另外，当时"他还读不懂中文，讲中文的能力也十分有限。因此他请了一位对自己的国家颇有浪漫情怀的中国教书先生教他中文。对这位先生所说的，龙华民一字不差地全盘接受了"[3]。

在韶州，在收获着希望的同时，他也遭遇了困难。这就是与当地的风俗习惯和传统宗教之间发生了矛盾。

一次，一些当地人为给一个据说能保佑人们视力、有三只眼睛的神像建造庙宇，就抬着它的塑像挨家挨户地募捐。当募捐到耶稣会的教堂的时候，却遭到了龙华民的严词拒绝。他说，他曾多次为铺路架桥之类的公益事业大方捐助，但对这类"偶像崇拜"，"连一根稻草也不能给"[4]。虽然那些募捐者悻悻地离开了教堂，但仇恨的种子无疑从此种下。另外，韶州的教堂与信奉佛教的光孝寺距离很近，那些刚刚加入天主教的原佛教徒，往往以焚毁原来供奉的佛像来表示其改变信仰的坚决性。这势必激怒了光孝寺里的僧人和信徒。"焚毁佛像，由此发出的气味飘进寺里，这些都使他们难以忍受"[5]。

一年，韶州发生了严重的旱灾。县衙的官员下令斋戒，家家都焚香祈祷，县官也亲自屈膝下拜，乞降甘霖。但是"这一切都毫无用处，甚至在不绝的颂唱中向偶像献祭，也得不到他们聋神的响应。因此他们对城里的神绝了望，

---

[1] 利玛窦著罗渔译《利玛窦书信集》，台北光启书社 1986 年版，第 322 页。
[2] （美）邓恩著余三乐等译《从利玛窦到汤若望》，上海古籍出版社 2003 年版，第 95 页。
[3] 同上书，第 95 页。
[4] 利玛窦、金尼阁著何高济等译《利玛窦中国札记》，中华书局 1983 年版，第 454 页。
[5] 同上书，第 460 页。

为此就从乡下搬来了一座鼎鼎有名的怪物。他的名字是六祖。他们抬着他游行，向他礼拜，献上祭品，但他也和他的同伙一样地充耳不闻他们的乞请。"正在众人百思不得其解的时候，一个老巫婆说："观音菩萨生气了，因为她背上每天都挨烧。""这指的就是新教徒焚烧观音偶像的事"。她的话激起了很多乡民的怒火。他们扬言如果龙华民到他们村的话就要把他"当作罪魁祸首来除掉"[1]。所幸的是，不久就下了一场大雨，解除了旱情。同时先前曾与利玛窦关系不错的一位官员出面干预，说了一些公正的话，才使矛盾得到暂时的缓解。

然而长时间积累下来的仇恨，终于有一次爆发了。1606 年，由于多种因素纠缠在一起，给韶州的教会降下灾难。其一，1603 年在菲律宾发生了西班牙殖民者屠杀中国人的惨剧，而中国人搞不清西班牙与葡萄牙的区别，而对所有远道而来的西洋人持高度的警惕性和抱有强烈的仇恨心。其二，西班牙与葡萄牙在澳门的教会势力（包括当时隶属葡萄牙保教权之下的耶稣会）发生矛盾，西班牙一派造谣说，"耶稣会士们要在葡萄牙人、荷兰人和日本人的帮助下攻打中国，并进一步征服中国。他们将这个谣言散布到中国人中间"，并且说，耶稣会士郭居静就是"入侵军队的领导和将来征服中国后的统治者"[2]。这一谣言辗转流传，也传到了韶州，引起了官方和民间的恐惧。其三，一名中国籍的耶稣会修士黄明沙当时住在韶州的教堂。一个歹人向他敲诈财物没有得逞，就举报他为外国人的间谍。于是，官兵从教堂里拘捕了黄明沙等人，最终将他严刑拷打致死。

作为韶州教会的负责人，龙华民也曾想方设法地营救黄明沙，但终告无效。连他本人也被诬告有通奸行为。好在韶州的同知秉公执法，那个作伪证的人承认是收了诬告者的钱财。龙华民也被宣布无罪。这场灾难最终在身居北京的利玛窦联络同情天主教的官员，出面斡旋下平息了。郭居静被证明是无辜的，告发黄明沙的歹人畏罪潜逃了，经办的官员也被撤了职。但是从那以后，"韶州的传教事业再没有真正地恢复起来"[3]。

---

[1] 利玛窦、金尼阁著何高济等译《利玛窦中国札记》，中华书局 1983 年版，第 463 页。
[2]（美）邓恩著、余三乐等译《从利玛窦到汤若望》，上海古籍出版社 2003 年版，第 103 页。
[3] 同上书，第 105 页。

三、龙华民的中文著作

在韶州期间，龙华民在中国文人的帮助下，撰写了几部宣传教理的中文小册子。

著书传教，是利玛窦特别看重的传教方法。其原因有三：其一，利氏认识到，在中国书籍有着特殊的权威性，人们往往觉得，凡是书上写的，就是对的。"所有教派多以书籍，而不以口讲作宣传；获得高官厚禄也是利用撰写佳作，而不是利用口才获得"。因此"很多中国人要我多撰写东西"[1]；其二，来华耶稣会士的人数有限，只能在少数几个传教点周边活动，而书籍则可以不胫而走，深入到帝国的各个角落；其三，中国地域辽阔，各地的方言不同，甚至迥异，外国传教士除了必须掌握官话之外，顶多再学一两种方言，各地的方言学不胜学，然而中国的文字却是统一的。将教义道理付诸文字，乃是一劳永逸的佳策。利氏曾说："广哉文字之功于宇内耶！百步之远，声不相闻，而寓书以通，即两人睽居几万里之外，且相问答谈论，如对作焉。"[2] 不仅如此，利玛窦还发现"用中文所撰写的书籍，在日本也可以使用"[3]。为此，利玛窦率先垂范，在中国文人的帮助下，撰写了多部中文著作，传布天主教义，如：1595 年的《天主实义》和《交友论》、1599 年的《二十五言》、1601 年的《西琴曲意》、1606 年的《西字奇迹》、1608 年的《畸人十篇》等等，当然还有多部涉及数学、天文学的科学著作。受利玛窦的影响，其他来华耶稣会士也纷纷捉笔，一时间证教论教的中文著作如雨后春笋。

龙华民在韶州期间曾发生这样的事情：当地的佛教徒嘲笑天主教徒只有一本 4 页的小册子《天主教要》，而佛教则具备词句精美的"巨帙著作"。基督徒们被说得抬不起头来，只好回答说，"基督教的书要多得多，但因这

---

[1] 利玛窦著、罗渔译《利玛窦书信集》，台北光启书社 1986 年版，第 324 页。

[2] 利玛窦《述文赠程子》，转引自李奭学《中国晚明与欧洲文学：明末耶稣会古典型证道故事考铨》，中央研究院丛书版，第 31 页。

[3] 利玛窦著、罗渔译《利玛窦书信集》，台北光启书社 1986 年版，第 227 页。

儿神父很少，他们又确实正在学新语言，所以还没有时间把书都译为中文"。这一辩解被佛教徒讥讽为"软弱无力的遁词"。于是基督徒们"特地向龙华民神父送上一份特别请求书，请他捍卫他所宣讲的教义"[1]，以反驳当地佛教徒们的攻击。

鉴于形势所迫，中文还不熟练的龙华民在中国文人的帮助下发愤撰写了几本中文的宗教小册子：《圣教日课》一卷（1602 年刻于韶州）、《圣若撒法始末》一卷（1602 年刻于韶州）、《丧葬经书》一卷（1602 年刻于韶州）[2] 等，不著刻印时间的还有《灵魂道体说》等多部。方豪称："龙氏对于审定中国教友所用经文，功绩最著。曾汇编为圣教日课，初刻本以万历三十年（1602 年）行世。"[3] 同在韶州的苏如望神父也撰写了《天主圣教约言》[4] 一书。

本文不涉及龙氏纯宗教之著作，而着重关注其与介绍欧洲文学有关之《圣若撒法始末》一书。

《圣若撒法始末》一书说的是一个名叫"若撒法"(Josaphat) 的天主教圣人的故事。故事最早出自欧洲 3 至 4 世纪的《沙漠圣父传》，后经辗转演绎于 13 世纪收入《圣传金库》。龙华民将此故事译成中文，又作了若干改动。

故事的大体内容是这样的：这位名为若撒法的人，原为 4 世纪印度国王之子。出生后，其父国王令多名术士为其算命，多数人都称"太子多福多能"，只有一人据称得到天主的启示，云："陛下悖天主教，太子则必专心奉之。而后得其所望。"当时的国王正在印度严禁天主教，为了严禁太子接触天主教，防范于未然，"因营大殿于府旁，轮奂工美，备极壮丽，使太子居之。稍长，则止诸人不得近，唯遴师傅以训"。国王千叮咛万嘱咐"凡可忧可惧、若死若老若病若穷苦，一切事语盖不许出口"，特别是"绝

---

[1] 利玛窦、金尼阁著，何高济等译《利玛窦中国札记》，中华书局 1983 年版，第 457—458 页。

[2] （法）费赖之著、冯承钧译《在华耶稣会士列传及书目》，中华书局 1995 年版，第 68—69 页。

[3] 方豪著《中国天主教史人物传》，宗教文化出版社 2007 年版，第 69 页。

[4] （法）费赖之著，冯承钧译《在华耶稣会士列传及书目》，中华书局 1995 年版，第 63 页；"如望曾撰有《天主圣教约言》一部，1601 年顷初刻于韶州"。

口天主与夫天教等情,所力戒隐藏。兹事尤为第一",唯恐当年的谶言成真。但太子长大后,向其父提出:禁闭深宫,"全无一毫快乐,又且加忧。虽有饮食,亦甚为苦,唯思门外诸事尽经目睹。陛下若爱我生命,随我之愿,悦我之心,使我见所未见,足矣。"[1] 国王没办法,许之。太子若撒法在路途中遇到麻风病患者、失明者和垂垂老者各一,始知民间疾苦。又遇一名得到天主暗示的苦行僧人,他对太子若撒法"详论天主事理",如:"何以造成天地万物,何为斥逐亚当于地堂,何以自天而降投胎室女玛丽亚,何以受难,何以日后又下世界,何以为善者受无尽福,为恶者受无穷祸",等等,还以若干生动的寓言故事,劝导若撒法信奉了天主教。国王闻讯大怒,用美人计,立其为王等种种办法,以分其心而离去其教。但是若撒法不但不悔,反而下令改佛教的庙宇为教堂,在国内推行天主教。最后,他的父亲——老国王"感太子之化,入奉圣教","退处山中,苦修自责,以补前过,终其身率行善事"。

书中引用了多则欧洲文学中的寓言故事,如:《三友》《巾箱传奇》《撒种的比喻》《小鸟之歌》等等。

试举《三友》一篇为例:"人有用爱者:爱一友过于爱己;又爱一友,只似爱己;更有一友,则爱之不及己矣。"后来这个人被国王追捕,急需朋友帮助。他首先求助于曾经"爱之胜于爱己"的那个朋友甲,想不到甲推托说,"我有别友,今正聚欢,无暇顾及尔,但有粗衣二件,赠尔以行。"此人十分懊丧,只好去找第二个"爱之如爱己"的朋友乙。乙"则曰:'适我方有急,不能分尔之苦,但陪尔前行。'行未数步,即旋理己事。"此人沮丧异常,心想"我昔与尔厚爱,今乃俱背恩。"无奈只好去找那个"爱不及己"的丙,"含羞告曰:'有口难言。为昔日不曾爱尔,未尽友道。今乃困迫,不得已求济于尔。'"但是出乎他的意料之外,丙跑到国王面前,"力为解脱,得蒙赦宥"。通过这个故事,书中的讲道者把腊盎,对太子若撒法进一步揭示了寓言故事蕴藏的道理:"一友是世人所爱财帛,至于临终,带将去不得。而所附身者,一二殓布而已;二友是妻子亲戚,送死至于郊外或墓穴,即还顾自家产业矣。

---

[1] 龙华民著《圣撒若法始末》(明隆武元年版),见钟鸣旦、杜鼎克、蒙曦编《法国国家图书馆明清天主教文献》,台北利氏学社 2007 年版,第十五册第 217—262 页。本节引文凡引自此书者不再注明。

三友是信望爱之德，及一切善行，能于死后达天主台下，祈望脱我凶恶也。"结果是"太子闻此善喻，心益豁喜"。

这种以生动的寓言来阐述道理的方法，中国古代的诸子百家著作中也比比皆是。龙华民劝人信奉天主的《圣若撒法始末》一书，既阐述了天主教的道理，也"很有助于教徒用来对付迫害者们的攻击"[1]。不仅如此，他还第一次向国人介绍了欧洲古代的文学故事。在他之后，利玛窦 1608 年撰写的《畸人十篇》中也采用了类似的方法。金尼阁更是于 1625 年出版了集中介绍古希腊伊索寓言的《况义》。明末清初的来华耶稣会士成为最早向中国人介绍欧洲文学的先驱人物。

《圣若撒法始末》于 1602 年初刻于韶州之后，经中国文人张赓润色，于隆武年间（1644—1645 年）再版，流传甚广。台湾研究者李奭学先生评价说："龙华民所译的《始末》（即《圣若撒法始末》）虽然难当足本信译之名，增损之处颇多，然而他信守亚可伯的原文处，译来确实也分毫不爽，字字无殊，成就之高大令人侧目。张赓继之再添笔力，为来日的隆武刊本粉饰面貌，《始末》的可读性因而大增。比起前此利玛窦所译的《交友论》或《西琴曲意八章》，文字功夫与情节上的曲折当又高明许多，确实不俗。"李先生称："我觉得'中译欧洲文学第一书'这份殊荣，《圣若撒法始末》当之无愧。"[2]

四、利玛窦之后成为中国教区的会长

1609 年，在北京的利玛窦自知将不久于人世，当考虑中国教会的继承人选时，他心仪同是意大利人的龙华民，于是就召龙华民北上进京。但龙华民在韶关正为那场所谓"通奸"的官司纠缠而无法脱身。利氏临终时，龙华民还未赶到北京。利玛窦给龙华民写了一封信，交待了关于教会的事务。

[1] 利玛窦、金尼阁著何高济等译《利玛窦中国札记》，中华书局 1983 年版，第 458 页。

[2] 李奭学著《翻译、政治、教争：[圣若萨法始末]再探》，东华大学中文系编《文学研究的新进路——传播与接受》，台北洪业文化公司 2004 年版，第 464 页。

信的抬头写的是"中国传教团监督龙华民",署名为"前监督利玛窦"[1]。

利玛窦去世后,他的耶稣会同伴庞迪我和中国朋友为他向皇帝上疏,破天荒地争取到了位于城西二里的"滕公栅栏"作为墓地。当一年之后,利公的灵柩从宣武门教堂移至"滕公栅栏",作为耶稣会中国教区新任负责人的龙华民才赶到北京。"在他的指导下设计出中国第一座基督教的墓地"[2]。1611年的11月由他主持了利玛窦的葬礼。

作为利玛窦的接班人,龙华民对他的前辈十分敬重,对利氏的辞世,他说,这"使我们成了孤儿","他的权威和声望对我们所有的人来说,就是遮风挡雨之所。我们希望他在天堂里还能给我们更多的帮助"[3]。但是,对于利玛窦的传教策略他并不完全赞同。

研究者称:龙华民"为引起中国礼仪问题之第一人。当其仅为传教师时,对于其道长利玛窦之观念与方法,已不能完全采纳,但为尊敬道长,不便批评。一旦自为会督后,以为事关信仰,遂从事研究,而在理论与事实上所得之结论,有数点与前任会督之主张完全背驰。其他神甫作同一研求者,意见亦有分歧。"[4]

龙华民与他的前辈利玛窦的分歧主要表现在以下三点:

1.利玛窦出于在华生活多年的了解和客观地分析研究,认为在中国传播天主教"还没有到收获的季节,甚至连播种也谈不上,只是处于清理土地和开荒的阶段而已"[5]。因此必须极端地审慎,决不能大张旗鼓地进行,决不能盲目地追求教徒数量,而是要借助欧洲的科学文化,慢慢地征服中国学者和官员们的心,从而赢得他们的同情和好感,得到他们的支持和保护。利玛窦在临终时嘱咐他的同僚,"我把你们留在了一扇敞开的门前,通过这扇门,就可以得到极大的回报,但是途中充满了危险与艰辛。"[6]他认为,搞不好很可能前功尽弃。

但是"龙华民低估了这些危险。他的指导思想是:不再会有被驱逐出

[1] 利玛窦、金尼阁著何高济等译《利玛窦中国札记》,中华书局1983年版,第616页。
[2] 同上书,第643页。
[3] (美)邓恩著、余三乐等译《从利玛窦到汤若望》,上海古籍出版社2003年版,第96页。
[4] (法)费赖之著、冯承钧译《在华耶稣会士列传及书目》,中华书局1995年版,第65页。
[5] (美)邓恩著、余三乐等译《从利玛窦到汤若望》,上海古籍出版社2003年版,第50页。
[6] 同上书,第94页。

中国的危险了"[1]。他甚至还打算上疏，"请求皇帝颁布一项给予完全宗教自由的圣旨"，只是在"某些友好的官员"劝阻和反对下，才没有坚持[2]。

究其原因，龙华民年轻气盛，到中国时间不长，对有着悠久历史因而旧的传统根深蒂固的中国社会认识不足，再加上其旺盛的宗教热情，因此对天主教在华的局势充满了"过于天真的判断和不切实际的赞扬"[3]。所以他对利玛窦谨慎的态度不愿苟同。耶稣会史研究专家巴笃利曾这样评价他，"在他的笔下，利玛窦似乎是一个畏缩不前的人，缺少信心，或者至少过于谨慎"[4]。

正是由于他的这种指导思想，助长了南京等地的天主教事业的急剧发展，超出了当时社会的容忍极限，而直接导致了"南京教案"的发生。1616年万历皇帝颁旨，将北京的庞迪我、熊三拔，南京的王丰肃、谢务禄等耶稣会士驱逐到澳门。巴笃利写道："龙华民的狂热带来的是不幸的后果。如果不是与利玛窦交好的那些官员们出手援救的话，他和所有在中国的传教士几乎都会被驱逐出境。龙华民在付出了沉痛的代价后，变得聪明了。他放弃了他的不良的、富于煽动性的观点，从那以后，切实地遵循利玛窦所开拓的策略。"[5]

2. 对利玛窦将拉丁文的 Deus（天主教教义中的永恒、全能和唯一的神）翻译成中国古籍中已有的词汇——"上帝"和"天"感到不满。他认为"上帝"和"天"这些中文词汇已经有了特定的含义，与 Deus 是不能兼容的。其实利玛窦也了解这一点，他只是借用这个老词并赋予新的含义，让中国教徒慢慢地接受。

但是龙华民对此持异议，他曾对此问题的由来作了如下的回顾："中国上帝这名词，早在25年以前，我首次看见觉得心里不安。因为我听见孔子的四书后（我们抵达后都先学四书），觉得上帝这名有不同的注释，与神圣的自然格格不合。可是，传教区以往的神父听到上帝就是我们的神

---

[1]（美）邓恩著、余三乐等译《从利玛窦到汤若望》，上海古籍出版社2003年版，第97页。

[2] 同上书，第105页。

[3] 同上书，第95页。

[4] 转引自（美）邓恩著、余三乐等译《从利玛窦到汤若望》，上海古籍出版社2003年版，第95页。

[5] 同上书，第95—96页。

后，他们放开了心中的不安，创造了一个概念。这个概念与注释四书的学者的论点也许有差异，但学者的注释亦有与经文参差的地方。在我们传教区的神父有了这个说明与思想后，在韶州过了 13 年，没有机会去反思这一点。利玛窦神父逝世后，我接任他为总理会务，接到查访日本省神父 Francesco Pasio 的一封信。他说日本的神父认为我们的中文著作有不信教的错误，让他们很费力去反驳中国神父提出的观点。故此，他恳求我好好观察这里的情况，因为他很难想象，写这些中文著作的神父，既是优秀的神学家，又精于中国经典，是怎样可能犯了异教的错误。读了 Pasio 神父的警告，我确定旧有的怀疑是对的。"[1] 这段话中的"传教区以往的神父"就是指利玛窦，Francesco Pasio 则是曾经与罗明坚一同到过肇庆，后来转赴日本传教的巴范济。

龙华民则宁愿使用一个完全音译的生造的、一般中国人不知所云的词汇——"陡斯"。他的观点在来华传教士中间产生了争论，一些人支持他，而另一些人则赞成利玛窦的做法。为此，1627 年 12 月底，在华耶稣会士聚集在嘉定中国教徒孙元化的家中，召开了一次会议，讨论有关名词术语的翻译以及其他礼仪问题。徐光启、李之藻、杨庭筠和孙元化几位中国教徒也参加了会议，并发表了支持利玛窦的意见。与会者最后一致赞成利玛窦对中国礼仪（即有关祭祖、祭孔）的态度，而关于 Deus 的中文译法，则采用一个中国古籍上没有的、但又容易理解的新词汇："天主"。有研究者认为，后来困扰中国传教的"礼仪之争"就是发端于此。好在当时耶稣会士们没有把分歧和争论公开化，且"凡事皆以协和慈爱精神进行，又在服从指挥之下，意见虽分，而未形于外，于传教事业上未感何种障碍也。"[2]

3. 对于利玛窦开创的"学术传教"的策略，龙华民总体上是赞同的。但同时他也认为，传教士不能将主要精力都用在传播科学文化上，就像他的前辈利玛窦那样。这就导致了徐光启在利氏死后，向熊三拔提出共同翻译《泰西水法》和《简平仪说》时，熊三拔表现出来的"唯唯者久之"，"察其心神，

---

[1] 转引自夏伯嘉《天主教与明末社会：崇祯朝龙华民山东传教的几个问题》，见《历史研究》，200 年第 2 期，第 57—58 页。

[2]（法）费赖之著冯承钧译《在华耶稣会士列传及书目》，中华书局 1995 年版，第 65 页。

殡无吝色也，而顾有怍色"[1]的态度。龙华民的这一态度，同样在经受了"南京教案"的打击后有所转变。1622 年，当关外后金军屡破明军时，徐光启和李之藻力主使用西洋大炮御敌，并借口西洋人能办此事，而将龙华民、阳玛诺等传教士介绍给兵部"制造铳炮，以资戎行"[2]时，他并没有表示反对，而是默认了。之后，1623 年他还与阳玛诺一起制造了一架地球仪（现收藏于英国不列颠图书馆）[3]，1626 年他撰写了介绍西洋地震学说的《地震解》一书，1629 年参加了由徐光启领衔的旨在修订西法历书的历局，担任了《崇祯历书》中大部分分册的校订工作。

五、金尼阁奉龙华民之命的赴欧使命

1613 年，龙华民派遣金尼阁出使欧洲。他赋予金尼阁的任务有以下几项：

1. 将利玛窦生前撰写的回忆录在欧洲出版。

2. 向耶稣会总会申请，将中国的教务从原来的中国—日本副省中独立出来。

3. 向罗马教廷申请，允许在中国由中国人担任神父，允许将圣经翻译成中文，允许用中文来做弥撒，允许神父在宗教仪式上不脱帽[4]。

4. 招募年轻的耶稣会士到中国来传教，为中国的教会募集图书和科学仪器。

---

[1] 徐光启《泰西水法序》，见徐宗泽《明清间耶稣会士译著提要》，上海译文出版社 2010 年版，第 235 页。

[2] 黄伯禄《正教奉褒》，见韩琦等编《熙朝崇正集西朝定案（外三种）》，中华书局 2006 年版，第 270 页。

[3]（美）福斯（Theodore N. Foss）撰《西方解释中国：耶稣会士制图法》，见澳门文化局编《文化杂志》中文版第二十一期，第 173 页。

[4] 方豪："按我国重视'衣冠必整'，因此大典礼中必戴冠，而西方礼俗则以除冠示敬，故西方弥撒祭服中并无特制之冠。金氏获得许可后中国教会乃特定一种'祭巾'，尚用至清末，民国以后，始渐废除。"见方豪《中国天主教使人物传》，宗教文化出版社 2007 年版，第 126 页。

金尼阁出色地完成了上述任务。其一，金尼阁面见教皇，教皇批准中国教会的诸项申请；其二，经耶稣会总会长批准，中国教区得以与日本分开，独立了出来；其三，经他翻译、整理和补充，利玛窦原以意大利文撰写的回忆录，以拉丁文、用《天主教传入中国史》的书名于 1615 年在欧洲出版，引起轰动效应；其四，金尼阁在欧洲以口若悬河的演讲，激起了众多年轻教士的热情，招募了一支由 22 人组成的来华耶稣会士团队，其中的汤若望、邓玉函、罗雅谷等人不仅成为福音传播的中坚力量，更在中西科技交流方面做出了不可磨灭的贡献；其五，他募集了大量欧洲书籍（号称七千部）和科学仪器，成为中西文化交流的一项壮举。

此次金尼阁欧洲之行的极大成功，当然取决于他本人的才华和主观的努力，以及欧洲普遍重视中国传教事业的客观环境，但作为中国教会负责人的龙华民，其选人之恰当、规定的任务之正确，无疑也是成功的关键。比如：龙华民早有"在中国所有的耶稣会会院都设立一个图书馆"[1] 的打算，这无疑促成了金尼阁携所谓的"七千册书"及望远镜等西洋仪器来华。

六、龙华民撰写的《地震解》

北京地区是个地震多发地区。仅就明末时期而言，"1623 年 4 月 29 日、11 月 10 日、1624 年 2 月 1 日，京城发生了 3 次有感地震。1624 年 4 月 7 日滦州 6.3 级地震波及京城，皇城宫殿动摇有声，铜缸、木桶之水涌波震荡，坐者、立者皆骨软如醉。上至王侯将相，下至平民百姓，俱都惊恐不已。4 月 19 日，京城又感到一次地震。"[2]

就在这次地震后的某天，恰逢谷雨日，龙华民去拜访礼部尚书李嵩毓时，李氏提出："贵学所算二月月食，时刻分秒不差，真得推步之奇。想其师承诀法必极奥妙。若顷者地之发震，吾等不谙原因，莫不诧异惊恐。贵学格物

---

[1]（美）邓恩著余三乐等译《从利玛窦到汤若望》，上海古籍出版社 2003 年版，第 96 页。

[2] 高继宗《西方地震知识首传者龙华民》，《防灾博览》，2006 年第四期，第 26—27 页。作者为国家地震局工作人员。

既精，则其所以然，定有考究而可言者。惟不秘，揭以语我。"龙华民答曰："诚有之。该吾西庠先达格物穷理，探索讨论，载籍中可镜。容详稽以肃复。"[1] 其意就是，龙氏回答说，西洋的科学家对地震现象确实有所研究，而且著为书籍，容我仔细查找，然后回答你。

龙华民在北京教堂的图书馆中找到了西洋有关地震方面的著作，翻译成中文，编为九章，依次为："其一震有何故、其二震有几等、其三震因何地、其四震之声响、其五震几许大、其六震发有时、其七震几许久、其八震之豫兆、其九震之诸征。"

龙华民起初只是将此稿作为答复，交与礼部尚书李嵩毓。但两年后（1626年），"京师边地大震"，"5月30日上午京城发生强烈地震（有些专家定为5.3级），并引发了王恭厂火药爆炸（位于宣武门与西便门之间）"，"相连四五里房舍尽碎，死亡人数有数千、万余、2万余、数万等多种说法。因此京城官民均惊恐不安"[2]，向他询问、讨教地震的人络绎不绝，于是龙华民就"以告李太宰者告之，因刻以广之"，将此稿付梓。就是我们今天读到的《地震解》。

地震的成因是什么？是人们首先关注的问题。龙华民在其第一章《震有何故》中，引用了"大西古贤亚利斯多得勒（即今译之亚里士多得一笔者按）"的理论，将地震的原因归之为"气"和"火"。他说："皆缘地中有气，闭郁而欲强发"，在解释"地中何以有气"时，他列举了三方面的原因，其中之一就是："地中有火"。"凡地下热气为冷气所围逼，摄敛其热力，愈收愈约，极而舒放，激搏其地，政如铳药在巍楼巨塔之下，得火而发，无不被其冲倒者矣。"

在第八章《震之豫兆》中，龙华民提出震前可能出现的六种异常现象："其一，凡井水无有一切他故而忽溷，并发恶臭者，震兆也"；"其二，凡井水滚上，震兆也"；"其三，凡海水无风而涨，震兆也"；"其四，凡空中时不当清莹而清莹，震兆也"；"其五，昼中或日落后，天际清明而有云，细如一线甚长，震兆也"；"其六，凡夏月忽有异常之寒，震兆也"。

---

[1] 龙华民《地震解》，见钟鸣旦、杜鼎克、蒙曦编《法国国家图书馆明清天主教文献（第五册）》，台北利氏学社 2009 年版。本节中引文凡出自该篇者不再注明。
[2] 高继宗《西方地震知识首传者龙华民》，《防灾博览》，2006 年第四期，第 27 页。

有关地震这一种大自然灾害的前兆，自然是人们特别给予关注的。《地震解》的这一部分，也颇受读者青睐。1935 年重修的《宁夏龙德县县志》"震灾"篇中，编者称："余读华龙氏之书，窃知地震兆约有六端。"[1]

关于地震发生时可能伴随出现的自然现象，龙华民在第九章《震之诸征》中列举了多条，如："此处之地忽自旋绕，转迁于他处"；"地裂开，如张巨口，吞陷全城全村，而口遂合"；"地有生新山，海有长新岛"；"间有海底或开大穴，吞吸海水，后即复合"；"发出新泉、新湖、新溪、新河，而其旧之泉湖溪河皆干没焉"；"温泉之水反冷，而冷泉之水反热"；等等。

在这篇短短 3 千多字的小文章中，龙华民介绍了当时欧洲人对地震的认识，也介绍了亚里士多德的宇宙观。他基本上将地震这一灾难的成因归结为"气"和"火"等客观自然的因素。但是，作为一名天主教的传教士，龙华民最终还是将一切归于他心目中的造物主。他说："震虽系于气，而所以使气之震者，必由造物主。"世间的种种灾害，归根到底，"皆属造物主全能大权统一宰制，非世所得窥测悬断。第痛加修省，虔诚祷祝，弘慈降佑，则转祸为福消灾弥患之道也。"

中国古代并非没有关于地震的记述，散见于正史和方志中类似龙华民《震之豫兆》《震之诸征》中谈到的现象也非常多。涉及地震的成因，"因为关内和中原地带数千年来并没有火山活动，故中国古代先民一直未能看出地震与地壳裂隙、火山爆发之关系，以致臆测地震乃地下阴气强过阳气，并向上冲及爆发的结果"[2]；或是将其与日食、月食等星象联系起来，进而循"天人感应"之道，又与人世间的政治生态联系起来；又有民间的"地下有蛟龙，或鳌鱼转身"导致地震的不科学的说法。从今天的眼光看，中西之说各有优劣，但龙氏所言气与火导致地震的说法，似更接近于现代科学。而且直至明末，中国还没有一本专门论述地震的小册子问世。

继龙华民之后，意大利耶稣会士高一志撰写的《空际格致》和南怀仁撰写的《坤舆图说》两部著作中也有专门的章节论述有关地震的知识。然而，

[1] 转引自黄兴涛《西方地震知识在华早期传播与中国现代地震学的兴起》，见《中国人民大学学报》，2008 年第 5 期，第 27 页。

[2] 刘昭民（台北中央研究院科学史委员会）《最早传入中国的西方地震学知识》，见《广西民族大学学报》（自然科学版），2007 年 11 月第 13 卷，第 14 页。

显而易见，篇幅短小，论述集中的《地震解》更切合普及地震知识的需要。为此《地震解》一书得到了广泛地流传。1679 年中国发生波及 6 省 200 多州县的大地震，之后《地震解》得到重新刊印。1691 年号称"中国第一接受西说之医家"的王宏翰在他的《乾坤格镜》一书中，就特别提及了《地震解》一书及《空际格致》和《坤舆图说》，表示赞同西洋地震理论的观点，称："地震一端，我中华所论俱荒谬不确"，《地震解》等西洋书籍"其论尽发前人所未发，补我儒格物之学，使知天地之所以然也"[1]。

七、龙华民的晚年岁月

据记载：1633 年，"当已故的保禄博士（按：徐光启）在北京快要去世之时，他叫神父（按：龙华民）自南京回来。神父立即动身，但在路上听闻噩耗，心中充满悲伤。"[2] 此行路过山东时，龙华民"在济南府李天经家与天经做告解，并将其家中 13 人洗礼入教，又结交了当地官员"[3]。龙华民返回北京后，没能见到徐光启最后一面。但是山东之行却令他难忘，萌发了再赴山东发展教务的打算。

1637 年，龙华民受杨廷筠女婿之邀开始到山东传教。他曾先后到泰安、青州等地，在明宗室、宦官、士大夫中传教，甚至使一些回教徒和民间宗教教主转变信仰，成为基督徒。有关龙华民山东事迹，夏伯嘉先生所著《天主教与明末社会：崇祯朝龙华民山东传教的几个问题》一文有详细考证，在此恕不赘述。

1644 年，北京遭遇"甲申之变"。当时龙华民不在北京，而汤若望则

[1] 转引自黄兴涛《西方地震知识在华早期传播与中国现代地震学的兴起》，见《中国人民大学学报》，2008 年第 5 期，第 27 页。

[2] 耶稣会 1637 年年报。转引自夏伯嘉《天主教与明末社会：崇祯朝龙华民山东传教的几个问题》，见《历史研究》，2000 年 11 月第 2 期，第 53 页。

[3] 夏伯嘉《天主教与明末社会：崇祯朝龙华民山东传教的几个问题》，见《历史研究》，2000 年 11 月第 2 期，第 53 页。

是冒着极大的危险坚守在南堂，保护了教堂以及教堂里保存的大量的图书和仪器，保护了《崇祯历书》的木版。继而他将《崇祯历书》献给新朝的统治者，并因此赢得了信任和崇高的威望。借此威望，他不仅帮助数名传教士逢凶化吉，更使在华天主教事业顺利地度过危机，迎来了一个新的发展时期。因此，汤若望堪称当时中国教会的柱石。但是，他万万想不到因此成为某些耶稣会士（安文思、利类思等人）攻击的对象。他们说他违背教士应遵循的准则，追求高官厚禄、贪图生活享受，甚至认为他的贞操也值得怀疑。1651 年 8 月，已经耄耋之年的龙华民主持公道，给当时的教会负责人阳玛诺写了一封信，"信中力劝说，利类思和安文思应离开北京。他说，他们正使天主教徒声名狼藉。纵容几个因个人成见而反对汤若望的人，将对汤若望的好名声造成损害"。特别是对有关贞操的质疑，"龙华民是汤若望的忏悔神父，他知道那些谴责没有一丝一毫是事实。他写道：'我作为汤若望的忏悔神父，向阁下保证。我发誓这位好神父是完全纯洁和清白的。'"[1] 在龙华民和其他几位主持公正的教会人士的帮助下，汤若望最终得以幸免了处罚。

八、龙华民的去世及其墓碑遭遇

1654 年，已 95 岁高龄的龙华民摔了一跤，从此一病不起。他自知死期将至，"命人诵耶稣《受难记》，泣曰：'死时获闻我主死难之事，我之幸矣。'"[2] 遂于 12 月 11 日辞世。"顺治帝素重其人。华民生时，曾命人图其形状；及华民卒，乃赐葬银三百两，并遣官祭奠。"[3] 龙华民的遗体安葬在滕公栅栏利玛窦的墓园中，排在邓玉函墓地之南。碑文刻写道："耶稣会士龙公之墓 龙先生讳华民，号精华，系泰西西济利亚人。生于一千五百五十九年，自幼入会真修。万历丁酉年航海东来，宣传圣教。利玛

---

[1]（美）邓恩著、余三乐等译《从利玛窦到汤若望》，上海古籍出版社 2003 年版，第 317 页。
[2] 费赖之著、冯承钧译《在华耶稣会士列传及书目》，中华书局 1995 年版，第 68 页。
[3] 同上书，第 68 页。

豆（窦）去世后，升为管理中国耶稣会务上司，曾严禁奉教信友崇奉中国典礼。卒于一千六百五十四年洋十二月十一日，享寿九十有五。"[1]

从那时至今，已经过去了近360年了。滕公栅栏墓地经历了沧桑巨变。1900年，墓地遭到义和团的平毁，不仅所有墓葬的尸骨都被挖出焚扬，很多墓碑也被砸断，甚至粉碎。龙华民的墓碑就是少数被毁遗失的之一。《辛丑条约》签订后清政府根据条约要求重修了墓地，重刻了龙华民的墓碑，在上述碑文之后，增加了以下文字："按此墓原有碑志，庚子夏被拳匪劫毁。兹于光绪三十二年丙午重立。"[2]重新刻就龙华民的墓碑与虽被推倒却基本完好的利玛窦、汤若望、南怀仁、徐日升、索智能的墓碑一起再度被树立起来。而其他传教士的墓碑则被镶嵌在新建教堂的外墙里。在之后的岁月里，墓地又陆续增加了新的墓葬。

上世纪50年代初，北京市决定建设市委党校，市委副书记刘仁选中滕公栅栏这处离中心区不远，却相对安静且绿树成荫的地方。市政府与教会协商，用海淀区西北旺的20多亩土地换取滕公栅栏。北京天主教会出于种种考虑同意了这一置换，但同时提出：为了避免不利的国际影响和不伤害教徒们的感情，利玛窦等几位最著名的传教士墓地应在原地保留。这一建议部分地得到周恩来总理的首肯，下令将利玛窦、汤若望、南怀仁3人的墓地在原地保留。于是，原滕公栅栏墓地的墓葬被作了几种不同的处理：凡于1900年之后下葬的墓葬全部迁至西北旺的新墓地；1900年被毁后被嵌入教堂外墙的墓碑随教堂一道留在原地；利玛窦、汤若望、南怀仁3人墓碑原地保留；而当年与此3人墓碑一道重树起来的龙华民、徐日升、索智能3人的墓碑则被移至教堂的后院。不幸的是，经历十年"文革"之后，龙华民等3人的墓碑全部遗失。1979年，"文革"结束后，利玛窦墓地得以重建，利、汤、南3人的墓碑被再次树立起来。1984年，因"文革"期间教堂被毁而散落在四处的60通墓碑被收集重立起来。"利玛窦及外国传教士墓地"成为北京市文物保护单位；2006年进而升格为全国重点文物保护单位。

可惜，在1900年被毁而重刻的龙华民墓碑这一次却永远地遗失了。

意大利耶稣会士龙华民，1597年来华，将毕生的精力（半个多世纪）

---

[1] 北京行政学院编《青石存史》，北京出版集团2011年版，第220页。

[2] 同上书，第220页。

贡献给他所热爱的中国和中国人民，堪称为中意友好的先驱人物，值得我们加以纪念，并对他的功过是非给予客观公正的评价。

编后语：此文发表在《韶关学院学报》2012年第九期，及澳门《文化杂志》2014年夏总字第九十一期。

北京天主教东堂的创建人

——利类思和安文思

位于王府井大街的北京天主教东堂，1990 年被宣布为北京市文物保护单位，如今已成了作为国际大都市的北京的一处极具特色的景观。其创建人就是埋葬在栅栏墓地的利类思和安文思。

利类思，原名 Louis Buglio,意大利之西西里岛人，生于 1606 年，16 岁加入耶稣会，1637 年来华。他先在江南传教，后奉命进京襄助修历，既而应籍贯为绵竹的阁臣之邀，到四川传教，成为在该地传教的第一位西方传教士。

安文思，原名 Gabriel de Magalhaens,1609 年出生于葡萄牙，据悉是著名的航海家麦哲伦的后裔。他 16 岁加入耶稣会，1640 年来华，先在杭州一带传布福音，后亦自愿入川协助利类思。

1643 年，张献忠率所部农民军入川。利类思与安文思为义军捕获，押解到成都。张献忠先是下令命两神父制造天文仪器，翻译历书；后又恐其逃跑，执而欲杀之。未及动手，清兵大至，献忠败死，两神父为清军肃亲王豪格所获。这时汤若望已经得到清廷的信任，作为与汤若望同伍的利、安二神父也得到豪格的善待，不久被送至北京。

初到北京时，他们二人还是被当作"叛军"（即农民军）的高参来对待的；另外曾经善待过他们的肃亲王豪格，由于权力之争被摄政王多尔衮迫害致死。上层统治者间的争斗，也映及到他们二人。在一个关押外国人的场所拘禁了两年多之后，利类思和安文思被当作奴隶转交给一位官员。幸好这位官员是佟国纲。他是曾对自己管辖地区的传教士处处优待，最终自己也受洗入教的佟国器的亲弟弟，因而对传教士十分友善。佟国纲实际上并没有把他们视为奴隶，进出也不受限制。

直至 1651 年多尔衮死后，利、安二神父才完全获得自由。顺治皇帝在东城赐给他们一处住所。他们在那里修建了圣若瑟教堂，就是今天地处王府井大街的东堂。从那时至今 350 多年了，东堂曾遭受过地震、火灾等多次自然和人为的破坏，又多次重修，才成为现今的面貌。

顺治皇帝死后，汤若望遭受冤狱，利类思、安文思自然被牵连其中，又一次被投入了监狱。1669 年，康熙皇帝亲政，为汤若望平反昭雪，南怀仁受命主持钦天监，利类思、安文思二人才又一次获释。

在介绍西学方面，利类思撰写了两本有关西洋动物学的书籍——《狮子说》和《鹰论》。1678 年（康熙十七年），葡萄牙使臣向中国进贡一头狮子，希望以此获准进京觐见皇帝，然后提出通商的要求。狮子在中国是罕见之物，很多人向他询问有关狮子的情况，他就写了这本图文并茂的《狮子说》，全书分狮子形体、狮子性情、狮子忘恩、狮体治病、借狮箴儆、解惑等六篇。次年他又奉康熙皇帝之命，写了《鹰论》，介绍了鹰的习性。

利类思善作西洋画，曾以 3 幅画有欧洲宫殿和园林的画作，呈献康熙皇帝，"其画全守透视之法……各处官吏来京者见此画皆惊赏"，他还"以西方绘画之法教授华人"。

另有一册《西方要纪》，为利类思、安文思与南怀仁合作。1668 年圣诞节后一日，康熙皇帝召 3 人到御前，询问有关西洋风土人情。3 人逐一奏答，乃有此书。

安文思曾为工程师，善造机械。他"有一次献一人像于帝，像内置机械，右手执剑，左手执盾，能自动自行，亘十五分钟不息。又有一次献一自鸣钟，每小时自鸣一次，钟鸣后继以乐声，每时乐声不同，乐止后继以枪声，远处可闻。"安文思又是修理钟表的好手，据南怀仁记载，仅仅在 1670 年一年里，他为皇帝和朝廷官员们修理的钟表就不下 80 座。紫禁城内的如意馆里设有画室和修理作坊。皇帝将画师、机械师、建筑师召集在那里。欧洲的传教士们在那里从事绘画，雕版等工作，以及修理那些由他们或其他人从欧洲带来、作为礼物进献给皇帝的钟表和机械玩意儿。如意馆曾是安文思大显身手的地方。

安文思曾著有介绍中国情况的《中国十二优点》一书。书稿由他的同事带回欧洲，以《中国新志》为书名于 1680 年在巴黎出版。该书记述了有关中国的历史、文学、风俗、宫室、商业、工场、航务、政治等门类。历史学家评价说，因为"文思久居中国，娴悉语言，常与朝中要人相过从，所记故较他人为正确。"该书已出版了中文译本——《中国新史》。他的另一部记述他本人和利类思在张献忠部遭遇的手稿，后经另一法国传教士整理，以《圣教入川记》为名于 20 世纪初出版。

安文思、利类思分别于 1677 年（康熙十六年）和 1682 年（康熙二十一年）在京病逝，安葬于滕公栅栏传教士墓地的利玛窦墓的南面，享年分别为 69 岁和 77 岁。康熙皇帝下令先后为安文思和利类思举行隆重的葬礼。他们二人的墓碑上也分别刻有康熙皇帝的谕旨。

对安文思的谕旨是："谕今闻安文思病故，念彼当日在世祖章皇帝时，营造器具有孚上意，其后管理所造之物无不竭力，况彼从海外而来，历年甚久，人质朴夙著。虽负病在身，本期愈治痊可，不意长逝，朕心伤悯。特赐银二百两、大缎十匹，以示朕不忘远臣之意。特谕。"

对利类思的谕旨是："谕南怀仁等：今闻赵昌来奏，利类思年老久病，甚是危笃。朕念利类思自世祖章皇帝时，至于如今，效力多年，老成质朴，素知道文翰俱系海外之人。利类思卧病京邸，绝无亲朋资助，深为可悯特赐银二百两、缎十匹，以示朕优念远臣之意。特谕。"

编后语：此文发表在《北京干部教育报》2009 年 7 月 15 日

南怀仁在华科技活动与耶稣会士
的"学术传教"策略

在北京二环路的东南角，地铁建国门站的出口处，耸立着一处高高的城堞。人们远远地就能看到城堞上陈列着数件仪器。这就是国家重点文物保护单位——北京古观象台。沿着青灰色的台阶拾级而上，你会看到八件青铜铸造的大型天文仪器：赤道经纬仪、黄道经纬仪、象限仪、纪限仪、天体仪、地平经仪以及地平经纬仪和玑衡抚辰仪。前来参观的中外游人络绎不绝。他们面对着这些已有 300 多年历史的装饰着中国传统的雕龙和祥云的国宝啧啧称赞。有些人或许还不知道，设计制造这些仪器的工程师其实是一位来自万里之遥的比利时神父——南怀仁。

一、南怀仁来华之前

他的原名叫作：Ferdinand Verbiest。与其他来华传教士一样，他也取了一个中国名字：南怀仁，字敦伯，又字勋卿。与利玛窦、汤若望等很多来华传教士不同，他的中文名字并不是参考原来西文名字的发音，而是选用了儒家学说中的一个重要的概念——"仁"。

1623 年 10 月 9 日，南怀仁生于布鲁塞尔附近的一个叫作"皮滕"（Pittem）的小镇。当时这里属于尼德兰国。他的父亲受过良好的教育，曾在大学和行政、法律机构任职。

1999 年，我曾造访南怀仁的家乡。时隔 300 多年，他的故居已经不存。在故居附近的一座古老教堂前，人们为他建造了一尊青铜坐像。身着大清朝服的他正凝眉沉思，左手边放着的是一架天体仪。在当地一家博物馆里，还保存着他年轻时身穿教士服装的画像。

南怀仁自 12 岁起进入耶稣会办的学校读书。在离 17 岁生日还差一个月时，他进入鲁汶大学文理学院学习。鲁汶大学是世界上最古老的天主教耶稣会大学之一，始建于 1425 年。当时布鲁塞尔拒绝将大学设立在该城，因为"深怕它会影响到该城妇女的贞洁"。而附近的鲁汶市的政府和教会则非常支持。他们把城市中心最重要的贸易场所"布楼"（Cloth Hall）供大学使用。这就是为什么比利时最重要的大学不在布鲁塞尔而在鲁汶的原因。

在鲁汶的文理学院的头两年，学生主要学习拉丁文、哲学、自然科学和数学。作为一所教会学校不可避免地要将教会认可的亚里士多德的学术体系和托勒密的"地心说"的天文理论作为法定教材。但是，新的哲学和科学思想已在鲁汶初现端倪。有史料称，当时有的教授将笛卡尔的数学、机械学介绍进来。至于在天文学领域，17 世纪初，"大部分鲁汶教授讲授托勒密、哥白尼、第谷三种体系时，都不做真正的选择"。但是当 1616 年教廷明确宣布哥白尼的学说"邪恶"并拘禁了伽利略之后。耶稣会的科学家们才转而支持第谷学说。

南怀仁的大学生涯仅仅持续了 11 个月。1641 年 9 月 29 日，18 岁的他离开了母校，加入了耶稣会，选择以当一名到海外宣传福音的传教士作为自己的终生职业，同时进入另一所耶稣会所属的学院学习。当时比利时著名的数学家塔凯（André Tacquet）曾是他的数学教授。塔凯一方面坚持"圣经"的权威地位，一方面又说："所有反对哥白尼学说的争论都是毫无意义的。"1652 年，南怀仁到罗马等地攻读神学。这期间，他结识了后来因撰写《中国图说》而名声大噪的百科全书式的学术大师、耶稣会士基歇尔（Kircher, Athanasius）。

就在这时，一位在中国传教多年的意大利教士卫匡国（Martin Martini），为对付其他教派的攻击，给耶稣会在华的做法进行申辩而返回欧洲。因为受海上风浪所阻，卫匡国的航船在挪威登陆。他因此取道德国、比利时、荷兰等国而赴罗马。沿途他都受到热烈欢迎。在众多集会场合，他以在中国的传奇经历和口若悬河的演说才能，在青年教士中掀起一股"中国热"。受此影响，原本想到南美洲传教的南怀仁改变了主意，决定跟随卫匡国到中国去。

1656 年，获得赴中国传教批准的南怀仁到达里斯本，准备从那里登上航程，不料却误了船。他被派往附近的科英布拉耶稣会大学教授数学课程。在此期间，他一面讲课一面学习。用他自己的话说"我学到的数学显然比我教得要多"。

二、南怀仁与康熙初年的"历狱"

1657 年，卫匡国、南怀仁等登上一艘开往远东的荷兰船。该船不幸中途遭遇海盗而返回，伤亡旅客数人。一年后他再度东来，这次还算顺利，于 1658 年 7 月 17 日到达澳门，1659 年（顺治十五年）进入内地。

南怀仁先是被派往西安传教，在那座古老的都市居住了 8 年。这段时间，是他在中国的几十年生活中仅有的以传教为主业的日子。1660 年（顺治十七年）2 月 5 日，主持钦天监的汤若望来信，要他到北京去供职，替代另一位病重德国传教士。奉旨进京的南怀仁沿途受到各地官员的隆重迎送，于当年的 6 月 9 日抵达北京，开始给汤若望作副手。汤若望较南怀仁长 30 多岁，当时已取得了卓越的成就，享有了崇高的威望。所以南怀仁对他这位长辈非常敬重，尽心竭力地协助他工作。汤若望对南怀仁也很满意，在一封给耶稣会总会长的信中，他对南怀仁在钦天监的工作是这样评价的："他不仅掌握了这方面的科学，而且谦虚、坦诚；当他对这门学科从头到尾作了简明扼要的陈述后，我觉得无需再作任何补充了。"

然而这种顺利、融洽的工作氛围因顺治皇帝的去世而中断。顺治皇帝去世后，安排鳌拜等摄政大臣辅佐当时只有 8 岁的康熙皇帝。1665 年（康熙三年）由于鳌拜的支持，反对西学的杨光先罗织罪名，大兴"历狱"，南怀仁与汤若望一起遭到了诬陷。这时汤若望年迈体衰，语言不清，每当受审时，都是南怀仁陪他出庭，代他申辩。在监狱中，南怀仁对他的这位前辈也是关怀备至，甚至放弃了自己可以出狱的机会，直到为他办理后事。不少王公大臣为他的精神所感动，说："汤玛法已拟死罪，他人将趋避之不暇，而怀仁仗义为之辩护，诚忠友也。"

1668年（康熙七年），年已16岁的康熙决心翦除鳌拜集团而亲政。他首先从平反汤若望等人的冤案入手。杨光先等人所诬陷的罪名中"潜谋造反"、"邪说惑众"之荒谬自不待言，因此平反的关键在于：西洋新历法与旧历法哪个更符合天象，哪个更科学、更准确？为此，康熙秘密指派大学士李蔚私访南怀仁等传教士，让南怀仁指出杨光先所行历法中的错误。南怀仁便从容不迫地一一道来。这年的11月23日，康熙皇帝宣南怀仁、杨光先等进宫，颁圣旨曰：

"天文最为精微，历法关系国家要务，尔等勿怀夙仇，各执己见，以己为是，以彼为非，互相竞争。孰者为是，即当尊行。非者更改，务须实心，将天文历法详定，以成至善之法。钦此。"命他们分别以自己的方法测定正午日影，进行一场公平竞赛。通过从24日到26日连续三天的观测和验证，南怀仁以他熟练的操作与精确的计算，获得"正午日影正合所画之界"的成功。皇上于是下令，命南怀仁验看杨光先等所制之历，将"差错之处写出"，报礼部。当南怀仁将杨光先及其同伙所制之历书的错误之处，一一列出，呈交皇上御览后，皇上命以和硕亲王杰淑为首，委派20名"测验大臣"会同测看。于1669年正月24日，和硕亲王杰淑奏报皇上："南怀仁测验，与伊所指仪器，逐款皆符"；而杨光先等的测验，则以"逐款皆错"而告全面失败。

杨光先自知在天文历算上比不过南怀仁，就搬出"华夷大防"的武器。他上奏曰："臣监之历法乃尧舜相传之历法也；皇上所正之位乃尧舜相传之位也。""今南怀仁，天主教之人也，焉有法尧舜之圣君，而法天主教之法也？南怀仁欲毁尧舜相传之仪器，以改西洋之仪器……"然而康熙皇帝不以华夷之分而定是非，坚持以实践而定是非。他当即下令，关于第二年（即康熙九年）的制历事宜，完全交给南怀仁负责，并将杨光先等革职，"交与刑部，从重议罪"。不久康熙就命南怀仁为钦天监监副，南怀仁坚辞官职，于是又有圣旨曰："历法天文，既系南怀仁料理，其钦天监监正员缺，不必补授。"从此，南怀仁以"治理历法"的名义实际上主持钦天监的技术工作了。

南怀仁就职后，首先建议取消原历书中设定的闰十二月。此举可谓非同小可，不仅影响到全国，而且还要影响使用中国历书的朝鲜等国。礼部为此提出能不能在不取消闰月的情况下修正旧历的错误。南怀仁说："真理不可违拗，否则上天就会与历书相悖。"康熙皇帝果断地支持了南怀仁，于是南怀仁的威信大增。

三、南怀仁在京科技活动

得到康熙皇帝信任的南怀仁，实际上成为皇家科学事务的顾问。除了天文历法之外，朝廷一旦遇到技术方面的难题，就找南怀仁来解决。

1670年（康熙九年）夏，工部为顺治皇帝修建陵墓，遇到了如何将巨大的石料安全运过卢沟桥的难题。卢沟桥是距当时400多年前的金代修建的，虽然造得十分坚固，但经过几百年的使用也不同程度地遭到些损害。需要从西南郊运过永定河的石料一共有4块，其中两块是做墓碑的，各重7万斤；还有两块是基石，各重12万斤。照通常的办法是将石头放在16个轮子的特大平板车上，套300匹马来拉。当时最为担心的是，这么多的马匹挤在狭窄的桥上，可能产生难以估计的巨大震动。假如这样，卢沟桥这数百年的老桥恐怕就承受不住了。有的官员为此提出从桥下修路通过。

当众人议论不一的时候，康熙皇帝召见了南怀仁等西洋教士，亲自垂询，探讨万全之策。南怀仁到卢沟桥及永定河上游实际考察了3次，他认为从桥下通过的方案不可取。因为正值盛夏，水流湍急，随时可能遭到洪水的冲击。他提出，只要不用马匹牵引，让巨石平稳地通过，桥体是可以承受的。那么以什么为动力呢？他认为改用绞盘来牵引最为稳妥。他的方案被工部采纳，在他的亲自指导下，制成了足以拉动巨石的滑轮和绞盘。运石过桥那天，工部尚书奉皇帝之命亲临现场。桥的西面设12个绞盘，每个绞盘由8名大汉推动；桥的东面设6个绞盘。东西两端的绞盘用粗大的绳索相连。起动的命令一下，鼓乐齐鸣，绞盘拉动绳索，绳索牵引着10轮运石车稳稳当当地通过了卢沟桥。同年10月和11月，以同样的办法又把修建陵墓所用的其他巨形石料安全地运过了卢沟桥。南怀仁的方案获得了巨大的成功。

1672 年（康熙十一年）5 月，圣旨命南怀仁视察京郊万泉庄河道，让他研究如何疏通河道，引水向西，灌溉稻田。南怀仁于是亲往测量绘图，计算动用土方和所需人工。他还建议渠边筑坝栽柳，以防水患。一年后，该项工程圆满竣工。

1674 年（康熙十三年），平定三藩（吴三桂、耿精忠、尚之信）的战争打响了。前方的将领将失效的火炮运回北京，要求兵部换发新炮。皇帝命南怀仁负责修炮，南神父以不懂兵器和教士不应参与杀戮之事为由，竭力推辞，康熙帝甚为不悦，神父只好从命。他仔细检查那些不能用的大炮，发现其中多数仅仅是因为锈蚀严重，在他的指导下，150 门大炮只是简单地除了除锈，就可以用了。

康熙皇帝闻讯非常满意，进而要求南怀仁主持造炮。南怀仁领旨后设计了一种轻型火炮，炮弹仅为 3 斤，炮身总重 1000 斤。在试射时，此炮射击 100 发，有 99 发命中目标，炮弹穿透 4 寸厚的木板。康熙得报大喜，命依样造 20 门，送到平藩前线。继而皇帝下令再造一种炮弹为 8 斤的炮，制成后试射时 100 发中 96 发，康熙兴致极高，亲自点炮，其中一发炮弹刚好落在前一发炮弹上，将其击碎。康熙当场把自己身上的貂皮大衣脱下来赏给南怀仁。后来南怀仁又奉旨造了炮弹为 10 斤的炮，前后共铸造火炮 130 门，并撰写了关于火炮的制造和使用的《神威图说》一书，有力地支援了平定三藩、统一国家的战争。为了表彰他的功绩，朝廷授他工部右侍郎之职。

在地理学方面，南怀仁为了满足康熙皇帝的好奇心，于 1669 年进呈了一本名为《御览西方纪要》的小册子。这本书是在艾儒略的《西方问答》的基础上改写的。1674 年（康熙十三年），南怀仁参考了欧洲出版的地图和利玛窦、艾儒略、卫匡国等人的有关著述和舆图，刊刻了包括东西两个半球的世界地图，名曰《坤舆全图》（长 432 厘米、宽 179 厘米），并有《坤舆图说》二册。该书被收入《四库全书》。《四库全书总目提要》评介曰："是书上卷自坤舆至人物，分十五条，皆言地之所生。下卷载海外诸国道里山川民风物产，分为五大洲，而终之以西洋七奇图说，大致与艾儒略《职方外纪》，互相出入，而亦有详略异同。"有意思的是，他将利玛窦地图中为中国东部大海命名的"大明海"，改成了"大清海"。1682—1683 年间，南怀仁跟随康熙皇帝巡视东北地区，直到吉林城。一路上他对沿途的城镇的经纬度进行了科学的测量。有研究者称，南怀仁向康熙皇帝进献的地图、地理方面的著作，以及实际的地理测量，不仅使康熙皇帝开阔了眼界，增加了对世界的了解，也使他认识到对中国版图进行科学测量的重要性和迫切性，这就导致了日后他亲自组织的绘制《皇舆全览图》的伟大工程。当然那是南怀仁死后的事情了。

根据南怀仁拉丁文著作《欧洲天文学》一书所述，他曾制造出利用蒸气推动的一辆小车模型和一艘小汽船。美国马萨诸塞州工学院的思温于1939年版的《机动车的先祖》一书中称南怀仁是"蒸气机的第一个典型发明家"。

四、南怀仁重建观象台

尽管南怀仁从事了多学科多领域的科技活动，但是他最大的贡献还是在天文历法方面。首先值得一提的就是重建皇家观象台。

元代曾于1279年（至元十六年）在大都东南隅建太史院和司天台，将郭守敬所制造的简仪、仰仪等天文仪器置于司天台上。明代开国时定都南京，先后将这些仪器南迁，在南京鸡鸣山建造一座新的司天台，隶属于钦天监。明成祖迁都北京，南京的钦天监和司天台未迁，而是在北京元代司天台的基础上重建"行在钦天监"。1439年（正统四年），根据原仪器的木制模型，用青铜重新浇铸了新仪器。3年后，利用元大都东南角楼旧址修建一座观星台，将仿制的简仪、浑象置于台上，将圭表、漏壶置于台下。1446年（正统十年）又建晷影堂，形成了如今日所见的古观象台的建筑格局。

明代使用的历法《大统历》基本上沿袭了元代的《授时历》，明代的观天仪表器也是仿造元代的。而清代颁布的《时宪历》是依照西洋新法，旧仪器便不适用了，因此需要重造。南怀仁在刚刚接任钦天监职务时，就上疏建议制造一批新仪器。此建议得到皇帝的支持。南怀仁与钦天监的中国官员们一道，先后制造了天体仪、黄道经纬仪、赤道经纬仪、地平经仪、纪限仪、象限仪共6种新仪器，于1673年（康熙十二年）完成。现存古观象台的另外两件大型仪器地平经纬仪和玑衡抚辰仪是由南怀仁之后任职钦天监的德国耶稣会士纪理安、戴进贤等人设计制造的。

为了帮助中国官员熟悉使用这些仪器，南怀仁撰写了《灵台仪象志》一书。这部书说明了上述 6 种仪器的结构和使用方法，还介绍了与之有关的天文、地学、力学等方面的知识，如：重心、比重等物理概念；杠杆、滑轮、螺旋等简单机械；温度计、湿度计的原理和结构；单摆与自由落体定律；光的折射与颜色的合成；地球半径测量法、不同方向上的距离与经纬度的换算法；等等。1674 年（康熙十三年）3 月 6 日，南怀仁将此书奏请刊印。康熙帝阅后非常高兴，下令授南怀仁为钦天监监修，履行监正职责，加太常寺少卿职衔。

《仪象志》的最后两卷为图集，由 117 幅图组成，也曾以《仪象图》为题单独成册。图集以丰富的图画直观形象地表现了各件仪器的外观和观象台的改建过程，图解了一些力学、光学的原理，介绍了斜面、杠杆、滑轮、螺旋等简单机械和星盘、望远镜、温度计、湿度计等科学仪器。为今人了解那时的中西科学技术交流的情况留下了宝贵史料。

根据皇帝的旨意，南怀仁与钦天监的官员们共同努力，在汤若望等人的《二百年历表》的基础上，编纂了一部《康熙永年历法》。这部历法推算了 2000 年内日食、月食以及行星运行的位置。全书计为 32 卷，包括日躔表、月离表、火星、水星、木星、金星、土星和交食等篇章。此书交圣上御览后，南怀仁又得到新的封赏，加封为通政使司通政使。

五、南怀仁为康熙皇帝讲授数学、天文学等知识

南怀仁在长达 5 个月的一段时间内还担任了康熙皇帝的老师。关于这方面的细节，南怀仁在他的《欧洲天文学》一书中作了详尽的记述。

那段时间皇帝每天召南怀仁进到紫禁城他的书房里。南怀仁写道："他几乎是让我整天呆在他那里，没有别的事，就是在他繁忙公务的空暇时间里，和他一道研究有关数学方面、特别是有关天文学方面的问题。第一天，他把早前我们神父们用中文撰写的所有的天文学和数学的书籍都带了来，

几乎一共有 120 本，要求我一本一本地给他做出解释。"

"因此每天早晨天刚刚亮，我就进入宫廷。我经常是立即就被带入了皇帝的私人房间，直到下午，甚至在 3—4 点钟之后才返回我的住所。我单独地和皇帝在一起，坐在同一张桌子跟前，我一面读这些书籍，一面做出解释。当时只有一个或两个男孩子在场。的确，皇帝对天文学的事务抱有如此炽烈的热情！每一天，我都在皇帝的内宫里享受到非常丰富的午餐。皇帝也经常让人从他的餐桌上金色的餐具中夹很多菜给我。"

"当皇帝从我这儿听说欧几里得编纂的书籍是有关整个数学科学最主要的基础原理时，他就立刻要我将由利玛窦翻译成中文的前六卷欧几里得的书解释给他听。他以打破沙锅问到底的顽强的精神和坚持不懈的意志，向我问询从第一个命题到最后一个命题的意义。尽管他对汉语很精通，尽管他能流畅地写出很好看的汉字书法，但他还是想叫人将中文的《几何原本》翻译成满文，以便进一步地学习和研究。因为当时的高官权贵们一般都使用满文，所有的政府部门也经常地使用满文。皇帝还特别开恩，给我派了一名满文教师，是他的一名御前侍卫，教我学习满语，现在我已经可以用满文来写作了。"南怀仁后来还专门撰写了一本《满语语法》。

"在皇帝掌握了欧几里得几何学的原理之后，为了适当地和渐进地深入学习，我想给他讲解关于三角形（不仅仅是平面三角形，而且包括球面三角形）的数学分析。在他勇敢地面对了数学的陷阱和荆棘之后，转而更多地，甚至以极大的兴趣致力于实用几何学、测量学、地图绘图术以及在数学领域内其他门类的、魅力无穷的科学上。在学习这些科学的过程中，他获得了最大的愉快。他学习从天上到地下所有与理论知识有联系的事情，包括如何应用这些知识，甚至连日食和月食方面的知识，他在开始时也学习研究了几年。他不仅要求将这所有的事情解释给他听，还要求在紫禁城的宫墙内的一个宽敞的院子里，将其中的大部分事情示范和验证给他看。"

南怀仁以富有文学色彩的语言形容康熙皇帝对诸如圆规、比例尺、象限仪、测角仪一类的数学仪器的浓厚兴趣和关注，他写道："皇帝经常地实际操作这些仪器，他不耻于用他习惯于操纵如此广袤帝国的权杖的手，来摆弄这些尺子和圆规。"

南怀仁接着写道："皇帝在算术方面特别精通，他不仅经常长时间地练习使用各种不同的比例尺，还常常试着解难度更高的习题，比如求平方根和立方根的题，以及探索求算术级数和几何级数的奥秘。他更热衷于借用仪器的帮助来测量物体的高度和长度、绘制地图。当他得知他的计算非常接近于真实物体和两点之间的实际距离时（因为他对自己的计算缺少自信，他往往随后就用木杆和绳索进行实际测量取证），这是最令他高兴的。从那以后，他的兴奋点又从大地测量转向对高度和天体的测量，他孜孜不倦地测量所有行星的大小，测量它们与地球的距离。此外，他还想借助各种各样的天文仪器和平面星图，搞清楚行星的运动轨道，它们的旋转规律，以及全部天文理论的证明。在他的心目中，整个恒星体系的方方面面的知识，如恒星的名字、相互之间的位置，等等，都留下了深刻的印象。他花费了不少夜间时光用于这方面的学习。这样当他抬起头面向天空时，他可以用手指指出任何一颗恒星，立即正确地说出它的名字。"

康熙对他这位西学老师也格外尊重和照顾。1682 年（康熙二十一年），康熙到东北巡视，命南怀仁随同前往。南怀仁在事后撰写的《鞑靼旅行记》中说："皇帝对我表示异乎寻常的好感，确如他自己所说的那样，如同他信赖的密友一般，盼我不离开他的身边。"在返回京师的途中，有一条大河拦住了去路，但是河上只有一只船，眼看夜幕就要降临，皇帝自然先上船，他让随行的王公贵族暂且等候，而招呼南怀仁上船，与他一道渡河。类似的情况一路上发生了不止一回。这些事情充分说明康熙皇帝对南怀仁的倚重和优待。按照中国传统的表彰功劳卓著的臣子的惯例，康熙皇帝还给南怀仁的父母和祖父母封了诰命，以表示对他们养育了如此杰出的子孙的表彰。

六、南怀仁撰写《欧洲天文学》

南怀仁在其传教事业、科学活动和个人威望达到巅峰的时候（约为1679 年至 1680 年年初），在异常繁忙的世俗和传教事务之间隙，挤出时间，将以前的一些文字进行了综合、补充，编写了一部拉丁文著作《欧洲天文学》。他把该书的手稿交他的同胞、比利时耶稣会士柏应理（Philippe Couplet）带回欧洲。书稿在罗马，经耶稣会有关机构审读后，于 1687 年正式出版。

南怀仁的《欧洲天文学》包括前言和二十八个章节。其中第一至第七章回顾了自康熙八年开始的欧洲天文学的回归；第八至第十二章介绍了大清王朝的钦天监的机构设施、工作职能以及颁布历书、预报日月交食等相关事宜。在这部分的文字中，他以欧洲人细腻的笔法描写了作为朝廷大典之一的每年十月一日举行的钦天监向皇上和朝廷进献来年历书的隆重仪式，和当日食或月食发生时中国官员和百姓的愚昧行为。这些在中国的史料中是很难看到的。

关于前者，他写道："在每年十月的第一天，在皇帝的紫禁宫里，下一年度的历书在满朝文武朝会的隆重仪式上发布。于是，那天凌晨，大臣们便早早地出门，赶往紫禁城。在同一天的同一时辰，钦天监的全部官员，每人都身着根据他们的品级而确定的、带有尊贵标志的朝服，以隆重的仪仗，护送着这些历书，从钦天监走到紫禁城。"

"敬献给皇帝、皇后和其他嫔妃的历书都是装潢得华丽考究的特大版本，封面是用正黄色丝绸做的，用绣着金线的绸缎包裹着。这些历书放在一个四周装饰着金边的高高的肩舆里，由四十多个抬夫肩抬着上路，这个主肩舆之后跟随着十个，有时是十二个，或者更多的装饰金边和四周围着红色丝绸的小肩舆。在这些小肩舆里，放的是给那些与皇帝有着血亲关系的亲王们的历书。这些历书全部都覆盖着红色的丝绸，以红丝线与银线交织的绳子捆绑着。"

"最后，这些肩舆的后面是几张蒙着红色毯子的桌子。桌子上是给高官显贵和六部尚书的历书。为了显示他们的官阶和等级，每本历书都盖有钦天监的大印，而且历书的封面也都装饰成黄色。与他们能和皇帝一样使用黄颜色相联系的，只有一点，这就是他们等级的标志。在每一张桌子上都附有一份名单，上面清楚地写着那些六部九卿等官员的姓名，这些历书就是属于他们的。"

"历书就是在这样的仪仗、按照这样的顺序，从钦天监送到紫禁城的。在这队伍之前，是钦天监的官员以他们自己的顺序排列的队伍。而在他们的前面，沿着大街的两边，行进着长长的皇家乐队，演奏着众多的乐器，大鼓和喇叭发出震天轰鸣。当他们到达紫禁城的时候，所有原来紧闭的大门就立即都打开了。只有在皇帝进出时才开启的中央大道，通向很多宽大的院落。穿过这些大门，穿过中轴路上的这些院落，即所谓的'皇家大道'，装载着历书的肩舆的队伍就像凯旋一样行进。与此同时，所有的大臣们分多排，等候在大道的左右两侧。他们身穿与他们的官阶等级相适应的、织绣着大量的金线的雍容华贵的朝服。"

"当到达最大的大殿的最后一道大门时，抬夫们把大小肩舆从肩膀上放下来，他们将肩舆和桌子按照先前的顺序，沿着'皇家大道'的两侧摆好。最大的那个承载着给皇帝的历书的肩舆，被放在了中央。最后，钦天监的官员从肩舆里取出给皇帝、皇后和妃子的历书，放在两张全部铺着黄色丝绸的桌子上，抬着桌子进入内宫的大门。行过三拜九叩的大礼之后，他们把历书呈递给朝廷的总管。总管也是按照严格的等级顺序，先将第一本历书敬献给皇帝本人，然后经过太监们的手，将其他的历书递给皇后和嫔妃们。"

"钦天监的官员们再返回那宽大的院落，向在那里等候着的六部九卿的众多官员们散发历书。所有皇族的亲王们都派遣他们的最精明的侍从到庄严的'皇家大道'，沿着中轴路跑到院落中央。在这里，他们每个人跪下领取发给他的主子，即某亲王个人的和亲王府所有官员们的历书（一个亲王府很可能需要 1000 本历书，但通常只给 100 多本）。另一方面，其他的高官显贵，六部的尚书们也都跪下，从钦天监的官员的手中领取到发给他们个人的历书。"

"一旦这一分发历书的仪式结束了，大臣官员们都赶忙回到各自按官阶确定的位置站好队，面向皇宫内殿，根据传令官的号令，屈膝下跪。在行罢三拜九叩大礼，以感谢皇帝所赐予的礼物，即他们拿到的新版历书之后，他们就返回各自的家。就在这同一天，以在北京朝廷里的分发仪式为范例，在各个行省的省会城市的官员们，从总督手里按照他们的级别先后领取到他们的历书。"

南怀仁深刻地认识到"历书"在中国的重要性。他说："事实上，在中国人和在其邻国的君主中，历书就是具有这样的权威性！历书在指导国家事务的权威作用也是如此。当某个人接受了一个帝国的历书，就可以表示他已经臣服和从属于这个帝国了。因此，正像最近发生的事情那样，当汉人的反叛势力的首领（他们也称他为"皇帝"）从满人皇帝手中夺取了几个省份之后，就派使臣到交趾支那，劝其国王站到他这一边来，在所赠送的礼品中第一个和最重要的就是一本被他当作是自己的历书的旧式汉人的历书，要该国王尊重它。就是通过接受了这本历书的形式，这个国王公开地宣布与反叛者联手造反，反对满人统治。"而在民间"每一个家庭，即使很穷，也没有不买一本新版历书的。"为此，为普通百姓预备的历书，每年每个行省都要印制一万多本，使新一年的历书到处都可以买到。

南怀仁还描述了北京发生日食或月食时的情况。他写道："当他们一看到太阳或是月亮表面的光芒开始暗淡下来时，他们就都抬起头来，焦虑不安地凝视着天空，在渐渐变弱的光线下跪倒双膝。按照祖先的传统，他们行叩头大礼，表示对太阳和月亮神圣的光芒的崇拜。这时在所有的大街上，特别是在偶象崇拜的庙宇里，顿时锣鼓和其他乐器声大作，于是喧嚣的回声响彻全城。他们想以此来表达他们要帮助太阳或月亮摆脱灾难的愿望。"这一描写，真实地再现了当时中国从皇帝、百官到平民百姓因不了解日食月食的科学成因，而表现出的愚昧无知的举动。

在《欧洲天文学》的第十四章到第二十七章中，作者分别记述了众多门类欧洲科学与技术（包括日晷测时术、弹道学、水文学、机械学、光学、反射光学、透视画法、静力学、流体静力学、水力学、气体动力学、音乐、钟表计时术和气象学）在中国宫廷内外的实际应用。就其用途来分基本上是三类：

1. 与国计民生有关的：用于"平定三藩战争"的西洋大炮，万泉河引水工程，运用滑轮组运送巨石过桥等。无疑，西洋科学由于在上述领域解决了朝廷的难题而赢得了威望，站稳了脚跟。因为火炮的威力巨大，成为前方将领们争相讨要的新式武器，为统一战争立下大功。为此皇帝亲自造访天主教南堂，并御书"敬天"匾额赐予教会。在南怀仁所设计的滑轮组成功地将巨石运送过卢沟桥之后，康熙皇帝将其狩猎捕获的两头鹿赠给了他，显示了皇帝赐予的"最高荣耀"。

2. 建在教堂内的：教堂大钟、花园里的提水机、教堂内墙壁上的壁画等。尽管这些事发生在教堂围墙之内的，但是对周边民众产生巨大影响。南怀仁特别描述了当教堂大中奏响音乐时围观市民的强烈反响。他说："因为钟声传扬得遥远和广阔，使得我们的教堂也在帝国都城里名声远播。争相前来目睹的百姓挤得水泄不通。无论如何，最令他们惊奇的是每到一个整点前钟楼所奏出的序曲音乐。""我实在是无法用言词来形容这一新奇精巧的设计是如何使前来观看的人们感到狂喜。甚至在我们教堂前广场之外的广大的街区里，都不能阻止这拥挤、失序的人潮，更不要说我们的教堂和教堂前的广场了。特别是在固定的公共节日里，每个小时都有不同的观光者潮水般地、络绎不绝地前来观看。"

不仅如此，北京是首都，全国的官员和应试举子频繁进京，南怀仁说，"他们中的很多人受到欧洲物品的吸引，每天都聚集在我们的教堂和居住地，来一饱眼福。在我们居住地的图书馆、教堂和花园里，他们到处都感到惊奇。他们对我们的油画，对我们有意放在那里展出的欧洲其他物品，特别是对显示出超群技艺的那些西洋奇器，更是兴趣盎然，长久地驻足凝视，赞不绝口。"

3. 为了向皇帝和朝廷显示西洋科学和艺术，而送给皇帝和达官贵人的西洋时髦玩艺儿。但是这也不仅仅只是为了博得他们一笑。南怀仁指出："上述这些科学不仅仅是提供了若干种仅仅是日常让人们的感官得到消遣的艺术品，通常他们对这些科学发明的方法和原因的解释，或者是以口头解释的方式，或者用撰写文章出版书籍的方式，或者至少谈及他们这些成果所体现的基本原理。"这一切都使人们对西洋科学、西洋人（主要是传教士）充满了敬意。

南怀仁在前言、第十三章和末尾第二十八章里，专门论述了在中国欧洲的天文学，以及其他科学与传教之间的密切关系。他指出："正是由于汤若望神父和他所领导的钦天监的威望，我们的神父们才能分散地居住在不同的省份，开办教堂；并且一次又一次的将新来的传教士们带入中国内地。确实是这样的，在我到达中国那一年，我们一行 14 名，甚至更多的传教士，就是以天文学的借口同时进入中国的。也正是这一批传教士们，现在正支撑着整个中国的福传事业。"

他以富于浪漫色彩的笔调这样写道："因为圣母玛丽亚是通过天文学而最早被介绍到中国的，因为她也曾随着天文学一道而遭遗弃，同时也因为在多次被抛弃之后，她总是一次又一次地被召回，而且成功地由天文学恢复了她的尊严，所以天主教就被合乎逻辑地描绘成最具威严的女王，依靠着天文学的帮助公开地出现在中国大地上。而欧洲其他各种精密的科学，也紧紧地站在圣母玛丽亚一边，围绕着她，成为她最具魅力的同伴。甚至在今天，以所有站在她一边的科学为伴侣，她比以前容易得多地在中国各处漫游。"

"在天文学以后，各个门类的欧洲科学像庄严的女王一样凯歌行进，地位大大提高了。她进入到中国人中间。由于她不断地被皇帝面带笑容地接受，这些科学也像她最好的伙伴天文学那样，逐渐地进入了帝国的宫廷。这些科学紧随天文学的脚步，用一切非凡和美丽的装饰物，如金子和宝石，来装饰自己，使她们在如此伟大的权威的眼睛里显得十分可爱。几何学、测地学、日晷测时术、透视法、静力学、水力学、音乐和各种机械科学，其中的每一门类都穿上了如此华贵和精致的服装，相互争奇斗艳。她们满腔热情所追求的，并不是想让皇帝的目光仅仅注意在她们身上，而是引导皇帝完全地转向天主教。这些门类众多的数学科学的分支，她们公开声称，她们的美丽与天主教相比，就像是一群小星星与太阳和月亮相比一样。""我还要为我们的天文学添加几位最迷人的数学女神，作为她最美丽的侍女，以便以她们平和的表情和笑容将天文学严厉的面孔变得稍微柔和一点，也使天文学能够更加容易地接近皇帝和其他权贵。不仅如此，作为神圣宗教的女仆，她们还必须服从她的意志，因为她庄严的风度令异教者敬畏更胜于爱慕，所以当她打算要进入高贵的殿堂时，她们必须先走一步，为她打开入口的大门。"

南怀仁之所以在百忙之中以拉丁文为他的欧洲同胞撰写《欧洲天文学》一书，就是要向他们宣示："首先，我想让每个人清晰地看到这一点，即我们的修会付出了怎样巨大的努力去尝试着获得皇帝们和亲王们的仁慈心，以便使得我们的天主教在如此广袤的帝国里通行无阻，特别重要的是，因为正是他们的仁慈心（除了天主之外）是我们传教事业的平安和成功所依靠的基础。第二，我想以此来鼓励和告诉那些将在未来的岁月里继承我们事业的传教士们，千万要照顾、尊重和热爱这些最美丽的科学女神们。因为正是由于她们伟大的关爱，他们才能比较容易地获得皇帝们和亲王们的接待，我们的天主教才因此能够得到保护。"

"如果他们认识到，我们天文学的复兴对我们的宗教的复兴来说，既是它的开端，又是它除了天主之外的唯一动因，那么他们就会明白：天文学成为保持我们宗教在整个中国生存的最为重要的根。本书中的内容将会非常清楚地证明上述的观点。"

南怀仁希望通过此书，首先消除一些欧洲人特别是教会人士对来华传教士的误解，即认为他们致力于与福音传播无关的事情；第二，希望欧洲教会学校在培训年轻的、即将来华传教士时，必须加强他们的科学素养，而他认为这方面恰恰是十分薄弱的；第三，呼吁欧洲的当权者在支持和援助中国传教事业时，应特别关注于天文学和科学方面，如科学书籍和仪器等等。

南怀仁的《欧洲天文学》在17—18世纪中西文化交流史上是一份里程碑式的历史文献，它标志着耶稣会的科学传教方略在古老、封闭、排外性极强的中国获得了成功，也标志着这一方法在西方天主教界也获得了认可。

七、南怀仁与来华传教士的"学术传教"策略

南怀仁是幸运的。在经受了康熙初年"历狱"的磨难之后，他受到了中国历史上绝无仅有对西方科技兴趣浓厚的康熙皇帝的信任和重用。他的科学才能得到了最充分的发挥，也因此为他献身的传教事业争取到了最大的自由和最为广阔的空间。这一时期可以称作是天主教在华的"黄金时代"。西方的科学和宗教就是这样奇特地携手进入古老的中国。

由利玛窦所开创的、作为将天主教传入中国两个车轮之一的"科学传教"方略（另一个车轮是"文化适应"策略），是欧洲天主教进入中国的最佳切入点。这是因为：

1. 中国历来认为只有自己才是文明礼仪之邦，中国以外的人都是野蛮、未开化的"蛮夷"而加以鄙视。以利玛窦为首的耶稣会传教士在中国文人面前展示出高度发达的西方文化，以破除中华文化独尊的偏见，乃是他们得以进入中国上层社会的前提。

2. 以他们的先进的科学技术帮助中国朝廷解决诸如"修正历法"、"铸造火炮"、"绘制地图"等关乎国家大计的难题，使皇帝和朝廷感到他们和他们的知识不可或缺，因而获得在华、在京的居住权，进而争取合法传教的许可。舍此，传教就根本无法谈及。

3. 他们为皇室和达官贵人修造钟表、绘画、修造园林、施医治病等方面的服务，以在朝野人士中赢得好感，广交朋友，扩大影响，以便在遇到困难和麻烦时得到帮助和保护。

4. 以精确、高超的西方科学知识征服中国文人，使这些社会精英人士产生"既然西方的科学是这样的高明，想必其宗教也是高明的"逻辑推理，

进而对天主教发生兴趣，甚至受洗入教。

　　然而，尽管这一策略在利玛窦时代就初见成效，但是在之后近一个世纪的漫长岁月里，并没有确立起不可动摇的地位。不论中国一方还是欧洲天主教教会一方，都存在着争议。

　　明代末年，虽然旧式中国历法在每一次发生日食、月食的时候，都被证明其准确性不如西洋历法，但是从利玛窦 1601 年进京时提出修改历法的建议，到此一建议付诸实施，即崇祯皇帝命徐光启创立"历局"，还是耗费了近 30 年的时间。不仅如此，经徐光启、李天经及西洋传教士的通力合作，5 年之后，新历编纂完毕，却因朝廷中意见不一，迟迟不能颁布施行。直到 1643 年（崇祯十六年），又一次发生日食，再次证明新法的正确性，崇祯皇帝才痛下决心加以颁布，可惜此时明王朝气数已尽，新历最终还是胎死腹中。

　　清朝定鼎北京，摄政王多尔衮以新朝开创者的非凡魄力，将新历以"依西洋新法"颁行天下。但是，在随后不久的"历狱"案发时，"历法荒谬"仍是加在汤若望头上几条罪名之一。然而在康熙亲政，"历狱"昭雪，特别是南怀仁主持钦天监之后，西洋的数学、历法就确立了其权威性，再也没有遭到有力的质疑。即使再保守、再排外的人也不得不承认西洋人"精于数学""通晓算法"。雍正皇帝在一方面严禁天主教的同时，还不忘下令地方督抚查明西洋人中"果系精通历数及有技能者送至京效用"。

　　同样，在来华传教士中、在欧洲教会一方，"科学传教"方略也长期存在争议。利玛窦去世后，他的接班人、新任的中国传教团首领龙华民，就对科学传教持有异议，而是直截了当地大肆传布福音，发展教徒，以至导致了 1617 年的"南京教案"。5 年之后，传教士们先是借着"造炮御敌"，继而参与"译书修历"的由头，得以从地下转为公开，重新进入北京。沉痛的教训虽然使龙华民的态度转变了，但是安文思等人仍然对汤若望供职钦天监横加指责。只有经历了"历狱"之后，他才不得不承认，"除了上帝，传教事业赖以生存的只有数学。"

　　经过了这一次又一次的挫折和反省，在华传教士统一了认识。南怀仁以其用拉丁文、专门为欧洲的王室、教会当局和广大关心着中国传教事业的天主教人士撰写的《欧洲天文学》大声疾呼："我希望我做的全部工作，可以使任何一个来到这个省（指中国教区）的我的继承人，能够及时地认识到，什么是我们必须精通的首要课题，这样他就将承认天文学的光芒会清晰地反射在我们的宗教上。"南怀仁的《欧洲天文学》能够在罗马天主教当权者获得出版发行的准许，就说明教会方面认可了他的主张。

作为在中华文明发展史上贡献最大的外国人的利玛窦，是"科学传教"策略的开创者，而南怀仁则是这一策略的忠实继承人和集大成者。

八、南怀仁的去世和葬礼

1688 年 1 月 28 日（康熙二十六年十二月二十六日），南怀仁病殁。在他逝世前不久，曾给皇帝上了一篇奏疏，称："臣怀仁远西鄙儒，自幼束身谨行……因臣粗知象纬，于顺治年间，伏遇世祖章皇帝召臣来京，浩如烟海豢养多年。蒙皇上命臣治理历法，未效涓埃；过荷殊恩，加臣太常寺卿，又加通政司通政使……寻又加臣工部右侍郎……臣扪心自揣，三十年来，并无尺寸微劳，仰报皇恩于万一……"表示了他对康熙皇帝知遇之恩的深深感激。

康熙皇帝玄烨闻南怀仁死讯后非常痛惜，降旨曰："南怀仁治理历法，效力有年。前用兵时，制造军器，多有裨益。今闻病逝，深轸朕怀，应得恤典，察例从优。"紧接着又有一旨，云："谕：朕念南怀仁来自遐方，效力年久，综理历法，允合天度；监造炮器，有益戎行；奉职勤劳，恪恭匪懈；秉心质朴，终始不渝，朕素嘉之。前闻卧疾，尚期医治痊可。今遽尔阖逝，用轸朕怀，特赐银贰佰两，大缎十端，以示优恤远臣之意。特谕。"

因这时正好康熙皇帝的祖母孝庄皇太后于两天前刚刚去世，正值国葬期间，便将南怀仁的葬事推迟举行。一个月后，康熙派遣两位大臣前往南怀仁的灵堂志哀。他们在灵柩前跪下、叩头，然后高声宣读了皇帝亲自撰写上述圣旨，作为悼词。

3 月 11 日，南怀仁的葬礼在京举行。皇上遣佟国舅及侍卫赵昌前去送殡。早晨 7 时许，以这两位大员为首的数十名官员就来到灵堂。这时，灵堂里已挂满了大小官员及神父生前友好送来的挽幛，供桌上摆满了祭品。送殡的人们依次跪拜，有的人失声痛哭。葬礼完毕后随即起灵。南怀仁的棺材是用3寸厚的上等木料制成的，油漆考究，还装饰着金色的图案。灵柩上覆盖着绣龙彩罩。灵柩从灵堂移出，放在一个很大的灵棚中，由80名杠夫抬着。随后是铭旌一架，高3丈余，红底金字，上书南怀仁之姓名、官职，然后有十字圣架亭一座，饰以彩绸。

送葬的队伍中，信教之人排在两边，手执蜡烛和小旗随灵柩而行。十字圣架居中，又有圣像一座，总领圣像亭一座，御亭一座，内悬以黄缎书写的上述皇帝谕旨。队伍中抬着南怀仁的巨幅画像，西洋传教士跟在画像的后面。他们也按照中国的风俗习惯，身着白色的丧服，一边走一边哭。送葬队伍所经过的从宣武门到阜成门一路的大街两旁，排列着士兵，也挤满了看热闹的北京老百姓。

抵达"滕公栅栏"茔地之后，神父们依照宗教礼仪祝诵祷告，然后将南怀仁的棺木下葬。墓前树汉白玉石碑一通，螭首龟座，反面镌刻着汉、满两种文字的康熙皇帝亲撰的碑文，正面则刻着中文、拉丁文两种文字的南怀仁的生平简历。碑文曰：

"钦天监治理历法、加工部右侍郎、又加二级，谥'勤敏'，南怀仁碑文：朕惟古者立太史之官，守典奉法，所以考天行而定岁纪也。苟称厥职司，授时之典，实嘉赖之。况克殚艺能，有资军国，则生膺荣秩，殁示褒崇，岂有斁焉？尔南怀仁，秉心质朴，肆业淹通，远泛海以输忱，久服官而宣力；明时正度，历象无伪，望气占云，星躔式叙；既协灵台之掌，复储武库之需。覃运巧思，督成大器，用摧坚垒，克神戎行。可谓莅事惟精，奉职弗懈者矣。遽闻阖逝，深切悼伤。追念成劳，易名'勤敏'。呜呼！锡命永光乎重壤，纪功广示于遐陬，勒以贞珉，用垂弗替。康熙贰拾捌年肆月初壹日。"

生平简历写道：

"南先生讳怀仁，号敦伯，泰西拂郎德里亚国人。自幼入会真修。于顺治十六年岁次己亥，入中国传教。卒于康熙二十七年岁次戊辰十二月二十六日，寿六十六，在会四十七年。"

中国从汉代开始形成为死去的人封以谥号的习惯。得到谥号的主要是皇帝和大臣。古人曰："谥者，行之迹也；号者，功之表也。"就是说，谥号是用简单的两个字概括人物生前的功绩和操行。康熙皇帝所赐"勤敏"二字，恰好是对南怀仁在钦天监供职期间勤勉、聪敏的恰当评价。在明清之际来华而后来客死在中国的传教士中，南怀仁是唯一一位身后得到谥号的。

南怀仁逝世至今已经 300 多年了。南怀仁长眠的滕公栅栏墓地历经几百年的风雨沧桑，今天已成为一处国家重点文物得到了妥善保护。前来参观的中外友人络绎不绝，其中也包括来自比利时的南怀仁的同胞——比利时总理让·吕克·德阿纳（2002 年）和比利时枢机主教丹尼斯（2008 年）等人。

1988 年 9 月，是南怀仁逝世 300 周年。鲁汶大学南怀仁基金会及新成立的欧中研究所文化中心为此召开了国际学术研讨会期间。30 多位来自大陆与台湾的中国学者，以及来自比、苏、美、英、法、德、意的专家学者参加了会议。中国政府赠送了一件以现今陈列在北京古观象台上的南怀仁监制的天体仪为原型的天体仪复制品。目前这一复制的天体仪就安放在鲁汶大学南怀仁基金会办公室"怀仁厅"前的小院里，成为代表中比友谊和文化交流的纪念碑。

编后语：此文完稿后，分为两篇：《论南怀仁的＜欧洲天文学＞》和《南怀仁：清朝洋人部长》，先后发表在《汉学研究》第十一集（学苑出版社 2008 年）和《中国科学探险》2011 年第 10 期。

"渊通律历"、"任使尽职"

——记葡萄牙耶稣会士徐日升

在被国务院宣布为"全国重点文物保护单位"的"利玛窦与外国传教士墓地"内,现存的属于葡萄牙籍的传教士墓碑共有14通,位居所涉及的9个欧洲国家之首。但是一位最重要、贡献最大的葡萄牙籍传教士的墓碑却不幸遗失了。碑主的名字叫徐日升。2008年,正是他逝世整整300周年。

一、徐日升来华受到康熙皇帝的赏识

徐日升(原名:Thomas Pereira),字寅公,1645年出生于一葡萄牙贵族家庭,18岁时进入位于科英布拉的著名天主教耶稣会修院。1666年,年仅21岁的他远赴印度,先在果阿,继而到澳门完成学业。

1669年,北京发生了一件影响深远的事件。康熙皇帝除掉了辅政大臣鳌拜而实行亲政,他为之前被诬陷入狱、含冤而死的汤若望平反昭雪,恢复了被鳌拜等人废除了的西洋历法,任命南怀仁主持钦天监,并对更多的西洋传教士来华效力表示欢迎。南怀仁也借此机会争取让更多的传教士进入内地。当他得知居住在澳门的徐日升精通天文历法和乐理音律后,便向康熙皇帝提出举荐。康熙命两名使臣专程至澳门,宣布召徐日升进京的圣旨。

1673年,徐日升与接他的使臣一同入京。不久康熙皇帝在紫禁城内亲自接见了他。关于接见时的情况，南怀仁在他的《欧洲天文学》一书中曾作了详细的记述。他说："有一次皇帝命我与闵明我、徐日升二神父一道进入紫禁宫他的内室。他命徐日升演奏风琴和另一种欧洲的键盘琴。这琴是我们送给皇帝的。皇帝十分喜爱欧洲音乐。过了一会儿，他又命他的乐师演奏一支练习了很长时间的中国歌曲。皇帝自己也用另一种乐器极熟练地一同演奏。这时，徐日升神父一面随着轻轻地唱起来，一面用他的笔以我们欧洲的文字和音符，直接地记录下了这首歌。完成后，他还将这张小纸拿到我们眼前，给我们看。他记录的乐谱在节拍的间隔、音符的长短等都与那首中国歌曲的旋律完全一致。随后，应皇帝的要求，他将那首中国歌重又弹奏了一遍，在节拍的间隔、音符的长短、情绪的抑扬顿挫等方面，都十分完美，就好像他练习过很多天一样。其实他以前从来没听过这首歌。"[1]

南怀仁接着写道："康熙皇帝见此十分惊讶，简直不能相信自己的耳朵。甚至从此以后，皇帝经常用赞赏的词语无保留地称颂欧洲的音乐与科学。徐日升神父在如此短的时间里、如此精确地重奏出这整首陌生的歌曲，而皇帝本人甚至他的乐师都是练习了很多天都做不到这一点。还有就是徐日升使用的那种记录乐谱以使人们永不忘记的方法。这一切对康熙皇帝来讲，简直就是奇迹成真。正如我说过的，他甚至不能相信自己的耳朵和眼睛，因而一次又一次地命徐日升验证他的这一高超艺术。他以极大的仁爱之心，让徐日升用笔和纸记录下他演奏的一首又一首中国歌曲，并让神父以适当的音程和音阶唱出来，重现歌曲的旋律。"

"经过多次试验之后，当康熙皇帝看到徐日升神父的演奏在所有的方面都是无可挑剔的，他就用满语说，这种欧洲艺术实在是奇妙得令人不可思议。这个人（指徐日升）实在是个杰出的天才，令人佩服。"[2]之后不久，皇帝赠给徐日升等神父24匹绸缎，并对他们说："用这些料子做身新衣服吧，因为你们现在穿的这身衣服已经不合适了。"

徐日升以其音乐、天文、数学等多方面渊博的知识，以及其遵循"利玛窦规矩"的友善态度，赢得了康熙皇帝的赏识。1688年南怀仁去世后，

---

[1] 译自高华士（Noel Golver）英译、南怀仁著《The Astronomia Europaea of Ferdinand Verbiest, S.J. (Dillingen,1687)》鲁汶南怀仁基金会1993年版，第125页。

[2] 同上书，第126页。

康熙皇帝提名徐日升继任为钦天监监正。但是，他婉言拒绝了，而是举荐前面提到的闵明我担任该职。皇上尊重他的意愿，任命他和另一名比利时耶稣会士安多为钦天监监副。而闵明我受命赴俄罗斯和罗马办理交涉，长期不在北京。所以钦天监的工作实际上主要由徐日升和安多负责。

康熙三十三年（1694 年）六月二十八日，康熙帝还给了徐日升特别的赏赐。史记：

"上传徐日升至黼座前，赐牙金扇一柄，内绘自鸣钟、楼台花树。御题七言诗云：

昼夜循环胜刻漏，
绸缪宛转报时全。
阴阳不改衷肠性，
万里遥来二百年。"[1]

从康熙皇帝与徐日升的一次交往中我们可以看出他尊重传教士信仰的态度。耶稣会士杜德美在一封书信中写道："他（康熙皇帝）在使用传教士的 40 余年中从未想过让他们做有违宗教的事，因为他认为这一宗教合乎道德。当需要他们服务时，他事先就了解他们是否会对他吩咐的事感到为难，他甚至对事情认真到一丝不苟的地步。"杜德美例举了一件与徐日升有关的事，"陛下说：'朕宫中有个女子竖琴弹得极好，朕曾想让精通乐器的徐日升神父评判她的技艺，但注意到神父们的敏感，朕担心会被神父拒绝。一度朕想只要在两人间隔一道帏幔，神父可能不再会为难，但朕仍怕这种办法会使他不快。于是几个廷臣建议朕让这名女子穿上男装，而且答应绝对保密。为满足好奇心，朕真想这样做啊！但经考虑，朕认为不该欺骗一个信任朕的人，于是就放弃了这一娱乐，因为朕不想给传教士履行职守造成任何麻烦。'"[2]

由此可见，康熙皇帝与徐日升之间建立起了某种超越"君臣"关系的真挚友谊。

---

[1]《正教奉褒》，见《中国天主教史籍汇编》，第 554 页。

[2]（法）杜赫德编，郑德弟等译《耶稣会士中国书简集》（二），大象出版社 2001 年版，第 8 页。

二、徐日升重建南堂和制造管风琴

1703 年，康熙皇帝因来华法国传教士进献的奎宁治好了他的疟疾病，而赐地赐银为他们修建了北堂。而徐日升在皇上病重时，也彻夜守候在宫内。因此，康熙皇帝对葡萄牙传教士也表达感谢之意，"以宣武门内天主堂规模狭隘，另给银一万两，饬令重修。"这次对南堂的重修就是由徐日升主持的。

关于徐日升主持的南堂改建工程，在这里特别值得一提的，是徐日升在此次南堂的改建中对与音乐有关的设施——钟楼和管风琴建造所作的贡献。

关于徐日升为南堂安装钟楼的工作，南怀仁在《欧洲天文学》的第 26 章中作了详细的记载。他写道，徐日升神父"他建造了一个大钟，安装在北京城内我们教堂的塔楼上。巨大的铜钟能奏出优美的旋律，箭形的指针位于塔楼顶端的正面，在标有巨大数字的圆盘上显示着每一天的钟点时间。由于钟声传播得遥远和广阔，使得我们的教堂也在帝国都城里名声远播。众多人们拥挤着前来观看我们的教堂。无论如何，最令他们惊奇的是每到一个整点前钟楼所奏出的序曲音乐。的确，因为徐日升神父特别精通音乐，他设计了很多能奏出和谐音乐的钟铃，用车床精密地制造出来，然后悬挂在钟楼正面最高的塔楼上，塔楼是敞开的。在每一个钟铃里，他按照欧洲方式（中国式的铸钟都是从外面敲击发声的——笔者注）用铁丝系上一个精心设计的钟锤，使它们能奏出美妙和谐的音乐。在钟楼的空隙间，他放置了一面圆柱形的鼓轮。在这鼓轮上，他用插上一些表示音阶的、相互之间的间隔成比例的小钉的方法，预置了中国音乐的声调[1]。当时间快到该敲大钟时，这鼓轮就自动地起动，借助它的重力旋转起来。它被系钟锤的铁丝带动起来，由那些小钉敲击着演奏出完美的中国音调。当这鼓声一结束，那大钟就立即以深沉厚重的音响敲起来。"

南怀仁称："我实在是无法用言词来形容这一新奇精巧的设计是如何

---

[1] 即类似"八音盒"原理的发声装置——笔者注。

使前来观看的人们感到狂喜。甚至在超出我们教堂前广场之外的广大的街区里，都不能阻止这拥挤、失序的人潮，更不要说我们的教堂和教堂前的广场了。特别是在固定的公共节日里，每个小时都有不同的观光者潮水般地、络绎不绝地前来观看。"[1]

关于教堂内的大型管风琴，南怀仁说："我们现有的欧洲管风琴太小，也很不完善。徐日升神父正在制作另一个，它正处于最后装饰阶段。我希望这个管风琴不久就安装在我们的教堂内。我相信在整个东方都找不到这样类似的管风琴。它能同样地演奏欧洲的和中国的音乐。""我希望徐日升神父此时正在安装的管风琴，将在不久之后完成。正如我上面所述的，将会有更多的人们涌入我们这个新'歌剧院'，通过这个方法，每一个灵魂将在西洋的管风琴和鼓、镲等其它各种乐器面前，歌颂和赞美我主。"[2]南怀仁的《欧洲天文学》完成于 1678 年前后，由此确定，这时徐日升的管风琴正在修建当中，尚未竣工。

徐日升在写于 1681 年 8 月 30 日的一封信中，谦虚地以第三人称谈到了他制造和安装管风琴的工作。他在信中说："这位神父制造了另一台管风琴，内有四种音……其最大管长二米二十多公分。今年放置在教堂，受到空前的欢迎，无数人前往观看。我们不得不（要求）加派兵士在教堂及天井维持秩序。人们听到了在皇宫里从未听过东西。制琴者不得不整整一个月每天弹奏许多小时。通常情况下，每十五分钟弹一个曲子……。这件事轰动了朝廷。我们的琴声在当地人的耳际中回荡。其中许多人因此接纳了基督教，并从中推论出基督教与他们自己的宗教相同，加以信奉。这是我们最大的愿望所在。"[3]

在 1683 年 8 月 1 日的另一封信中，他又提及了那种曾令"龙颜大悦"的管风琴："他们（指他自己和其它传教士）擅长制造管风琴。在制出几台之后，皇帝要求他们再制造和发明更新的出来。其中一台风琴高十二'布

---

[1] 译自高华士（Noel Golver）英译、南怀仁著《The Astronomia Europaea of Ferdinand Verbiest, S.J. (Dillingen,1687)》鲁汶南怀仁基金会 1993 年版，第 127 页。

[2] 同上书，第 128 页。

[3] Rodeigues Francisco 著《在中国的葡萄牙耶稣会天文学家》，波尔图 1925 年版，第 16 页。转引自 Joel Canhao 著《徐日升神父——十七世纪在中国皇宫的葡萄牙乐师》，发表在澳门《文化杂志》，1988 年，第 11 期，第 35 页。

拉沙'（葡国旧时的量度单位，一布拉沙等于二点二米），通过音韵和谐的铃，自动弹奏中国舞曲。是上主赐予我们成功，令我们得到荣耀。（这座风琴有一机械装置，包括一组音律和谐的铃，随风琴声自动有节奏地奏出中国舞曲）新风琴受到热烈赞扬，并进行了公开演出。皇帝亲自驾临聆听，与百姓共度歌舞升平的时光，达十天之久。我们那高十二布拉沙的风琴在皇帝面前随同铃声一起弹奏，令皇上形象更显得高贵庄严……"[1] 这是一台高达 22.4 米的巨型管风琴。在当时中国样式的建筑是容纳不下这么高的乐器的，他只能安装在欧洲样式的高大的教堂中。这说明管风琴完工于 1678 年至 1681 年之间。

乾隆年间，曾以撰写《二十二史札记》而著名的史学家、文学家赵翼曾参观了南堂，撰写了题为《西洋千里镜及乐器》的短文，对其中的望远镜等西洋仪器作了详细的记述，并以相当的篇幅描绘了教堂里的管风琴。

赵翼是这样描绘管风琴的："有楼为作乐之所。一虬者坐而鼓琴，则笙、箫、盘、笛、钟、鼓、铙、镯之声，无一不备。其法设木架于楼，架之上悬铅管数十，下垂不及楼板寸许；楼板两层，板有缝与各管孔相对，一人在东南隅鼓鞴以作气，气在夹板中尽趋于铅管下之缝，有缝直达于管；管各有一铜丝击于琴弦；虬须者拨弦则各丝自抽顿，其管中之关掘而发响矣。铅管大小不同，中各有窾窍，以象诸乐之声。故一人鼓琴而众管齐鸣，百乐无不备，真奇巧也。又有乐钟，并不烦人挑拨，而按时自鸣，亦备诸乐之声，尤为巧绝。"[2]

赵翼还吟诵了一首题为《同北墅、漱田观西洋乐器》的长诗。在诗的开头，先写了作者在聆听管风琴演奏时的感受，他用了众多的中国乐器的发声效果来比附和描绘管风琴演奏丰富的表现力和感染力。作者起初以为，一定是有上百名乐工共同演奏，谁知"岂知登楼观，一老坐搊擘"，仅一个人弹琴就产生一个乐队的效果。作者然后对管风琴的构造及其发音原理作了描述，并惊叹道："奇哉创物智，乃出自蛮貊。"这么奇妙的乐器，竟然出自中

[1] Rodeigues Francisco 著《在中国的葡萄牙耶稣会天文学家》，波尔图 1925 年版，第 16 页。转引自 Joel Canhao 著《徐日升神父——十七世纪在中国皇宫的葡萄牙乐师》，发表在澳门《文化杂志》，1988 年，第 11 期，第 36 页。
[2] 赵翼《檐曝杂记》卷二。上海古籍出版社，第 36 页。

国以外的地方！作者终于领会到："始知天地大，到处有开辟。人巧诚太纷，世眼休自窄。"就是说，这时我才知道天地是如此之大，到处都有新的发明创造。灵巧智慧的人实在是非常多的，不要把自己的眼光限制得过于狭窄。但是"域中多墟拘，儒外有物格"，中原的士人的眼界总是很拘谨，要知道除了儒学之外还有很多其它学问啊！最后作者写道，我流连忘返，不觉天色已暮，自鸣钟告诉我时间已至酉刻（即晚九、十点钟）。回家后我还是非常兴奋，无法入睡，于是就将今天的所闻所见写下来，记录在枕席之上。

除赵翼之外，还有不少的文人官员也被管风琴的魅力所倾服，留下了溢美于言的记载，甚至很多造访北京的朝鲜人也对南堂中的管风琴做过一些精彩的描述。

可惜的是，这架管风琴毁于乾隆四十年（1775年）南堂发生的一场大火。这离徐日升制造完成之日还不到 100 年。

三、徐日升与《中俄尼布楚条约》的签订

徐日升的另一项值得纪念的功绩，就是促成了在中国历史上有着重大意义的中俄《中俄尼布楚条约》的签订。

明末清初时期，俄罗斯迅速向东扩张，其远征军染指到黑龙江流域。清顺治年间中俄军队曾一度交兵，但中方失利。当时中原尚未统一，清廷无力专顾边事，只好将边民后撤。康熙亲政后，先是集中力量平定"三藩"之乱，继而收复台湾。直到 1688 年，康熙皇帝才将北部边疆事务提到日程上来，而当时除了俄罗斯之外，还要同时面对西北边陲嘎尔丹部的反叛。为了避免两线同时作战，康熙决定在对俄军给予决定性的打击之后，通过谈判取得和解，而集中力量剿灭嘎尔丹势力。

于是中俄两国商定在尼布楚举行边界谈判，康熙派出了以索额图、佟国纲为首的使团。值得注意的是，使团中竟然还包括两名外国传教士。康熙皇帝说，"朕看所用西洋人，真实而诚悫可信。罗刹（指俄罗斯东部）着

徐日升去，会喇第诺文字（即拉丁文）。"[1]于是命徐日升和法国耶稣会士张诚一起，随以索额图为首的中国使团远赴尼布楚与俄罗斯谈判。康熙叮嘱索额图等，要他们与二教士同桌就餐，重要的事情要与之商量。临行前，康熙亲自接见了徐日升和张诚，各赐蟒袍一件、大缎四匹。随后，又命侍卫赵昌到教堂，送徐、张二人貂皮外衣各二件[2]。由于"官员们脖子上均挂着一种念珠"，"皇帝允许耶稣会士在脖子上挂上他们自己的'念珠'——十字架，以便别人通过他们身上挂的十字架与圣牌，能够很容易地认出他们的身份。"[3]

在千里冰封、白雪皑皑的尼布楚，中俄双方经过激烈艰苦的讨价还价。谈判过程中，熟悉国际法和外交惯例的徐日升和张诚不仅担任了翻译工作，也积极居中斡旋，并拒绝了俄方的暗中收买，对他们贪婪的要求予以有理有力的反驳，最后于1689年签订了中国历史上第一个平等的国际条约——《中俄尼布楚条约》。这一条约在双方都作出一定让步的前提下划定了边界，保障了两个大国之间将近150年的和平。在中俄冲突平息之后，康熙亲率大军远征西北，嘎尔丹在大败之后命丧黄泉。

康熙皇帝对徐日升等人在谈判中的功绩称赞有加。使团返回后，康熙接见了全体成员，还特别单独接见了徐日升和张诚。徐日升在他的《日记》中记载道："他（指皇上）以使人难以置信的满意的表示来接见我们，并令人高声宣读下面的话：'朕躬甚好，卿等好否？朕知尔等如何出力为朕效劳，力图使朕满意。朕知由于尔等之才干与努力而使和约得以缔结。尔等为此竭尽全力。'"[4]

最让徐日升感到欣慰的是，康熙为了回报传教士的效力，因此放松了对传播天主教的限制。

1691年浙江巡抚张鹏翮下令禁止传习天主教，宣布天主教为邪教，拟毁教堂、破书版，将杭州天主堂的神父殷铎泽驱逐出境。经过周密的商量，在京传教士们决定由徐日升、安多出面，向皇上呈递了一份措辞哀婉的奏

[1]《熙朝定案》，引自钟鸣旦、杜鼎克编《耶稣会罗马档案馆明清天主教文献》，台北利氏学社2002年版，第十册，第403页。
[2]《正教奉褒》，见《中国天主教史籍汇编》，第540页。
[3]（法）杜赫德编、郑德第等译《耶稣会使中国书简集》第一册，第278页。
[4]《耶稣会士徐日升关于中俄尼布楚谈判的日记》，第213页。

折。康熙皇帝找来索额图向他征求意见。曾与徐日升在对俄交涉中并肩工作过的索额图，"一再诉说他们（指传教士们）对国家所做出的巨大贡献，而且目前每天还在为陛下效劳。所以大清只能以允许他们在帝国范围内公开布教相报。"[1]

康熙三十一年二月初三日（1692 年 3 月 9 日），礼部尚书顾八代等多名大臣共同会商，之后联名奏曰：

"查得西洋人仰慕圣化，由万里航海而来，现今治理历法；用兵之际，力造军器火炮；派往阿罗素（即俄罗斯），诚心效力，克成其事，劳绩甚多。各省居住的西洋人并无违法乱行之处，又并非左道惑众生事。喇嘛、僧、道等寺庙，尚容人烧香行走，西洋人并无违法之事，反行禁止，似属不宜。相应将各处天主教堂照旧存留，凡进香供奉之人，许照常行走，不必禁止。俟命下达之日，通行直隶及各省可也。"[2] 二月初五日，皇帝批"依议"二字，表示同意。

这一奏疏和康熙皇帝的批答已成为中国天主教史上划时代的历史文献——"容教令"。这不是康熙皇帝一时的心血来潮。而是他经过长时间的深思熟虑而做出的决定。这是从利玛窦以来，多少传教士梦寐以求，并为之奋斗的理想，也是中国政府对几代传教士长期与中国人民友好相处，孜孜不倦地将西方科学文化介绍给中国，并以此为皇室、朝廷和平民百姓热情服务的肯定。而中国最高统治者不早不晚，恰恰在《中俄尼布楚条约》签订之后，才给予他们这一权利，不能不说这也是对徐日升等人在谈判中所作贡献的回报。

[1] 转引自林金水《试论南怀仁对康熙皇帝天主教政策的影响》，见《传教士、科学家、工程师、外交家南怀仁 1623—1688》，社会科学文献出版社 1994 年版，第 154 页。
[2] 《熙朝定案》，引自钟鸣旦、杜鼎克编《耶稣会罗马档案馆明清天主教文献》，第十册，第 1789—1791 页。

四、徐日升去世和他的墓碑的变迁

徐日升于康熙四十七年（1708 年）在京病逝，享年 63 岁。

徐日升是"利玛窦规矩"的忠实拥护者和实践者，因此后来遭到顽固敌视中国礼仪的教皇特使——铎罗的残酷打击，以致心情压抑，郁闷致病而死。

康熙皇帝为徐日升的去世特颁圣旨曰："朕念徐日升斋诚，远来效力岁久，渊通律历，制造咸宜，扈从惟勤，任使尽职，秉性贞朴无间，始终夙夜殚心，忠悃日著，朕嘉许久矣。忽闻抱病，犹望医治痊可。遽尔阖逝，朕怀深为轸恻。特赐银二百两，大缎十端，以示优恤远臣之意。特谕。"[1]

徐日升的遗体安葬在滕公栅栏墓地。墓碑的正面，镌刻了上述康熙皇帝为追悼他而颁发的圣旨，及如下简历：

"徐先生讳日升，号寅公，泰西波耳多阿里亚国人，自幼入会真修，于康熙十二年岁次癸丑入中国传教。卒于康熙四十七年岁次戊子十一月十四日，寿六十四岁，在会四十六年。"

墓碑的背面，则镌刻着上述 1692 年清廷颁布的"容教令"。在一张绘于 19 世纪末的栅栏墓地平面图上，徐日升墓碑与南怀仁并列，位于利玛窦墓碑的南面。

1900 年，栅栏墓地在义和团运动中遭到平毁。辛丑条约签订后，清政府出银修复了墓地。大多数传教士的墓碑被龛砌在新建的马尾沟教堂的外墙上，而当时一致公认为最为杰出的几人的墓碑，则被重新树立以来。其中有利玛窦、汤若望、南怀仁，也包括徐日升。

50 年代，北京市委党校建校时，大多数墓葬被迁移到西北旺。在国务院领导的直接指示下，利玛窦、汤若望、南怀仁 3 人的墓碑在原地保留，徐日升等人的墓碑移至原马尾沟教堂后院。后经"文化大革命"，利玛窦等人的墓园再次被毁。1978 年底，经邓小平等领导人亲自批准，利玛窦、

---

[1] 高智瑜、林华、余三乐编《历史遗痕》，中国人民大学出版社 1994 年版，第 127 页。

汤若望、南怀仁墓园得以修复，1984 年其它劫后余存的 60 通墓碑也重新树立起来，成为北京市的一处文物保护单位。可惜这位曾经功劳卓著的葡萄牙耶稣会士徐日升的墓碑下落不明。

　　编后语：此文经删节后发表在《北京社会科学》2009 年第 4 期。关于徐日升墓碑重建一事的最新进展，见本论文集《利玛窦墓地恢复重建 36 年》一文。

传教士与中俄《尼布楚条约》的签订

参与大清朝廷的外交事务是在宫廷服务传教士们的重要职责之一。汤若望、南怀仁及其他传教士们曾在对荷兰、葡萄牙、俄罗斯等国的交往中发挥的重要作用。但是，我要说，传教士参与的最重要的一次外交活动是徐日升和张诚参加的极其艰难的中俄关于签订《尼布楚条约》的谈判。而且情况不同的是，前者参与的外交活动是在北京，在皇帝身边进行的，传教士们一般只是作翻译，顶多起到顾问的作用，但是后者则是到远离京师的地方去谈判，徐日升和张诚所担负的职责远远超出一般的翻译和顾问。

《尼布楚条约》是我国与外国签订的第一个条约，而且是第一个平等条约。中俄在尼布楚的谈判，是我国第一次与外国进行的平等谈判。在此之前，自诩为"中央之国"的中国，其与外国的关系，只有两种，即宗主国和朝贡国的关系，如与朝鲜及东亚各国；或者是交战国的关系，如在一段时间内与日本的关系。当时的中国政府不了解，西方各国在互相争夺各自的利益的同时，也形成了在双方势均力敌的情况下，平等地处理相互关系时，约定俗成地形成了一些称为"国际法"的公认准则。外国人曾评价中国的对外政策，说：在 1689 年以前，"中国抗拒和外国发生接触，所采取的方式是傲慢自大和令人屈辱的要求。他们认为中国的文化是优越的，或者不如说任何其他的文化是根本不存在的；他们要求外国谈判代表在皇帝或皇帝的代表面前要磕一定数的头，磕头和他们所期望的礼物或贡物连在一起，就被中国人认为是中国宗主地位的证明。中国人的这种固执不化的态度到

19 世纪才被打破。"[1] 这一对中国的批评有一定的道理。但是遗憾的是，欧洲人（包括后来移居到北美或其他地区的欧洲人）的"文化优越感"的偏见，恰恰在 19 世纪后大大膨胀起来，直到现在也仍然存在着。

在中国生活了多年的徐日升也谈到，"中国自开天辟地以来，在帝国里从未接待过贡使以外的外国人。鞑靼人（即在四十六年以前的 1644 年占领了中国的满洲人）对于世界情况一无所知，但却有着和中国人一样的自大感，把其他民族都看做像他们的四邻民族一样的牧民。他们以为一切都是属于中国的一部分，他们高傲地把中国称为'天下'，好像除中国之外什么都不存在。"[2] 他说的无疑也是事实。

自明代以来，长期威胁中国北部领土安全的是各个蒙古部落，到了明晚时期，满族在东北兴起，经过几十年的激烈较量，满族贵族为首的清王朝于 1644 年进入北京，定鼎中原，进而统一了中国版图，成为中华民族历史上又一个以某个少数民族为主、与汉族结合的一统王朝。这样，东北就与中原融为一体。原来的蒙古诸部落分为了两部分，即以仍与中国为敌的厄鲁特部等西部蒙古，当时为首的就是噶尔丹领导的准噶尔部，以及承认是中国藩属的喀尔喀部等东部蒙古。喀尔喀蒙古与满族统治集团通过联姻结成了紧密的联盟关系，形成"长城从此不为关"的局面。但是西部的情况则十分堪忧。这两部分蒙古人也是形同寇仇，互相攻伐。喀尔喀蒙古以中国为其强大的后盾，而噶尔丹的准噶尔部则背靠俄罗斯，而且从那里获得先进的武器。

然而，更令人担忧的则是日益向西扩张的俄罗斯势力。在中国的元朝时期，俄罗斯曾是蒙古大帝国的一部分。蒙古统治衰落之后，莫斯科人开始向乌拉尔西进，进而越过了乌拉尔山脉。随后，俄罗斯人一方面与东方的蒙古部落进行皮毛交易，一方面则一次又一次地与蒙古部落作战。由于武器精良，俄罗斯人以及被他们雇佣的哥萨克军人尽管不是百战百胜，但也是败少胜多，持续不停向东扩张，以快得惊人的速度征服了西伯利亚地区，相继在远东建立了伊尔库茨克、雅库茨克等军事重镇。大约在明清之交时，

[1] 勒斯保（Nussbaum）《国际法简史》，转引自 约瑟夫·塞比斯（Joseph Sebes）《耶稣会士徐日升关于中俄尼布楚谈判的日记》，商务印书馆 1973 年版，第 112 页。
[2] 约瑟夫·塞比斯（Joseph Sebes）《耶稣会士徐日升关于中俄尼布楚谈判的日记》，商务印书馆 1973 年版，第 113 页。

从雅库茨克出发的俄国的远征队侵入到黑龙江流域，与世代居住在那里的中国喀尔喀蒙古人和达斡尔人、通古斯人、女真人遭遇了。他们强迫这些当地人效忠俄国沙皇，并缴纳大量的毛皮（主要是珍贵的黑貂皮）作为赋税。在当时的欧洲，莱比锡是最重要的皮毛贸易中心，将从东部得来的源源不断的毛皮拿到西部去卖，此项收入成为俄国国家税收的最重要的来源之一。

当地人当然不甘心忍受这种压迫和剥削，他们奋起反抗，有的部落居民秘密地将俄军杀死，有的部落则举家迁移，躲避俄军。1651年（顺治八年），俄罗斯军队第一次与顺治皇帝派来征集贡物的满洲骑兵发生冲突，敌人占了上风。第二年，顺治命驻宁古塔的海色将军向俄国人进攻，又遭到了失败。1655年（顺治十二年），1万中国军队带着炮和火铳，向在黑龙江一带俄军驻守的堡垒进攻，战斗持续了3个星期，仍不能取胜。于是中国人采取坚壁清野的政策，令当地居民迁居到松花江的上游。这支来自雅库茨克的俄军因为得不到粮食，终于在1658年（顺治十五年）的一次战斗中遭到惨败。

从黑貂皮贸易中获得滚滚财源的俄国人自然不会就此罢休。另一支于从叶尼塞斯克出发的俄军也垂涎于富饶的黑龙江地区，1658年，他们在黑龙江上游的石勒喀河河畔建造了尼布楚城。第二年，又在更深入中国的领土上修建了雅克萨城。

中国的情况是怎样的呢？在1644年清军入关以后，清王朝面临着四个方面的挑战：第一，必须平定中国内部的反抗，巩固统治，恢复经济；第二，必须维持对长城沿线的军事控制，为此一方面利用与之结盟的蒙古部落，但也要控制这些生性桀骜不驯的蒙古人；第三，蒙古的北部和西部各部落还未臣服，要特别警惕他们的入侵；第四，俄国人在黑龙江的出现。

首先必须解决的，是这些难题中第一个。1661年，顺治皇帝去世，即位的康熙还未成年，摄政大臣忙于镇压南方的反清势力。直到康熙皇帝亲政后，以吴三桂、郑成功等为主力的南方抗清势力仍占据了很多省份。南怀仁造的大炮，就曾在平息这些反清的战斗中发挥了作用。这场战争持续了8年之久，直到1681年（康熙二十年）朝廷大军攻克昆明，"三藩之乱"得以平息，1683年（康熙二十二年）进而收复了台湾。对于内蒙古，朝廷则实行"盟旗制度"，给各个部落划分了领地，规定了各自的势力范围，不得互相侵犯。这样就将其分而治之。

但是，与此同时，噶尔丹的准噶尔部在西部则以惊人的程度强大起来。

喀尔喀蒙古诸部被噶尔丹打得纷纷逃窜，有的逃到北部的外贝加尔地区，有的则向南逃到内蒙，他们的首领经康熙皇帝的批准，到内蒙地区避难。更令人担忧的是，俄国人在东方几乎毫无阻挡地推进。

1682 年（康熙二十八年），在统一了南方之后，康熙皇帝把注意力转向了北方。面对俄国人和噶尔丹两方面的威胁，康熙决定只能采取各个击破的战略。起先，他打算与用外交的办法解决与西部蒙古的问题，而集中武力对付俄国人。但是没有成功。因此就不得不转而对俄采用外交调停，用武力来镇压噶尔丹的叛乱。

这就是当时清政府面临的北方安全的大概形势，也是康熙皇帝希望通过与俄国人的谈判所要解决的难题。就是在京师的外国传教士，也看到了这一点，即"尤其是如果俄国人和蒙古人（尤其是喀尔喀蒙古）联合反清，将引起对清廷的重大威胁，以及汉人利用这一北方威胁起来反抗满族统治者"[1]，是一种很令人恐怖的局面。有资料记载，"皇帝同南怀仁教士就对付俄国人的战争行动和围攻进行了很长的讨论，教士使皇帝感到很满意。"[2]

但是康熙皇帝也清醒地认识到，没有实力的谈判不能成功，对俄一战是不可避免的。他吸取顺治年间中国军队由于缺乏给养而败给了俄国人的教训，在战前作了周密而充分的准备。他用了 3 年的时间，在吉林到瑷珲之间建立了 19 个兵站；修通了陆路和水路两条运输线；在辽河上游设立了四座粮仓；派了 250 艘运输船到辽河和松花江，130 艘运输船到黑龙江，还在吉林建造了一个造船场；命宁古塔将军移驻吉林，黑龙江将军驻跸瑷珲；等等。待一切准备就绪，1685 年（康熙二十四年），以萨布素将军为统帅的水陆大军，逼近到雅克萨城下。在招降书被拒绝后，中国军队开始攻城。俄军遭受重大伤亡，被迫接受了投降条件，逃离了雅克萨。中国军队拆毁了雅克萨城，撤回到瑷珲。

但是，中国军队刚刚撤离，一支俄国援军又来了。他们在雅克萨重新设防，守军 800 多人，军火和给养都十分充足。中方闻讯后，萨布素再次统率军队，将雅克萨紧紧包围，俄国人拼死抵抗，战斗一直延续了 3 个多月。

---

[1] 约翰·小韦尔斯著，丁向阳译《关于 1662—1687 年耶稣会中国传教团的一些荷兰史料》，载光明日报出版社 1990 年版的《清史研究集》第七辑，第 364 页。
[2] 同上书，第 374 页。

这时莫斯科才深深感到，中国人不像蒙古人那样容易对付。而且当时，老沙皇刚死不久，14岁即位的新沙皇又接连死去，他的两个弟弟伊凡和彼得（即后来的彼得大帝）以及各自的党羽争权夺利，政局不稳，根本无法出师远征；另一方面，俄国在1676年到1681年之间为了夺取黑海的出海口，与土耳其发生了战争，1687年第二次俄土战争爆发，也无暇东顾。于是，俄罗斯准备和中国通过谈判来解决黑龙江流域的纠纷。莫斯科匆匆派了使者到北京表达了这一愿望，请求停止对雅克萨的围攻，并派出以戈洛文为首的全权专使与中方谈判。

鉴于上述原因，康熙皇帝同意暂时放松对雅克萨的进攻，同时任命以侍卫内大臣、议政大臣索额图和内大臣、一等公、国舅佟国纲为首的全权代表团。引人注目的是耶稣会的两名传教士，即徐日升和张诚也奉命随团前往。双方经过磋商，谈判的地点定在尼布楚，这个处于中俄接触线上俄方控制的城镇。

派遣两名西方传教士随团参加谈判，和选择遥远的尼布楚作为谈判地点，体现了康熙皇帝处理外交事务的新思维。美国华盛顿的乔治敦大学的约瑟夫·塞比斯（Joseph Sebes）先生在《耶稣会士和中俄"尼布楚条约"》中谈到，这两项决策表现出康熙皇帝已经意识到，此次谈判事关重大，"要和俄国讲和，以便可以无牵掣地去对付噶尔丹蒙古人。不但如此，他要求有一个尽可能严格约束俄国人的条约"，"然而，既要订立一个对俄国人具有最大约束力的条约，那么就必须按照国际法来订立，也就是说，必须在平等互惠的基础上来订立"。为了达到这一目的，"他情愿暂时牺牲传统的中国态度和优越感"，"接受当时已经深入俄国的国际法的原则和办法"。第一，中国的官员是没有国际法的基本概念，即以平等、互惠的精神处理相关国家间的纷争，因此，西方传教士的参与是绝对必要的；第二，只有在远离京师的尼布楚，这样做才"不会受到公众的注意"，"不致触犯中国的舆论"[1]。

明代万历年间，俄国派往中国的第一个使者，因为没有带来中国人感兴趣的贡物和贡物所代表的政治上的臣服，根本没能见到皇帝，就被打发

---

[1] 约瑟夫·塞比斯（Joseph Sebes）《耶稣会士徐日升关于中俄尼布楚谈判的日记》，商务印书馆1973年版，第114页。

走了。1654 年（顺治十一年），另一个俄国使者坚持必须按照西方的惯例，先见皇帝，递交国书，然后才进献礼物；而且在晋见皇帝时，拒绝遵循中国的叩头的礼节，而被朝廷赶出了北京。《清朝文献通考》载："（顺治）十三年，（俄）遣使奉表来朝贡方物，以来使不谙朝仪，却其贡而遣还之。"[1]1676 年（康熙十五年），沙皇使节尼古拉又来到北京，他拒绝叩头，拒绝跪下领取皇帝的礼物。不仅他出使的使命一项也没完成，甚至连一封证明他到达北京的官方信件也没有拿到。还是南怀仁给他出示了这样一个证明，救了他一命。徐日升在谈到尼布楚谈判时，说，如果俄国使者到北京去谈判，就绝不会成功，"因为在中国他们将会迫使他，正如以前到中国来的那些人一样，要么服从中国的习俗，要么就不能缔结和约而回国"[2]。

传教士本应远离政治，但是这次却反常，他们积极地参与了这项艰难的世俗任务。除了希望从为朝廷的服务中换来传教的自由，这一方面的动机之外，还有另外的考虑。

自从康熙皇帝为汤若望平反之后，南怀仁就成了西方传教士在皇帝跟前的首席代表，也是在华传教士公认的领袖。他本人是比利时人，却是受葡萄牙国王的派遣。这一双重的身份，使他凡事都有多一层的考虑。在荷兰企图攻占澳门，侵犯葡萄牙利益时，他曾坚决地站在葡萄牙一方；但同时他又为了改变葡萄牙势力独占中国教区的状况，避免在中国的传教事业沾染上过多的葡萄牙国家的色彩，而向好几个欧洲国家提出派遣来华传教士的要求。他的要求在法国获得了积极的回应。法国传教士来华后，就常常与葡萄牙的传教士发生纠纷，但是却尊重南怀仁的领导地位。

此外，南怀仁还有一个开辟一条从欧洲到远东的陆地交通线的打算。这一方面是因为海上交通线极不安全。这里引用一个取自 1680 年的统计数字，即在那之前派往中国的 600 名传教士中，只有大约 100 人到达了目的地。其余的不是由于沉船、疾病、被害，就是被海盗或其他盗贼掳走。而另一方面的考虑则是，避免日益强大的荷兰的海上干扰和为了减少对葡萄牙人的过分依赖。因为从欧洲到远东的航线控制在葡萄牙人手里。而这条陆上交通线

---

[1] 清高宗敕撰《清朝文献通考》卷 300，四裔考，俄罗斯，商务印书馆 1936 年版。

[2] 约瑟夫·塞比斯（Joseph Sebes）《耶稣会士徐日升关于中俄尼布楚谈判的日记》，商务印书馆 1973 年版，第 182 页。

无疑只有通过俄罗斯，因为中亚地区的土耳其、伊朗、阿富汗等国家系伊斯兰教国家，且战争连绵不断。为此，1676年（康熙十五年）俄使尼古拉来访时，南怀仁就向他表示了这个愿望。1686年，康熙皇帝派闵明我神父到莫斯科，捎去关于解决满洲边界争端的信件，南怀仁则派他为来华传教士向俄国提出经过西伯利亚而到达中国的旅行的申请。但是这一申请被沙皇拒绝了。所以，南怀仁希望"继续作一切努力使耶稣会士在即将举行的和平谈判中的工作有助于俄国。如果他的计划获得成功，南怀仁希望双方都将感谢耶稣会士的功劳，而俄国最后会对耶稣会士开放西伯利亚这条道路。"[1] 但是他已经无法胜任这个工作了，在一次坠马的意外后，年老的他只能在京城疗养。他把希望寄托在徐日升的身上。但事与愿违，徐日升对开辟这一陆上通道恰恰没有兴趣，因为他是葡萄牙人。

徐日升，字寅公，原名 Thomas Pereira，1645年生于葡萄牙一贵族家庭，1663年入修道院，3年后来到澳门。南怀仁闻其精通音乐，便在皇上面前举荐。于是徐日升得以在1673年进入京师，第一次晋见皇帝，就博得皇帝的欢心。有一次，皇帝召见徐日升、闵明我和南怀仁3人，南怀仁弹奏一曲中国乐曲，徐日升听后便能重弹，且丝毫不失原调。皇上十分惊讶，命再弹，仍如前，皇上惊曰："是人诚天才也。"并赐3人贡缎24匹，说："汝辈袍已敝，可易以新者。"[2] 1688年，南怀仁去世后，康熙皇帝命徐日升为新的钦天监监正。徐日升辞谢了此职，而和安多一致举荐闵明我为监正，他与安多作为副手。由于闵明我长期外出，实际上是由徐日升和安多在主持钦天监的工作。康熙皇帝对他一直信任有加。另外徐日升在南堂的重建中也表现了他杰出的才能。

康熙皇帝派遣徐日升和张诚作为中国谈判使团的成员。临行时，皇上将自己的袍褂赐予徐日升，又为张诚特制了一件，并授予他们三品顶戴。皇帝还嘱咐索额图佟国纲说："朕鉴于所用西人，皆忠贞可靠，足资信赖，特令徐日升随尔前往俄国。"[3] 要他们与二教士同桌就餐，重要的事情要与

---

[1] 约瑟夫·塞比斯（Joseph Sebes）《耶稣会士徐日升关于中俄尼布楚谈判的日记》，商务印书馆1973年版，第97页。

[2] 费赖之著，冯承钧译《在华耶稣会士列传及书目》中华书局1995年版，第381页。

[3] 约瑟夫·塞比斯（Joseph Sebes）《耶稣会士徐日升关于中俄尼布楚谈判的日记》，商务印书馆1973年版，第159页。

之商量。

1688年（康熙二十七年）5月30日清晨，以索额图为首的使团辞京启行，皇上就谈判方针，谕索额图等曰：

"罗刹（即俄罗斯）侵我边境，交战于黑龙、松花、呼马尔诸江，据我属所居尼布潮（即尼布楚）、雅克萨地方，收纳我逃人根特木尔等，及我兵筑城黑龙，两次进剿雅克萨，攻围其城，此从事罗刹之原委也。

其黑龙江之地最为扼要，由黑龙江而下，可至松花江；由松花江而下，可至嫩江；南行可通库尔翰江及乌喇、宁古塔、席北、科尔沁、索伦、大虎儿诸处。若向黑龙江口，可达于海。又恒滚、牛满等江，及净溪里江口，俱合流于黑龙江。环江左右，均系我属鄂罗春、奇勒尔等人民，及赫哲、飞牙喀所居之地。若不尽取之，边民终不获安。

朕以为尼布潮、雅克萨、黑龙江上下，及通此江之一河一溪，皆我所属之地，不可少弃之于鄂罗斯。我之逃人根特木尔等三佐领，及续逃一、二人，悉应向彼索还。如鄂罗斯遵谕而行，即归彼逃人，及我大兵所获招抚者，与之画定疆界，准其通使贸易，否则尔等即还，不便更与彼议和矣。"[1]

这一天，德胜门外旌旗招展，人马喧腾，文武官员前来送行，平民百姓拥挤围观，皇上派皇长子代替自己在清河设座赐茶，为使团饯行。

以索额图为首的使团经居庸关、张家口、归化（今呼和浩特）向西北行进，然后向正北，进入喀尔喀蒙古地区。人马穿行在广阔的沙漠中，沿途都是冈阜砂碛，缺乏水草，气候又很炎热，每天都须举火而炊，掘井而饮，长途跋涉，十分困顿，每日都有人马死亡。7月5日，使团在行进中忽然碰到一群一群的喀尔喀蒙古人扶老携幼，牵着骆马，纷纷向南逃徙。原来是噶尔丹率领的叛军，打败了喀尔喀的军队，且攻陷库伦，将库伦夷为一片废墟。整个喀尔喀地区兵荒马乱，人民"各弃其庐帐器物，马驼牛羊，纷纷南窜，昼夜不绝"[2]喀尔喀蒙古的首领拒绝了俄国的招降，说："俄罗斯素不奉佛，俗尚不同我辈，异言异服，殊非久安之计。莫若全部内徙，投诚大皇帝（康

---

[1]《清圣祖实录》卷135，五月癸酉条，中华书局1986年影印版。
[2]《清圣祖实录》卷136，中华书局1986年影印版。

熙皇帝），可享万年福。"[1] 他的主张得到全部落的赞同，于是他率部向南，请求大清朝廷的庇护。

这一突然变故改变了中国北部的形势，使我方极为被动。7 月 20 日，正当使团因道路阻塞，停留待命的时候，康熙派来的使者到达了驻地，命令使团折返北京，并派使者将推迟谈判的消息通知俄国使臣戈洛文，以后谈判的日期和地点由俄方派使者到北京再行商定。中国使团的第一次行程就这样中断了。而戈洛文则趁机倾全力，协助噶尔丹袭击喀尔喀蒙古部落，烧杀抢掠，无恶不作。

后来中俄双方经过一系列的磋商，同意在尼布楚重开谈判。中方再次组团于 1689 年（康熙二十八年）6 月 13 日离京。鉴于形势比一年前有所逆转，康熙授意索额图曰："今以尼布潮为界，则鄂罗斯遣使贸易，无栖托之所，势难相通。尔等初议时，仍当以尼布潮为界。彼使者若恳求尼布潮，可即以额尔古纳为界，并调黑龙江兵一千五百人往会之。"[2] 即如果俄方坚持，在划定边界上可以稍稍作些让步，让出尼布楚，而以额尔古纳河为界。与上次相同，徐日升和张诚随团前往。

经过艰难的长途跋涉，中国使团于 7 月 31 日到达尼布楚。以索额图为首的中国使团与戈洛文进行了激烈的较量，折冲樽俎，据理力争，同时也作出了必要的让步，最终于 1689 年（康熙二十八年）的 9 月 7 日，正式签订了《尼布楚条约》。关于在这一个多月里中俄使团间讨价还价的细节，有很多专著已经论及，不在本文研究的范围之内。本文仅就徐日升和张诚两名传教士在其中的作用，作一些初步的探讨。

从 1689 到 1999，时光已流逝了 310 年了。对于这两位传教士在这一次中俄交涉中所起的作用，历来众说纷纭。

首先，我们看看俄国方面。俄国人对参与谈判的两位传教士给予了极坏的评价。他们认为《尼布楚条约》是俄国外交的失败，而把失败的原因归之于耶稣会士的作用。俄使在第二次会议上，由于中国钦差大臣缺少经验，轻而易举地得到了尼布楚和色楞格的大便宜，恰恰是在两名传教士都不在

---

[1] 松筠《绥服纪略图诗注》，转引自《一六八九年的中俄尼布楚条约》人民出版社 1977 年版，第 253 页。

[2]《清圣祖实录》卷 140，四月壬辰条。

场的情况下，通过蒙语翻译而交涉的。俄国人说，"要是能和比较无知的钦差大臣们直接交涉，比通过这些知识丰富的耶稣会士办交涉，对他们会更为有利。"[1] 所以，在 1689 年的 10 月，在其谈判特使返回莫斯科之前，彼得大帝就封闭了耶稣会的教堂和居所，把所有的耶稣会士赶出了俄国。

事实上，出生于葡萄牙的徐日升并不希望开辟西伯利亚的陆上通道，更准确地说，他其实是"陆上路线的最直言不讳的反对者"[2]。在谈判结束后，俄国使臣向他致谢时，他连一句这样的要求都没有提出。从中我们不难看出，派徐日升参与中俄谈判，与其说是南怀仁的意见，不如说是康熙皇帝本人的决策。

在实际谈判过程中，有几次双方陷入僵持，甚至险些破裂的时候，传教士们的几次直接参与都起了促使和谈得以继续，进而获得成功的作用。

谈判刚开始时，双方就陷入长时间的互相指责之中，彼此互不让步，恶化了谈判的气氛，使真正要谈的事项无法进行。徐日升在《日记》里说："我考虑到皇帝曾对这类情况授予我的责任，根据过去的经验，我认为应该插一插嘴。我对钦差大臣们说：'各位大人，我认为，翻旧账是没有什么用处的，只是浪费时间，因为他们和我们都不愿意承认这些伤害对方的事情……在我看来不如来讨论新的题目，认真地来谈判划分土地和订立我们所要求的和平条约。'"由于他的介入，谈判走上了正轨。而徐日升的这一番话，曾被指责为"替戈洛文解围"，"把侵略者和被侵略者混为一谈，从而为俄国开脱了罪责"[3]。

后来，双方的谈判陷入僵局，钦差大臣认为俄国人是骗子，准备放弃谈判，整理行装，班师回朝。徐日升又站出来劝告索额图等，俄国人不是野蛮人而是文明人，按照国际法，应该信任他们。于是又把中国使臣拉到了谈判桌上。为了使中国使臣相信，他甚至提出，"我愿意在整个会议期间让俄国人的一杆枪顶在我的胸前，假如他们有什么坏打算，……无疑地我将

---

[1] 约瑟夫·塞比斯（Joseph Sebes）《耶稣会士徐日升关于中俄尼布楚谈判的日记》，商务印书馆 1973 年版，第 109 页。
[2] 同上书，第 137 页。
[3] 《一六八九年的中俄尼布楚条约》，第 292 页。

第一个死去"[1]。当然"文明人"的行为有时比所谓的"野蛮人"还要野蛮,"文明人"背信弃义的事是经常发生的,徐日升的话并不都对,甚至有些是很错误的。但是鉴于当时的形势,俄国人确实有通过和谈来解决中俄纷争的意愿。轻言放弃对中方并非有利。事实证明,谈比不谈要好。只有经过艰苦的谈判,才能达到双赢的结果。但这曾被说成是"为俄国人辩护"。

经过激烈的争论和反复的较量,8月25日,俄使同意放弃雅克萨。但两天以后他们又推翻前议,出尔反尔,对此张诚和徐日升十分气愤。徐日升表明了自己的态度,"从一开始我就已表明,雅克萨是一切问题的基础,必须收回,如果他们(指俄方)不想同意,谈别的问题都是没有用的。"[2]他还对俄国人说,中国皇帝对收回雅克萨这一点是不能让步的,因为中国人已经用武力收回过雅克萨,而且完全有能力再次收回。张诚也说:"如果他们决心不放弃雅克萨城和它附近的地方,再多费力气谈判也是徒然,因为我们的钦差大臣已经奉有明白谕旨,不得到俄方在这一点上让步,决不谈和。"[3]他们当即警告俄使,除非俄方遵守放弃雅克萨及其附近地区的诺言,否则谈判将无法继续,并以退出谈判相威胁。在这一情况下,俄使为了避免导致谈判破裂,只好同意了中方提出的划界方案。但是对耶稣会士们的这次据理力争,曾被批评为"向俄国人泄露中国皇帝的机密"。

还有关于徐日升和张诚接受俄国人礼物一事。有的记载说,两个传教士给俄国使臣秘密写信,索要诸如貂皮、美酒之类的赏赐,还要求能够暗中做点买卖。[4]这种说法,我以为不可信。徐日升等都是抛弃了优越的生活条件,加入耶稣会,到中国来传教的,谁能相信他们还会在乎区区几张貂皮,而做可能危害在华传教事业的糊涂事?两位传教士的确接受了俄国使臣的礼物,但是那是双方庆祝谈判成功后互赠的礼物。俄国人也向钦差大臣索额图等赠送了礼物,中方也回赠了礼物,同时传教士们在接受俄方礼物后,也有回赠。张诚在他的《日记》中记道:"我们正要向俄国人告辞的时候,他们的首席使节赠给我们一些貂皮,一些和他以前送过的那些相同的粟龙

[1] 约瑟夫·塞比斯(Joseph Sebes)《耶稣会士徐日升关于中俄尼布楚谈判的日记》,商务印书馆1973年版,第179页。
[2] 同上书,第187页。
[3] 《张诚日记》商务印书馆1973年版,第34页。
[4] 《一六八九年的中俄尼布楚条约》,第337页。

鼠皮，以及一些银鼠皮，都没有什么价值。我赠给他的欧洲古董，价值尽足与他的礼物相当。"[1] 可见这不过是礼尚往来的事情。

笔者在 1977 年版的《中国近代对外关系史资料选辑》一书中，在小标题《尼布楚谈判中沙俄与中国代表团外籍翻译的勾结活动》之下，看到这样一段史料：

俄使派人"告知耶稣会教士：信中已经写有在雅克萨不得有至尊博克达汗（即中国天子）方面的任何防御工事；并请耶稣会教士根据这些指示在他们的交换函件中就这样写上，不必通知使团，因为，谁也不会知道他们在函件中用拉丁文写些什么。"但是，"耶稣会教士说他们决不能照此行事，而且他们在这件事上不愿意辜负中国可汗所寄予的信任。"[2]

与编辑者的初衷相反，这则史料恰恰说明了耶稣会士忠于职守，并未做有损中国利益的事情。

谈判结束后，俄使单独会见了徐日升等人。徐说：在谈判时，他有时对俄国人态度焦躁，请他们原谅，"因为我身处外国人（指中国人）之中，居住在中国多年，而且因为我是该国（指中国）皇帝派来的，所以我不得不表现为他的忠实臣民，如果我不那样做，就会产生严重的后果。"而俄使也对此表示谅解，说："这样你就表现得合乎你的身份；如果你不这样做，那倒是不应该的。你吃中国的饭，穿中国的衣服，因此你也必须成为一个新人，并与此相应地行事。"[3] 这并不是他故意为自己表白，因为这一《日记》是以葡萄牙文写的，而且在谈判结束的 3 个月后，即 1690 年 1 月就寄往罗马耶稣会总会。换句话说，中国人根本是看不到这些文字的，因此他也不必用假话向中国人表白自己的立场。事实上，在《日记》中有不少批评中国钦差大臣，甚至皇帝的话。也就是说，《日记》中的记载应该是真实的。

让我们分析一下《尼布楚条约》的客观效果。在与俄罗斯和平解决了东部边界之后，康熙皇帝集中兵力于 1697 年（康熙三十六年）亲率大军远征，击败了噶尔丹。噶尔丹在第二年结束了罪恶的一生。1727 年（雍正五

---

[1]《张诚日记》商务印书馆 1973 年版，第 48 页。

[2]（法）G·加恩《早期中俄关系史》附录。转引自《中国近代对外关系史资料选辑》人民出版社 1977 年版，第 22 页。

[3] 约瑟夫·塞比斯（Joseph Sebes）《耶稣会士徐日升关于中俄尼布楚谈判的日记》，商务印书馆 1973 年版，第 208 页。

年）准噶尔部的新统治者噶尔丹策凌与中国政府订立了和约。1750年（乾隆十五年）准噶尔部再反，乾隆派大军直捣伊犁，最终将称为"回疆"的广大地区永久地收入中国版图。外国学者评价说："尼布楚条约第一次把仍在流徙中的亚洲广大的各民族分为两大帝国各自的势力范围。中国的利益在这个条约有效的一百五十年内，得到了保障。只是在耶稣会士和他们的地理知识的影响消失之后，俄国人通过1858年的瑷珲条约，才达到了兼并黑龙江一倍的领土（其面积几乎等于法国加上德国）的目的。"而俄国人之所以后来得到成功，"很大的一个原因就是由于中国中央政府和地方官员对于黑龙江以北地区情况可悲的无知。"[1]

　　因此中国政府对条约的签订是满意的，对徐日升和张诚的工作是肯定的。谈判结束后，康熙接见了整个使团，还特别单独接见了徐日升和张诚。徐日升在他的《日记》中记载道："他（指皇上）以使人难以置信的满意的表示来接见我们，并令人高声宣读下面的话：'朕躬甚好，卿等好否？朕知尔等如何出力为朕效劳，力图使朕满意。朕知由于尔等之才干与努力而使和约得以缔结。尔等为此竭尽全力。'"[2]康熙皇帝在徐日升死后给了他盖棺论定的评价："朕念徐日升斋诚，远来效力岁久，渊通律历，制造咸宜，扈从惟勤，任使尽职，秉性贞朴无间，始终夙夜殚心，忠悃日著，朕嘉许久矣。"[3]这"任使尽职"四字就是对他在尼布楚谈判中的表现的肯定。中国使团首席代表索额图事后曾对张诚说，中俄谈判"非张诚之智谋，则议和不成，必至兵连祸结，而失其和好矣！"[4]

　　对徐日升和张诚在中俄谈判中的付出，康熙皇帝和中国政府在放宽对天主教限制上做出了回报。1691年（康熙三十年），浙江巡抚厉行禁教，张诚请索额图出面斡旋。他说："公等应知我辈离欧来华之目的，吾人之惟一心愿，即在使人认识真主而传播其圣教。最后上谕禁止传教，斯足使吾人忧惶者也。公入觐后，恩奏请开此禁，则吾人之感恩，较赏赐吾人任

[1]《耶稣会士徐日升关于中俄尼布楚谈判的日记》，第77页。

[2] 同上书，第213页。

[3] 林华、余三乐、钟志勇、高智瑜编《历史遗痕》，中国人民大学出版社1994年版，第127页。

[4] 樊国梁《燕京开教略》中篇，第39页。

何富贵尊荣为切。"[1] 索额图念传教士们在中俄谈判中的功劳,再三肯请皇上开恩,于是皇上批转了礼部的奏疏。

1692 年(康熙三十一年)二月初三日,礼部奏疏曰:"查得西洋人仰慕中国,万里航海而来,治理历法;在用兵之际,制造军器火炮;派往俄罗斯,诚心效力,功劳甚多。各省居住的西洋人并没有违法乱行之处,又不是惑众生事的邪教异端。喇嘛、佛、道等寺庙,尚允许人们进香出入,西洋人并无违法之事,反而禁止,似属不宜。应将各处天主教堂照旧存留,允许进香供奉之人,照常出入,不必禁止。此命下达之日,通行直隶及各省。"[2] 二月初五日,皇帝批"依议"二字,表示同意。

"依议"二字非同小可,这表示了天主教在中国得到了自由传播的权利。这是从利玛窦以来,多少传教士梦寐以求,并为之奋斗的理想。中国最高统治者恰恰在传教士出使尼布楚之后,才给予他们这一权利,这本身就是对徐日升和张诚在中俄尼布楚谈判中所发挥的积极作用的肯定。

编后语:此文发表在《北京行政学院学报》2003 年第 5 期。

---

[1] 费赖之著、冯承钧译《在华耶稣会士列传及书目》,中华书局 1995 年版,第 446 页。
[2] 方豪《中国天主教史人物传》(中),第 265 页。

中捷文化交流的"夜莺"

——捷克耶稣会士严嘉乐

严嘉乐（Charles Slaviczek,1678—1735）是清代初年来华耶稣会士，是目前仍在北京行政学院校园内的"利玛窦及明清以来外国传教士墓地"中保留有墓碑的 3 位来自捷克的传教士之一。

严嘉乐 1678 年出生于捷克东部摩拉维亚的一个叫做"Jimramov"的小镇。他的家乡人至今以他为荣。尽管他出生时的原始建筑已经在二战中消失，人们还是在当地的一幢二层小楼的墙上钉上了一方纪念牌。上面以捷克文写道：

"严嘉乐神父，耶稣会士，1678 年 12 月 24 日在 Jimramov，1735 年 8 月 24 日在北京，在中华帝国的数学家、天文学家、音乐家和传教士。"

捷克当代著名汉学家、捷克科学院东方研究所所长高马士教授送给我一份 1995 年版的《捷华协会通讯》，刊登了上述消息。也就是在同一年，高马士教授编辑出版了捷克文版的严嘉乐书信集。该书的中文版——《中国来信》于 2002 年由大象出版社推出，捷克共和国驻华使馆特为此举行了隆重的首发式。捷克大使托马什·斯麦坦卡（Tomášas Smetánka）先生曾与布拉格歌剧院的 Ondrej Hrab 院长一道来到严嘉乐的墓碑前献花、凭吊。该歌剧院还准备排演以严嘉乐事迹为题材的歌剧。可见其在他的家乡——捷克人民心目中的重要分量。

相比之下，在严嘉乐生活了近 20 年、最终将遗骨埋葬于斯的中国，似乎对他比较陌生。以往的中文文献对于他的详细的生平事迹，披露甚少。甚至在方豪先生记述了上百名外国传教士小传的《中国天主教人物传》3 卷巨著中，都没有严嘉乐的传记。这可能是由于来华耶稣会士中有太多的巨星（如利玛窦、汤若望、南怀仁等），致使严嘉乐这颗本来十分耀眼的星辰，相对黯淡了。

但是无论如何，我们不能忘记这位中捷文化交流的早期使者。

一、严嘉乐的简要生平

严嘉乐的家乡摩拉维亚的宗教事务由耶稣会掌管。严嘉乐在中学时期就加入了教会团体，中学毕业后于 1694 年 10 月加入耶稣会。后来他到布拉格大学攻读哲学凡 3 年，在当地中学执教 3 年之后，又返回该大学进修神学 4 年，于 1706 年被任命为教士。之后，严嘉乐先后在中学和大学任教多年，并获得哲学博士学位。但是他并没有为自己的成就而满足，如同当时在欧洲的很多青年耶稣会士一样，他也渴望到海外陌生的国家去传教。尽管有不少人申请了 10 多次，等待了 10 多年还不能如愿以偿，但是严嘉乐却在 1714 年秋天报名后不久，差不多仅仅等候了一个多月，就得到了批准。这不得不归功于他既精通科学又擅长于音乐的杰出才华。

1716 年 3 月 13 日，严嘉乐与德国人戴进贤[1]、葡萄牙人徐懋德[2]等人一同乘舟来中国。在《中国来信》所收集的严嘉乐寄往欧洲的第一封信，即写给当时任耶稣会总会长的米开朗琪罗·坦布尔尼神父的信中，严嘉乐简述了他的行程："1716 年 3 月 13 日傍晚，我们在里斯本登上了有 30 个舱位的'圣徒安娜号'。"经过 5 个月的艰难航程，"8 月 30 日凌晨我们到达了澳门。"[3]

---

[1] 戴进贤（Ignatius Kogler, 1680—1746）德国籍耶稣会士，天文学家。
[2] 徐懋德（Andrew Jackson, 1690—1743）英籍葡萄牙人，天文学家，1716 年来华。
[3]（捷克）严嘉乐著、高马士编辑，丛林、李梅译《中国来信》，大象出版社 2002 年版，第 16—17 页。

1716 年在中国纪年表中为康熙五十五年。康熙皇帝在早年对来自遥远西方的能给中国带来新鲜西学的传教士们抱十分欢迎的态度，他公开邀请一些传教士到中国来，甚至于 1692 年颁旨，允许天主教像佛教、道教一样在中国自由传播。但是后来发生了"礼仪之争"，1706 年教皇特使多铎来华，不顾康熙的反对强行宣布禁止中国礼仪的教皇令。这迫使康熙改变了态度，下令驱逐敌视中国礼仪的传教士出中国，禁止天主教在华自由传播。但同时，康熙仍允许像利玛窦一样尊重中国礼仪风俗的传教士（大多数为耶稣会士）在北京居住，利用他们的各种专长为宫廷服务，不干涉他们的宗教生活，并对他们礼遇有加。严嘉乐到达中国时的情况正是如此。

康熙五十五年八月初十日（1716 年 9 月 25 日）广东巡抚杨琳奏：

"本年七月十四日，有香山本澳洋舡在大西洋贸易回帆，搭载西洋人严嘉乐、戴进贤二名，并西洋人书信一封。奴才随差员传唤，于七月三十日到省。严嘉乐年三十八岁、称会天文并会弹琴，戴进贤年三十六岁、称会天文，因慕天朝圣化，于本年二月二十一日在大西洋搭载来粤，愿进京效力。" [1] 康熙皇帝于当日朱批曰：知道了。立即通知广东总督给予盛情接待，并特派大员协同传教士马国贤 [2] 前往迎接。

在澳门，严嘉乐逗留了一个多月时间，"在这段时间里，他们为我缝制了中国衣服"，"替我剪了中式头发"，"我们身穿中国服装演习中国礼仪" [3]。

"9 月 14 日夜我们来到了中国最著名的港口广州。"严嘉乐感到，"这里的人去年就盼着我们这两位从中欧来的传教士了。""第二天清早总督就召见了我们。他和蔼地接待了我们，当我们告辞时，他还赐给了食品。"[4]"9 月 17 日总督在自己的府第设盛宴招待我们，不过席间的音乐很差。首先我得演奏羽管键琴给总督听。"总督还给了严嘉乐等人盘缠银两、绸缎和添置衣服的钱，并告诉他们，9 月 25 日将启程赴京城。

但是，9 月 20 日，从京城来了一位重要官员，要了解新来的传教士们

---

[1] 《康熙朝汉文朱批奏摺汇编》第七册。

[2] 马国贤（Matous Ripa, 1682—1747）意大利籍传教士，画家，1710 年来华。

[3] 《中国来信》，第 17 页。

[4] 同上书，第 18 页。

会些什么，这样就将行期延迟了。这期间，另一名在澳门等候了一年之久的意大利耶稣会士喜大教[1] 也加入到严嘉乐、戴进贤的行列。"11 月 9 日我们乘六艘船从广州出发……我们的船队经过时，每距十里的哨所，包括村镇城市，都鸣礼炮向我们致敬。""12 月 8 日我们从南昌动身走陆路去北京，乘的轿子用两匹骡子驮着；另外还有几百匹骡子驮着行李和随行人员。皇帝两次派人前来催我们快走。"1717 年的元月二日，严嘉乐一行到达北京，来到京郊的圆明园。"我们在那里一位宫廷大臣家中住了八天，第三皇子多次到我们这儿来询问各种学术问题。"[2]

关于此事，严嘉乐在信中没有详谈，我们可以从《康熙朝满文朱批奏折》找到一些记载。该文献记道："近几日已令伊等计算讲解，三人仍为戴进贤略胜一筹，精于各种算法，较现有之西洋人内似属超群。"随后又说到严嘉乐，"再，通律吕之颜家楼（即严嘉乐——笔者注），亦精通律吕，为刚抵达，语言不同，且通事皆系不通律吕者，故较从前强否之处，暂不能区分。"三皇子还请示曰："因尚未准伊等进京城之堂，故或暂留畅春园居住，以候皇父回宫。获准伊等进伊等之堂，会见众人之处，候父皇降旨。"康熙降旨："准入堂会面。此等人尚有新好法，或有简便计算数表、开方方法，即缮写带给朕。"[3]

2 月 3 日，康熙皇帝接见了严嘉乐一行。对此，费赖之记道：严嘉乐"其人深通算数，熟练音乐，而于数种机械技艺亦颇谙练；不幸性多忧郁，常郁郁寡欢。""康熙皇帝见其能作数种乐，甚悦，面与之云：'待一兼通历算、音律之人久矣，今得汝，朕心甚欢。'""嘉乐尤善弹六弦琴，帝与侍臣皆乐闻其音。尤于时计、风琴之制造与修理亦优为之，特耗长远光阴于此。"[4]

关于康熙皇帝的接见，严嘉乐在他的信件中是这样记载的："我们行过三跪九叩的大礼之后，皇帝命我们走近他……跪在他宝座的小桌边。"康熙先与他们谈起关于算术和几何的各种问题，又垂询了音乐方面的事，严嘉

[1] 喜大教（Nicolas Giampriamo, ?—1750）意大利籍耶稣会士，1716 年来华。

[2] 《中国来信》，第 31 页。

[3] 引自罗兰桂《康熙朝满文朱批奏摺全译有关西洋传教士及澳门史料辑录》，见澳门《文化杂志》第 38 期，第 142 页。

[4] （法）费赖之著、冯承钧译《在华耶稣会士列传及书目》，中华书局 1995 年版，第669—670 页。

乐还演奏了他从欧洲带来的羽管键琴。"最后,皇帝表现出十分喜悦和恩宠,宣称:我的到来时他感到十分高兴,他早就希望来一个好乐师,同时又是一个好数学家。由于我兼有这二者,皇帝对此高度评价和赞扬……"[1]

随后皇帝宴请了他们。在这之后,康熙接二连三地接见他们,听他们讲数学问题。

1722年,康熙皇帝去世,雍正皇帝登基。新皇帝基本上延续了康熙晚年的政策,一方面限制和禁止传教士向中国人传教,一方面欢迎有各方面技艺的传教士在宫廷服务。他多次将在京传教士召进宫中,发表他对礼仪之争和天主教的看法,也常给传教士们一些赏赐。特别是在1725年10月,来自罗马的使者到北京呈递教宗的礼物和信件,雍正皇帝命全体在京传教士也参加这一隆重的典礼。席间他还与传教士们随意交谈,严嘉乐记道:"皇上转身对我们说:'你们是来向我问安的吗?'我们当即叩头称是。皇上接着说:'在服丧期间朕忙于无数紧迫事务,所以没有召见你们,也没有召见喇嘛和僧尼。今后每五天或七天你们可有几个人来见朕。朕若有空就叫你们,没空就不叫,那也没关系。'"[2]皇帝还向几位年长的传教士苏霖、白晋、德理格等人询问健康与否。

严嘉乐还记道:1726年10月19日和21日"十三王爷[3]召德理格[4]先生和我进王府,在深夜令我们进他的房间,表现了对我们特殊的恩宠。他谈起音乐,给我们提了许多问题,像是认真想向我们请教。但由于他国务十分繁忙,再加上这一地区防止水灾问题,他这一场亲切的学习、谈心不得不早早结束了。"[5]

严嘉乐住在位于宣武门内的南堂(当时又称葡萄牙耶稣会住院)。由于上述的礼仪纷争,一些传教士被限期离京。根据严嘉乐信中的记载,当时被允许留在京城的有:葡萄牙人苏霖(望远镜专家)、奥地利人费隐(测地学家)、德国人戴进贤(任钦天监监正的天文学家)、瑞士人林济各(钟表师)、意大利人罗怀中(外科医生)、郎世宁(画家)、利博明(雕刻专家)、

---

[1] 《中国来信》。第32页。

[2] 同上书,第48页。

[3] 雍正皇帝的十三弟,他当政时的主要助手。

[4] 德理格,意大利遣使会传教士,音乐家。

[5] 《中国来信》,第59页。

法国人白晋和巴多明（翻译家）、雷孝思和冯秉正（测地学家）、宋君荣（数学家）和安泰（外科医生），等等。当然还有严嘉乐，"搞音乐的"。

不幸的是，严嘉乐因不适应北京的水土气候而常年患病。他曾经不得不于1720—1723年间到广州、九江、南昌等处养病。在南昌，严嘉乐常与在九江传教的马若瑟和到那里去的宋君荣等两位法国传教士来往。

1734年他曾在一封信中流露出"这儿的气候我一直难以适应"，"我多病的身体也已使我痛苦了17年之久"。虽然他极愿意写出更多的文章，"可是我的躯体已经整整7个月无力地卧病在床"。"如果万能的圣明上帝另做安排，那么一切文稿将随我进入阴曹地府……"[1] 果然，这封信就是《中国来信》中严嘉乐的最后一封信，第二年，即1735年8月，严嘉乐于北京病逝，享年57岁，在华19年。遗体安葬在滕公栅栏墓地。

墓碑上镌刻着以下碑文：

"耶稣会士严嘉乐之墓

严先生讳嘉乐，号宪侯，系大西洋波夜米亚人，自幼真修，于康熙五十五年钦召进京，内廷供奉，卒于雍正十三年七月初七日，享年五十七岁，在会四十一年。"[2]

二、"礼仪之争"与中西文化碰撞的见证人

明末清初的北京，由于西方传教士的存在而成为中西文化交流的中心。中西文化的差异，特别是由于爆发了"礼仪之争"，在这一时期中，既有友好交流的盛事，也发生一些矛盾与碰撞。严嘉乐在他的书信中记录了其中的很多细节，使我们对之有了更为深切的了解。

例如，严嘉乐在1717年3月19日的信中记述了有关"礼仪之争"的事件。他写道："1716年11月初，当皇帝从满洲回京之后，北京的副主教

[1]《中国来信》，第130页。
[2] 高智瑜、林华、余三乐编《历史遗痕》，人民大学出版社1994年版，第23页。

方济各会的康和之[1]突然进入我们在北京的3个教堂，宣读了教皇的谕旨。"这时正好有几位中国官员在北堂，立即将此事禀报给皇帝。"皇帝当即下令将康和之作为重犯逮捕"。后来，康和之得到了释放，而前提条件是"他必须将教皇谕旨的所有复印件（因是秘密带来的，所以被视为不合法）立即收集起来，自己带到广州去退还给那位将谕旨交给他的传信部的教士，让他将谕旨退还给教皇。"[2]

1720年（康熙五十九年）十一月十八日，康熙召在京传教士严嘉乐、白晋、巴多明、戴进贤、麦大成、费隐、雷孝思、冯秉正、殷弘绪、罗怀忠等18人到干清宫西暖阁。严嘉乐聆听了康熙就中国礼仪问题所做的重要宣示。康熙皇帝说：

"尔西洋人，自利玛窦到中国，传道二百余年，并无邪乱，无非修道，平安无事，未犯中国法度。尔等自西洋航海九万里之遥者，情愿效力，并非俘获之人。朕因轸念远人，俯垂矜恤，以示中华帝王不分内外，使尔等各献其长，出入禁庭，曲赐优容致意。尔等所行之教与中国毫无损益，尔等去留亦毫无关涉。因自铎罗来时，误听教下阁当不通文理，妄诞议论。若本人略通中国文章道理，亦为可恕。伊不但不知文理，即目不识丁，如何轻论中国道义之是非。""中国供神主，乃是思念父母养育。譬如幼雏物类，其母若殒亦必呼号数日者，思其亲也。况人为万物之灵，自然诚动于中形于外也。即尔等修道之人倘父母有变亦自哀恸。倘置之不问，即不如物类矣，又何足较量中国！敬孔子乎，圣人以五常百行之大道，君臣父子之大伦，垂教万世。使人亲上死长之大道。此之圣先师之所应尊应敬也。尔西洋亦有圣人，因其行事可法，所以敬重。"[3]

1720年11月至1721年1月，罗马教宗派出嘉乐使臣再次访华。康熙皇帝命将其访华活动记为《嘉乐来朝日记》，并亲自用朱笔作了批改。在京传教士中赞成"利玛窦规矩"的18名传教士在文后签名表示赞同，其中就有捷克耶稣会士严嘉乐。

---

[1] 康和之，意大利籍方济各会士，强烈反对中国礼仪。

[2]《中国来信》，第33页。

[3] 中国历史档案馆编《清中前期西洋天主教在华活动档案史料》，中华书局2003年版，第一册，第35页。

《嘉乐来朝日记》再一次宣示了康熙皇帝对礼仪之争的明确态度，"尔教王条约与中国道理大相悖戾。而天主教在中国行不得，务必禁止。教既不行，在中国之西洋人亦属无用，除会技艺之人留用，再年老有病，不能回去之人仍准存留，其余在中国传教之人尔俱带回西洋去。且尔教王条约止可禁止尔西洋人，中国人非尔教王所可禁止。其准留之西洋人着依教王条约自行修道，不许传教。""尔欲议论中国道理，必须深通中国文理，读尽中国诗书方可辩论。朕不识西洋文字，所以西洋之事朕皆不论。即如利玛窦以来在中国传教，有何不合尔教之处，在中国传教之众西洋人如有悖尔教之处，尔当带回西洋照尔教例处分。""览此条约，只可说得西洋人等小人，如何言得中国之大理。况西洋人等无一人通汉书者，说言议论令人可笑者多。今见来臣条约竟是和尚道士异端小教相同，彼此乱言者不过如此。以后不必西洋人在中国行教，禁止可也，免得多事。"[1]

雍正皇帝即位后，多次在京传教士宣示他的宗教政策和对"礼仪之争"的态度。严嘉乐亦在场亲耳聆听，并用笔记录了这些重要的历史事件。

1723 年 4 月 14 日，皇十三子"以皇帝的名义将苏霖、费隐、冯秉正神父及俗家修士郎世宁召进宫"，劝他们"根据自己的信仰安静地生活，宣传自己的信仰，不要管别人的事……此后，新皇帝通过这位皇子告知郎世宁，让他画几幅画。皇帝陛下很喜欢他的艺术作品，常赐给他特别丰厚的礼物。"[2]但同时严嘉乐也悲哀地叹息道："真想不到基督教竟沦落到这种地步，只有靠耶稣会一名教士的画笔才能救他……在福建省受迫害的既有多明我会士，也有耶稣会士，整个基督教都受迫害，教堂变成了异教徒的学校。"[3]

1725 年 4 月 29 日，雍正皇帝把任钦天监监正的戴进贤召进宫，问他授予他朝廷的官职时，教会方面是否会阻挠。当时戴进贤任监正，但是没有品级。这就发生了问题，在钦天监编辑的历书上应署上所有参与其事的人的名字。其它的人都是有品级的，如果作为监正的戴进贤没有品级，名字就不能署在别人之前；但如果把他的名字放在最后，又与其监正的职务不

---

[1] 中国历史档案馆编《清中前期西洋天主教在华活动档案史料》，中华书局 2003 年版，第一册，第 36—47 页。
[2]《中国来信》，第 41 页。
[3] 同上书，第 42 页。

相称。"而且，钦天监监正每年有几次上朝，另外一些隆重的场合也会与其它大臣们一起出现，别人都穿着有品级的朝服，唯独监正一人与众不同，这样也不妥。"对此，戴进贤回答道："对陛下的意愿无人反对。"[1] 于是，他被授予官居二品的礼部侍郎。

同年的 10 月 24 日，雍正皇帝在丧服期满后召集在宫廷服务的所有传教士（共 21 人，其中耶稣会士 17 人）到圆明园。皇帝问候了几位老者，并赐奶茶。然后他谈起了宗教信仰问题。他说："你们是中国的客人，是来宣扬上帝的《圣经》的；同样，喇嘛、佛家僧尼还有阿拉伯人也是中国的客人。他说，每个大帝国都有符合本国国情的经书。中国有自己的经书——儒学。满人、蒙古人、阿拉伯人、印度人和欧洲人都有自己的经书。他说，各国的经书都是好的，因为每一种经书都认为必须为善并教会别人为善。'但是，如若要将各种宗教信仰加以比较的话，'皇帝说，'哪种宗教能与中国文人的学说——儒学相提并论呢？'"雍正皇帝还说："所有的宗教信仰的目标都是同样的，是多位一体的。'天'、'佛'、'天主'，还有穆斯林信奉的'安拉'都是一回事。用一种宗教去反对另一种宗教，这有违常理。……你们欺侮佛教徒，反对他们；他们反过来又一报还一报，攻击你们的《圣经》。虽则每一种宗教本身都是好的，但他们的信徒中间总有坏人，这些人违反教义和教规。对这些坏人必须加以处置……"[2]

在上述雍正皇帝接见教皇使者的典礼上，雍正也谈到这一话题。严嘉乐在场聆听，并作了如下记录：当皇上问明在中国的传教士一共只有 40 人左右时说，"他们人这样少，我们国家这样大，分到每个省份中有两三个人，更不用说他们还不懂中国话。还有，如果信奉你们宗教的我国臣民违反了我国的法律，你们将怎样惩处他们？你们手上又没有权力。难道你们想要朕授予你们惩处朕的臣民的权力吗？朕允许你们在宫廷和广州居住就够了，对你们也安全一些。朕知道，你们的意图是使全中国都信奉你们的教。既然如此，你们何不先让整个宫廷和全广州市都变成信奉基督教的呢？到那时想叫全中国都信基督教就不大费事了。你们可以让那些信基督教的北京人、广州人去办，比你们自己去办容易得多。此外你们还说，你们的教和我国

---

[1]《中国来信》，第 47 页。

[2] 同上书，第 49 页。

的儒教没有多大区别。果真如此，你们又何必把你们的教强加于我们呢？如果两者还是有区别，那么你们应该知道，我们是不会为了你们的宗教而放弃有几千年历史的儒学的。"[1]

严嘉乐记录的这些话，清楚地体现了雍正皇帝的宗教观。可贵的是，这些数据都是《清实录》中没有记载的，因此对我们研究当时的宗教史和礼仪之争堪称非常珍贵的第一手数据。

严嘉乐在他的后半生，即从1716年至1735年的19年间，见证了由于"礼仪之争"而在中国特别是在中国教会中造成的种种矛盾与纷争。很多在华耶稣会士在教宗的谕旨和在华的传教事业之间的两难选择中，痛苦地挣扎，有的甚至为此而英年早逝。但严嘉乐在面对现实时，心情似乎没有这样沉重。他曾说：因为"要想执行教皇谕旨而又不致使我们整个传教事业冒完全毁灭的巨大风险是不可能的。皇帝已再次声明：如果要禁止中国礼仪，他就不能容忍欧洲人留在中国；他命令德理格写信给教皇告知此事。"所以最好的办法，就是对教皇的谕旨采取了"阳奉阴违"的态度。严嘉乐说，"我们修会的神父们是怎么做的呢？他们当然恭顺地接受了教皇的谕旨，作了相应的宣誓，但他们决定暂不实行。"[2]

此外，严嘉乐也对早期开创天主教在华"适应策略"的利玛窦等人充满了深深的敬意。他严厉地驳斥了那些远离中国的某些教会人士对利玛窦等人的攻击。他说：他们"居然贬低利玛窦、汤若望以及他们在天文学论坛上的继承人，说他们不是以数学为职业的，他们在欧洲也没有什么名气……"，严嘉乐称这种"可以不顾一个最光荣、最古老、也是幅员最辽阔的国家的声誉"，并且肆意糟蹋利玛窦等耶稣会士的名声和功绩的人，为"中了邪的人"。他说："今天中国天文学，经过耶稣会的神父改造之后，已经如此完美"，而"那些能够使中国人的天文表格改进得如此完善的人，必然是真正杰出的天文学家，虽则这些人是耶稣会士，虽则这些传教士在欧洲某些科学院是不知名的。"[3]

我们从中可以看出，严嘉乐是从内心里赞成"利玛窦规矩"和"文化适应"策略的。

[1]《中国来信》，第53页。
[2] 同上书，第33页。
[3] 同上书，第93页。

三、在诸多领域成就突出的巨匠

由于严嘉乐广博的知识和多方面的技能，在当时的宫廷中，他既是天文学家，又是音乐家，同时又兼任地理学家和钟表师。

天文学家严嘉乐。他从中国古代典籍《春秋》一书中找到了 36 次有关日食的记载。他认为"这些日食的记载大部分是正确的，只有少数几次有误差。这是抄写者的笔误还是《春秋》的作者孔子的错？这很难确定。但是可以肯定的是，第一，最近的几次日食的记载是比较准确的，因为当时还在世并且已较为成熟的孔子亲身经历过；第二，评论家们并没有忽略这些误差，而且承认有部分误差，为部分误差道过歉。"[1] 严嘉乐编制了《春秋》中记载的 36 次日食一览表及其订正的文本。这一宝贵的文献经翻译者的翻译和整理，也被收在《中国来信》的第 100—105 页中。

严嘉乐也热衷于实际的天文观测。他在一封信中谈到，他在北京的 3 座教堂里分别用 19 尺和 30 尺的圭表测量北极星的高度（即北京的纬度）。他得到的结果是 39 度 54 分 18 秒、39 度 55 分 33 秒和 39 度 55 分 18 秒。[2] 他所测量的北京与巴黎的子午线差距为"7 小时 34 分 30 秒"。[3] 严嘉乐在写于 1732 年 11 月 6 日的一封信中称："现在占用我大部分时间、精力的是经常观察月球天平动"。所谓月球天平动，是指月球围绕地球旋转时出现的周期性偏差。严嘉乐称："这种观测包含许多有用的东西。"即："第一，月球的可见直径；第二，月球可见中心位置和其距任何一个可见斑点的距离；第三，继续观察就可以发现月球可见中心的移动，从而揭露月球天平动的根源；第四，月球运行轨道的偏心律的增大或减小。"他还说，"为此必须使用有特殊结构的望远镜。观测的精确性要求观测者十分熟练，而

---

[1]《中国来信》，第 90 页。

[2] 同上书，第 112 页。

[3] 如今北京的经纬度确定为东经 116 度 20 分，北纬 39 度 50 分，而巴黎的经度为东经 2 度 20 分，1 小时时差为经度 15 度。

熟练往往是从长时期的实践经验中产生的。"[1]严嘉乐有关天文学的著作有：《天文测验》（与戴进贤合著）、《月食测验》《推算表》《测北极出地简法》和《月动测验》。[2]

地理学家严嘉乐。严嘉乐对绘制地图素有训练。早在未到中国之前，他就绘制过布拉格市的地图。到北京之后，他分别于 1718 年和 1727 年两次绘制北京城的地图。1731 年严嘉乐收到他在巴黎的同事寄来的《观测报告》一书，其中刊载了一幅误差很大的北京地图，于是严嘉乐就将自己测绘的北京地图以及若干说明一同寄给巴黎。这幅图宽 34 厘米、长 39.5 厘米，现保存在巴黎天文台图书馆。从图中可以看出，绘制者对内城、外城、皇城及紫禁城都作了精确的测量，并标出了一些标志性建筑（景山、鼓楼、钟楼、南堂、北堂、东堂、观象台、天坛、先农坛及利玛窦墓地等）的准确位置。为了绘制此图严嘉乐"走遍了所有的城墙"[3]。从严嘉乐绘制的北京地图，外国科学家发现，"分隔满人城和汉人城的大城墙，这道城墙几乎是同赤道平行的，而通过皇宫的院子和宫殿、指向有大钟的钟楼的中轴线则精确地与这道城墙垂直，只在其北段略向西偏斜。由此我认为，中国人本来的意图可能是按照世界的方位来设计这条中轴线的，至于那细微的偏差，则可能是工作的精确度不够或当时使用的罗盘有毛病，使这条线偏离了子午线。"[4]

钟表师严嘉乐。"1726 年 2 月 26 日一位尊贵的大臣给我送来一座英国造的时钟，恳求我尽可能将他修好。这座钟在运输途中给糟踏得不像样子……这可是一件挺费劲的细活，开头我还不愿干它，可是顺利地修好它之后我感到十分高兴。我甚至想，这是上帝圣明，让我先拆开、修理大臣的一座钟，这样我就有能力去顺利修理属于皇帝的、遭到类似损坏的自鸣钟了。"[5]果然后来他就碰到了这样的机会，1727 年"10 月 27 日我又奉命进宫，修理别人送给皇帝的自鸣钟。这座钟同上面我说的时钟一样，能演奏 12 支曲子。这是一座十分精美的机器，拿来向伟大的帝王进贡是再合适不过了。"11月 19 日，严嘉乐再次进宫"修理皇帝的另一座自鸣钟，是能演奏 9 支曲子的。

---

[1]《中国来信》，第 115 页。

[2]《在华耶稣会士列传及书目》，第 670 页。

[3]《中国来信》，第 138 页。

[4] 同上书，第 140 页。

[5] 同上书，第 56 页。

这座钟同我上面谈到的钟是出于同一位著名的钟表大师平奇贝克[1]之手。修理这两座钟在这几个月里费了我很多时间。"[2]

音乐家严嘉乐。严嘉乐不仅是出色的音乐演奏家，同时也对中国音乐作了理论的研究。书中的注释指出：严嘉乐的音乐才能来自于他家族的天赋[3]。在他的一位同事从圣彼得堡寄给他的信中，有这样一段话："我听说，尊贵的先生，在您的抽屉里还存放着您自己编写的、关于中国音乐的更加精彩的著作。您可千万不能把自己付出巨大努力、以透彻和敏锐的眼光研究出来的成果束之高阁，向您的欧洲保密哟！"对此严嘉乐回答说："我感到奇怪的是，您从哪里得知我的抽屉里还存放着我亲自撰写的关于中国音乐的材料？我肯定有关于音乐的中文书，我内心对中国音乐十分珍爱……"[4]"我有些关于数学、音乐、和声等的论文，那时前些年我在为先帝服务是常常在研究中想到的，我有意将它们加注并誊清。"[5]他说，如果他能够回到故乡捷克，"那么我会拿出大量的文稿让布拉格的印刷厂应接不暇"。他的同事在回信中高兴地说，"到了那时我马上跑来找您，向您学唱中国歌，您看如何？"费赖之的书中记载严嘉乐著有"《论中国音乐》写本数件"。

四、沟通中欧科学交流的杰出信使

当时在京的耶稣会士与欧洲的书信往来频繁，特别是法国教士，将中国的科学及科学史信息以通信的形式传播到欧洲各主要科学机构。如法国耶稣会士宋君荣，曾先后被选为巴黎科学院、巴黎考古研究院通讯员，后又被俄国彼得堡帝国研究院和伦敦研究院聘为研究员[6]。当然，他不过是诸

---

[1] 平奇贝克，18世纪英国著名的钟表师。
[2] 《中国来信》，第59、60页。
[3] 同上书，第157页
[4] 同上书，第130页。
[5] 同上书，第98页。
[6] 《在华耶稣会士列传及书目》，第690页。

多与欧洲科学机构交换情报最杰出的代表人物之一。

严嘉乐也是与欧洲科学机构保持通讯的在京传教士之一。他的学术著作中的一个很重要的部分就是他同巴黎和圣彼得堡著名天文学家的学术通信。现存的仅仅是他实际通信的一小部分，其中有：1730—1733 年写给法国天文学家、耶稣会士什杰潘·苏西埃的 5 封信；有于 1732—1735 年间同圣彼得堡的两位学者——汉学家托菲尔·西格弗里德·拜尔和天文学家约瑟夫·尼古拉·德里斯尔之间的 7 封信。高马士先生指出，这些信件"包含一系列学术命题、计算、图表、概述和论战，其范围相当广泛，对于欧洲人认识中国科学、尤其是数学和天文学的历史具有重大的价值。同时，这些信件也是当时欧洲学术界对中国科学的发展和现状具有巨大兴趣的有力证明。

上述严嘉乐对中国历史上日食纪录的统计和论证，以及关于北京城地图的绘制，等等，都是记录在给法国天文学家、耶稣会士什杰潘·苏西埃以及写给圣彼得堡的两位学者——汉学家托菲尔·西格弗里德·拜尔和天文学家约瑟夫·尼古拉·德里斯尔的信件中的。

1732 年，严嘉乐等人向俄国寄送了"当今皇帝在位 11 年的皇历、中国星象图"以及一些关于中国音乐的书籍和数据等。

同时严嘉乐也从欧洲得到了最新的科学情报刊物——出版于巴黎的《观测报告》。他从阅读来自欧洲最高层次的科学家——什杰潘·苏西埃的来信中获得了"巨大的快乐"。他说："您（苏西埃）对我的上两封信的回信给我的心带来了巨大的快乐，因为这是我收到您写的第一封信；这封信是出自这样一位全世界学识界公认的巨匠之手，使我快乐倍增；而您的回信对我奉上的微薄礼物的赞许远远超出了我的期望，这使我快乐到了极点。"[1]此外，他还收到来自俄国的有关科学情报的刊物《沙皇科学院评论》《柏林医学论文集》《宇宙总结构学》等科学杂志与论著。

无疑，这些有关中欧科学情报和学术著作的交流，是当时推动中西文化交流的一个重要的方面。这一方面是世界了解了中国各个方面特别是有关科学研究的真实情况，也使中国与世界科学的前沿阵地保持了经常的联系，以便能及时地得到最新的科技情报。而严嘉乐在他短暂的一生中为之做出过不懈的努力和杰出的贡献。

_____

[1] 《中国来信》第 116 页。

严嘉乐之所以能在短短的 19 年的时间里，在中西文化交流方面做出如此之多的贡献，是与他对中国文化的热爱和崇敬的态度密不可分的。这一点在他的信件中也有充分的体现。他在批评一位法国神学家及东方学家埃塞布·雷诺多歪曲和诋毁中国的言论时说："只有愚昧无知的人才会诋毁中华民族，这样做的人通常都是心怀妒忌，他们不希望别人成功，巴不得人家一无是处，他们心里就美滋滋的。"[1]"在几千年前，欧洲还是蛮荒落后的地区，而中华民族当时已是世界上最有知识的民族，中国至今仍然比世界其它地方更加文明。"[2]"早在公元前两千几百年前，中国的数学对天象和四季的知识已成熟到这样的程度：一旦发现天象变化与天文预测不符，钦天监就要掉脑袋。诚然，在晚一些的时候中国人在天文学有些方面不如过去完善了（这他们自己也承认，某几次误差也证实了这一点），但不能因此就得出结论说，古老的日、月食记载不可靠，更不能否定中华民族的悠久历史和文化。"[3]

严嘉乐在给一位法国同事的信中说："我虽然不是 gallus（拉丁文，词义是'公鸡'，另一词义是'法国人'——译者注），但我至少是 philomela（拉丁文，词义为'夜莺'——译者注），因为我的捷克名字 Slavíček 译过来就是夜莺。"[4]他的那位同事称："至今听到的任何夜莺的歌唱都没有严嘉乐写的内容充实的信件美妙动听。你教会人们，用光辉而有益的指示启迪和美化人们的心智。但愿这样的夜莺常常飞来。"[5]

让这位曾经沟通了中西历史上文化交流的"夜莺"，永远活在中国和捷克两国人民的心中。

编后语：此文发表在澳门《文化杂志》2004 年夏季刊总字第 51 期。

---

[1]《中国来信》第 86 页。
[2] 同上书，第 90 页。
[3] 同上书，第 92 页。
[4] 同上书，第 99 页。
[5] 同上书，第 74 页。

西方传教士与《皇舆全览图》

史学家方豪先生评论道："明末中国天主教人士，在科学上作了一件集体大工程，那就是崇祯年间的修历；清初中国天主教人士，在科学上也完成了一件规模更大、在科学上成绩也更卓著的伟业，那就是康熙年间的测绘全国地图。"[1] 这就是用西方先进的测绘方法绘制的《皇舆全览图》。这项伟业是由康熙皇帝亲自主持、领导，而由西方传教士与中国的官员和学者共同参与，历时数十年而成。

一、利玛窦首次使用西法测量中国地理

提及以西方测绘方法来绘制中国地图，不能不从利玛窦谈起。

中国人在很早以前就开始绘制地图，早在公元前 1137 年就有被刻在石头上的地图了。最近的考古发现表明，公元前 150 年，中国人就绘制了具有军事价值的地图。元代的朱思本编制的《舆地图》，据称标志了那个时代制图学的顶峰。1555 年（嘉靖三十二年）罗洪先的《广舆图》首次刻印，这是一本由中国人自己编制的大型综合性地图。但是中国人绘制地图传统的方法，是根据一地与另一地间的测距而得出的，而当时的欧洲人则是通过天文观测，来确定一个地点的经纬度。显然，这是更为精确的方法。

---

[1] 《中国天主教史人物传》（中）第 298 页。

　　几乎在利玛窦到达中国的同时，即 1584 年，一名葡萄牙人在他的《世界概观》一书中刊登了"欧洲第一幅单幅中国地图"，但不为中国人所知。第一个将《世界地图》和西方测绘技术介绍到中国的是利玛窦。正如美国旧金山大学中西历史文化研究所的福斯（Theodore N•Foss）先生所说的，"首批来华传教的耶稣会士就把绘制中华帝国的地图作为一项重要任务来对待。他们把自己积累的制图材料用于启发中国人，并满足其同外部世界关系中的好奇心。……从在华耶稣会传教士的早期活动到 18 世纪后期被镇压为止，绘制地图都被看成是耶稣会士、会友同基督徒或非基督徒的中国同事们的一个合作项目。耶稣会士们为扩大传教规模为朝廷效劳，同时也满足了西方学者对中国情报的渴求。"[1] 这其中的第一人，显然是非利玛窦而莫属。

　　在当时欧洲出版的世界地图中，关于欧洲、非洲、美洲的大陆和几大洋的内容是在欧洲探险家们的实际勘察的基础上绘制的，这的确是当时的中国人所不及的，也令中国人大开眼界。但是在利玛窦之前，还没有欧洲人系统地考察过中国，也包括朝鲜和日本，他们对中国乃至远东地理情况的了解非常肤浅、模糊，有些甚至是完全错误的。在奥代理的《世界地图》（即利玛窦从葡萄牙里斯本来东方之前购买的《世界地图》，他在中国绘制世界地图时，主要依据了这本书）的中国部分，中国和契丹被视为两个国家，只有广州、宁波等几个可信的地名，而对长江、黄河等主要河流的描绘也是极其混乱的。奥氏关于中国的知识仅仅来自《马可•波罗中国行纪》和个别对地理学毫无研究的葡萄牙商人。而利玛窦则是根据自己的亲身考察、实地测量，又参考了中国有关记载，对欧洲出版的地图中的中国及远东部分加以修正。因此，他在中国绘制的世界地图，虽然参考了欧洲出版的世界地图，但在对中国和远东的认识上，则远远超过了前者。

　　我们知道，利玛窦在罗马学院求学期间，就受到有关天文、数学等科学的严格训练，通过观察天象来确定某地的经纬度，是科学地绘制地图应必备的基本功。在从里斯本到东方的漫长的航程中，利玛窦就常常以天文观测的方法，确定所路过的地方，如好望角等地的经纬度。他在 1602 年版的《坤舆万国全图》中记述道："且予自大西浮海入中国……道转而南，过大浪山（即

---

[1] Theodore　N•Foss《Jesuit Cartography A Western Interpretation Of China》见澳门文化署编辑出版的《The Jesuits 1594—1994, Macao and China, East meets West》第 133 页。

好望角），已见南极出地三十六度，则大浪山与中国上下相为对矣。"[1] 到了印度果阿之后，他就开始测绘当地的地图。

当 1582 年，利玛窦踏上中国澳门的土地，就立即着手对中国自然地理的调查。当时的耶稣会远东巡查使——范礼安十分赏识利氏在制图学上的才华，命他撰写一本报告中国的地理、风俗和其他方面的情况的书。在短短的一年中，利玛窦利用罗明坚所搜集的资料，完成了一本称作《中国奇观》的小册子。这时利氏估计中国的纬度在北纬 22 度到 48 度之间。

1583 年 9 月，利玛窦与罗明坚定居广东肇庆，便进一步深入地对中国的地理位置进行观测。他在 1584 年 9 月 3 日致西班牙税务司司长罗曼的信中，写道："关于中国的位置，似乎宜绘一张地图，先从南部交趾支那（Cochinchina），直到东北的尖端，是辽州（半岛），它属中国的一省，自那里向上沿海可至日本，那是从一百二十度或一百三十七度经度，直到福多那岛[2]。我曾清楚地观察过两次月蚀，一次在澳门，很仔细地观察，而另一次在肇庆，它在澳门北方，差不多在一百二十四度左右。其南方海岸在（北纬）二十至二十八度之间，从北极算起，在中国北部为鞑靼区；差不多离开北极有四十四、五度；当我旅行时，由计算日程而算出来的，它的距离是用意大利的尺寸计算出来的。"[3]

翌年 11 月 24 日，他在寄往意大利的一封信中，说："中国在东方是最大的国家……疆域虽非正方形，但几乎呈正方形；北纬从二十度起至四十五度或五十度，东经自一二〇度至一三〇度之间，……我只知由两次月蚀而知道肇庆坐落于东经一二四又二分之一度，北纬为二二又二分之一度。"[4] 而在今天的地图上肇庆的经纬度分别是东经 112.5 度、北纬 23 度。利玛窦在 400 多年前观测的误差不大。

1595 年 4 月利玛窦随兵部尚书石星北上，纵贯江西省，并到达应天府的南京。几年后又随礼部尚书王忠铭沿大运河进京。在这两次旅行中间，

---

[1] 林东阳《利玛窦的世界地图及其对明末士人社会的影响》，见《纪念利玛窦来华四百周年中西文化交流国际学术会议》，1983 年台北出版，第 329 页。
[2] 福岛即今非洲西北岸外大西洋中之加那利岛，是古代欧洲人规定的零度子午线通过的地方。见《利玛窦中国札记》第 7 页，中译者注。
[3] 《利玛窦书信集》，第 46 页。
[4] 同上书，第 80 页。

他对所经过的城市的纬度，都进行了测定。我们比较一下利玛窦测量的数值与今日的数值[1]：

城市名称	利玛窦测定的数值	今日地图的数值
赣 州	北纬 26.1/2 度	北纬 25 度 50 分
吉 安	26.2/3 度	27 度 08 分
南 昌	29.1/2 度	28 度 42 分
南 京	32.1/4 度	32 度 03 分
扬 州	32.1/2 度	32 度 21 分
淮 安	34 度	33 度 25 分
徐 州	34 1/2 度	34 度 11 分
济 宁	35 1/2 度	36 度 50 分
临 清	37 2/3 度	37 度 03 分
天 津	39 1/2 度	39 度 07 分
北 京	40 度	39 度 57 分

中国学者陈观胜在《利玛窦对中国地理学之贡献及其影响》一文中，做了另一统计和比较[2]：

地 名	利氏纬度	利氏经度	现在纬度	现在经度
北 京	40 度	111 度	40 度	116 度
南 京	32 度	110 度	32 度	119 度
大 同	40 度	105 度	40 度	113 度
广 州	23 度	106 度	23 度	113 度
杭 州	30 度	113 度	30 度	120 度
西 安	36 度	99 度	34 度	109 度
太 原	37 度	104 度	38 度	113 度
济 南	37 度	111 度	37 度	117 度

可以看到，利玛窦在那个时代所测定的数值是相当准确的。在 1601 年之后，利玛窦所绘制的世界地图中的中国部分，都采用了他自己测定的结果。

---

[1] 转引自《纪念利玛窦来华四百周年中西文化交流国际学术会议》，第 331 页。
[2]《禹贡》1936 年第 5 卷第 3、4 合期，第 55 页。

　　此外，他还广泛参考了中国舆图和地方志资料。他在其《坤舆万国全图》的自序中明确指出，在广东绘制的世界地图主要根据"所携图册与积岁札记"，而自1601年到北京之后所绘的地图，则参考了"敝邑原图及《通志》诸书，重为考定，订其旧译之谬与其度数之失……"[1]

　　早在1588年，利氏在广东期间，就已经接触到本节开始时提到的罗洪先的《广舆图》了。在《利玛窦中国札记》中他就提及了这本书[2]。他以该书为参考绘制了一幅中国地图，由法国的皇家地理学家于1656年在巴黎出版。关于东北亚和北亚地区，即今天称为西伯利亚的广大地区，当时的欧洲人是很陌生的。第一个哥萨克酋长穿越西伯利亚的时间是在1581—1582年间，而俄罗斯人直到清顺治时期才到达这一地区。专家们经考证指出，利玛窦在绘制这一地区时，主要参考了中国的《文献通考》一书，至少有七个地名是直接沿用了《文献通考》中的地名[3]。

　　因此，我们说利玛窦是开创用欧洲先进的测量方法，又参考了中国的资料，科学地绘制中国地图的第一人。同时他又是纠正欧洲人一二百年的错误认识，宣布"契丹"就是中国，"汗八里"就是北京的第一人。

　　此外，利氏对日本和朝鲜的了解也比同时代的欧洲地理学家更为精确。林东阳先生指出：

　　"首先，《坤舆万国全图》上的日本四岛被置于北纬30度到42度之间，虽然这要比实际纬度差了三度，但是日本岛屿的展列相当合乎地理实际。同时利玛窦注写的地名无论就数量或是就正确性，实在不是1570年奥代理《亚洲新图》所能比较。奥氏将日本置于北纬31度到40度，本州不见它应有的曲折弧状，九州过于狭小，而北海道并不存在。麦克托绘制的《世界地图》（1569年）上的日本国竟呈为一个大岛，介于北纬30度至38度。"

　　关于朝鲜，林先生指出："朝鲜半岛的存在在16世纪中叶竟不被欧洲制图学者所获知：麦克托和奥代理都没有在他们的地图里绘出这个东北亚最边缘的大半岛。利玛窦绘出它突出的外形（北纬34度至40度），不过这个半岛不见略呈西北东南的走向，而几乎垂直深入大海。

---

[1] 转引自《纪念利玛窦来华四百周年中西文化交流国际学术会议》第322页。

[2]《利玛窦中国札记》第8页。

[3]《纪念利玛窦来华四百周年中西文化交流国际学术会议》，第331页。

毫无疑问,利玛窦采用的是中国舆图,甚至连对朝鲜的注释亦引用中国人的观点:'朝鲜乃箕子封国,汉唐皆中国郡邑,今为朝贡之首。'"[1]

二、法国传教士来华与康熙年间《皇舆全览图》的测绘

利玛窦的的后来人——耶稣会士汤若望(德国人)、南怀仁(比利时人)等都对中国的一些城市的经纬度做过测量;卫匡国(意大利人)、卜弥格(波兰人)和柏应理(比利时人)都分别绘制过中国地图。但是,个别传教士显然不可能对中国辽阔的国土进行普遍的实地测量,他们主要还是依靠中国的地方志。

而直到 1687 年首批法国官方传教团来华,建立基于西洋测绘法的中国地图绘制计划才得以实现。

在当时的欧洲,法国的首都巴黎成了西方世界测绘地图的中心。1679 年,意大利出生的天文学家和地理学家卡西尼,即曾大力主张派人到东方进行观测的法国天文台台长,设计了一幅巨大的球体投影图,并制定了一个庞大的为世界重新绘图的计划。国王路易十四于 1682 年视察了巴黎天文台,卡西尼的计划和设想给他留下了深刻的印象。这无疑对他欣然赞同向中国派遣传教士产生了积极的作用。第一批来华的传教士里,有几名就是因为受过专门的地理学的培训而被选中的。

当这些法国传教士来到中国,遇到了雄才伟略的康熙皇帝之后不久,就发生了被福斯先生称为"在耶稣会士绘制中国地图的历史中一个令人兴奋的故事",即在 18 世纪的头 20 年中,"康熙皇帝亲自提出的一个计划,命令在华传教士对全国进行实际测绘并在此基础上编制一幅地图。该地图后来在中国和欧洲出版了,为中外提供了有史以来最精确的中国地图,这

[1]《纪念利玛窦来华四百周年中西文化交流国际学术会议》,第 334 页。

幅图一直用到 19 世纪中叶。"[1]

康熙皇帝关于测绘全国地图的设想，首先萌发于平定三藩之乱时。在战争中地图发挥了重要的作用，但是也暴露出很多缺陷。有些地图粗略模糊，有的含混不清，有的甚至错误百出。据李约瑟的研究，是张诚提出的建议使康熙认识到测绘新地图的重要性。张诚在参加尼布楚条约谈判时，痛感中国对东北地区的地理情况不清，给国防和外交造成的困难，于是向康熙建议组织一次全国性的大地测量。康熙皇帝接受了他的建议。

最初，包括有温榆河在内的北京附近的几条河流，周期性地泛滥，使皇帝感到有必要对京畿地区搞一次详细调查。1700 年他命白晋、雷孝思、巴多明和安多去完成这项任务。七天之后，这第一份地图呈到皇上的几案上，皇上对此十分满意。1708 年（康熙四十七年），皇上命雷孝思、白晋、杜德美 3 人测绘万里长城的位置，以及附近河道。第二年，他们返回北京，带回一张约 15 英尺长的地图，上面绘有河流、要塞和 300 多个关口的精确位置。皇上高度评价了这些洋人的工作，他感到对帝国的疆域更加心中有数了。之后，又有费隐加入到雷孝思等的行列，他们奉旨跨越长城，测绘满洲西部、奉天、朝鲜北部、图门江与鸭绿江，即北纬 40 度至 45 度一带。当然任务是极其艰巨的，在那荒无人烟的地方要找到必需的人力、马匹和粮草都很困难。但皇上早有先见之明，他颁布圣旨，令所到各地的文武官员对绘图者给予全力支持，才使该项工作进展得顺利。待他们完成任务回京后，康熙又派他们测绘北直隶各地。1710 年（康熙四十九年）康熙又派遣费隐、雷孝思、杜德美 3 人往黑龙江一带绘图。方豪先生称此为第一阶段。康熙皇帝见地图测绘十分精密，大喜。

当时的测绘工作主要由西方传教士担任，但是康熙皇帝还是存有警惕性的。他命汉、满官员随传教士一道前往，一方面及时供应所需人力、物力；一方面则暗事监督，有时则限制其来往自由，如不得逼近俄国边境，不得进至东海沿岸等。杜德美曾要求测定经过北京的子午线，遭到皇帝的拒绝。

1711 年（康熙五十年），皇帝将传教士分为几个组，齐头并进，加快速度。雷孝思与新到中国的葡萄牙籍的数学家麦大成奉命到山东；杜德美、费隐、

---

[1] Theodore N·Foss《Jesuit Cartography A Western Interpretation Of China 》见澳门文化署编辑出版的《The Jesuits 1594—1994, Macao and China, East meets West》第 133 页。

白晋和山遥瞻测绘长城西部，即晋、陕、甘等省，以及远达哈密的广大地区。这年的年末，又有冯秉正、汤尚贤等人投入这一工作。

1712 年（康熙五十一年），更多的传教士奉命分赴全国各地进行大地测量，绘制地图。冯秉正、德玛诺、雷孝思 3 人赴河南、江南、浙江、福建等地。1713 年（康熙五十二年）汤尚贤、麦大成二人赴江西、广东、广西；费隐、山遥瞻二人赴云南、四川。1714 年（康熙五十三年）冯秉正、德玛诺、雷孝思 3 人测绘台湾西部地图。山遥瞻在云南因劳累过度，又为瘴气所袭，一病不起，竟在边境地区以身殉职。翌年雷孝思前往云南，完成山遥瞻之未竟的事业。然后雷孝思又到贵州，继续费隐因病没有完成的工作。雷孝思奉命完成了湖广地图的测绘之后，返回京师。巴多明也到沈阳、旅顺及山东半岛进行了实地测量，并绘制成图。

总之，整个工程花了差不多 10 年的时间，1717 年（康熙五十六年），这些中西测绘人员完成了各自的任务后，聚齐在北京，康熙命白晋、杜德美、雷孝思与中国官员一道负责汇总。

此外，皇上还派两名在北京蒙养斋跟随传教士学习过测算的藏族喇嘛奔赴西宁、拉萨等地测绘地图；朝鲜国又提供了朝鲜地图。这些图经雷孝思、杜德美、费隐等人重新审定。终于集成包括中原各省、满洲、西藏，及朝鲜的全国总图。经过中外人士又一年的辛勤劳动，于 1718 年（康熙五十七年）制成《皇舆全览图》和各省分图稿共 32 幅，并刻印成册。

康熙对这项酝酿多年的夙愿得以成功，十分欣慰，他对臣下说："《皇舆全览图》朕费三十余年心力，始得告成。"[1]专家评论说，这是世界上第一次在如此广阔的国土上完成的全国性测量。"当时欧洲尚未举行如此规模大的测量；且雷孝思与杜德美由发现经度长度上下不同，证实了地球为扁圆形，亦为世界地理学上一大贡献。"[2]

后来，雷孝思将 1721 年的木版《皇舆全览图》送回法国，经国王忏悔神父转交到路易十四手中。另外，意大利传教士马国贤将此图带回欧洲，制成铜版 41 幅。法国王室地理学家唐维尔（J·B·Bourguigron d' Anville）根据此图作成《中国新图》，在巴黎出版两次，在荷兰海牙出版一次。又

---

[1] 《大清圣祖皇帝圣训》卷五，转引自《中西文化交流先驱》第 129 页。

[2] 《中国天主教史人物传》（中）第 301 页。

收入在杜赫德（du Halde）编纂的《中华帝国全志》（又称作《描绘中国》），于 1735 年版。欧洲人从此对中国的地理概貌有了比较正确、完整的了解。而这部地图在 1726 年（雍正四年）被收入在《古今图书集成》中，分为 216 幅。但是长期被深锁在宫中，没有得到充分的利用。

三、乾隆时代的地图测绘

《皇舆全览图》完成 30 多年之后，乾隆皇帝又于 1753 年（乾隆十八年）命两名葡萄牙籍耶稣会士傅作霖与高慎思一道，远赴准噶尔回疆和厄鲁特蒙古部所居住的布喀尔境一带测绘地图。康熙年间测绘《皇舆全览图》时，这一带尚属叛匪噶尔丹盘踞，因此未能测绘。乾隆年间噶尔丹叛乱业已平息，因此有傅作霖、高慎思二人之使命。1774 年（乾隆三十九年），朝廷新近征服了大小金川，傅作霖又奉命赴西藏及金川地区测绘地图。经过补充的新图称为《钦定皇舆西域图志》。

新图定稿之后，乾隆皇帝有意学习欧洲的方法，雕刻铜版印刷，命一名叫蒋友仁的法国耶稣会士主其事。蒋友仁参考一些欧洲的书籍介绍的雕刻方法，训练雕刻工人，研制铜版印刷机器，等等。在他的主持下，一共刻了 104 块铜版，每块长 2.2 尺，宽 1.2 尺，刻成后印了 100 部，以第一部进呈御览。皇帝见图非常满意。这部图志被收入《四库全书》。《四库全书总目提要》介绍道，"《钦定皇舆西域图志》五十卷：乾隆二十一年（1757年）奉敕撰，乾隆二十七年创成初稿。"在测量方法上，原来的方法由于"川陆之迂回，道里之远近，多不足据。惟以日景定北极之高度，以中星验右界之偏度"的方法，即西洋新法，"为得其真"。《提要》称：西域地方"盖龙沙葱雪，道里迢遥，非前代兵力所能至，即或偶涉其地，而终弗能有。故记载者依稀影响，无由核其实也。我皇上远奋天弧，全收月（月出之地），既使二万里外咸隶版图，又列戍开屯，画疆置郡，经纶宏远，足以巩固于万年。每岁虎节往来，雁臣出入，耳闻目见，皆得其真。故诏辑是编，足以补前朝舆记之遗，而正历代史书之误"[1]。

四、参与地图测绘的外国传教士生平简介

先后参与康熙时代的《皇舆全览图》及乾隆时代的《钦定皇舆西域图志》绘制工程的西方传教士共有 10 余人。他们是法国的白晋、张诚、巴多明、雷孝思、杜德美、汤尚贤、冯秉正、山遥瞻和德玛诺；葡萄牙的麦大成、傅作霖、高慎思和奥地利的费隐等。白晋、张诚、蒋友仁等的生平事迹，笔者曾在《正福寺法国传教士墓地的变迁》一文中作过介绍，现将其他人的生平简介如下：

巴多明，字克安，原名 Dominique Parrenin，1665 年出生于大鲁塞（Grand—Russey），1685 年入修院修行，1692 年至 1693 年教授文学课程，其物理学、文学、史学、地理学、几何学，乃至军事学的渊博知识，已为世人称道。1693 年巴多明开始研习神学，后晋升司铎。1698 年，他随出使欧洲，胜利返回的白晋等登舟东行，10 个月后抵达中国。

康熙皇帝见其"体貌魁伟，器而重之，为之选良师授以满、汉文字。不久多明遂谙华言，以前欧人之操华语者无人能及；其满语流利，与其母国语言无异。帝喜与之言，辄作长谈……多明并以世界各国之政治风俗、欧洲各朝之利害关系告帝；帝之得以重视路易十四为人，皆多明进讲之力也。"[2]康熙帝求知欲极强，他常常命巴多明将最新奇，最感兴趣的事情详细写来呈上。于是，巴多明将法国科学院及多位科学家的著作中关于几何、天文、解剖学的最为新奇的学问，择要翻译成满文，供皇上阅读。他的汉、满两种文字写的文章，如"水泉奔放，辩才纵横，脍炙人口"。

巴多明还能熟练地运用拉丁语、法语、意大利语、葡萄牙语，因此当外国使臣来访时，常常让他做翻译。特别是在调停中俄争端中，巴多明出

---

[1] 《四库全书总目提要》中华书局 1965 年版，卷 68，第 605 页。
[2] 费赖之著，冯承钧译《在华耶稣会士列传及书目》中华书局 1995 年版，第 510 页。

力尤多。中俄两国间的公文函件也常由巴多明来翻译。1726 年（雍正四年），皇上在一次招待传教士的宴会上，特别肯定了巴多明的工作。另一名法国传教士宋君荣在一封寄往欧洲的信中说道："皇帝对巴多明神父在翻译各种公文时的严谨态度很满意。巴神父翻译了俄罗斯人提交的各项拉丁文公文。皇帝还对巴多明向十三御弟、怡贤亲王允祥所做的关于与女沙皇的使者交涉情况的准确汇报表示满意。"[1]

1729 年（雍正七年），为办理中俄之间的交涉，根据俄方的提议，经中国朝廷同意，巴多明在北京创办了翻译馆，培训拉丁语人才，有 30 多名满、汉贵族子弟就学。起初由巴多明任馆长，主持馆事，由宋君荣任副馆长。宋君荣在一封信中称："拉丁课程颇有进展；有馆生数人，说拉丁语尚属流利。"[2]

1730 年（雍正八年），北京发生大地震，10 万居民受害。雍正皇帝就地震的起因等向巴多明垂询，甚为满意，特赐银千两，以供修缮教堂之用。

1741 年（乾隆六年），巴多明病逝于京师，享年 76 岁。当时无论教内教外人士，皆感痛惜。皇上颁旨："巴多明是老成人，效力年久，特赐帑银二百两，大缎十匹。钦此。"[3] 王公大臣皆亲临吊唁，送灵柩至墓地，即正福寺法国传教士墓地。

雷孝思，字永维，原名 Jean—Baptiste Regis，1663 年出生于法国伊斯特雷（Istres）城，1679 年在里昂入修院。和巴多明一样，雷孝思受出使欧洲的白晋的感召，1698 年随他一起返回中国。雷孝思因其精通历算天文，立即被召入京师，随即投入到测绘地图的伟大事业中。"凡从事测绘中国全图之教士，要以孝思历地最广，任务最勤。始而周历塞外平原，其后足迹远至南疆，往来于云南野人山中。"[4] 杜赫德在《中华帝国全志》的序言中谈及，"孝思曾云，欲成绩之良，凡事皆未懈惰疏忽，在各省中曾亲自往来各地；检阅各地之地图方志；面询所过诸地之官吏绅耆；而对于所适用尺度之使用从未中断，俾能与将来之三角测量相合。""所采用者盖为三角测量法，

---

[1] 转引自《中国教案史》第 159 页。

[2] 同上书，第 517 页。

[3] 《北京石刻艺术博物馆耶稣会士墓碑人物志考》第 12 页。

[4] 《在华耶稣会士列传及书目》第 538 页。

缘地面广大城市众多，如用他法须时过久也。此法尚有他益，盖不仅能测定城市之经度，而且可以测定其纬度。夫然后以子午线与两极星纠正以前之错误。"[1] 文中还谈到，这一切就是为了使测绘的成绩让皇帝满意，进而达到"保教"的目的。

雷孝思精通中文，他将《易经》翻译成拉丁文。

雷孝思于 1738 年（乾隆三年）卒于北京，享年 75 岁。死后葬于正福寺法国传教士墓地，乾隆皇帝特赐大缎十匹，帑银 200 两。

杜德美，字嘉平，原名 Pierre Jartoux，1668 年生于法国埃夫勒，19 岁加入耶稣会。人称其"对分析科学、代数学、机械学、时计学最为熟练"[2]，故康熙皇帝颇器重其材。

杜德美受命测绘地图，十分尽力，乃至体力不支。不得已回京，主持将分图汇集成总图事宜。他另有若干数学著作问世：《周经密率》及《求正弦正矢捷法》各一卷。当时的钦天监满人监正明安图刊行的《求周径密率捷法》一书，也是杜德美所授。割圆术中的"杜术"，即出自杜德美。

1720 年（康熙五十九年），杜德美在京病逝，享年 52 岁。死后葬于滕公栅栏墓地。

汤尚贤，字宾斋，原名 Pierre—Vincent de Tartre，1669 年出生于法国之洛林。在当地的大学毕业，旋入修院修道，1701 年来华。汤尚贤先在广州住了些日子，然后到江西传教。因其精于数学，被召入京师，治理历算，后投入测绘全国地图的工作。当他完成了山西、陕西、江西、广东、广西 5 省地图后，一日皇上召见，康熙指某一图上某一河流位置有误，"汤氏知误在圣祖（即康熙皇帝），乃以极婉转口吻、极恭顺态度，坦白指出"[3]，最后皇上承认，是自己错了。

后康熙皇帝禁教后，汤尚贤亦无事可做，便研究《易经》。雷孝思翻译《易经》也吸收了他的成果。

汤尚贤于 1724 年（雍正二年）病逝，享年 56 岁，葬于滕公栅栏传教士墓地。

---

[1] 《在华耶稣会士列传及书目》，第 540 页。

[2] 同上书，第 594 页。

[3] 《中国天主教史人物传》（中）第 304 页。

冯秉正，字端友，原名 Joseph—Francois—Marie—Anne de Moyriac deMailla, 于 1669 年出生于法国贝莱（belley）。其家族乃是一名望贵族，但冯秉正抛弃荣华富贵，排除一切障碍，于 1686 年毅然进入里昂教区修院。1702 年他终于实现了多年的梦想，奉派东行，于翌年到达澳门，进而在广州学习中文和中国习俗。

1710 年，冯秉正受命参与测绘中国全图工作，足迹走遍河南、浙江、福建、台湾等地。其间亦传播教理，鼓励教民。测绘完毕后，回京师复命，康熙皇帝深器其材，命留居京师，派在内廷行走。此间他学习满语，进步很快。

当时，"康熙帝欲使满语传世久远，曾命人将中国正史译为满文；派深通满、汉文字官员为译人。至 1692 年满文译本告成。至是帝又命秉正将同一史书转为法文。秉正精通满、汉语言，而又熟习中国古籍暨其风习、宗教、历史，由是善于考据，此他人之所难而彼能优为者也。其友人皆劝其勉力续成此事业，而中国、法国、罗马等处道长咸鼓励之。"人称："欧罗巴人之精研中国历史、文学，得鲜有能及秉正者。秉正研究勤挚，辅以强健之记忆力，中国士人与之讲学者，莫不惊叹云。" [1] 冯秉正以《通鉴纲目》一书为主，再博采其他史书以补充，对明清两代的事迹，尤为详细。经过 6 年的艰苦爬梳，他所翻译的《中国史》12 卷终于告成，并于 1777 年至 1783 年在法国巴黎出版。同年又有人将此书翻译成意大利文。这一巨著奠定了他作为"法国汉学奠基者"的历史地位。

冯秉正于 1748 年（乾隆十三年），病逝于北京，享年 80 岁，皇上赐予帑银 200 两，遗体安葬在正福寺法国传教士墓地。

麦大成，字尔章，原名 Jean— Francois Cardoso,1676 年出生于葡萄牙，1708 年在里斯本登船东行，1711 年抵达北京，随身带有葡萄牙国王送给康熙皇帝的厚礼。当时康熙最喜欢西班牙的酒。他曾下令百官，凡有西人进贡洋酒，应由西人亲自用火漆封印，立即送往朝廷，因怕有人偷尝。

麦大成到达京师后，立即接受命令与雷孝思、汤尚贤等人一道测量、绘图。待工作完成后，乃留在北京，供奉内廷。

1723 年（雍正元年），麦大成在京逝世，享年 45 岁，安葬在滕公栅栏墓地。

---

[1]《在华耶稣会士列传及书目》第 608 页。

费隐，字存诚，原名 Xavier —Ehrenbert Fridelli,1673 年出生于奥地利，15 岁入修院，1705 年（康熙四十四年）到澳门，后赴江苏镇江传教。朝廷知其通晓数学，便召至京师，协助法国传教士雷孝思、杜德美测绘中国地图。1710 年（康熙四十九年）他们测绘了直隶、东北三省和黑龙江以北一带的地图。翌年，费隐与杜德美等测绘了喀尔喀地区；接着就是四川、云南、贵州、湖广等地。刘松龄称："（费）隐自北而南，历地甚广，测绘之余，兼传布教务。"[1] 雍正年间，他又奉命测绘陕西一带地图。

费隐于 1743 年（乾隆八年）殁于北京，葬于滕公栅栏墓地。

山遥瞻，字景云，原名 Guillaume Bonjour Fabre，法国人。山遥瞻是奥斯定会传教士，最擅长地学，在欧洲已负盛名，1710 年（康熙四十九年）来华，3 个月后就加入这项工作。1714 年（康熙五十三年），在云南边境的孟定地区，感染瘴气，以身殉职，享年仅仅 45 岁。遗体安葬在北京的滕公栅栏墓地。

傅作霖，字利斯，原名 Felix da Rocha,1713 年出生葡萄牙首都里斯本，曾先后研习哲学、神学各四年，1734 年加入耶稣会。然后于 1738 年（乾隆三年）来到中国、北京，1753 年正值葡萄牙国王的使臣赴京师朝贡时，乾隆皇帝擢傅作霖为钦天监监副，协助监正刘松龄续修《仪象考成》。1753 年（乾隆十八年）傅作霖奉命与另一名葡萄牙籍耶稣会士高慎思一道，远赴准噶尔回疆和厄鲁特蒙古部所居住的布喀尔境一带测绘地图。他们辗转二年后回京，傅作霖得赏二品顶戴。1759 年（乾隆二十四年），他们重赴其地完成测绘。他们的足迹遍及哈密、吐鲁番、伊犁等地，测定了 43 处的地理方位。1774 年（乾隆三十九年），朝廷新近征服了大小金川，傅作霖又奉命赴西藏测绘地图。

也就在这一年，原钦天监监正刘松龄病逝，皇上命傅作霖继任钦天监监正之职。至于他在钦天监的工作，史料记载较少。1781 年（乾隆四十六年），傅作霖在京去世，享年 69 岁，皇上赐银 200 两，安葬在滕公栅栏传教士墓地。

高慎思，字若瑟，原名 Joseph d'Espinha，于 1722 年出生于葡萄牙拉梅古城。16 岁半便加入耶稣会，曾获得文艺硕士学位，并专门研究数学二年。1751 年（乾隆十六年）时与钱德明等一道进入北京。于 1770 年（乾隆三十四年）被授钦天监副，为傅作霖之助手。又两次与傅一道赴回疆厄鲁

---

[1] 费赖之著，冯承钧译《在华耶稣会士列传及书目》中华书局 1995 年版，第 617 页。

特地区绘制地图。傅作霖去世后，高慎思接任监正之职务，于1788年（乾隆五十三年）病逝于京师，享年66岁，皇上照例赐银200两，同样安息在滕公栅栏墓地。

上述这些曾经致力过以西法绘制中国地图的传教士们的墓碑，经历了二百多年的风风雨雨，至今仍然基本保存完好，分别矗立在北京市委党校校园的"利玛窦及外国传教士墓地"和"五塔寺"石刻艺术博物馆中。

五、结论

第一次用西方先进的测绘方法绘制的全国地图，是清代全盛时期的代表作，也是从康熙帝到乾隆帝文治武功、雄才大略的写照。它的出现有着历史的必然性，这就是当时处于鼎盛时代的中国统治者需要一部真实地反映帝国全貌的综合性的地图，以便来管理分布在广袤国土上的各级地方政府，征收赋税，兴修水利，防治水害，平息叛乱，维护朝廷对整个疆域的有效控制。同时它的出现也有其偶然性，这就是刚好有一批在地理学方面受过专门训练的西方传教士，特别是一批法国传教士来到了中国。他们一方面抱有渴望了解中国的求知欲（这种求知欲不仅是个人的，也是那个时代整个西方世界的），同时也期望着以他们报效朝廷的出色的工作来换取传播宗教的自由。为此，这些传教士们风餐露宿，出没于人迹罕至之地，有的不幸以身殉职。实际上他们得到的传教自由是极其短暂的，但是为西方人了解中国，也为中国人更好地了解自己的国家，作出了不朽的贡献。因此，可以说，《皇舆全览图》与《皇舆西域图志》又是自利玛窦以来，一代又一代西方传教士对中国地理状况认识的集大成之作。

即使到了今天，这两部中国地图也不失其现实意义，它可以雄辩地告诉世人，最起码从康熙、乾隆时代起，西藏和新疆地区已经纳入中国的版图，成为了中央政府有效控制的领土，从而可以给中外分裂主义者迎头痛击。

诚然，他们绘制的地图，后来可能挂在了入侵中国的金发蓝眼的将军的指挥部里。因此在很长一段时间内，他们被称为刺探中国情报的"帝国主义的文化特务"。但是，不要忘记，他们是先把西方的情况介绍到中国来的，他们首先绘制的是包括了欧洲国家在内的世界地图。难道能因此说他们是"出卖"自己祖国情报的"特务"吗？如果冷战时期的美国总统从《红星照耀中国》中了解中国共产党的一些情况，我们能说斯诺就是"文化特务"吗？

再说，为什么近代的中国人没能利用传教士们画的世界地图去征服世界呢？14 世纪成吉思汗的蒙古铁骑横扫欧洲的时候，并没有精确的欧洲地图。可见地图并不是问题的关键。中国近代屈辱的历史，应该从近代世界和中国的政治、经济中去寻找原因，而不应该归罪于那些奉了皇帝的圣旨，辛辛苦苦地测绘地图的传教士。本文简略介绍的那些与其说是神父，不如说是科学工作者的利玛窦、张诚、白晋、安多、巴多明、雷孝思、杜德美、山遥瞻、汤尚贤、冯秉正、麦大成、费隐，以及傅作霖、高慎思、蒋友仁等，他们的功绩应该得到历史的、公正的记述与评价。

编后语：此文发表在《汉学研究》第 5 集，中华书局 2000 年 9 月出版。

2012 年，中国科学院国家天文台、中国科学院自然科学史研究所、中国古代天文联合研究中心合署，将位于海南三亚天涯海角景区的"海判南天"刻石，命名为"中国古代天文大地测量崖州遗迹"。该刻石为 1714 年（康熙五十三年）朝廷官员及法国传教士汤尚贤赴该地测量时所刻。

戴进贤
——任职清廷钦天监近 30 年的德国耶稣会士

最近北京的报刊登载消息说，在拍卖会上出现了一件稀世珍品：清乾隆太庙牌位。报导说，公元 1914 年，太庙管事太监找到德国古董商戴赛尔欲私卖太庙文物，因戴赛尔为乾隆年间御用天文官戴进贤的后人，故愿花大钱要管事太监从太庙盗取清乾隆太庙牌位，得手后，迅速将其带回德国。戴赛尔死后，其后人不知牌位的意义和价值，便放于家中地窖。后有心人几经周折多方努力，寻到此物。这个牌位是辗转欧美经香港带回内地的，估价达 80 万元。

人们不禁要问，戴进贤是什么人？他与乾隆皇帝有什么关系？他在中国、在北京都做了些什么？

一、从兰茨贝格到北京，戴进贤经历了康、雍、乾三朝

戴进贤，字嘉宾，原名 Iguatius Kogler，1680 年出生在德国巴伐利亚莱希河畔的一个美丽的小镇——兰茨贝格。

1999 年春，我造访了他的家乡。这是个依山傍川的小镇，街道建筑保持着古代的风貌——石块铺成的窄窄的道路，青铜饰顶的高高的教堂，还有街心的圣母像。主人指着路旁的一幢 4 层小楼说，这就是戴进贤的故居。

这幢小楼的一层现在是冲洗照片的商店，墙上镶嵌的一方石牌以德文记载着戴进贤简略的生平。大意是：

"Iguatius Kogler，一位数学家和天文学家，1680 年在这幢房子出生，1696 年加入耶稣会，1716 年作为一名传教士到中国，曾担任数学学院的校长，官居二品。1746 年于北京逝世。"

在主人的引导下，我参观了兰茨贝格的博物馆。"复活节"假日期间博物馆本来是不开放的，管理员却破例为远道而来的中国人开了门。在博物馆我第一次看到了戴进贤的画像。令人惊奇的是，小镇中学就叫"戴进贤中学"。这曾是当年戴进贤曾经就学和后来任教的学校，现在学校迁入了新楼。我走访了这所中学。"复活节"假日期间，学校里没有师生。学校的厅堂里悬挂着戴进贤的画像，还有用汉字题写的"英格纳·柯哥乐中学"的字样。1996 年是戴进贤逝世250 周年，学校专为纪念他而出版了题为《IGNAZ KOGLER（1680—1746）》的小册子，介绍了他的生平与成就。不难想象，小镇的孩子们对这位 300 多年前致力于德中友好和科技文化交流的使者都会有初步的了解，对遥远的中国和中国文化也会有与众不同的感情。

距今 3 百多年前，1680 年，戴进贤出身于平民之家，他的父亲是个制皮衣的匠人。戴进贤行五，他有 10 个兄弟姐妹，其中两人早夭。他 16 岁进入耶稣会办的学校学习拉丁文、哲学、数学、物理学等课程并成为一名修士。1698 年至 1701 年间，他到位于慕尼黑北部的由耶稣会开办的因戈尔施塔特大学深造，主修哲学、神学、数学及东方语言。这所大学在天文方面成绩卓著，他的老师耶稣会士奎士多夫·申讷（Christoph Scheiner S.J.）在天文观测领域取得很高的成就，在 17 世纪初已经观察到了太阳黑子。戴进贤在这里受到熏陶，对天文学产生了浓厚的兴趣。学校提倡研讨、辩论的学风，使学生自主学习和研究的能力大大提高。1709 年 5 月，戴进贤加入了耶稣会。随后他到埃博斯伯格的修道院任心灵指导教师，继而到弗赖堡任职。1712 年他又回到因戈斯塔特大学任教，担任数学和希伯来语教授凡 3 年。这期间他就以才华出众和工作卓有成效而闻名遐迩。学校所属的教区准备授予他好几个职务，他都谢绝了。受到孤身赴远东传教的耶稣会士沙勿略的传奇故事的感召，他抱定一个坚定的愿望："前往中国，传播主的福音。"[1]1715 年他终于等到了来自上级的通知，命他到里斯本乘船东行。至今上德意志教团仍保留着他出发前领取行李的凭证。上面记录着："长袍一件、棉制晚袍一件，一条围巾、一个箱子和一点钱。"[2]戴进贤就是背负着如此简朴的行装上路的。

戴进贤的东行旅途比较顺利，仅用了一年多的时间，便与捷克耶稣会士严嘉乐等人于 1716 年 8 月（康熙五十五年）到达澳门。然而这时，天主教在中国的处境已经与康熙初年不同了。由于罗马教廷顽固坚持不容纳中国礼仪的态度，"礼仪之争"愈演愈烈，1706 年（康熙四十五年）玄烨也改变了"容教政策"，禁止中国人信奉天主教；但同时又欢迎身怀各种技艺的欧洲传教士到宫廷中服务。他下令，只有深谙天文、历法等知识，且遵守"利玛窦规矩"的传教士才能进入和居住在中国。戴进贤正因为精通数学和天文，才博得教区总会长的赏识，使他得到实现自己愿望的机会。他一踏上中国的土地，就感受到中国人对西学强烈的求知欲。他在刚刚到达不久写给家人的信中就提到："大伙都问我是否带来了数学方面的测算器械"，没想到"我是为着搞数学才被送到中国来的。"[3]

果然他们受到中国官员的注意。广东巡抚杨琳于康熙五十五年八月初十日 (1716 年 9 月 25 日) 上奏道：

"本年七月十四日，有香山本澳洋舡在大西洋贸易回帆，搭载西洋人严嘉乐、戴进贤二名，并西洋人书信一封。奴才随差员传唤，于七月三十日到省。严嘉乐年三十八岁、称会天文并会弹琴，戴进贤年三十六岁、称会天文，因慕天朝圣化，于本年二月二十一日在大西洋搭载来粤，愿进京效力。"[4]康熙皇帝于当日朱批曰：知道了。立即下令，命广东总督给予盛情接待，并特派大员协同传教士马国贤[5]前往迎接。

与戴进贤同行的严嘉乐曾这样写道：在澳门，他们逗留了一个多月时间，"在这段时间里，他们为我缝制了中国衣服"，"替我剪了中式头发"，

---

[1] 许明龙著《中西文化交流先驱》东方出版社，1993 年版，第 236 页。

[2] 数据来自德国戴进贤中学 1996 年编辑出版的《IGNAZ KOGLER》。北京外国语大学李雪涛博士给予德语阅读上的帮助，在此致谢。

[3] 转引自《中西文化交流先驱》第 237 页。

[4]《康熙朝汉文朱批奏折汇编》第七册。

[5] 马国贤（Matous Ripa,1682—1747）意大利籍传教士，画家，1710 年来华。

"我们身穿中国服装演习中国礼仪"[1]。"9月14日夜我们来到了中国最著名的港口广州。""第二天清早总督就召见了我们。他和蔼地接待了我们，当我们告辞时，他还赐给了食品。""9月17日总督在自己的府第设盛宴招待我们，不过席间的音乐很差。首先我得演奏羽管键琴给总督听。"[2]总督还给了戴进贤和严嘉乐等人盘缠银两、绸缎和添置衣服的钱，并告诉他们，9月25日将启程赴京城。

但是，9月20日，从京城来了一位重要官员，要了解新来的传教士们会些什么，这样就将行期延迟了。这期间，另一名在澳门等候了一年之久的意大利耶稣会士喜大教[3]也加入到严嘉乐、戴进贤的行列。"11月9日我们乘六艘船从广州出发……我们的船队经过时，每距十里的哨所，包括村镇城市，都鸣礼炮向我们致敬。""12月8日我们从南昌动身走陆路去北京，乘的轿子用两匹骡子驮着；另外还有几百匹骡子驮着行李和随行人员。皇帝两次派人前来催我们快走。"[4]他随身携带的西洋书籍有："意大利亚国名里佐利者所著《黄历算术》二本，名沙勒斯者所著《几何原本》一本、《黄历算书》一本，讲述地方地图及讲述各本著作缘由之书一本，日耳曼尼亚国名达格德者所著讲解天数之书二本，此外尚有简单讲述小计算之书几小本。"[5]

1717年的元月二日，戴进贤、严嘉乐、喜大教一行由中国官吏和马国贤陪同到达北京，来到京郊的畅春园。当时朝廷对于新来的传教士往往要首先考察他们的真才实学，然后根据特长安排工作。对戴进贤等人的考察由三皇子胤祉负责。他向康熙报告的考察结果是："近日已令伊等计算讲解，三人仍为戴进贤略胜一筹，精于各种算法，较现有之西洋人内似属超群。"[6]他还就如何安置其工作一事向康熙请示："因尚未准伊等进京城之堂，故或暂留畅春园居住，以候皇父回宫；或准伊等之堂，会见众人之处，候皇父

[1] 严嘉乐著、丛林、李梅译《中国来信》，大象出版社2002年版，第17页。

[2]《中国来信》第18页。

[3] 喜大教（Nicolas Giampriamo, ?—1750）意大利籍耶稣会士，1716年来华。

[4]《中国来信》第18页。

[5] 引自罗兰桂《"康熙朝满文朱批奏折全译"有关西洋传教士及澳门史料辑录》，载于澳门《文化杂志》第38期（1999年），第142页。

[6] 同上。

降旨。"康熙批示:"准入堂会面。此等人尚有新好法,或有简便计算数表,开方方法,即缮写带给朕。"[1]

根据康熙的旨意,戴进贤等人进入京城。他住在宣武门内的南堂,而严嘉乐则住进了紫禁城东边的东堂。当一再被询问有无新的计算方法时,戴进贤等答道:"我等许多计算方法皆系其大而重要之项,计算法亦与我等相同。此本源俱包函于《几何原本》内。此外我等并无新法。虽如此,我等仍尽量琢磨,于书内查出几个好方法后,再行奏览。"4天后,胤祉又向康熙皇帝汇报:"伊等所带数表,俱系旧样子,并无新的。询问伊等开方的简便算法,伊等皆按我处旧法计算。故将戴进贤计算之平方方法一,立方方法一,一并奏览。俟伊等又想出新的好的方法,缮写送来后,再行奏闻。"[2]

戴进贤在受到康熙皇帝的召见之后,便进入畅春园专门研究数学等科学的蒙养斋,并以其工作踏实,为人谦和而获得皇帝的信任。不久他奉命到钦天监任职。3年之后,1720年,原任钦天监监正的纪理安抱病无法正常工作,康熙颁旨曰:"非通晓历法之人,不能细察微小增减,不觉渐错。戴进贤虽系新来,尚未全晓清汉话语,其历法、算法上,学问甚好,为人亦沉重老实。着放纪理安员缺,钦此。"[3]命其担任钦天监监副之职。1725年5月2日(雍正三年三月二十日)雍正皇帝再降旨:"戴进贤治理历法,着改授监正加礼部侍郎衔,钦此。"[4]从此戴进贤任钦天监监正(二品)长达21年,直到逝世。

在戴进贤被任命为钦天监监正之前3天,即4月29日,雍正皇帝还专门召他进宫,询问他:如果授予他朝廷的官职品级,教会方面会不会有异议。因为,之前汤若望任职钦天监就曾经遭到教会中某些人的非议,后来康熙皇帝任命南怀仁时,南怀仁曾多次上书婉拒,称:"以淡泊修身为务,一切世荣,久已谢绝,受禄服官,非所克任。"[5]表示愿意在钦天监领导日常工作,但不愿接受带品级的官职,康熙皇帝念其"情词恳切",便准其所请,任其为"钦

---

[1] 引自罗兰桂《"康熙朝满文朱批奏折全译"有关西洋传教士及澳门史料辑录》,载于澳门《文化杂志》第38期(1999年),第142页。

[2] 同上。

[3] 高志瑜、林华、余三乐著《历史遗痕》,人民出版社1994年版,第78页。

[4] 同上。

[5]《熙朝定案》。

天监治理历法"。但是雍正皇帝考虑到，如果不授官职品级给在钦天监任职的传教士，朝廷多有不便。因为"在大臣中如果一个人只有官职而没有品级，这是对其他大臣的不敬。现在经皇帝恩准，钦天监前几年编的历书即将出版，照惯例所有参与编纂的人都要署上名。可是所有的人都是有品级的官员，而戴进贤监正没有品级，名字不应列在别人之前；但是把它的名字放在最后，又与他监正的职位不相称。而且，钦天监监正每年有几次上朝，在另外一些隆重的场合也会与其它大臣一起出现，别人都穿着有品级的朝服，唯独监正一人与众不同，这样也不妥。"戴进贤当场回答说："对陛下的意愿无人反对。"但随后又上了一份奏折，"要求除钦天监之外不另担任官职，以免中华帝国的居民误认为我们来此不仅是宣扬圣教，也是为了高官厚禄。"[1] 戴进贤从此正式担任钦天监监正一职。方豪称"西洋人实授钦天监监正，实自戴进贤始。"[2]

　　或是出于为了加强西学对中国朝廷的影响，或是出于为了壮大天主教在华的力量，戴进贤曾向皇上推介多名传教士进京。1744 年 11 月 1 日（乾隆九年九月二十七日），戴进贤上奏曰："本年六月内，西洋船上来有修士，特来效力。蒋友仁、吴直方通晓天文，艾启蒙能画，那永福能知律吕。以上四人现在澳门，应否来京，臣等不敢擅便，理合请旨，以便遵行。如蒙皇上恩允，求照例交与广东督抚，令人伴送进京。"[3] 乾隆下旨：准其来京。

　　蒋友仁（Michel Benoist）系法国耶稣会士，来京后参与设计圆明园大水法，他献给皇帝的《坤舆全图》介绍了哥白尼的"日心说"，他还受命到新疆绘制地图，在介绍西学方面贡献卓著。葡萄牙人吴直方（Barthelemy de Azevedo）不幸到京后第二年就去世。捷克人艾启蒙（Ignace Sichelbarth）则成为仅次于郎世宁的宫廷画师，乾隆皇帝赐他御书"海国耆龄"匾额一方。那永福不可考。戴进贤的引荐之功不可没。

---

[1]《中国来信》，第 47 页。

[2] 方豪《中国天主教史人物传》（下），第 75 页。

[3] 中国第一历史档案馆编《清中前期西洋天主教在华活动档案》，第一册，第 78 页。

二、戴进贤担任钦天监正，对中国天文学的贡献

鉴于当时中国的情况，戴进贤在传教方面不可能有大的作为，这就迫使他专注于科学事业，特别是天文历算上，因而在这方面成绩斐然。台湾学者方豪评论说："在介绍西洋天文学方面说，南怀仁亦不如戴进贤。"[1] 这除了由于戴进贤来华较晚，所带来的西方科学较新、学术水平较高之外，也不能排除戴氏自身勤勉、聪慧的因素。在戴氏任职钦天监近30年的时间内，他凭着自己的勤奋和智慧，成为继汤若望之后最有影响的来华德国籍传教士，不仅在天文历算方面做出了杰出的贡献，同时还在其它领域取得了多项科学成就。

首先，他主持编纂了《历象考成后编》。康熙年间，清政府曾修订了明代末年徐光启、汤若望所编的《西洋新法历书》，定名为《历象考成》。到了1730年（雍正八年），按照该书推算的日食就发生了误差，而戴进贤推算的结果则与实际分毫不差。当时钦天监中方官员的明安图上奏曰："日月行度，积久渐差，法须旋改，始能密合。臣等遵御制历象考成推算时宪，据监正戴进贤、监副徐懋德推测，觉有微差。于本月初一日日食，臣等公同测验，实测与推算分数不合，乞敕下戴进贤、徐懋德详加校定修理。"[2] 雍正皇帝批准此议，于是，戴进贤开始受命编制新的日躔月离表，历时两年完成。

1737年（乾隆二年），吏部官员顾琮考虑到，"有表无说，亦无推算之法，恐久而失传"[3]，因而上言："世宗皇帝允监臣言，请纂修日躔、月离二表，以推日月交合，并交宫过度，晦朔弦望，昼夜永短，以及凌犯，共三十九页，续于历象考成诸表之末。查造此表者，监正西洋人戴进贤；能用此表者，监副西洋人徐懋德与五官正明安图。拟令戴进贤为总裁，徐懋德、明安图为副总裁，尽心考验，增补图说。历象考成内倘有酌改之处，亦令其悉心

---

[1] 方豪《中国天主教史人物传》（下），第75页。
[2]《清史稿》卷四十五《天文志一》。
[3]《四库全书《历象考成后编》提要》。

改正。"[1] 于是，朝廷任命以戴进贤为首，包括耶稣会士徐懋德、鲍友管和中国学者梅毂成、明安图、何国宗等，一道编纂新的历书。

中外科学家精诚勤勉，协同工作了 5 年，编成 10 卷本的《历象考成后编》。这部书在南怀仁根据丹麦天文学家第谷的天文理论而编纂的《历象考成》基础上，吸收了欧洲自发明能够精确计时的"坠子表"、改进了"望远镜"之后的科学成果，介绍了法国天文学家卡西尼（书中称"噶西尼"）、德国天文学家开普勒（书中称"刻白尔"）等的新的天文理论及最新观察资料，如太阳半径，以前采用的是地球的 5 倍值，此次采用的是 96 倍值，比过去科学多了，也进步多了。此外，关于日月及五大行星的轨道，旧说是圆形，此书采用开普勒的天文三定律之一，即行星运行轨道改椭圆，且太阳是焦点的新观点。以这一经过改进的历法理论为指导，而编制的历书，称为《癸卯元历》。这种历书一直用到 1911 年清王朝灭亡时。

其次，他设计、制造玑衡抚辰仪，主持编纂《仪象考成》。在戴进贤任钦天监监正的任内，有一次乾隆皇帝亲自到观象台参观天文仪器。他认为一件明代制作的天文仪器——浑仪，式样最为古朴，可惜所用的资料多已陈旧，屡出误差，"宜从今改制新仪"。钦天监于是心领神会，着手制造一架两全其美的仪器，"用今之数据，合古之型模"，这就是戴进贤设计的玑衡抚辰仪。

戴进贤撰写了一篇《仪说》，介绍了玑衡抚辰仪的原理、制造和用法。文中说："我皇上敬天法祖，齐政勤民，亲历灵台，遍观仪象，以浑天制最近古，而时度信亦从今。""于是用今之数目，合古之型模。"[2] 即将古时一圆周分为 365 又 1/4 度和十进制的的规制，改为西洋一圆周分为 360 度和 60 进制的规制。因此，新制的玑衡抚辰仪"体制仿乎浑天之旧，而时度尤为整齐，运量同于赤道新仪而能合应。至于借表窥测，则上下左右无不宜焉。"[3]

关于玑衡抚辰仪的结构，戴氏写道："仪制三重，其在外者即古之六合仪，而不用地平圈"；"次其内者即古之三辰仪，而不用黄道圈"；"其在内

---

[1]《清史稿》卷四十五《天文志一》。
[2]《仪象考成.卷首》四库全书本。
[3]《仪象考成.卷首》四库全书本。

者即古之四游仪"。在铸造之初，乾隆皇帝下令先按仪器实际大小的 1/5 尺寸造一座三辰仪进呈。这座三辰仪现存于故宫博物院。

与此同时，戴进贤还提议对南怀仁的《灵台仪象志》进行修改。1744 年（乾隆九年）他给皇帝上了一份奏章，称：

"窃臣等西鄙庸愚，荷蒙我皇上深仁广覆，畀以玑衡重任，早晚兢兢，唯恐有旷职守。伏查康熙十三年，蒙圣祖仁皇帝命原任治理历法兼工部侍郎臣南怀仁制造观象台测量日月星辰仪器六座，又纂成《灵台仪象志》一书，有解，有图，有表，皆阐明仪器六座所用之法。此书乃臣监中天文科推测星象常用者，其中诠解用法，仪详理备。但志中原载星辰，循黄道行，每年约差五十一秒，合七十年差一度，今为时已久，运度与表不符，理宜改定。再查康熙十三年纂修《仪象志》时，黄道赤道相距二十三度三十分，今测得相距二十三度二十九分，志中所列诸表，皆吻合天行，庶测验时，更觉便于校正。又查三垣二十八宿以及诸星，今昔多寡不同，应以本年甲子为元，厘辑增订，以资考测。"[1]

乾隆皇帝及时准奏。这时另一名欧洲传教士刘松龄（Augustin von Hallerstein）已来华，成为戴进贤的重要助手。此外，参与修订这部书的还有：德籍传教士鲍友管（Anton Gogeisl）、葡萄牙籍传教士傅作霖（Felix da Rocha）以及中国学者何国宗、明安图等 20 多人。

不料，两年之后，戴进贤因病去世，仪器的制造与书籍的编纂都由刘松龄和其它中外人士继续下去。编书的工作共耗时 8 年，全书 30 卷于乾隆十七年（1752 年）定稿杀青。书成之后，乾隆皇帝钦定新书书名为《仪象考成》，并以御笔撰序。

序曰："上古占天之事详于《虞典》，书称在璇玑玉衡以齐七政。后世浑天诸仪所为权舆也。历代以来递推迭究，益就精密。所传六合、三辰、四游仪之制。本朝初年犹用之。我皇祖圣祖仁皇帝奉若天道，研极理数。尝用监臣南怀仁之言，改造六仪，辑《灵台仪象志》。所司奉以测验，其用法简当。如：定周天度数为三百六十、周日刻数为九十有六，分黄赤道以备仪制，减地平环以清仪象。创制精密，尤有非前代所及者。顾星辰循黄道行，每七十年差一度；黄赤二道之相距，亦数十年差一分。所当随时厘定，以期吻合。

---

[1]《仪象考成.奏议》四库全书本。

而六仪之改创也，占候虽精，体制究未协于古。赤道一仪又无游环以迎合天度。志载星象亦间有漏略。次者，我皇祖精明步天定时之道，使用六仪，度至今必早有以随时更正矣。予小子法祖敬天虽切于衷，而推测协纪之方实未夙习。兹因监臣之请，按六仪新法，参浑仪旧式，制为玑衡抚辰仪。绘图著说，以裨测候，并考天官家诸星纪数之阙者，补之序之，紊者正之。勒为一书，名曰：《仪象考成》。纵予斯之未信，期允当之可循，由是仪器正，天象著，而推算之法大备。夫制器尚象，以利民用，莫不当求其至精至密。矧其为授时所本、熙绩所关，又不容有秒忽差者。折衷损益，彰往察来，以要诸尽善。奉时修纪之道，敢弗慎诸。至乃基命宥密，所为夙夜孜孜监于成宪者，又自有在。是为序。"[1] 皇帝亲自为臣子、特别是外国人的著作，撰写 500 字左右的序言，这在历史上还是不多见的。

上述戴进贤撰写的介绍玑衡抚辰仪的性能和用法的《仪说》作为"卷首"置于《仪象考成》前两卷，之后的 30 卷是星表。其中载录传统星官 277 个共 1319 颗星，又增添了传统天文学中没有的星 1614 颗，南天极附近 23 个星官 150 颗星，合计共 300 个星官 3083 颗星。这是清代发表的又一份全天星表，据研究，它们主要是参照新出版的欧洲星表的资料编撰而成的。

而玑衡抚辰仪的制造直到乾隆十九年（1745 年）才告竣工，整整花了10 年的功夫。它由青铜制成，重 5 吨，分为 3 层，外观雄浑，圈圈相套，两侧以盘龙的柱子托起，雕刻得精致细腻，富于中国民族特色，是中外科学家智慧的结晶。它代表了清代鼎盛时期的工艺技术水准，因此成为了大型青铜古典天文仪器的最后杰作。这件仪器至今仍与南怀仁所设计制造的 6件仪器和纪理安制造的一件仪器一起，安放在北京古观象台上，成为中国古代天文学史上的一件珍品。

北京古观象台台长李东生撰文称：玑衡抚辰仪的制造"当然不排斥受到乾隆复古思想影响的因素，但在传统明制浑仪身上具有西式仪器不可替代的优势这一事实是不可辩驳的"，"玑衡抚辰仪采纳了明制浑仪的许多优点，沿用其传统的结构模式，又适时地将西方先进的刻划制度容纳其中，是用西洋方法改造和简化传统浑仪的一次大胆尝试"，应该说是一个创造。"那种认为自从应用西法以后，中国传统浑仪就完全落后，应弃之不用的论点，

[1]《仪象考成·序》四库全书本。

是略有偏颇的。"[1]

除了上述几件耗费时日的大型工程之外，戴进贤在科学领域还有众多建树。

他著有《黄道总星图》一书。该书完稿于1723年，直到他去世后多年才于1752年付印。在数学方面他著有《策算》，介绍了对数表及其用法。

他曾于康熙五十八年（1719年2月19日）、康熙五十九年（1720年8月4日）、雍正七年（1729年9月5日）3次观察日蚀，自康熙五十六年（1717年）至雍正五年（1727年）10年中7次观察月蚀，又多次观察水星、木星等。戴进贤将他（及其合作者）的这些天文观测报告寄给了英国皇家学会的秘书，由此得以在该学会的学术刊物《哲学汇刊》上发表。作为回赠，英国皇家学会也把《哲学汇刊》寄给戴进贤等在华传教士。这样就有力地促进了中国与欧洲在科学领域的同步交流[2]。他用拉丁文撰写的《中国交蚀图录》第二编1745年在欧洲出版。

国家第一档案馆现存一份于1733年（雍正十一年）以戴进贤领衔，包括巴多明、徐懋德、德理格几位在京传教士进献给雍正皇帝的礼品目录。其中有"比例尺"、"取方向仪"、"半圆仪"、"垂线平仪"、"罗经"、"日晷"等科学仪器各一件，还有大小望远镜4副，以及眼镜6副、容镜一面等日用品共63件和西洋景物图画10幅。这是一份证明戴进贤等传教士向宫廷进呈科学仪器的珍贵的历史文献。可惜雍正皇帝对数学及其它科学远没有像他父亲那样感兴趣，他批答道："千里眼大小四个、眼镜六副、珐琅片一个、容镜一个、避风巴尔撒木香六盒、西香二匣，收此六样，其余按单给去。"[3]即其余退回。但是凝聚了西方近代光学原理的眼镜，却使雍正皇帝受益匪浅。雍正的视力不好，戴上眼镜后立感清明。他特别传旨，令人仿造多副，分别放在他的寝宫、皇家禁苑圆明园中，甚至轿中也放置一副，以便在任何地方看奏折时，都能随手拿到眼镜。

---

[1] 李东生《明制浑仪与玑衡抚辰仪之比较研究》，《中国科技史料》第19卷第4期（1998年）。

[2] 参考韩琦著《17—18世纪欧洲和中国的科学关系——以英国皇家学会和在华耶稣会士的交流为例》，载于《自然辩证法通讯》1997年第3期。

[3] 中国第一历史档案馆编《清中前期西洋天主教在华活动档案》，中华书局2003年版，第一册，第73页。

据晚清目录学家、曾任曾国藩江南官书局督办的莫友芝的《郘亭知见传本书目》记载，戴进贤著有一幅名为《地球图》的地图。莫友芝记道："《黄道经纬恒星图》及《地球图》各二合为二幅，戴进贤图。图虽小而颇精确。京城廊房头条胡同售之。"[1]

他以拉丁文撰写的《开封府犹太教圣经小志》和《中国犹太教史略》分别于1798年、1805年在欧洲发表或被译成德文后发表。

此外，戴进贤也参与过清王朝的外交活动。1720年（康熙五十九年）俄罗斯使臣来访，戴进贤受命作为皇帝的口头翻译，并笔译了俄使的国书。

三、在禁教风潮中艰难维持，戴进贤与中国的天主教

作为传教士的戴进贤，在教会中亦担任重要职务：雍正三年（1732年）任视察教务，乾隆三年（1738年）任耶稣会中国省区副会长，乾隆六年（1741年）复任视察教务[2]。

在围绕中国礼仪的争论中，戴进贤不赞成教宗克莱蒙十一世禁止教徒祭祖、祭孔的决定，他衷心拥护利玛窦的"适应策略"，对康熙皇帝关于中国礼仪的论述也深表赞同。为此，他在康熙亲自改定的《嘉乐来朝日记》上签了自己的名字[3]。然而他又无法改变罗马教廷，因此处于十分无奈的境地。

戴进贤经历了从康熙末年至乾隆初年的禁止传布天主教的转变时期，他在发展教友、传播教义方面难有作为。尽管如此，他还是以他在朝廷中的特殊地位，多次充当了护教使者的角色。

1723年底（雍正元年），福建发生排教事件，浙闽总督满保奏曰："福

---

[1] 莫友芝著《郘亭知见传本书目》卷八，中华书局2004年版。

[2] 方豪《中国天主教史人物传》（下），第75页。

[3] 中国第一历史档案馆编《清中前期西洋天主教在华活动档案》，第一册，第47页。

建福宁州福安县有西洋二人在彼潜住行教，天主堂盖有一十五处，男女混杂，其风甚恶。臣等即饬行文武各官，查出西洋二人，照例送至广东澳门安插。所有天主堂一十五处房屋，进行改换。查西洋人留住京师，尚有修造历法及闲杂使用之处。今若听其在各省大府州县起盖天主堂大房居住，地方百姓渐归伊教，人心被其煽惑，毫无裨益。"[1] 他要求，除了在京供职的之外，将散布各省的西洋人，或遣送京师，或遣送澳门，将所盖之天主堂全数收归他用。雍正皇帝命礼部议奏。

礼部于 1724 年初即上奏表示同意，称"查西洋人留京者，有供修造历日及闲杂使用，至在外各省并无用处。愚夫愚妇听从其教，起盖天主堂，以诵经为名，会集男女于地方，毫无裨益。"应如闽浙总督一样办理，将除奉旨留京办事人员外，命各省查询本地西洋人，"果系精通历数既有技能者，起送至京效用，余俱送至澳门安插。"这还不算，礼部甚至提出，将由康熙皇帝颁发给表态遵循"利玛窦规矩"的传教士、以示允许其在华居住传教的"票"也一并收回销毁，"其从前经内务府给有印票者进行查出送部，转送内务府销毁。"[2] 另外，将天主堂一律改为公所。误入其教者，令其改易，否则从重治罪。

雍正皇帝在礼部的奏折上批答曰"依议"。自康熙末年实行的给遵守"利玛窦规矩"的传教士颁发准予在华居住的"票"的办法就这样废止了。但是雍正又嘱咐道："西洋人乃外国之人。各省居住年久。今该督奏请搬移，恐地方之人，妄行扰累。着行文各省督抚，伊等搬移时，或给与半年数月之限。令其搬移。其来京与安插澳门者。委官沿途照看送到。毋使劳苦。"[3] 表示了他的恻隐之心。

在京传教士闻讯后，大为惊慌，为挽狂澜于既倒，他们商议由当时在朝廷任职最高的戴进贤上疏求情。戴进贤地奏疏曰：

"臣戴进贤偕其它欧洲人恭敬地将此陈情书启奏陛下以叩谢天恩，同时禀明我们的凄楚忧伤，以祈求陛下怜悯。

臣等获悉，在礼部就福建总督指控欧洲人一事做出决议之后，承蒙陛

[1] 中国第一历史档案馆编《清中前期西洋天主教在华活动档案》，第一册，第 56 页。
[2] 同上书，第 57 页。
[3] 同上。

下念我们这些外国人留居中国已有多年，特恩准给被遣返者六个月时间，还命令官员陪同他们。我们深知皇恩浩荡，为此感激涕零。若能获准当面向陛下谢恩，我们将多么幸福！鉴于无法匍伏于御座跟前，我们冒昧呈上这份陈情书，以我们至深的敬意感谢陛下。

请允许我们向陛下——正如向我们的君王和上帝一样——陈述我们极度忧伤的原因。礼部就福建总督指控所作的决议规定，各省须清查持有先皇颁发的票的传教士，令其将票交出送还朝廷，予以作废等等。各省持有这种票的传教士不过三十人许，人们先前曾要他们答应永不返回欧洲，如今他们皆已年高体衰，怎堪经受如此艰难之旅？何况澳门非其祖国，可陛下要送他们到那里去。我深恐此消息一旦传到欧洲，人们会以为他们是因违反法律犯下大罪，所以才被逐出帝国以示惩戒的。虽说陛下不立即遣送他们，人们会认为这是陛下宽宏大量的仁慈之举，但他们会因此而更加困窘。

礼部还认为，无知的男女百姓相信我们的法律，而且以祈祷为名男女不分聚在一起，这对各省无任何好处等等。基督教在中国传播已近二百年，其教理始终是公开的，它教导为臣者忠于其君，孩子应尊敬服从父母，所有男子均应积德行善、远离罪恶、服从政府法令，维护安定团结与和谐。正因为如此，长期来它才在帝国得到认可并获准自由传教。它历经多次审查，人们从中从未发现有违良善和政府法令之处，也从未发现不合理之事。说我们男女不分，聚集一处，这纯属诬蔑，不屑一驳。我们的集会是无可怀疑的。众所周知，基督徒有自己的节日，届时，他们到教堂感谢上帝绵绵不绝的恩德，祈求上帝保佑他们君王、父母、官员、朋友及所有的百姓太平安宁。然而有人却下令百姓弃绝这一宗教，违者严惩。我们含着泪水却无法理解为何如此不幸，因为我们看到其它宗教是被允许的，信仰者也无须放弃信仰，只要不触犯政府法令即可。我们在这里犹如不幸的孤儿，只有陛下的公正才是我们的依靠，因为陛下的恩德对各国国民都是不分厚薄的。正因为抱有这一信心，我们才不揣冒昧，万分谦卑地祈求陛下恩准长期在华并且有票的欧洲人留在中国，准其在区区有生之年在此照看他们先辈的墓地。同时求陛下不要强迫基督徒抛弃他们信仰的宗教。我们自信，心地高贵的陛下定会赐予这一恩典，我们将永远感激。正因为此，我们才于忧虑与希望之中将陈情书敬呈于陛下之前。"[1]

但是他的奏疏并没有奏效。礼部的奏疏和皇帝的批答是不可更改的。

戴进贤等见禁教已无可挽回，便退而求其次，请求各省传教士免于被遣送澳门。于是他又领衔上奏曰：

"臣等自利玛窦航海东来历今几二百年，幸荷圣朝优容无外，故士至如归，守法焚修，原非左道。兹因福建之事，部议波及各省，一概驱往澳门。远臣奉命，唯谨敢不凛遵。唯是澳门非洋船常到之地，若得容住广州，或有情愿回国者，尚可觅便搭船。今俱不容托足，则无路可归。澳门虽住洋商，而各省远臣不同一国者甚多，难以倚靠，可怜欲住不能，欲归不得。此诚日暮途穷之苦也。近接广东来信，抚臣奉文之后，出示行牌，严加催逼，限六月内驱往澳门，不许迟过七月。因思臣等荷蒙圣嗯，留京备用，则每年家信来往，亦所不免。倘广东无人接应，将来何以资生我皇上仁恩溥博，薄海内外咸荷覆帱？似此老迈孤踪，栖身无地。不得不冒渎严威，唯望圣恩宽厚，俯赐矜全，行令广东免其驱逐，俟后各省送往之西洋人，愿赴澳门者听往澳门；愿住广东者容住广东。如此则臣等感激涕零，受恩靡尽矣。各省现有衰老病废难行之人，可否暂容，此又出自皇上隆恩，非臣等所敢擅请也。臣等不胜呼号，待命之至。"[2]

皇上用朱笔在戴进贤的奏折上批道："朕自即位以来，诸政悉遵圣祖皇帝宪章旧典，与天下兴利除弊。今令尔等往驻澳门一事，皆由福建省住居西洋人在地方生事惑众，朕因封疆大臣之请、庭议之奏施行。政者公事也，朕岂可以私恩惠尔等，以废国家之舆论乎？今尔等既哀恳乞求，朕亦可谕广东督抚不催逼，地方大吏确议再定。"[3]

后经礼部与两广总督商议，同意不将从各省送往广州的传教士强行驱逐到澳门，允许不愿回国和年老体衰者居住在省城天主堂，但是禁止他们"各处行走"、"招引男妇行教诵经"，违者治罪逐回。

就这样，戴进贤凭借自己在朝廷中的特殊地位，稍稍舒缓了在华传教

[1]《冯秉正神父致本会某神父的信》见《耶稣会士书简集》第二册，大象出版社2001年版，第329页。
[2] 中国第一历史档案馆编《清中前期西洋天主教在华活动档案》，第一册，第58页。
[3] 同上书，第59页。

士们的困境，使从各地遣送到广州的外国人得以在那里定居。在这一事件中，戴进贤发挥了其他人无法替代的作用。

乾隆初年，一本辑录了 1736 年至 1738 年间戴进贤与徐德懋写给皇帝的奏疏（包括有皇帝的批答）的小册子——《睿鉴录》[1]出版并在教徒中流传。乾隆五年（1740 年），河南官府上报："缴到天主教书一本，名曰睿鉴录。镌镂龙文，朱字黄面，系西洋人戴进贤奏折，并钦奉谕旨。伏思西洋之天主教，最易惑人，是以定例不许民人擅入。乃竟纂成书籍传播，愚民见有如许恩荣，势必群相崇奉。尤恐别项邪教，亦借此书影射，更多未便。且戴进贤擅将所奉谕旨奏折刊布流传，亦属不合。应令缴销。"[2]但是一向严厉禁教的乾隆皇帝并未处罚戴进贤，只是批了 5 个字"着海望查奏"，之后就没了下文。

乾隆十年（1745 年），吏部参奏戴进贤等"不遵定例、滥收天文生"，要求将"钦天监堂司官分别革职降调"。乾隆皇帝又一次网开一面，降旨曰：任用自己喜爱的人，本是人之常情。"戴进贤、刘松龄、系外国人。从宽免其处分。"[3]

1746 年（乾隆十一年）3 月 31 日，戴进贤于北京中风后病逝。乾隆皇帝赏赐 300 两银子、10 匹绸缎作治丧费用。遗体安葬在滕公栅栏墓地。在众多传教士的墓碑中除了汤若望和南怀仁的之外，他的墓碑是最高的。在他的墓碑上，镌刻着康熙皇帝和雍正皇帝父子两人关于赞许他的圣谕，也记录了乾隆皇帝为其葬礼赐予的礼物。可见戴进贤的业绩和为人得到清王朝三代皇帝的肯定。

戴进贤碑文：

耶稣会士戴公之墓

戴先生讳进贤，号嘉宾，泰西热尔玛尼亚国人。自幼入会真修，传教东来。康熙五十五年间奉旨进京，至康熙五十八年十一月二十九日奉上谕："非通晓历法之人，不能细察微小增减，不觉渐错。戴进贤虽系新来，尚未全晓清汉话语，其历法、算法上，学问甚好，为人亦沉重老实。着放纪理安员缺，钦此。"雍正三年三月二十日奉旨："戴进贤治理历法，着改授监正加礼部

[1] 费赖之著、冯承钧译《在华耶稣会士列传及书目》，中华书局 1995 年版，第 662 页。
[2] 《清高宗实录》卷一一五。
[3] 《清高宗实录》卷二三六。

侍郎衔，钦此。"乾隆十一年岁月初九日去世，蒙赐帑银贰百两，大缎十端，钦此。约计在会五十三年，管理监务二十九年，享寿六十有七。[1]

从那时至今，260 年过去了。位于北京城西的外国传教士墓地经历了两个半世纪的风雨和两次毁灭性的灾难[2]，所幸的事，如今戴进贤的墓碑犹存，只是在"文革"后期（应该是在 1974 年至 1984 年之间），碑首左上角被整整齐齐地锯下了一个方块。这残块至今下落不明。希望在将来的某个时候，国人能在拍卖场上将它购回，使戴公的墓碑终成完璧。

编后语：此文发表在澳门《文化杂志》2007 年春季刊总字第 62 期。

---

[1]《历史遗痕》第 78 页。

[2] 关于北京"利玛窦及明清以来外国传教士墓地"的历史变迁，笔者曾在《费隐：长眠在北京的中奥文化交流的使者》一文中作了详细介绍，该文发表在澳门《文化杂志》中文版第 45 期（2002 年冬季刊）。

北京的天主教南堂
在中西交流中的多方面文化功能

一、引言

当我们到欧洲旅游，到处都可以看到天主教教堂：德国的科隆大教堂，意大利的米兰多莫大教堂、佛罗伦萨的百花大教堂、威尼斯的圣马可教堂，还有梵蒂冈的圣彼特大教堂，都是金碧辉煌、美轮美奂，就连一个欧洲普通的无名小镇的教堂，也都堪称为一处艺术的珍品。再看北京的南堂，尽管也有400年的历史，但其规模、其豪华程度都大为逊色，它作为北京主教座堂却至今连一部管风琴都没有，相比之下，就像是豪门贵族面前的乞丐。就教堂而言，难道这还有什么可称道的吗？

其实不然，北京的天主教堂南堂，自1605年利玛窦创建开始，它就不仅仅是一个普通意义上的宗教场所，如同其在欧洲的任何一个城市中的教堂一样。它的特殊之处就在于，它是在具有5千年历史传统的中华大地上，在几千年以儒家学说为主导的封建王朝的都城里的一颗小小的天主教文明的种子、西方文明的种子，是远在几万里之外的欧洲文化的一面镜子。在这最初只有几十间房屋的一方土地上的这一特殊建筑，不仅承载着天主教——这一外来的、与中国传统宗教有着诸多不同特点、甚至有着若干针锋相对的矛盾的宗教，同时还像一颗闪烁着太阳全部七色光辉的小小的露珠一样，体现了欧洲的科学与艺术的方方面面：天文学、数学、力学、地理学和测绘地图术、钟表术、水力学及水利机械、光学望远镜（及显微镜、眼镜等）、印刷术等科学知识与生产工艺；音乐（包括乐器制造和阅历知识）、美术、建筑艺术、玻璃及珐琅制品等艺术门类，以及西洋葡萄酒、西医药，等等。换句话说，南堂不仅仅具备其宗教场所的功能，还具有展示西方科学、文化与艺术的博物馆、演奏西洋音乐的音乐厅、进行科学实验的实验室、收藏图书的图书馆、刻印出版图书的印书局等多方面的综合文化功能，在明末清初的中西文化交流中扮演了极其重要的角色。

从利玛窦定居北京开始，从皇帝、大臣到普通老百姓，无数家住北京、或来过北京的中国人，甚至还有朝鲜人，正是从这座相对简陋的天主教堂中，了解到世间还有另一种文明，一种与中华文明极为不同，但起码可以与之并驾齐驱、在不少领域甚至处于领先地位的异质文明。以与徐光启为代表的晚明的开明学者群体，因此而成为中国历史上最早向西方寻求真理的先驱。

进入清朝以后，情况有所变化，在顺治、康熙两代君主的推动下，西学进入了宫廷，但也基本上被禁锢在宫廷之中。尽管如此，也毕竟使不少明眼人，如赵翼等，在参观领略了南堂的异国风采之后，认识到："奇哉创物智，乃出自蛮貊。""始知天地大，到处有开辟。人巧诚太纷，世眼休自窄。域中多墟拘，儒外有物格。"[1] 自顺治、康熙皇帝始，西方的天文学和观天治历之术、地理测绘之术，以及数学、几何学等学科就在中国学术界确立了不可动摇的主导地位，而从汤若望开始，西方传教士领导中国钦天监长达 200 年之久。原政协主席李瑞环所说的"利玛窦等人把欧洲的天文、数学、地理等知识传播到中国，给中华文化注入了新鲜血液"[2] 的这一历史过程，正是在北京（当然也包括其它地方的教堂）的天主教堂，特别是南堂中最集中地体现出来。

---

[1] 赵翼《瓯北集》卷七。上海古籍出版社 1997 年版，第 126—128 页。
[2] 《人民日报》1998 年 5 月 20 日。

二、南堂的创建与历次扩建之概况

（一）1605 年，利玛窦创建南堂。

公元 1601 年 1 月 24 日，利玛窦一行历尽千辛万苦，终于再次进入北京。但是，利神父等人在最初的 5 年里没有找到合适的住所，一直靠租赁房子住。1605 年的 8 月，利神父"听说有一所房子出售，地点很合适，几乎是在城区的中心（即宣武门内——笔者注），面积很大，价钱合理。讨价很低的原因是房子较老，而且据说里面闹鬼，用中国的法术都赶不走。几个朋友被请来商量，其中包括徐保禄。他们不仅提出很好的建议，而且还凑足了这笔交易的钱。有了这样的援助，3 天之内就成交了。神父们于 8 月 27 日迁入他们的新居。他们所作的第一件事就是修建一间漂亮宽阔的礼拜堂……后来又加盖了 3 间房作为顶层，底层也增盖了 3 间。"[1]

他们这才有了一处令人满意的长久的居所。正如《利玛窦中国札记》中所说的："在这完成之后，北京的中心就永久地建立起来了，他们感到轻松多了。"[2] 1608 年 8 月 22 日利玛窦在给总会长阿桂委瓦神父的信中，还提到这处房子。他说："我们新近购置这所宅院，靠近顺承门（即宣武门——笔者注），大小房间四十，十分宽敞，方便接见客人。"[3]

（二）1610 年南堂第一次扩建。同年 5 月 11 日利玛窦于南堂逝世。

1610 年，神父们感到原来的教堂已不够用了，打算加以扩大。李之藻等人出资促成了这件事。熊三拔神父曾在后来的一封信中回忆道："李氏（即李之藻）曾立有遗嘱，给利氏捐白银四十两，以建筑北京圣堂之用，不久前还捐献过十两……这的确给利氏帮了大忙。他为教友们立了好榜样，圣堂得以兴建。原来的太小，是坐落在房舍之中。利神父委托我负责建筑工程，托天主之福，用了二十天工夫，把主要的部分建妥，相当美观。中国人无

---

[1]《利玛窦中国札记》，第 514 页。

[2] 同上书，第 515 页。

[3]《利玛窦书信集》第 391 页。

不感到惊奇。"

1987 年澳门《文化杂志》中曾刊载了一篇题为《十七世纪葡国为建造北京两座最早的耶稣会教堂所作的贡献》的文章，引述了前人著作中有关南堂这次扩建的宝贵史料：

"教堂的面积为 8×16 米（在图纸上呈两个正方形），拥有一个典雅的正面，可能是文艺复兴时期的风格；侧堂顶部为连环拱廊和飞檐相结合，祭台比通道的地面高出三个台阶。""可能由于这座教堂建筑规模很小，没有留下任何文字记载来证实教堂的建造是否得到当时皇帝和朝廷的支持和参与，也没有留下有关建筑要求及其规格的数据。只知道教堂与 1610 年春季开工，到了 5 月 14 日工程已经提前进入了最后阶段，并于利玛窦死后整整一年之际（1611 年 5 月 3 日）正式启用，开始宗教祭礼活动。"[1]

裴化行根据国外史料对南堂的扩建作了如下的描写："把两幢三开间的房屋改为两层楼"，"还凿了一口可供食用的水井"，利神父"长久苦于小堂狭小，教徒只好不顾严寒酷暑在院子里做礼拜，于是下决心建造一间宽敞的大厅"，教堂采用欧洲样式，"使我们的教堂不像和尚庙"。由于地皮有限，经费也不充裕，规模仍然不大。"大厅长 70 尺（罗马尺，合 0.24 米），宽 35 尺，门楣、拱顶、花檐、柱顶盘悉按欧式；唱诗班席升上三级台阶。"[2]

中国文人刘侗、于弈正《帝京景物略》对当时的南堂有如是记载："邸左建天主堂，堂制狭长，上如覆幔，傍绮疏，藻绘诡异，其国藻也。"[3]

从上述史料记载我们得知，新的教堂是一座欧式建筑，两层楼高，形状狭长，长是宽的两倍。堂内祭坛分左右两部分，左供耶稣，右供圣母。特别值得注意的是：耶稣"左手把浑天图"——将神学与科学结合了起来，这正反映了利玛窦的科学传教策略。

[1] Joao Basto《十七世纪葡国为建造北京两座最早的耶稣会教堂所作的贡献》，发表在澳门《文化杂志》1987 年第 2 期，第 31 页。

[2] 《利玛窦评传》第 618 页。

[3] 《帝京景物略》第 153 页。

（三）1650 年，汤若望主持南堂的重建。

据《正教奉褒》载，1650 年，"上赐汤若望宣武门内天主堂侧隙地一方，以资重建圣堂。孝庄文皇太后颁赐银两，亲王官绅等宜相率捐助。若望遂鸠工兴建。"[1] 汤若望承蒙皇上赏赐，得到原利玛窦所建教堂旁边的一块土地，同时得到皇太后和达官贵人的捐资，因此得以兴建新的天主堂。

在这之前，"教会内教民祈祷都是在一座外面瞧不出来任何特征的圣堂内举行。这在当时中国全国都是一样的情形。"[2] 这是由于当年利玛窦为了不使天主教过分张扬，而采取的"韬晦之策"。汤若望这时则依仗自己在大清王朝中的威望，而要"建一座真正的，如同欧洲教堂一般的教堂了。""这个教堂的建筑图样，当然是他自己之所绘画。并且监工的工头也是他自己充当的。"[3]

这是一座典型的巴洛克式样的建筑，从平面看是一个十字架形。长 80 尺，宽 45 尺。魏特的《汤若望传》根据汤若望的回忆和书信资料，对当时新建的教堂作了迄今为止最为详细的描述。两年之后，新建教堂主体完工，在随后的几年里，汤若望又主持建筑了一些附属设施。

顺治皇帝为南堂的竣工，亲笔题写："钦崇天道"4 个大字的匾额，"命礼部尚书孔子六十六代孙衍圣公，行大礼，斋送到天主堂内，敬谨悬挂"[4]。次年顺治帝再书"通玄佳境"的匾额，赠予天主堂。不久，于 1653 年（顺治十年）又撰写了洋洋一千多字的《天主堂碑记》。现在，这一石碑，经历了近 350 年的风风雨雨，仍保存南堂的院中。

当时的弘文院学士刘肇国专门撰写了一篇《赠天主新堂记》，记述了他所见到的教堂扩建时的施工情况，以及他在教堂中与汤若望交谈，了解汤氏建堂初衷等缘由。

文中说道，顺治七年（1650 年）"孟秋之望，肇国过从泰西汤先生所，闻匠石声。叩之，云：稍新堂构，以事天主也。"刘肇国对此很感兴趣，"请得而瞻仰焉"，他看到教堂的设计中规中矩，工程质量坚好，一个十字架位

---

[1]《正教奉褒》，载于《中国天主教史籍汇编》，第 485 页。

[2] 魏特《汤若望传》（上）第 250 页。

[3] 同上。

[4] 肖敬山《天主教传行中国考》，见《中国天主教世纪汇编》，台湾辅仁大学出版社 2003 年版，第 160 页。

于十分凸显的位置。房檐下有两通石碑，一通撰写的是有关天主教教理的文字，一通"以叙建堂之缘起也"。刘肇国对汤若望说，"治历者先生久留之故，传教者先生远来之故也。"[1] 一语点破了治理历法和传播福音之间的关系，即汤若望迢迢几万里来华，原本是为了传教；但中国朝廷准其留居京师，主要是让他治理历法；而他致力于给朝廷修历，最终则是为了传教。

（四）从 1679 年始，徐日升建造南堂的钟楼、安装管风琴，继而扩建南堂建筑。

从 1679 年开始，葡萄牙及耶稣会士徐日升为南堂建造的钟楼安装大型管风琴，继而主持了对南堂的改建与扩建。1703 年，正是在北堂建设的同时，康熙皇帝"以宣武门内天主堂规模狭隘，另给银一万两，饬令重修"。这次对南堂的重修由徐日升主持。

关于徐日升主持的南堂改建工程，德礼贤记："至是日升更建新堂九所，将旧堂广而大之，俾成欧式。除主坛外，别建小坛三，各有坛场。"[2] 但是他没有注明此次改建与扩建的起始和竣工的时间。《中国近代建筑总览》一书指出："南堂在 1703—1712 年间重建，'徐日升与闵明我予以改造，成为欧式。'"[3]

重修工程完毕后，康熙将赠予北堂的"万有真元"和"无始无终，先作声形真主宰；宣仁宣义，聿昭拯济大权衡"的对联又题写一份，此外"又作律诗一首，一并颂至堂中"。[4]

御题律诗曰：

"森森万象眼轮中，须识由来是化工。

体一何终而何始，位三非寂亦非空。

[1] 刘肇国《赠天主新堂记》，见《碑记赠言合刻》，存于罗马耶稣会档案日本中国卷 III 24.5。笔者得到美国乔治敦大学魏若望教授的帮助，方才见到此珍贵资料。特此致以深深谢意。

[2]《在华耶稣会士列传及书目》，第 383 页。

[3] 王世仁等主编《中国近代建筑总览（北京篇）》，中国建筑工业出版社 1993 年版，第 383 页。

[4] 肖静山《天主教传行中国考》，见《中国天主教史籍汇编》，台湾辅仁大学出版社 2003 年版，第 187 页。

地堂久为初人闭，天路新凭圣子通。

除却异端无忌惮，真儒若个不钦崇。"

从徐日升为南堂修建钟楼起，至南堂的扩建完成，总共花费了 33 年的时间。

（五）1775 年，南堂遭遇重大火灾，乾隆皇帝赐银重建。

1775 年，即乾隆四十年正月十四日，宣武门天主堂起火。

关于这场火灾，樊国梁有如下记载：1775 年阳历 2 月 13 日，"众修士齐集南堂，庆贺本会总统之姑祖母、圣女加大利纳利克西之瞻礼。正在举行大祭之时，忽有烟火之气由台下而处，扑鼻难忍，主祭者几不能毕礼。细加查验，亦杳无所见。迨修士信友出堂后，始知堂内火发。各牖烈焰飙飞，迅于电掣。画栋雕梁，霎时俱成灰烬。"[1]

由于火灾中康熙皇帝的"御书匾额对联亦被焚毁，高慎思、安国宁等引咎奏请议处。但乾隆皇帝对传教士们宽大为怀，不仅没有怪罪他们，反而"赐银一万两，着于原址建复。上又亲书匾额对联，赐悬堂中，以复旧观。"[2]

乾隆此举，显然与其大力禁教的政策有所不同，"凡此表彰圣教，宠眷西士之盛举，在圣教困厄时，差足与禁教之文诰相抵。使京畿一带，无甚大风波。即去京较远省份，遂听风声，亦有所忌惮，不敢肆意仇教。"[3]

对此樊国梁亦有记载："次日皇上遣官吊问，照康熙皇上助建此堂之例，特赐帑银一万两，以资重修。又御笔亲书匾额、对联，令悬挂堂中。以复其旧。朝员问此异典，皆来额贺。修士等催工督匠，不日修工告竣。然以囊空资竭，锱铢无存矣。"[4]

可见尽管皇帝赐银重建了南堂，但这场火灾造成的重大损失，特别是在图书、仪器、礼器、壁画以及管风琴等方面的损失，已无可弥补了。

---

[1] 樊国梁《燕京开教略》1905 年救世堂刻本（中篇）。

[2]《正教奉褒》，见《中国天主教史籍汇编》，第 567 页。

[3]《天主教传行中国史》，见《中国天主教史籍汇编》，第 216 页。

[4] 见《燕京开教略》（中篇）。

三、明末清初北京南堂在中西文化交流中显示出的多种文化功能

1. 展示西方艺术（绘画及雕塑）的博物馆

相对其他方面来说，西方美术（包括雕塑与绘画）对中国人的影响最为形象和直观。因此众多参观过南堂的中国人（包括朝鲜人）都论及了他们在这方面所得到的感受和震撼。

早在明朝末年刻印的《帝京景物略》就对当时的南堂的雕塑与绘画作了如是记载："供耶稣像其上，画像也，望之如塑，貌三十许人。左手把浑天图，右叉指若方论说次，指所说者。须眉竖者如怒，扬者如喜，耳隆其轮，鼻隆其准，目容有瞩，口容有声，中国画绘事所不及。"[1]

谈迁也在他的笔记中谈到了西洋绘画的魅力。他说："其画以胡桃油渍绢抹蓝，或绿或黑，后加彩焉。不用白地，其色易隐也。所画天主像，用粗布，远睇之，目光如注。"[2]

乾隆年间的文人姚元之曾对南堂中的有著名画师郎世宁绘制的壁画作了最为详细的记述。他写道："南堂内有郎世宁线法画二张，张于厅事东、西壁，高大一如其壁。立西壁下，闭一眼以觑东壁，则曲房洞敞，珠帘尽卷。南窗半启，日光在地，牙签玉轴，森然满架。有多宝阁焉，古玩纷陈，陆离高下。北偏设高几，几上有瓶，插孔雀羽于中，灿然羽扇。日光所及，扇影、瓶影、几影，不爽毫发。壁上所张字幅篆联，一一陈列，穿房而东，有大院落。北首长廊联属，列柱如排，石砌一律光润。又东则隐然有屋焉，屏门犹未启也。低首视曲房外，二犬戏于地矣。再立东壁下，以觑西壁，又见外堂三间。堂之南窗日掩映，三鼎列置三几，金色密立。堂柱上悬大镜三。其堂北墙树以隔扇，东西两案，案铺红锦，一置自鸣钟，一置仪器。案之间设两椅。柱上有灯盘，四银柱矗其上。仰视承尘，雕木作花，中凸如蕋，下垂若倒置状。俯视其地，光明如镜，方砖一一可数。砖之中路，白色一条，

---

[1]《帝京景物略》第 153 页。

[2] 谈迁《北游录》中华书局 1981 年版，第 45 页。

则甃以白石者。由堂而内寝室，两重门户，帘栊窅然深静。室内几案遥而望之饬如也，可以入矣。即之，则犹然壁也。线法古无之，而其精乃如此，惜古人未之见也。特记之。"[1]

姚元之仔细描写了郎世宁绘于南堂东、西墙壁上的两幅壁画。他先是立西墙下而看东墙，然后又立东墙下看西墙。壁画内种种陈设，林林总总，栩栩如真。特别是由日光照射所形成的"扇影、瓶影、几影，不爽毫发"。给人一种"似可以入"的错觉，然而当他真的走到跟前，"则犹然壁也"。他叹息西洋画法的精妙，甚至为无缘一见此画的古人而惋惜。

差不多同时代的张景运，也对南堂的壁画作了长篇维妙维肖的描写，他站在画前"凝眸片晌，竟欲走而入之也，及至其下扪之，则块染堵墙而已。殆如神州瑶岛可望不可即，令人怅惘久之。"[2]

另一文人蒋士铨写了题为《泰西画》的长诗，更是生动地反映了中国文人对西洋画法的赞赏。诗中写道：

"……钩帘贴地风不兴，隔窗唤人人不应。

有阶雁齿我欲登，蹋壁一笑看文绫。

乃知泰西画法粗能精，量以钿尺累黍争。

纷红骇绿意匠能，以笔著纸纸不平。

日影过处微阴生，远窗近幔交纵横。

红蕖欲香树有声，小李将军莫与衡。

若对明镜看飞甍，一望浅深分暗明，就中掩映皆天成……"[3]

诗中对西洋画法的明暗处理和立体逼真感都作了形象生动的描绘。

清代常有朝鲜使团来北京，很多使臣都曾到南堂参观并在他们的笔记、文集中作了记录。其中一名叫朴趾源地曾对南堂的壁画作了生动详细的描述。他写道："今天主堂中，墙壁藻井之间，所画云气人物，有非心智思虑所可测度，亦非言语文字所可形容。吾目将视之，而有赫赫如电，先夺

---

[1] 姚元之《竹叶亭杂记》卷三。中华书局版，第66—67页。

[2] 张景运《秋坪新语》，转引自方豪著《中西交通史》（下册），岳麓书社1987年版，第920页。

[3] 《清诗纪事》乾隆朝卷。上海古籍出版社，第5714页。

吾目者，吾恶其将洞吾之胸臆也！吾耳将听之，而有俯仰转眄，先属吾耳者，吾惭其将贯吾之隐蔽也！吾口将言致，则彼亦将渊默而雷声。"[1] 以如此之文字描写出西洋壁画对他产生的强烈震撼力。

这是指远看，再说近看："逼而视之，笔墨粗疏，但其耳目口鼻之际，毛发腠理之间，晕而界之，较其毫分，有若呼吸转动，盖阴阳向背而自生显晦耳。"[2] 对西洋画的明暗处理、细节逼真的技法叹为观止。

接着他列举了壁画上所见的妇人（即圣母）、孺子（即圣子），还有令东方人瞠目结舌的西方神话故事，如"鬼车鸟翅如蝙蝠，坠地宛转。有一神将，脚踏鸟腹，手举铁杵，撞鸟首者。有人手人身而鸟翼飞者。百种怪奇，不可方物。左右壁上，云气堆积，如盛夏午天，如海上新霁，如洞壑将曙，蓬瀹勃郁，千葩万朵，映日胜晕，远而望之，则绵邈深邃，杳无穷际，而群神出没，百鬼呈露，披襟拂袂，挨肩迭迹。而忽令近者远而浅者深，隐者显而蔽者露，各各离立，皆有凭空御风之势，盖云气相隔而使之也。"[3]

再看藻井，即顶部的壁画："仰视藻井，则无数婴儿跳荡彩云间，累累悬空而下，肌肤温然，手腕胫节肥若缘绞，骤令观者莫不惊号错愕，仰首张手以承其坠落也。"[4]

西洋美术作品对东方人如此强烈的震撼力来自于其独特的明暗处理和"透视法"。

利玛窦曾对中国人说明油画的明暗处理法："中国画只能画阳面，故无凹凸。吾国画兼画阴阳，故四面皆圆满也。凡人正面则明，而侧面处即暗，染其暗处稍黑，斯正面明者显达矣。"[5]

南怀仁在其《欧洲天文学》中专列一章论"透视画法"。他说，"透视法以她明亮的眼睛，是第一个抓住皇帝眼睛的艺术形式。的确，在我们的天文学刚刚得到平反昭雪的那一年的年初，透视画法就紧接着自由地进入宫廷。"他满怀自豪之情地向他的欧洲同胞描述道："你恐怕难以相信，

---

[1]（朝）朴趾源著《热河日记》上海书店出版社 1997 年版，第 326 页。

[2] 同上书，第 326 页。

[3] 同上书，第 326 页。

[4] 同上书，第 326 页。

[5] 张庚《画征录》卷中，转引自方豪著《中西交通史》（下册），岳麓书院 1987 年版，第 911 页。

这一艺术是如何地吸引着每个人的注意力。不仅仅是北京的居民，而且包括从其它省份到北京来的人。他们看到后，就禁不住地赞口不绝，说这路径、回廊和庭院是如此的深邃，这圆柱和其它所有的东西在绝对平面的画布上魔术般地立体化了，这图画是如此地接近真实！这些从未见过甚至从未听说过这样高超艺术的观看者们，当他们突然站在这些画有房子和花园的图画前面的时候，就完全地被征服了，被迷惑了，而以为他们看到的是真实的房子和花园！"[1]

南怀仁在《欧洲天文学》中还记述了一种奇妙的壁画。他说，"我们在北京的居住地的花园四周都有围墙，闵明我神父根据光学的法则，在每一面墙上都画了一幅与墙的长度相符的差不多50英尺长的壁画。当人们站在壁画正面观看的时候，仅仅可以看到山峦、树木和猎场的图景，等等，但是当人们从一个特殊的角度来观看时，这幅画里就奇迹般地真真切切地出现一个人或者至少是另外一种动物。有一天皇帝来参观我们的居住地，他一幅接一幅地欣赏这些壁画，看得很慢很仔细。到了最近这些日子，每天都有那些高官显贵们陆陆续续地频繁造访我们的驻地。他们也是来欣赏这些壁画和其它类似艺术作品的。他们无不衷心赞美这一艺术，尽管因为围墙的表面延伸得如此远且十分不规则，尽管因为墙上开的门和窗户相当程度地损害了壁画的完整性。甚至有的人仅仅就是站在正面观看，就已经是赞不绝口了。"[2]

以上这些生动形象的描写，使我们可以联想到欧洲教堂的那些美轮美奂的艺术杰作。也可以想见这些欧洲艺术对中国人，及其它东方人的巨大的感染力和震撼力。那个时代的南堂的确不愧为展示西方美术的博物馆。

2. 展示西方乐器和演奏西方乐曲的音乐厅、"歌剧院"

利玛窦进京时就携带有一架西式铁琴。明人冯时可《蓬窗续录》云："余至京，有外国道人利玛窦"，"道人又出番琴，其制异于中国，用铜铁丝为弦；

---

[1] 高华士（Noel Golver）英译、南怀仁著《The Astronomia Europaea of Ferdinand Verbiest, S.J. (Dillingen,1687)》鲁汶南怀仁基金会 1993 年版，第 116—117 页。
[2] 同上书，第 115 页。

不用指谈，只以小板案，其声更清越"[1]。据此，我们可以认为这就是中国的第一架古老的钢琴。

清初，谈迁在南堂中看到了这架琴，他称这种西洋乐器为"天琴"。他记述道："琴以铁丝。琴匣纵五尺，衡一尺，高九寸，中板隔之。上列铁丝四十五，斜系于左右柱，又斜梁，梁下隐水筹，数如弦，缀板之下底，列雁柱四十五，手按之，音节如谱。"[2]

尤侗以此琴入诗："天主堂开天籁齐，锺鸣琴响自高低。阜城门外玫瑰发，杯酒还浇利泰西。"并自注曰："天主堂有自鸣钟、铁琴。"[3]

经汤若望改扩建后的南堂设置了高大的钟楼，后经葡萄牙耶稣会士徐日升的改建，钟楼里的大钟能定时奏出洪亮悠扬的乐曲，令北京的市民惊叹不已。南怀仁在描述北京市民如何热衷于教堂钟楼奏出的美妙音乐时，曾把南堂称作为"歌剧院"。他满怀骄傲地写道："因为钟声传扬得遥远和广阔，使得我们的教堂也在帝国都城里名声远播。争相前来目睹的百姓挤得水泄不通。无论如何，最令他们惊奇的是每到一个整点前钟楼所奏出的序曲音乐。的确，因为徐日升神父特别精通音乐，他设计了很多能奏出和谐音乐的钟铃，用车床精密地制造出来，然后悬挂在钟楼正面最高的塔楼上，塔楼是敞开的。在每一个钟铃里，他按照欧洲方式（中译者注：中国式的铜钟都是从外面敲击发声的）用铁丝系上一个精心设计的钟锤，使它们能奏出美妙和谐的音乐。在钟楼的空隙间，他放置了一面圆柱形的鼓轮。在这鼓轮上，他用插上一些表示音阶的、相互之间的间隔成比例的小钉的方法，预置了中国音乐的声调。当时间快到了该敲大钟的时候，这鼓轮就自动地起动，借助它的重力旋转起来。鼓轮上的那些小钉把系钟锤的铁丝带动起来，敲击演奏出完美的中国音调。当这前奏乐一结束，那大钟就立即以深沉厚重的音响敲起来。"

"我实在是无法用言词来形容这一新奇精巧的设计是如何使前来观看的人们感到狂喜。甚至在我们教堂前广场之外的广大的街区里，都不能阻止这拥挤、失序的人潮，更不要说我们的教堂和教堂前的广场了。特别是在固定的公共节日里，每个小时都有不同的观光者潮水般地、络绎不绝地

---

[1] 转引自方豪著《中西交通史》（下册），岳麓书社 1987 年版，第 890 页。

[2] 《北游录》，第 278 页。

[3] 尤侗《西堂集》，转引自方豪著《中西交通史》（下册），岳麓书院 1987 年版，第 894 页。

前来观看。虽然其中绝大部分人是异教徒，但他们还是以曲膝下跪、反复叩头在地的方式向救世主的塑像表示他们的敬意。我期盼着，感谢徐日升神父此刻正在建造的而即将早日完工的管风琴，正如我在前面提到的那样，那是将会有更多的人们聚集到这个新建的'歌剧院'前。进而通过这种方法，使每一个灵魂在管风琴和其它乐器的奏鸣声中赞美我们的天主！"[1]

南怀仁这里提到的由徐日升安装的管风琴更是令中国人感兴趣和大开眼界。乾隆年间，曾以撰写《二十二史札记》而著名的史学家、文学家赵翼曾参观南堂，撰写了题为《西洋千里镜及乐器》的短文，其中就以大版篇幅描绘了教堂里的管风琴，并且还吟诵了一首题为《同北墅、漱田观西洋乐器》的长诗。

赵翼在其短文里是这样描绘管风琴的："有楼为作乐之所。一虬者坐而鼓琴，则笙、箫、盘、笛、锺、鼓、铙、镯之声，无一不备。其法设木架于楼，架之上悬铅管数十，下垂不及楼板寸许；楼板两层，板有缝与各管孔相对，一人在东南隅鼓鞲以作气，气在夹板中尽趋于铅管下之缝，有缝直达于管；管各有一铜丝击于琴弦；虬须者拨弦则各丝自抽顿，其管中之关挶而发响矣。铅管大小不同，中各有窾窍，以象诸乐之声。故一人鼓琴而众管齐鸣，百乐无不备，真奇巧也。又有乐钟，并不烦人挑拨，而按时自鸣，亦备诸乐之声，尤为巧绝。"[2]

在长诗中，他吟道：

"……斯须请奏乐，虚室静生白。初从楼下听，繁声出空隙。

嘈吰无射锺，嘹亮蕤宾铁。渊渊鼓悲壮，坎坎缶清激。

錞于（古代的一种铜制乐器）丁且宁，磬折拊复击。

瑟稀有余铿，琴淡忽作霹。紫玉凤哕箫，烟竹龙吟笛。

连挏桱橻底，频栎鉬铻脊。鼗（拨浪鼓）耳柄独摇，笙舌炭先炙。

吸嘘竽调簧，节簌筎赴拍。麿疑老妪吹，筑岂渐离（高渐离，古代击筑乐师）掷。

琵琶铁弹拨，筝银甲划。寒泉涩篚筱，薄雪飞筚篥（古代一种竹制乐器）

---

[1] 高华士（Noel Golver）英译、南怀仁著《The Astronomia Europaea of Ferdinand Verbiest, S.J.(Dillingen,1687)》鲁汶南怀仁基金会 1993 年版，第 127—128 页。

[2] 赵翼《檐曝杂记》卷二。上海古籍出版社出版，第 36 页。

孤倡辄群和，将喧转消寂。万籁繁会中，缕缕仍贯脉。

方疑宫悬备，定有乐工百。岂知登楼观，一老坐掏擘。

一音一铅管，藏机捩关膈。一管一铜丝，引线通骨骼。

其下鞴风橐，呼吸类潮汐。丝从橐蟀绾，风向管孔迫。

众窍乃发声，力透滕理坼。清浊列若眉，大小鸣以臆。

韵乃判宫商，器弗假瓠革。虽难继韶頀，亦颇谐曒绎。

白翎调漫雄，朱鹭曲未敌（白翎、朱鹭二古曲名）。

奇哉创物智，乃出自蛮貊。缅惟华夏初，神圣几更易。

鸑鷟（凤凰的一种）肇律吕，秬黍（秦人以此规定长度单位）度寸尺。

嶰谷（位于昆仑山的山谷）截绿筠，泗滨采浮石。元声始审定，万古
仰创获。

迢迢裨海外，何由来取则？

伶伦与后夔（伶伦：黄帝时的乐官，后夔：尧时主管音乐、舞蹈的大臣），
姓名且未识。

音岂师旷传？谱非制氏得。（师旷：古代著名乐师，制氏：汉代的乐官）。

始知天地大，到处有开辟。人巧诚太纷，世眼休自窄。

域中多墟拘，儒外有物格。流连日将暮，莲漏报酉刻。

归将写其声，画肚记枕席。" [1]

这首长诗有很多生癖的古字，读起来诘屈聱牙，典故颇多，理解起来
十分困难。但是它是难得的对当时南堂管风琴最为生动详细的描写。唐代
诗人白居易曾写了千古名篇《琵琶行》，这首长诗应该是清代的《管风琴行》。

诗的开头，先写了作者在聆听管风琴演奏时的感受，他用琴、瑟、箫、笛、
鼗、笙、竽、笳、篪、筑、琵琶、箜篌、篳篥等众多的中国乐器的发声效果
来比附和描绘这一西方乐器演奏出的音乐的丰富之表现力和感染力。作者
起初以为，一定是有上百名乐工共同演奏，谁知"岂知登楼观，一老坐掏擘"，
仅一个人弹琴就产生一个乐队的效果。作者然后对管风琴的构造及其发音
原理作了描述，并惊叹："奇哉创物智，乃出自蛮貊。"这么奇妙的乐器，
竟然出自中国以外的地方！而且也不是中国乐师"师旷"所传，乐谱也不是

---

[1] 赵翼《瓯北集》卷七。上海古籍出版社 1997 年版，第 126—128 页。

古人沿袭下来的。作者终于领会到:"始知天地大,到处有开辟。人巧诚太纷,世眼休自窄。"就是说,这时我才知道天地是如此之大,到处都有新的发明创造。灵巧智慧的人实在多,不要把自己的眼光限制得过于狭窄。但是"域中多墟拘,儒外有物格",中原的士人的眼界总是很拘谨,要知道除了儒学之外还有很多其它学问啊!最后作者写道,我流连忘返,不觉天色已暮,自鸣钟告诉我时间已至酉刻(即晚九、十点钟)。回家后我还是非常兴奋,无法入睡,于是就将今天的所闻所见写下来,记录在枕席之上。

这一文一诗是反映国人对管风琴认识的极有价值的史料。虽然赵翼此诗此文作于1759年,大约是徐日升安装管风琴50年以后的事情了。但这管风琴无疑还是当年徐公所为,因为来华传教士中,在制造安装管风琴方面无人能出其右。

后来访京的朝鲜人也对南堂中的管风琴做过一些描述。

3. 展示西方科学仪器的展览馆和进行科学实验的实验室

秉承利玛窦科学传教的遗风,南堂的历代主持者都十分重视科学,南堂中设有自己的小型观象台,陈列了不少有关天文、地理甚至有关水利方面的仪器,使前往参观的中国人大开眼界。

晚明文人刘侗、于奕正在《帝京景物略》中,就将位于宣武门内的天主堂,描写成展示西洋奇器的博物馆:"其国俗工奇器,若简平仪,仪有天盘,有地盘,有极线,有赤道线,有黄道圈,本名范天图,为测验根本。龙尾车,下水可用以上,取义龙尾,象水之尾尾上升也。其物有六:曰轴、曰墙、曰围、曰枢、曰轮、曰架。潦以出水,旱以入,力资风水,功与人牛等。沙漏,鹅卵状,实沙其中,颠倒漏之,沙尽则时尽,沙之铢两准于时也,以候时。远镜,状如尺许竹笋,抽而出,出五尺许,节节玻璃,眼光过此,则视小大,视远近。候钟,应时自击有节。"[1]

一般国人对特殊的天文仪器可能茫然无知,但对望远镜的功能则比较容易认识,因此对望远镜的记述也比较多。

前面提到过的赵翼除了特别关注管风琴之外,也对望远镜很感兴趣。

---

[1] 刘侗、于奕正《帝京景物略》,北京古籍出版社1982年版,第153页。

他在《西洋千里镜及乐器》一文中对望远镜作了比较详细地描述。他写道："堂（指南堂）之旁有观星台，列架以储千里镜。镜以木为筒，长七、八尺。中空之而嵌以玻璃，有一层者、两层者、三层者。余尝登其台以镜视天，赤日中亦见星斗。视城外则玉泉山宝塔近在咫尺间，砖缝亦历历可数。而玻璃之单层者，所照山河人物皆正，两层者悉倒，三层者则又正矣。"[1]

诗人赵怀曾撰写了题为《游天主堂即事》的长诗，诗中写到了南堂里的观象台："又筑观象台，仪器匠心造。横镜曰千里，使人齐七曜。乃于窥天微，兼得缩地妙。所惜昧機祥，但解推蚀眺。"最后，他也承认中国学者在科学方面的不足，"吾儒通三才，本异索隐消。因疏专门业，致被遐方笑。"[2]

朝鲜人洪大容参观南堂时也看到望远镜，他在《湛然燕记》中写道："镜制，青铜为筒，大如鸟铳之筒，长不过三周尺许，两端各设玻璃，下为单柱三足，上有机为象，限一直角之制，架以镜筒，其柱之承机为二活枢，所以柱常定立，而机之低昂回旋，惟人所使也。柱头坠线，所以定地平也。""持以窥天，暗淡如夜色，以施于镜筒，坐凳上游移低仰以向日，眇一目而窥之，日光团团，恰满镜筒，如在淡云中，正视而目不瞬，苟有物，毫厘可察。盖异器也。"[3]

此外，南堂也有展示欧洲地理科学的世界地图。朝鲜人洪大容记述道，在南堂的客厅的墙壁上，"东壁画盖天星象，西画天下舆地"[4]。这种绘有五大洲四大洋的世界地图无疑也会给前往参观的中国人和朝鲜人极大的震撼。

南堂又是进行多种科学实验的实验室。

明末传教士熊三拔曾与徐光启合作著有《泰西水法》一书，当时他在南堂内制作了若干水利仪器，国人争相一睹为快。曾为《泰西水法》撰序的郑以伟称，1612年他造访熊三拔的住所，"见其家，削者、髹者、绚者，皆治水器也"[5]。这些新奇的水利工具吸引京城的官员学者纷纷来到北京会

[1] 赵翼《檐曝杂记》卷二。第36页。

[2] 钱仲联主编《清诗纪事》乾隆朝卷。江苏古籍出版社，第6465页。

[3]（朝）洪大容《湛轩燕记》，转引自黄时鉴著《东西交流史论稿》，上海古籍出版社1998年版，第425页。

[4] 同上书，第425页。

[5] 郑以伟《泰西水法序》，《明清间耶稣会士译著提要》第311页。

院，有记载曰："都下诸公闻而亟赏之"，不少人还"募巧工，从受其法。器成即又人人亟赏之"[1]。在一段时间里，南堂既是熊三拔试制水利工具的实验室，又是展示这些水利工具的博物馆。

　　发生在 1668 年年底的 3 次对日影长度的测定，是对欧洲天文学、乃至对天主教在中国命运具有决定意义的事件。南怀仁准确的预测直接导致了康熙朝欧洲天文学的回归和天主教的复兴。然而他的这一成就与他在南堂曾经进行过的多次试测、特别是多次失败十分不开的。他曾回忆道："我经常在我们住所的院子里研究日影问题，尤其是几个不同长度的标杆的影长，我常常会观察到我所计算的结果与实际日影发生误差，有时是算少了，有时则是算多了。我推测这些误差的原因是由于我的设备的不精确而造成的。"[2]正是他不断地从失败中学习，坚持不懈地试验，才能逐渐提高预测的精度，最终在关键时刻取得令人赞叹的成就。

　　闵明我神父运用水力学的原理，制造了一座以源源不断的水流来驱动的时钟，"在这部机器的顶部站立着一支精致的木制小鸟。这只小鸟能逼真地模仿大自然中的鸟鸣。在清晨，它能报告应该起床的时间，它在那一时刻开始唱一支歌，其声响足以将熟睡的人唤醒。"闵明我准备将此作为贡品进献给皇帝，"以致名声大振，召来大批高官显贵来到我们的住所，在它还未进献给皇帝之前，就得到了如潮的赞美"。当康熙皇帝得到这一西洋奇器时，便禁不住"龙颜大悦"[3]。闵明我进一步试制了一幢用水银驱动的时钟，"他的这一尝试简直可以称作是完全的新发明。通过起到八个月的试验之后，这种定时器被证明作准确性和可靠性上远远超过了以往的仪器"。在南怀仁写下这段话时，也就是在 1680 年前后，"仪器已经做好了，只是还没有将它进献给皇帝"[4]。

　　更为值得一提的，是南怀仁在南堂试制的用蒸汽发动的模型车。他写道：大约在 1676—1677 年间，"我用轻质木材制造了一架 2 英尺长的小四轮车。

---

[1] 徐光启《泰西水法序》，《明清间耶稣会士译著提要》第 309 页。

[2] 高华士（Noel Golver）英译、南怀仁著《The Astronomia Europaea of Ferdinand Verbiest, S.J. (Dillingen,1687)》鲁汶南怀仁基金会 1993 年版，第 64 页。

[3] 同上书，第 120 页。

[4] 高华士（Noel Golver）英译、南怀仁著《The Astronomia Europaea of Ferdinand Verbiest, S.J. (Dillingen,1687)》鲁汶南怀仁基金会 1993 年版，第 123 页。

在车的中间安装了一个小容器，里面填满了烧红的煤块，以此做成一个蒸汽发动机，凭借这个机器，我很容易地就驱动了这架四轮小车。"不仅如此，他还制造了用蒸汽驱动的小船模型。"我可以将这架蒸汽动力机所体现出来的力学原理，很容易地用来为其它任何一种机器提供动力。举例说，我制作了带有像是鼓足了风帆似的一艘纸船，并且让它持续地沿着一个圆周航行"[1]这一发明要比公认的蒸汽机发明人——丹尼斯·帕平（Denis Papin）的设计最少提早了 10 年。

由此看来，北京的天主教南堂作为科学实验的实验室，在有的方面甚至走在了世界的前列。

4. 展示西方科学和造纸、印刷术的图书馆和出版新书的印书局

书籍是知识的载体，从利玛窦开始，所有的来华传教士都非常重视书籍的作用。利玛窦在寄往欧洲的书信中多次提出要求，希望能得到有关天文学、数学等学科最新成就的书籍。邓玉函在即将踏上中国土地时，曾向他的旧时同僚伽利略讨要科学新著。当金尼阁、卫匡国从中国返回欧洲招募年轻传教士来华时，募集图书也是其重要的任务之一。1614 年金尼阁返回欧洲晋谒教皇保罗五世，获得大量赠书，在周游欧洲各国时，又得各国王室捐赠，1618 年携 7 千册书东来，一时间传为盛事。被称为中国天主教三大柱石之一的杨庭筠极为兴奋，面对汗牛充栋的西方书籍，他立下如此宏愿：西洋书籍"所称六科经籍，约略七千余部，业已航海而来，且在可译"。"假我十年，集同志数十手，众共成之"。"人寿苦短，何哉？吾终不谓如许奇秘，浮九万里溟渤而来而无百灵为之呵护，使终湮灭"[2]。这批书籍很大一部分辗转抵京，藏于南堂图书馆。

1613 年，在南京太仆寺少卿任上的李之藻上《请译西洋历法等书疏》。李之藻在陈述了翻译西洋天文书籍以改进中国历法的必要性之余，还进一步说，除了天文历志书籍之外，西学还有"水法之书"、"算法之书"、"测

---

[1] 高华士（Noel Golver）英译、南怀仁著《The Astronomia Europaea of Ferdinand Verbiest, S.J. (Dillingen,1687)》鲁汶南怀仁基金会 1993 年版，第 123 页。
[2] 杨廷筠《刻西学凡序》。载于徐宗泽《明清间耶稣会士译著提要》，中华书局 1989 年版 292 页。

望之书"、"仪象之书"、"日轨之书"、"万国图志之书"、"医理之书"、"乐器之书"、"格物穷理之书"等等，等等。"以上诸书，多非吾中国书传所有"，"皆有资实学，有裨世用"。[1]

1626 年（天启六年）王征入京为官，专门拜访邓玉函、汤若望等传教士，请教西洋奇器。邓玉函等笑着拿出有关这方面的西洋书籍，说："专属奇器之图之说者，不下千百余种"。王征看到"诸奇妙器无不备具"，"种种妙用，令人心花开爽"[2]，便迫切地提出愿与他们合作将书译成中文。这就导致了王征与邓玉函合作翻译《远西奇器图说》一书。

毕拱臣是另一名从南堂的藏书中获得灵感的中国文人。1634 年，他在京师与汤若望相识，一日，毕氏谈及"贵邦人士范围两仪天下之能事毕矣！独人身一事尚未睹其论著，不无觖望焉？"汤若望拿出一幅《西洋人身图》给毕拱辰看，并说："西庠留意此道，论述最伙，但振笔日译教中诸书，弗遑及此，请以异日。"毕拱辰细观此图，"其形模精详，剞劂工绝，实中土得未曾有"。过了几天，毕拱辰又造访南堂汤若望，汤公将已亡之邓玉函早在杭州李之藻家避难时，与一不知名的中国文人合作翻译的《人身说》二卷相示。毕拱辰读后，极为折服，称：该书"缕析条分，无微不彻；其间如皮肤、骨节诸类，昭然人目者，已堪解颐"，"使千年云雾顿尔披豁"。他惊叹道："余幸获兹编，无异赤手贫儿，蓦入宝山，乍睹零玑碎璧，以不胜目眩心悸，骨腾肉飞，遑待连城驮采，照乘夜光哉！"[3]毕拱辰因此发奋，将旧译本重新润色修饰，与《人身图说》合装为二卷刻印，乃我国第一部介绍西方生理学及解剖学著作。

此类事例不胜枚举。

书籍同时又是造纸、印刷技术的体现。尽管西方的造纸和印刷术最早都是从中国传过去的，但是到了 16—17 世纪之后，西方的造纸术和印刷术都已经相当发达，而且与中国相比有很大的不同。西洋纸张的质地比中国纸张厚实、耐用，可以双面印字而不至于渗透到背面。因此，当中国人在

---

[1] 李之藻《请译西洋历法等书疏》，载于徐宗泽《明清间耶稣会士译著提要》，中华书局 1989 年版 253—256 页。
[2] 王征《远西奇器图说录最》，《明清间耶稣会士译著提要》第 298 页。
[3] 毕拱辰《泰西人身说概序》，《明清间耶稣会士译著提要》第 304 页。

南堂里看到了印刷精美的西洋书籍的时候，无不感到惊讶和新奇。

利玛窦在世时，费奇观来京时曾携带了一部精美、豪华的八卷集多种语言对照的《圣经》。这是红衣主教塞维里尼（Cardinal Severini）送给中国传教团的礼物。在圣母升天节，利神父在自己的居所展示了这部《圣经》。他描写道："很多人到教堂来参观这些书籍，对印刷和装帧大感惊异，他们会说：'毫无疑问，人们用这样的工艺如此精致地刊印这些书，其中所包含的教义一定是很了不起的。'"[1]

清初访问过南堂的谈迁，对西方纸张做了如下的记述："其书迭架，蚕纸精莹。劈鹅翎注墨横书，自左向右，汉人不能辨"。"制蚕纸洁白，表里夹刷"[2]。清代的皇帝也十分喜爱这种西洋纸，有时候传教士们就以这种特别的纸张作为贡物进献给皇帝。

有记载说，汤若望时南堂已建有一座"颇具规模、收集了大量宗教书籍、图画和包括了数学、天文学的多卷本丛书的图书馆"[3]，藏书约3000多册[4]。不幸的是1775年的一场大火，使南堂的图书馆遭受灭顶之灾。在这以后北堂图书馆成为收藏西方书籍最丰富的图书馆了。据统计，1860年南堂图书馆藏书为5400册[5]。

南堂不仅是收藏西方书籍的图书馆，也是出版介绍西方科学、文化与宗教等方面中文书籍的印书局。利玛窦定居北京南堂之后，对以往出版过的几部中文著述《天主实义》《交友论》等都进行了再版，又出版了新作《二十五言》《几何原本》《畸人十篇》《同文算指》《圜容较义》《浑盖通宪图说》《乾坤体义》等等，几乎他的所有中文著作都是在北京的南堂刻印出版的。不仅如此，就连明王朝下令编纂的卷帙浩繁的《崇祯历书》也是在南堂刻板的。1644年李自成义军攻入北京，不久又仓皇撤离，并纵火焚毁皇宫和民房。火势也殃及宣武门附近的南堂。当时在南堂留守的汤若望率领前来避难的

---

[1] 《利玛窦中国札记》，第481—482页。

[2] 《北游录》，第278页。

[3] （美）魏若望《汤若望与明清变迁》，《国际汉学》第七集，中华书局2002年版，第304页。

[4] 杨怡《汤若望在中国的著述》，见 Western Learning and Christianity in China, 华裔学社1992年版，第1078页。

[5] 同上。

教徒，奋力保护教堂，才使存有《崇祯历书》大量木版的两间房子免遭毁灭。以致在清军进入北京之后，得以将新法历书献给朝廷，继而颁行天下。

其它传教士的很多著作也是由南堂刻印出版的，只是当时并没有打出自己的招牌。后来的北堂——西什库教堂就在自己刻印出版的书籍中印上了特别的标志——北京西什库排印。

5. 欧洲巴洛克式的建筑及园林样式

经汤若望主持扩建和改建的南堂，是一座典型的巴洛克式样的建筑，从平面看是一个十字架形。魏特《汤若望传》根据汤若望的回忆和书信资料，对当时新建的教堂作了迄今为止最为详细的描述：

"教堂内部借立柱之行列把教堂之顶格辟为三部。各部皆发圈，作窟窿形，有若三只下覆之船身。其中顶格之末端作圆阁状，高出全部教堂，圆阁上更绘种种圣像。中部顶格两边之顶格，为一块一块方板所张盖。教堂正面门额上，用拉丁文大字母简书救世主名字 IHS 三字[1]，四周更以神光彩饰。教堂高出毗连房屋三十余埃勒（欧洲的一种长度单位——笔者注），很远处即能望见。"

"教堂内主祭坛五座。正中大祭坛上供奉救世主大圣像，周围为天使与曲膝跪地上之宗徒所围绕。救世主一手托地球，一手伸出作降福状。正坛左面即光荣的地方，设圣母玛丽亚祭坛。坛上供罗马圣母玛丽亚大教堂内所供奉施乃（Schnee）所制圣母慈悲大圣像之复本。右面祭坛上供奉圣弥协尔大天使和其它天使。立柱之间设伊纳爵和方济各·沙勿略祭坛。各祭坛前方皆以栏杆围绕。教堂内部之地上，密以精细四方石块铺垫成各种花样，其上更铺设地毯。"[2]

教堂院内的花园也以欧式建造，康熙年间由中国学者描写如下："'玩澜亭'，两旁有小池，左池水上高三四尺，右池水四道，上喷高四五尺。左右另筑小方窖，设机窍，用水四散喷注，以溉竹木。"[3] 这应该是中国土地上最早的喷水和喷灌设施。后来乾隆皇帝命传教士在圆明园修"大水法"，

---

[1] IHS 应为耶稣会的标志。

[2] 魏特《汤若望传》（上）第 251—252 页。

[3] 转引自方豪著《中西交通史》（下册），岳麓书院 1987 年版，第 933 页。

说不定也从南堂的花园中受到的启发。

凡有机会参观南堂的中国学者、官员，对其建筑、园林无不交口称赞，曰："明爽异常"，"极其工巧"，"足称奇观"[1]。

6. 其它方面（葡萄酒和酒器、西医药等）

中国古代也有关于葡萄酒的记载，"葡萄美酒夜光杯"成为唐诗中的名句。但是，那时饮用葡萄酒的多是西北少数民族，中原的汉人不知道如何酿造葡萄酒，也难得有机会品尝到这种酒。当利玛窦进入北京后，葡萄酒就被带入了北京城。因为做弥撒必须要饮这种象征着耶稣的血的葡萄酒。

汤若望主持南堂时，就邀请几位中国的文人朋友到南堂一起品酒。他们不仅对甘露琼浆般的洋酒大加赞赏，而且对西洋的酒器和饮酒的礼节推崇备至，纷纷写下了热情洋溢的诗篇。《赠言合刻》一书中就收录了几首这样的诗歌。

其一是礼部尚书胡世安题《道未先生邀同行屋贰公饮和（荷）兰贡酒》：

"遐陬扇皇风，一十有三载。古昔不庭区，梯航来每每。和（荷）兰轻重洋，修贡自西海。异物匪朝珍，倾葵应有宰。奇酿罗诸邦，瓶贮色争璀。丹震凛禹箴，恶旨寓下逮。颁予通微师，故国味斯在。秋色老梧桐，幽轩殊芳霭。招饮共献酬，甘冽资浇磊。手捧玻璃杯，心惟酒诰谐。沉湎绝九重，衍宴及臣寀。先生广此意，觞政赠一解。"[2]

其意为：顺治皇帝登基已有13年，古时从未进贡过的国家，现在经常来访。善于航海的荷兰国前来进贡，贡品中的洋酒色泽璀璨。皇上将其赏给了通微教师，使他尝到了家乡的味道。在秋天的老梧桐树下，汤先生请我们来他的住所品尝此甘冽的洋酒。我手捧着玻璃酒杯，沉醉在来自遥远地方的佳酿之中。

其二是国子监祭酒薛所蕴题《汤先生招饮上赐和（荷）兰贡酒》：

"声教被遐荒，和兰重译至。方物多珍奇，不贵越裳雉。维酒清且烈，谷国酿有制。一种三器盛，四种十二器。玻璃制精巧，灿烂文理其。罍实色互映，表里如一致。舟航天际来，蛟龙应所嗜。扃钥固重篚，二年得供御。

---

[1] 转引自方豪著《中西交通史》（下册），岳麓书院1987年版，第933页。

[2]《赠言》，见《徐家汇藏书楼明清天主教文献》，第982页。

异人汤先生，上前全拜赐。持归通微堂，馨闻庄逵暨。叩友二三人，相延就客次。启罂欢命酌，开樽心已醉。珀光与珊瑚，精彩难逼视。甘露和琼液，不知何位置。盈盈异香浮，霍尔消积滞。平生耽曲蘖，市沽甘酣寐。岂知天壤宽，海外有此异。谯楼筎声急，严城将欲闭。醺然促归舆，叹息文德备。"[1]

诗的大意是，中华的声教影响到极远的地方，荷兰国人远渡重洋来进贡。贡献了很多珍奇物品，特别是清烈的洋酒。洋人饮酒有洋人的规矩，一种酒要用3个器皿来盛，4种酒就要12个器皿。玻璃酒杯制作精巧，与酒瓶交相辉映。这种酒来自天边，蛟龙也喜欢喝。酒瓶装在好几重的匣子里，还用锁锁牢。二年才进贡一次，皇帝全都赏给了汤先生。汤先生把酒拿回住所——通微堂，酒的馨香就带进来了。汤先生邀请二三朋友来做客，高兴地打开酒瓶，酒香就已经令人心醉了。酒的颜色有如琥珀和珊瑚，酒液如甘露和琼浆。我平生好饮酒，常到市上沽酒，回家一醉方休。哪里知道世间之大，海外还有此等奇异的酒。城头上预示要关闭城门的梆声已经敲响，赶紧醉醺醺地登车出城回家。仰叹汤先生的文章和道德。

这两首诗形象地写出了汤若望和中国官员文人在南堂一起品尝洋酒的情形，以及从一个侧面反映出西方大千世界给中国人的影响。与西洋纸一样，这种于健康颇为有益的西洋酒也得到皇帝的垂青。康熙皇帝专门给海关官员下令，如有西洋酒进关，需用蜡封好，直接送入宫廷。

关于西医药学。前面提到的刘侗、于奕正所著的《帝京景物略》一书，也记述了邓玉函精通西医的故事。邓玉函称："其国剂草木，不以质咀，而蒸取其露，所论治及人体精微。每尝中国草根，测知叶形花色，茎实味香，将遍尝而露取之"[2]。这就是今人所说的"中药西制"。他打算将这些知识撰写成书，然而未竟而卒。

罗启明常常为缺医少药的贫困百姓实施外科手术，"世人获治者为数甚众"[3]；罗怀中早年即从名师研习药理及外科手术，来华后为教内外人士医病历30年。"地方人士及大小官员"凡经救治者，"均仰其高艺，深表

---

[1]《赠言》，见《徐家汇藏书楼明清天主教文献》，第983—984页。

[2] 刘侗、于奕正《帝京景物略》，北京古籍出版社1982年版，第207页。

[3]（法）费赖之著，冯承钧译《在华耶稣会士列传及书目》中华书局1995年版（下）第915页。

敬重"。他还在教堂创立"诊所一处,义务医疗",虽然也"不时奉诏进宫,但尤乐于贫者亲,病者或艰于行,则躬往顾之"[1]。在禁教时期,很多中国教友,就是以求医为借口进入教堂的。

四、南堂在北京几座天主教堂中的地位和作用

由于以利玛窦为代表的天主教耶稣会士的存在,由于明清的皇室和朝廷对部分欧洲科学文化的需求,也由于北京作为中华帝国首都的独特的城市功能,北京在 17—18 世纪成为中西文化交流的中心。北京的四所居住着传教士的天主教教堂(即东、南、西、北四堂)都扮演了传播西方文明的基地的角色,发挥了多方面的文化传播功能,这其中南堂无疑为各堂之首,扮演了"第一把小提琴"的角色。这是因为:

1. 南堂是北京四座天主教堂中历史最为悠久的,它又长时间地被作为北京教区的主教堂,是以葡萄牙为背景的、最早来到北京的耶稣会士长期居住和经营的教堂。虽然后来陆续建造了东堂、北堂和西堂,但是在耶稣会被解散之前的 170 多年里,特别是在 1775 年南堂遭受毁灭性的火灾之前,它一直以科学仪器最为齐全,藏书最为丰富,绘画最为精美,而成为北京四座教堂之冠。

2. 虽然后来法国耶稣会士以及他们所建造的北堂也很出色,但是由于法国人的理念与葡萄牙人(包括以葡萄牙人为背景的意大利人、德国人等)有所不同,如方豪先生所言:"葡国教士侧重以西洋科学介绍于中国,法国教士则各以中国文化介绍于欧洲,如中国文学、历史、地理、民俗、艺术及物产、工艺学。"[2] 所以在向中国人传播西方文明方面,南堂与北堂相比一直处于领先的地位。

3. 因为南堂所处的不同的地理位置与东堂和北堂不同。它正好位于宣

---

[1] 方豪著《中西交通史》(下册),岳麓书社 1987 年版,第 803 页。
[2] 方豪著《北京北堂图书馆小史》,转引自李希泌、张淑华编《中国古代藏书与近代图书馆史料(春秋至五四前后)》,中华书局 1982 年版,第 526 页。

武门内的交通要道旁。在清代，内城不允许汉族的官员和文人居住，他们几乎都住在宣武门外的外城地区，每当下朝回家总不免要路过南堂。因此那些对西学感兴趣的文人顺道入内参观的机会就比较多。而北堂则与紫禁城毗连，除非专责办理公务，官员文人很少有机会路过和参观那里。东堂处于皇城以东，情况与北堂有些相似。这也是为什么官员文人们留下关于南堂文字记载比较多的原因，是为什么在同样几座欧式教堂中，恰恰由南堂在很长一段时间内发挥着中西文化交流领导者作用的重要原因之一。

17、18世纪北京成为中西文化交流中心之探因

——从 400 年前利玛窦进入北京谈起

中国人"华夷大防"的观念本不自明代始，但到了明代则发展到登峰造极的程度，直到 16 世纪末，即朱明建国 200 多年间，没有一个外国人获得在京居住权，更没有哪一个外国人能入朝为官，像唐朝的晁衡、元代的马可·波罗。这固然由于明朝始建于一次反对蒙古族统治的民族战争，加之出身于贫苦农家的朱元璋是典型的农业文明的代表，同时也反映了封建社会后期，统治者失去了"无分夷夏"、广纳百川的博大胸襟，而将国门日甚一日地禁闭了起来，特别是发生了自东南沿海直到邻国朝鲜与海上敌国日本旷日持久的战事以后。中国长达数百年的"闭关自守"就是肇始于明代。

然而，就在刚交 17 世纪的时候，1601 年 1 月，一个身穿中国衣裳的外国神父和他的几名随从，悄悄地走进了朝阳门。从那以后，渐渐地，这个封闭帝国的封闭的都城居然成为中国版图上（除澳门以外）中西文化交流的中心。数以百计的西方人来到这里，生活在这里，甚至死在这里，安葬在这里；大量的西方图书运到这里，藏在这里，其中一部分在这里翻译出版；涉及天文、历法、数学、地理、物理、机械、生物、医药、心理、音乐、美术、建筑等等方面的西方科学文化知识（当然还有宗教文化），在这里传播，或通过这里向其他地区扩散；一幕又一幕中西文化交流与碰撞的生动活剧，在这里演出，虽经几起几落，却一直延续了两个世纪。如果确定一个终点，就笔者所见，这一特定的社会现象在 1773 年罗马教皇解散耶稣会后（1775 年此消息传入北京），就明显减弱，而 1793 年马嘎尔尼勋爵，特别是 1816

年阿美士德勋爵两个英国使团的访华失败，则标志着这个时代的终结。[1]

这一既深刻地影响了中国，又给以巨大的影响于世界的独特的社会现象，是在怎样的国际、国内条件里发生？由哪些因素促成？又在怎样的国际、国内条件下结束？笔者拟在此文抛出引玉之砖。

一、明中期统治者拒西洋人于门外

早在 16 世纪初，早期向东方扩张的葡萄牙就把目光投向了中国。

在占领了麻剌甲（即今之新加坡一带）之后不久，其国王唐·曼努埃尔一世就给他一位到东方的臣民下达了指令："要弄清中国人的情况。他们来自哪里？距离有多远？到马六甲贸易的间隔时间是多少？携带什么商品？每年来往商船的数目和规模如何？是否在当年返回？他们在马六甲或者其他地方是否设有商馆和公司？他们是否很富有？性格怎么样？有没有武器和大炮？身穿什么服装？身材高矮如何？此外，他们是基督徒还是异教徒？他们的国家是否强大？"以及"如果他们不信仰基督教，他们信仰和崇拜什么？风俗如何？国家规模以及与什么国家接壤？"[2] 等等。

1513 年（明正德八年），若热·阿尔瓦雷尔（Jorge Alvares）成为到达中国的第一个葡萄牙商人。但是，依照中国的法律，他只能作短期停留，贸易后即行离去。1515 年（正德十年）葡萄牙国王决定向中国派遣一名正式的使臣，而一个在其刚刚出版的《东方记》里对中国称赞备至、名叫托梅·皮雷斯的荣膺此任。他携有葡王的正式国书，由 4 艘船只组成的船队护送，于 1517 年（正德十二年）8 月 15 日抵达广东。

---

[1] 美国加利福尼亚大学历史学博士 David E. Mungello 在《The First Great Cultural Enconter Between China and Europe（1582—1793）》一文中将"中国与欧洲的首次重要的文化接触"的时间界定在 1582—1793 年。见澳门文化署编辑出版的《The Jesuits 1594—1994, Macao and China, East meets West》第 111 页。

[2]《葡萄牙国家档案馆藏有关葡萄牙航海与征服档案汇编》，转引自万明《明代中葡两国的第一次正式交往》，见《中国史研究》1997 年第 2 期。

但在这以前 100 年就有郑和下西洋的壮举的中华帝国，对葡萄牙这个欧洲国家却一无所知。客人用以表示敬意的礼炮使主人感到震惊，以为对方是在寻衅滋事。

明朝以朝贡贸易和海禁为其对外政策基石。与之交往的外国不是藩属，便是敌国。当朝廷得知这个从来没有朝贡称臣的佛郎机国（即葡萄牙）使臣求见时，便轻易地拒绝了。《明实录》记载道："得旨：令谕还国，其方物给予之。"[1]

葡萄牙使者吃了闭门羹后，并没有放弃，而是留在广州等待机会。一年之后，由于葡国使团的一个通事（翻译）——火者亚三通过行贿佞臣江彬而见到了明武宗，并获得武宗好感。鉴于明廷对不曾来往过的葡萄牙国的偏见，火者亚三便自称为麻剌甲的使臣。于是明廷改变初衷，允许该使臣进京。

葡使一行于 1520 年（正德十五年）1 月再度北上，经过 4 个月的行程到达南京。当时明武宗恰好就在南京，但无意接见葡使。使团只好继续北上，在北京等候武宗回銮。又过了一年，1521 年（正德十六年）1 月，武宗总算回京，却大病不起，很快便一命呜呼了。这时正好被葡萄牙占据了国土的麻剌甲国王的使者来到北京，请求帮助以恢复国家，同时戳穿了火者亚三的谎言。于是在武宗死后不久，明廷即下令：包括葡萄牙使团在内的"进贡夷人俱给赏令回国"。火者亚三因冒充麻剌甲使臣被处死。葡萄牙使臣皮雷斯在广州被押进监狱，不久就病故在狱中。当时在广州的城门上榜示着皇帝的敕令："永不许胡须大眼夷人入境。"[2]

这就是葡萄牙来华的第一位外交使臣，同时也是欧洲来华的第一位使臣的命运。

第二个遣使来华的西方国家是荷兰。荷兰的商船第一次出现在澳门附近的海面是 1604 年（明万历三十二年），但他们的通商要求被拒绝了。3年后，当他们第二次遭拒绝时，荷兰海军的 15 艘战舰，向澳门开了炮。结果是连同司令雷伊松上将在内的 1/3 荷兰军葬身鱼腹。残兵败将撤到了台湾，后来又被郑成功赶下了大海。荷兰人后来同意以"非常屈辱地每年进贡，以取得他们所十分希望得到的贸易的许可。但是即令作出了这样的屈服，

---

[1]《明武宗实录》卷 158。

[2] 戴裔煊《明史·佛郎机传笺正》中国社会科学出版社 1984 年版，第 61 页。

他们仍未得到这个许可"[1]。

距离中国最近的欧洲国家俄罗斯，在明代万历年间（1616—1618 年）向中国派遣了第一个使者，因为没有带来令中国人感兴趣的贡物和以贡物所代表的政治上的臣服，根本没能见到皇帝，就被打发走了。1654 年（顺治十一年），另一个俄国使者巴伊科夫来到北京，他坚持必须按照西方的惯例，先见皇帝，递交国书，然后才进献礼物；而且在晋见皇帝时，拒绝遵循中国的叩头礼节，他的态度"激怒了中国朝廷。于是将礼物退还，并下令着把伊科夫离开北京"[2]。

这就是明王朝对打算与中国建立联系的西方国家的态度。要打开这扇禁闭的大门真是比登天还要难。

二、传教士为传教进入北京，效力宫廷

使中国紧闭的国门稍稍有所松动的，是来自西方的耶稣会士；使北京在之后的两个世纪中成为中西文化交流中心的一个重要的动力，也是这些以利玛窦为代表采取"适应政策"和科学传教方式的耶稣会士。

16 世纪四、五十年代，耶稣会创始人罗耀拉的密友沙勿略来到东方，他虽然至死也没有踏上中国大陆，却在日本试行了后来被称作"适应政策"的若干做法，如：学习当地语言；"突出自己的社会地位和赠送礼品"；"派往东方的传教士必须是'读书修士'"，"不仅应当有一般的学问，而且应当懂科学"；"传教士应对当地的文化要有所适应"[3]，等等。这些做法都得到罗耀拉的肯定。但是沙勿略没有来得及在中国实现自己的设想，于 1552 年 12 月死在名叫"上川"的小岛上。

[1]《徐日升日记》第 16 节，转引自《耶稣会士徐日升关于中俄尼布楚谈判的日记》商务印书馆 1973 年版，第 172 页。
[2] 约瑟夫·塞比斯（Joseph Sebes）《耶稣会士徐日升关于中俄尼布楚谈判的日记》商务印书馆 1973 年版，第 59、61 页。
[3] 见张铠著《庞迪我与中国》，北京图书馆出版社 1997 年版，第 96--98 页。

如上所述，葡萄牙正式的外交使团被中国拒之国门之外，但是葡萄牙人却设法得到了一块可以落脚的飞地——澳门。接着手擎十字架的传教士也接踵而来。抱着"欧洲至上主义"的传教士们在沙勿略死后的 31 年间，多次试图进入中国定居传教，但都碰壁而归 [1]。

据 G·H·邓恩撰写的《巨人的一代》记载，当时有人甚至说："没有军队的介入，（天主教）想要进入中国，就等于试图到达月球。" [2] 大有"蜀道之难，难于上青天"的感叹。然而作者接着指出："现在每一个人都知道，即使是月球也是可以到达的，那只是一个方法的问题。" [3] 开始探索这一新方法的是新任的耶稣会印度视察员范礼安。

1574 年范礼安从果阿到日本去，第一次路过澳门，并在那里住了 9 个月。这期间他仔细观察了那里的葡萄牙人与中国人之间的关系，他看到在澳门只有极少的中国人成为天主教徒，究其原因，他发现，在澳门"那些改变信仰的中国人必须改用一个完完全全的葡萄牙名字（不仅仅是受洗的名字），甚至必须穿着葡萄牙人的衣裳"。范礼安认为"这种倾向是被中国的文化所拒绝的"。他通过观察和交谈还了解到，"中国人有一个至高无上的统治者；平时不携带武器；他们的上层贵族居住在有城墙围绕的城镇中，穿着长长的衣袍，吃着丰富的饭食，对僧侣（即佛教的和尚）不怎么尊重；重视文学的研究，非常看重学习。"他觉察到"这些中国人与外界没有什么朋友关系，也不与外国人交际。"对负责东方传教事务的范礼安来说，"在明王朝的统治下那禁闭的大门如何向天主教的传教士们打开，这一点是非常重要的"，但是"葡萄牙人对在澳门的皈依天主教的中国人所实行的一套办法则应该被抛弃"。范礼安确信，"至少要有一位耶稣会士应该学会用中国语言交谈、

---

[1] Joseph Sebes, S.J.《The precursors of Ricci》一文中指出："在（沙勿略）以后的三十一年里，他的同仁和继承者以令人钦佩的毅力试图打开中国的大门，但始终未有大的成绩。就算有些人能成功进入（曾有 25 人）也未获得居留，只好在短期内离开。"他在文中记述了这 25 人的情况。见澳门文化署编辑出版的《The Jesuits 1594—1994, Macao and China, East meets West》第 62 页。

[2] George H. Dunne, S.J. 撰《Generatic of Giants》第 17 页，美国印地安那州 Notre Dame 大学出版社 1962 年版。

[3] 同上书，第 17 页。

阅读和写作，然后才能较深入地了解中国人的社会和中国文明"[1]。

在这一思想的指导下，罗明坚首先被派到澳门。他观察到，"在澳门的葡萄牙传教士们几乎没有接触和影响中国人，而从内地到澳门的中国人也都没有学者的经历。极少的中国教徒其实就是葡萄牙商人的译员，他们缺少有关中国文学方面的知识。"[2]

1581 年年末，罗明坚陪伴着葡萄牙商人到广州作生意，不久又应邀到肇庆居住。他改变了以往葡萄牙人的态度，而使自己的行为举止遵从中国人的风俗和礼节。结果，广州的海道注意到这点，也改变了以往对外国商人的态度。这位海道还得知，罗明坚正在学习中文，以及作为一名神父和学者，葡萄牙人很尊重他。于是这位官员在会见罗明坚时，也抱有几分敬意，免除了通常的叩头的礼节。罗明坚在《广州详情——致利玛窦》中对上述事件做了记录。在信中罗明坚对学习语言所产生的积极作用，给予高度的评价，并且树立起"尊重中国人的风俗习惯的思想"。他还在另一封信中表明，他们在中国寻求定居的主要原因，"是他们学习中文（包括用官话来交谈和用官方语言来写作）的需要，因为他们必须继续与中国的官员们谈判。他们认识到，不可能从澳门得到这方面的语言训练；也认识到，没有这种训练他们便没有希望与中国人接触，以推进传播天主教的事业。"[3] 这是推动即将成为罗明坚同伴的利玛窦迈出学习中文的第一步的重要因素。到中国内地建立定居点，学习中文，并"尊重中国人的风俗习惯"，是耶稣会士"适应政策"的开端和最重要的内容之一。在这一策略指导下，罗明坚和利玛窦在肇庆住了下来。

通过对中国政治、社会结构的逐步深入的观察和分析，两位神父以及他们的上司范礼安一致认为，要想在中国成功地传播福音，非要争取到最高统治者——皇帝的批准不可。利玛窦在 1588 年 9 月的一封书信中强调说："如派遣神父们出使中国，非得有皇帝的正式许可，或他属官员的同意不可。"他认为，"最大的困难，是如何晋见皇帝？如何进入朝廷？"[4] 新任两广总

[1] J·W·Witek《The Missionary Strategy of Matteo Ricci in China during the Late Ming Dynasty》，见 1998 年罗马出版的《LE MARCHE E L'ORIENTE》一书的第 36 页。

[2] 同上书，第 37 页。

[3] 同上书，第 38 页。

[4]《利玛窦书信集》台北光启书社 1986 年版，第 89 页。

督刘继文仅仅因为要占有他们的住所，就险些将他们驱逐出中国，使他们多年惨淡经营的传教事业几乎毁于一旦的教训，更坚定了他们的这一信念。于是，两位神父从两个途径致力于实现这一目标。范礼安"对4位日本大使赴罗马的访问成功记忆犹新"[1]，于1588年第3次到澳门时决定派遣罗明坚回罗马，建议教皇向中国，向帝国的首都北京派驻正式的外交机构；而利玛窦则继续留在中国，通过介绍西方文明，与文人、官员结交朋友等等方法，一步步接近北京，以求最终进入北京；一步步接近皇帝，以求最终面见皇帝，并求得皇帝允许传播福音的恩准。在失去了肇庆的定居点后，利玛窦选择了韶州作为新的定居点，就是因为"它是去南京和北京的必经之地"。[2]

　　1595年，利玛窦抓住了一个难得的机会，与兵部尚书石星同行，离开韶州北上，到达陪都南京。他虽然没能在南京长住，却获得了在南昌的定居权，并取得令人鼓舞的成绩。两年后，1597年，利玛窦被任命为新建立的中国教区的第一任会长，在接到任命书的同时，还接到范礼安对他的指示，即尽一切努力到北京去开辟一个定居点，以便影响皇帝，使在中国的传教事业得到保障。1598年利玛窦的第一次进入北京，同样没有成功，返回后却得以在南京定居一年多。利玛窦就是这样进两步退一步，再进两步再退一步地顽强地向着他的既定目标——北京前进。最后他终于成功了；而罗明坚的努力则归于失败。

　　将西方的科学技术介绍给中国人，是利玛窦传教策略之一。这第一是为了改变中国人传统的认为"外国人是食人生番"观念，而证明西方也是"文明社会"；第二，使传教士们不仅改穿了文人的服装，也显示出学者的素养，因而得以进入处于社会较高阶层的文人学者的社交领域，进而结交官员朋友，争取他们的帮助，达到自己的目的。

　　1601年他终于进入了帝国的首都，并且将明王朝延续了200年的"不

---

[1] MalatestaS.J.《Alessandro Valignano（范礼安1539—1606）Strategist of the Jesuit Mission in China》

[2] 见澳门文化署编辑出版的《The Jesuits 1594—1994, Macao and China, East meets West》第38页。同上书，第94页。

准外国人在京居住"的法律打开一个缺口[1]，获得在北京的长期居住权，甚至还破例享受到类似于正式官员的朝廷颁发的俸禄。他虽然没有真正地见到皇帝，但间接地与皇帝建立了联系；他虽然没有得到皇帝批准传教的正式文书，但是得到了事实上的默许。他生前获得在北京市内建造教堂的许可，死后又得到了靠近城市的墓地[2]。这都显示了皇帝对天主教的容忍。他已经在客观允许的条件下，最大限度地达到了目的。

从 1601 年进入北京，到 1610 年去世，这 10 年是利玛窦事业的黄金时期。这期间，他与徐光启合作，翻译出版了《几何原本》，与李之藻合作翻译了《同文算指》；这期间他陆续出版了《天主实义》《二十五言》《畸人十篇》《辩学遗牍》《乾坤体义》《西字奇迹》等以中文撰写的书籍；这期间，他多次修订和翻印了《世界地图》，直到把它挂在皇宫里；这期间，他将北京的第一座天主教教堂——南堂，办成展示欧洲科技文化的博物馆[3]；这期间他通过对北京经纬度的实地测量，断定北京就是"汗八里"，而契丹就是中国北方的一部分，从而解决了困扰西方学术界多年的"北京与汗八里"、"中国与契丹"关系的疑团；这期间他发出了大量的书信（目前保存下来收入《利玛窦书信集》的有 19 封），向欧洲介绍中国的情况；在他生命的最后两年中，当他意识自己将不久于人世的时候，便着手撰写回忆录，这部手稿后经金尼阁补充整理，以《天主教传入中国史》[4]的标题在欧洲出版问世。该书系

---

[1] 1601 年（万历二十九年）二月，礼部题："《会典》止有西洋国及西洋琐里国，而无大西洋，其真伪不可知"，"不宜令入宫禁"，"勿令潜住两京"。见《明神宗实录》卷 356。

[2] 《利玛窦中国札记》（中华书局 1983 年版）第 617 页写道："在举行丧事弥撒那天，有大批教徒参加，其中有一个知名文士非常熟悉朝廷办事的手续，他回家之后忽然想到皇上或许可以赐给一块土地作为利玛窦神父的坟地。他认为这就等于认可教会和基督教在中国的合法存在了。"

[3] 明末崇祯年间，刘侗、于弈正在《帝京景物略》中称利玛窦"其国俗工奇器"，并对南堂里的西洋器具作了如下描写："简平仪，仪有天盘，有地盘，有极线有赤道线，有黄道圈，本名范天图，为测验根本。龙尾车，下水可用以上，取意龙尾，象水之尾尾上升也。其物有六：曰轴、曰墙、曰围、曰枢、曰轮、曰架。潦以出水，旱以入，力资风水，功与人牛等。沙漏，鹅卵状，实沙其中，颠倒漏之，沙尽则时尽，沙之铢两准于时也，以候时。远镜，状如尺许竹笋，抽而出，出五尺许，节节玻璃，眼光过此，则视小大，视近远。候钟，应时自击有节。天琴，铁丝弦，随所按，音调如谱。"

[4] 该书的中译本《利玛窦中国札记》于 1983 年由中华书局出版。

统全面地记述了利玛窦在华 28 年的经历和他对中国的认识，成为沟通东西方世界的经典之作。不仅如此，作为他的随从与他一起进入北京的西班牙籍耶稣会士庞迪我，教会了宫廷乐师弹奏西洋铁琴。同时庞迪我也向欧洲寄发了大量书信，其中有写于 1602 年的长达几百页的一封，以《一些耶稣会士进入中国的纪实及他们在这一国度看到的特殊情况及该国固有的引人注目的事物》的题目于 1605 年出版，将被西方人认为是"神秘之国"和"神秘之都"的真实面貌介绍到欧洲。

利玛窦首先用以攻破禁闭国门和森严法律的"武器"，不是无敌舰队，而是"征服"当时先进的知识分子的《几何原本》和《万国地图》，是打动了不务正业的万历皇帝的好奇心的自鸣钟。接着，徐光启、邓玉函、汤若望等用以对抗"南京教案"的反教浪潮，继续捍卫天主教在京师存在的不是枪炮，而是帮助朝廷准确预报天象的科学知识，和抵御外敌的造炮技术。这两项"拿手好戏"，进而使耶稣会士们不仅顺利地度过了改朝换代的动荡，而且创造了"柳暗花明又一村"的好局面。汤若望不仅成为中国历史上第一位洋人钦天监主管人，而且获赐通政大夫、太常寺卿、光禄大夫等职，成了顺治皇帝无话不谈的"玛法"，得到"通玄法师"的封号。虽然在顺治皇帝死后，汤若望遭遇冤案，其他各地的传教士被强行解至广州。但在康熙亲政后，天主教则开创了在华的"黄金时代"。南怀仁作了皇帝尊敬的老师；钦天监几乎成了传教士们的固有领地；纪理安在紫禁宫里开办了玻璃车间；戴进贤服务于位于圆明园的被称作"蒙养斋"的数学院。康熙皇帝甚至还正式邀请更多的身怀绝技的西方传教士到中国来，到北京来。法国路易十四国王果然派遣了"国王数学家"白晋、张诚等人来华。在康熙的亲自过问下，经耶稣会士和中国学者的通力合作，两项堪称中西文化交流结晶的大型工程得以完成，这就是编纂汇集了中外天文数学知识的 100 卷的《律历精蕴》，以及第一部以西方先进方法测绘的全国地图《皇舆全览图》。自然，书籍的编纂和地图的汇总，都是在北京完成的。

就这样，利玛窦和遵循利玛窦"适应政策"和科学传教方针的耶稣会士们，成功地将西方文明，西方的科学技术、艺术和宗教带进了北京。在差不多整个康熙时代造就了中西文化交流空前繁荣的局面。

三、明末清初朝廷因对西学的需求而留传教士于北京

造成北京这一时期成为中西文化交流中心的主要的内部原因，是中国的最高统治者皇帝和皇室对部分西方技术的需要，和对精通西方文化的人才需求。如果说万历皇帝对自鸣钟的偏爱，更多地属于个人爱好的话，那么从天启年间引进"红夷大炮"和崇祯年间的修历、造炮，到顺治、康熙年间的继续修历、继续造炮、测绘地图等等，则更多地是出于富国强兵的客观需要，不管是一个行将灭亡的王朝企图挽救自己，还是一个新建的王朝企图巩固自己。

观天和修历是明清两代王朝利用西方科学知识和传教士的最重要的领域。在这其中，位于宣武门堂东侧的原晚明时代的"历局"，和东便门一隅的清代的"钦天监"一度耶稣会士最能施展卓越才华的地方。

中国自古以来以农立国，靠天吃饭，因而崇拜上天。中国的皇帝也自称为天之子，所以历朝历代都特别重视天文历法。中国曾有世界上最为古老的天文记载，在很长的历史阶段，中国的天文学都是世界上最先进的。但是，当西方资本主义兴起之后，为了远航导向的需要，欧洲的天文历算科学有了突飞猛进的发展，把中国甩到了后面。

1596 年（万历二十四年）寄居南昌的利玛窦曾准确地预报了 9 月 22 日的日食，而官方则预报有误。他在进入北京的当年，即 1601 年（万历二十九年），又预报了 6 月 5 日和 12 月 9 日的两次月食；1603 年（万历三十一年)5 月 1 日发生的一次日食。实际的发生的天象又与利公测算的吻合。而朝廷中专管天文历法的钦天监，这几次预测的时间都与实际有较大的误差。这在当时可不是一件小事，意味天朝代天而言的权威性受到了动摇。

随后发生的多次日、月食的误报，招致了举朝的非议，改历之说由此而起，虽有众议，说非徐光启及西洋传教士不能担此重任，但真正将此重任交给外国人也不是一帆风顺的。几经周折后，新上台不久的崇祯皇帝终于决定，由徐光启主持"历局"，延揽西士，采用西法，开始修改历法的工作。耶稣会士中邓玉函、罗雅谷，以及后来的汤若望服务其中。

1644 年，当北京处于政权频繁交替、兵荒马乱之时，汤若望仍坚守在南堂，保护着尚未镌刻完毕的《崇祯历书》的木版。为了表明新朝顺天承运的合法性，入主北京的大清王朝非常需要有人替他们观测天象，颁布历法。摄政王多尔衮不但对汤若望加以保护，而且毅然将汤若望等编纂的新历更名为《时宪历》颁行天下，并在历书上批下了"依西洋新法"5 个字。鉴于汤若望在天文历算领域的杰出才华和敬业精神，大清皇帝颁旨，任命汤若望为清王朝的钦天监掌印官，这也是中国历史上第一位主管钦天监的洋人官员。此后，南怀仁、闵明我、庞嘉宾、纪理安、戴进贤、刘松龄、鲍友管、傅作霖、高慎思、汤士选、索若瑟、李拱辰等耶稣会士先后主持钦天监，翻译了大量西方天文书籍，铸造了若干大型天文仪器，并一再修订了历书。他们不仅供职于国家天文观象台，还在南、北两堂建有自己的小型的天文观象台，在更广泛的范围内传播了西方的科学知识。

其次是造炮。大明王朝到了熹宗的天启年间气数已尽，内忧外患接踵而至。1622 年（天启二年），后金大军直逼山海关，威胁京师。徐光启、杨廷筠等上疏，言澳门葡萄牙之兵能操红夷大炮，勇猛无敌，可以借来御敌。又言耶稣会士皆博学宏深、多才多艺之人，宣来京城，于保国大有好处。天启皇帝遂命传教士进京，接着被称为"红夷"的葡萄牙人制造的大炮乘舟北上。1626 年，后金大汗努尔哈赤率 13 万大军包围了山海关外的孤城——宁远。守卫宁远的明军将领袁崇焕将红夷大炮架上城墙。没想到这种西洋大炮威力无比，把每战必胜的八旗铁骑打得落花流水，连努尔哈赤也被打成重伤，不久忧郁而终。西洋大炮的使用改变了明与后金的力量对比。明军原来在善于骑射、长于野战的后金八旗面前一筹莫展，屡战屡败。自从有了西洋大炮，他们创立了"凭坚城用大炮"的新战术，多次击退后金的进犯，致使努尔哈赤的继任者皇太极数年不敢再围攻装备有西洋大炮的宁远、山海关等战略重地。

崇祯末年，皇太极的满洲八旗兵与李自成的农民军对明王朝形成了钳形攻势，战争成了朝廷压倒一切的首要大事。这迫使崇祯皇帝朱由检求助于西洋的先进技术。买炮已经是远水不解近渴了，需要自己制造大批量的这种具有较大杀伤力的武器。崇祯皇帝决定由汤若望来主持制造火炮。

1642 年（崇祯十五年），在汤若望的设计和指导下，大小太监们一齐动手，先后铸造成数百斤和 1200 斤的两种大炮共 20 尊，经试验，威力很大，皇帝非常高兴，颁旨嘉奖，命再造 500 门。在这期间，他不但造出了优质的大炮，还与中国学者焦勗合著了《火攻挈要》（又称《则克录》）一书。当然大炮并没能挽救了明王朝灭亡。

1674 年（康熙十三年），平定三藩（起兵反清的 3 位汉族藩王吴三桂、耿精忠、尚守信）的战争打响了。皇帝命南怀仁负责修炮和造炮，南神父以不懂兵器和教士不应参与杀戮之事为由，竭力推辞，康熙帝甚为不悦，神父只好从命。南怀仁领旨后设计了一种轻型火炮，炮弹仅为 3 斤，炮身总重 1000 斤。在试射时，此炮射击 100 发，有 99 发命中目标，炮弹穿透 4 寸厚的木板。康熙得报大喜，命依样造 20 门，送到平藩前线。继而皇帝下令再造一种炮弹为 8 斤的炮，制成后试射时 100 发中 96 发，康熙兴致极高，亲自点炮，其中一发炮弹刚好落在前一发炮弹上，将其击碎。康熙当场把自己身上的貂皮大衣脱下来赏给南怀仁。后来南怀仁又奉旨造了炮弹为 10 斤的炮，前后共铸造火炮 130 门，并撰写了关于火炮的制造和使用的《神威图说》一书，有力地支援了平定三藩，统一国家的战争。为此南怀仁进一步得到了康熙皇帝的信任，被授予工部右侍郎之职。

再次是绘图。康熙皇帝接受了徐日升、张诚等传教士的建议，从 1708 年起派遣在京外国传教士分赴全国各地，与中国的官员和学者合作，以西方先进的测绘方法绘制中国地图。这项工程历时 10 年，白晋、雷孝思、杜德美、山遥瞻等数十名传教士参与其事，有的还以身殉职，最后于 1718 年在京汇总完成，命名为《皇舆全览图》。30 年后，乾隆皇帝又派遣傅作霖、高慎思等传教士测绘新拓疆土，编成《钦定皇舆西域图志》。这两项工程浩大的全国地图测绘工作，是清代全盛时期的代表作，也是从康熙帝到乾隆帝雄才大略、文治武功的写照。当时处于鼎盛时代的中国统治者需要一部真实地反映帝国全貌的综合性的地图，以便来管理分布在广袤国土上的各级地方政府，征收赋税，兴修水利，防治水害，平息叛乱，维护朝廷对整个疆域的有效控制。而外国传教士的积极参与，则使它采用了欧洲先进的测绘方法，保证了它的科学性和准确性。

在北京，外国传教士的另一"用武之地"是在外交领域。他们大多能通晓多国语言，熟悉国际交往的常规。而自从地理大发现以来，欧洲国家频频向中国派遣使团，因此他们在中国政府在与外国办理交涉时，担任了翻译的工作，实际上也起到外事顾问的作用。特别是在与俄罗斯签订《尼布楚条约》的时候，有专家认为，徐日升和张诚"起了保证实现康熙的意图的私人监督者的作用"[1]。

1655 年（顺治十二年）7 月 20 日，来访的荷兰使者正式向皇帝进献礼物。"当时内阁大学士坐在略高一点的凳子上，其座位的右边是两位满人，左面坐的是汤若望，充当翻译。"[2]7 月 30 日，皇帝召汤若望到御前详细询问有关荷兰的情况。8 月 6 日，朝廷将一份与荷兰的商务草约交汤若望征求意见。汤若望出于狭隘的国家和教派利益，迎合了中国传统的闭关自守倾向，阻挠了中荷建立正常商务来往。从中也可见他在外交活动中所起到的重要作用。

南怀仁也在中国与俄罗斯等国的外交接触中担任过不可缺少的角色。1676 年（康熙十五年），俄国沙皇派遣使者来到中国。清政府知道南怀仁通晓多种欧洲语言，又会汉语和满语，就让他参与此次外交活动。

俄使到达北京后，南怀仁就跟随中国官员去宾馆拜会。南怀仁用拉丁文与俄使互致问候，交谈了一番。俄使高兴地说，感谢皇帝为我派来这样一名优秀的翻译。他不仅能口译有关两国君主的所有事务，而且还能逐字逐句正确地译出他的头衔和国事内容。通过南怀仁的桥梁作用，中俄互相承认了对方的主权国家地位，从而使彼此关系得以顺利地发展。10 年后的1686 年（康熙二十五年），南怀仁又为荷兰外交使团担任过一次翻译。

1686 年闵明我奉令游欧。康熙皇帝派他为驻罗马和莫斯科的私人大使，会见俄国沙皇，以便解决中俄在满洲边界的争端。

《尼布楚条约》是我国与外国签订的第一个条约，而且是第一个平等条约。中俄在尼布楚的谈判，是我国第一次与外国进行的平等谈判。当时自诩为"中央之国"的中国不了解，世界各国在平等地处理相互关系中约定俗成地形成了一些称为"国际法"的公认准则。但是，由于康熙皇帝面对俄罗斯和噶尔丹两方面的威胁，不得不与俄国寻求一项妥协办法，以便集中力量平息噶尔丹的叛乱。他意识到，与以往对外交往所涉及的"对中国无关紧要的贸易"不同，此次谈判事关重大，"要和俄国讲和，以便可以无牵掣地去对付噶尔丹蒙古人。不但如此，他要求有一个尽可能严格约束俄

---

[1]《耶稣会士徐日升关于中俄尼布楚谈判的日记》第 109 页。

[2] 魏特《汤若望传》，第 356—357 页。

国人的条约"，为了达到这一目的，除了需要中国的谈判代表既要坚持原则，又要有一定的灵活性，还要了解国际间的通行规则，因为 "既要订立一个对俄国人具有最大约束力的条约，那么就必须按照国际法来订立，也就是说，必须在平等互惠的基础上来订立"[1]。而当时的中国的官员没有与外国签订合约的经验，也缺少以平等、互惠的精神处理相关国家间的纷争的概念，也因此，西方传教士的参与是绝对必要的。

徐日升和张诚果然不辱使命，促成了条约的签订，使康熙皇帝的整个战略部署得以实现。在 1692 年（康熙三十一年）皇帝发布了利玛窦梦寐以求、为之奋斗了一生而没有得到的有关传教自由的诏书，就是对他们的回报。但是，他们原来期望从俄国得到的回报，即开辟从欧洲经由俄罗斯到中国的陆上通道，却没能实现。而且俄国因迁怒于他们对中国的效忠还关闭了耶稣会在俄国的机构。

其他的耶稣会士如戴进贤、刘松龄等，也曾受命承办过外交事务。1720 年俄国使臣伊斯曼诺夫来华，戴进贤奉命作康熙皇帝的口头翻译，并将俄使的国书译成中文。1752 年—1753 年（乾隆十七年—乾隆十八年），葡萄牙国王遣使来华，朝廷委派刘松龄主持接待。乾隆因其交涉成功特赏给刘松龄三品官的俸禄，外加白银 2000 两。

为宫廷服务，特别是为皇室服务，是中国皇帝允许西方传教士在华、尤其是在京居住的第四个主要原因。万历皇帝破例让利玛窦居京的动机，就是负责维修他所钟爱的西式钟表。纪理安在他的 "玻璃车间" 里不仅造出了望远镜所用的镜片，也制造了各种各样豪华的灯罩和其他礼品。法国传教士用金鸡纳霜治好了康熙皇帝的疟疾，皇帝便赐北堂给法国传教士，并题写了 "无始无终，先作形声真主宰；宣仁宣义，肇昭拯济大权衡" 对联和 "万有真元" 的横批，以对天主教的理解和支持，表达了他对传教士救命之恩的感谢。雍正皇帝批阅奏折、办理公务离不开洋教士制造的眼镜。郎世宁、王致成作为乾隆皇帝的宫廷画师，在内务府 "养心殿造办处" 领取俸禄。郎世宁、蒋友仁直接参与了圆明园内欧式建筑和园林的设计工作。还有其他不少的传教士成为宫廷的工匠、乐师和医生。

---

[1] 约瑟夫·塞比斯（Joseph Sebes）《耶稣会士徐日升关于中俄尼布楚谈判的日记》商务印书馆 1973 年版，第 114 页。

综上所述，由于国家在修历、造炮、外交和皇室服务方面的需要，作为中华帝国政治、文化中心和最高统治者——皇帝居住地的北京，成为西方传教士施展其各方面才华的最佳场所。这也就成为他们能够在一个"闭关自守"封闭帝国的封闭都城中长期存在，并使之在一个时期内成为中西文化交流中心的理由。

作为首都，原本就是文人精英荟萃之地。有记载云："利玛窦在平常的日子，接待来访的人不下 20 批。每逢节日来访的人更多，每天接待的人达 100 人以上。"[1] 再加上几年一次的全国的举子会试和官员的朝觐及大计，大量的文人和官员定期地聚集在北京。特别是在利氏生命的最后一年，即 1610 年，既是朝觐之年又是会试之年，5000 多名官员和 5000 多考生聚集在京师，无以数计的文人争相一睹利子之风采和教堂里的西洋奇器。利玛窦曾疲于接待一批又一批的慕名来访者。然而西学、西器以及利玛窦等传教士撰写的和翻译的书籍，便正是以此为渠道，向全国扩散。

不仅如此，由于北京是明王朝的首都，实际上成为了"东方文明的交汇点"。裴化行写道："尽管边境缉查严加限制，它（指北京）始终是吸引的中心，整个东方都围绕着它旋转。""早在此时，朝鲜人就知道他（指利玛窦），因为他们每年都有使臣到北京来，不仅带回去商品，还带走书籍和科学情报。"[2] 到作为西方科学文化展览馆的南堂，也经常出现在朝鲜人的笔下。黄时鉴先生《朝鲜燕行录所记的北京天主堂》[3] 一文作了专门的搜集，这里就不再赘述了。此外，很多到北京贸易的穆斯林商人都认识利玛窦，以至"利玛窦名声远扬，甚至达到戈壁滩的尽头"[4]。虽然日本在朝鲜战争战败之后中断了与中华帝国的官方贸易，但民间交往的渠道并未完全断绝，《几何原本》很快就传到了日本。

可见，当时的北京不仅在中国范围内，甚至一定程度上在整个东方都是中西文化交流的中心。

---

[1] 林金水《利玛窦与中国》，中国社会科学出版社 1996 年版，第 130 页。

[2] 裴化行《利玛窦评传》，商务印书馆 1993 年版，第 573 页。

[3] 《东西文化交流史论稿》，上海古籍出版社 1998 年版。

[4] 《利玛窦评传》，第 580 页。

四、开明文人官员对传教士的帮助

使利玛窦等耶稣会士成功地进入北京，并与之合作，将西方文化带入北京的，是一批思想开明、勇于进取的中国文人和官员。他们所起的作用可以概括为认识作用、宣传作用、帮助作用、中介作用和保护作用。

明中叶以后，在中国沿海地区，特别是在江浙一带，商品经济得到了一定程度的发展。在这里成长起来一批与以往不同的知识分子。他们有着炽烈的爱国精神，面对境外强敌的觊觎，胸怀富国强兵的伟大抱负；面对日益腐败的朝政、荒淫无度的皇帝，他们意欲破除祖宗成法，不拘一格进行社会改革；他们唾弃空虚不实的理论，讲究经世致用的实学，诸如天文、地理、数学、农业、军事、造器等等。

当利玛窦等耶稣会士将崭新的西学介绍进来之时，以徐光启为代表的这批文人和官员，立即敏锐地觉察到它的价值，并给以积极的回应。当有的人看到在利玛窦的世界地图上中国仅处于东方一隅，而大加指责时，他们则睁开眼睛，接受这从未见过的新天地。官居岭南道的王泮第一次刻印了《舆地全图》，广为散发，徐光启与利玛窦合作翻译出版了《几何原本》，李之藻与之合作翻译了《同文算指》，王徵与邓玉函合作编纂了《远西奇器录最》并为金尼阁的《西儒耳目资》作序，冯应京为利玛窦的《交友论》撰序，杨廷筠为庞迪我的《七克》作序并将其刻印出版，孙元化与庞迪我合作撰写《日晷图法》，张萱撰《疑耀》、王肯堂撰《郁冈斋笔麈》、方以智撰《通雅》、李应试、冯应京、章潢、熊明遇等分别刊印名为《两仪玄览图》《坤舆万国全图》《舆地山海图》等各种版本的世界地图，毕拱辰为邓玉函的《泰西人身说概》作序，还有王家植撰《题畸人十篇小引》、周炳谟撰《重刻畸人十篇引》、刘胤昌撰《畸人十篇序》、彭惟成撰《圣德来远序》、崔淐撰《七克序》、郑以伟撰《泰西水法序》[1]，等等。正如徐光启所说："欲

---

[1]《利玛窦与中国》第128—129页。

求超胜，必须会通；会通之前，先须翻译。"[1] 正是由于他们的翻译和介绍，才使一部分中国人逐渐对此有所了解。这就是认识作用和宣传作用。

王泮最初破例批准利玛窦在肇庆定居；瞿太素曾跟随利玛窦学习数学和几何，是他在利玛窦定居南京的计划失败后提议，南昌很适合他们"来中国的目的，是可以居住的好地方"[2]；而在南昌的医生王继楼将利玛窦引入当地的学者文人的社交界；石星和王忠铭对利玛窦进入南京和北京分别给予了决定性的帮助；当时属于"东林党"不少官员，都对利玛窦等人鼎力相助，如曹于汴曾使神父们摆脱礼部的软禁，在宣武门附近租房暂住，及礼部尚书冯琦正式批准他们在京居住并命令有关官员及时将钦定的赏赐按时发给他们[3]；以及前述大学士叶向高在批准利玛窦墓地一事中起到的重要作用。这就是帮助作用。

谈到中介作用，是指将具有先进的科学知识和技术并愿意为皇帝和朝廷服务的传教士介绍、引荐给恰恰对其有所需要的皇帝和朝廷。当然，最先将利玛窦介绍给万历皇帝的太监马堂不属此列，他不过以此作为取悦皇帝的手段。而徐光启和李之藻等人，不仅翻译了大量西方科学著作，为传教士们的书籍作序，予以介绍推广，而且在将他们和他们的科学介绍皇帝上起到了举足轻重的作用。最先提出采用西法，延揽西士，修订历书的是徐光启；提出用洋炮御敌，用洋人造炮的也是徐光启。应该说正是由于徐光启等人的中介作用，才奠定了耶稣会士在首都北京存在的基础。在这方面李之藻的作用也不能抹杀，早在万历四十一年（1613年）他就上奏了《请译西洋历法等疏》，向皇帝举荐传教士参与修历，而利玛窦、庞迪我等人给皇帝的奏折，多经他修改润色。

保护作用是指在"南京教案"波及北京的不利形势下，徐光启、李之藻等人多次上书，驳斥诬陷不实之词，保护传教士。

即使是在西方传教士得到皇帝信任的康熙年代，作为文化交流的中国一方的主体的中国文人和官员的作用也是不能忽视的。像梅文鼎、梅毂成、明安图、何国宗等，正是由于有了他们的通力合作，西方传教士才能在译书、

---

[1]《崇祯历书》总目序。

[2]《利玛窦书信集》，第 154 页。

[3] 见张铠著《庞迪我与中国》第 71—72 页。

修历、制图、造器，及编纂《数理精蕴》和《皇舆全览图》等等方面的文化交流和建设上取得建树，北京也才能保持其中西文化交流中心的地位。

五、全国禁教凸显了北京在中西交流中的作用

1705年（康熙四十四年），铎罗作为罗马教皇调停"礼仪之争"的特使来到中国。他不仅坚持天主教教义与中国礼仪水火不相容的立场，而且对康熙化解矛盾的努力持口是心非的态度，使得康熙皇帝不得不转而禁教。他虽然禁止传教士向中国人传教，但并不一概排斥所有的外国传教士，相反，对所有"遵守利玛窦规矩"的耶稣会士和其他修会的传教士，诚心挽留，加以保护，仍聘请他们为宫廷服务，并不干涉他们的宗教生活。

1707年（康熙四十六年）3月，康熙颁发谕令："自今而后，若不遵利玛窦规矩，断不准在中国住，必逐回去。"对尊重中国风俗习惯的耶稣会士，他则说："倘教化王听了多罗的话，说你们不遵教化王的话，得罪天主，必定叫你们回去，那时朕自然有话说。说你们在中国年久，服中国水土，就如中国人一样，必不肯打发回去。"[1]翌年，他又在给苏霖等教士的谕旨中，指出："自利玛窦到中国二百余年，并无贪淫邪乱，无非修道，平安无事，未犯中国法度。自西洋航海九万里之遥者，为情愿效力。朕用轸念远人，俯垂矜恤，以示中华帝王不分内外，使尔等各献其长，出入禁廷曲赐优容致意。"[2]

康熙之后的雍正、乾隆两朝，也基本上延续了这一政策，"重其学，不重其教"。一方面，禁止中国百姓信教，驱逐坚持排斥中国儒家礼教的传教士到澳门；另一方面，继续容纳，甚至欢迎遵"利玛窦规矩"的，同时学有专长的传教士，特别是耶稣会士在宫廷服务。如戴进贤、刘松龄、郎世宁、王致成等，就是在这一期间比较著名的代表。乾隆皇帝曾说："北

---

[1] 陈垣辑录《康熙与罗马教皇使节关系文书》影印本。
[2] 同上书。

京西士功绩甚伟，有益于国；然京外诸省西士，毫无功绩可言。"[1] 因此，留前者而逐后者。

由于全国范围的禁教，在客观上起到中西文化交流桥梁作用的传教士们，不是集中在北京，就是驱逐到澳门。传教士们惨淡经营了近百年的各处教堂，包括利玛窦创建的肇庆、韶州、南昌、南京等地的教堂，都被没收并改为它用。只有在北京的东、南、西、北各教堂，仍为在京任职的传教士的宗教场所，其作为展示西方科技文化博物馆的作用不减[2]。栅栏公墓不但得到保护，而且继续收葬在京逝世的外国传教士。不仅如此，1732 年（雍正十年），来自法国的耶稣会士还得到了属于他们自己的墓地——正福寺墓地。可见在这大约一百年期间，清帝国的首都北京，作为中西文化交流中心（除了澳门之外）的地位得到进一步的凸显。

六、中西文化交流的国内外深层原因

北京之所以在 17—18 世纪成为中西文化交流的中心，从宏观上说，取决于中国社会的状况，取决于那个时代的国际环境，以及中国与西方国家实力的对比。

从明末清初中国的政治、社会结构来看。一方面，封建中央集权制强化到了极点，皇帝位于权力的金字塔的顶端，有着一切生杀予夺的特权。朕即国家，诏令即法。嘉靖皇帝敢于冒天下之大不韪，尊封仅仅是诸侯王而并非皇帝的亲生父亲为献宗并入祀太庙；万历皇帝为了取悦心爱的郑贵妃，敢于违背传统的"长子继承"的法规，面对群臣的反对，将册封太子的大事拖延了 12 年之久。这说明，只有皇帝才有改变传统的特权。另一方面，一千多年来，国家对意识形态实行"罢黜百家，独尊儒术"的政策；而历

---

[1]《在华耶稣会士列传及书目》（下），第 783 页。

[2] 清乾隆年间，著名的历史学家、军机章京赵翼，参观了教堂里的西洋画、千里镜，用管风琴演奏了西洋音乐，赵翼事后撰写了题目为《西洋千里镜机乐器》的短文和题为《同北墅、漱田观西洋乐器》的长诗，对在南堂所见所闻作了详细的介绍。

代反政府的起义暴动又常常是以一种异端宗教的形式所组织和发动。因此，政府的各级官员对任何新的宗教，都抱着极高的警惕性，或者说强烈的敌意。在这种社会环境下，来自遥远的欧洲的、以聚众作礼拜为主要宗教仪式的天主教，如果没有皇帝的特许，要想发展起来是绝对不可能的。这就是为什么利玛窦要百折不回地进入北京，取得皇帝批准的原始动力；也是他的"适应政策"为什么能获得成功的原因所在。

从国际环境上看。17—18世纪，西方资本主义已经兴起，作为早期殖民主义代表的葡萄牙和西班牙分别从东、西开拓殖民地，随后荷兰也迅速发展成为海上强国而到远东拓展殖民地。但是无论是葡萄牙、西班牙还是后起的荷兰与刚刚将势力拓展到黑龙江流域的俄罗斯，在当时都没有能力以武力征服中国。中国虽然在社会进步、生产力发展和科学技术等方面渐渐地落后于西方，但国家的总体实力还是强大的，因此能在对葡萄牙、荷兰、俄罗斯的多次武力侵扰中取胜。

同时，中华民族是一个有着五千年悠久的历史文化传统的民族，中华民族的文化像长江、黄河那样博大精深、源远流长，它可以吸纳和包容外来的其他民族的文化，能令来自其他文明的开明人士倾心折服，而绝不可能被拦腰斩断，被外来文化所完全征服。

这就是天主教传入中国时不得不采取与其征服美洲截然不同的方式，即"适应方式"的主、客观原因。诚然，利玛窦不是一个"白人至上主义"者[1]，但是他的"适应政策"并不仅仅是他一个人的发明，正如上述所表明的，起码包含了沙勿略、范礼安、罗明坚、庞迪我等人的意见和智慧，而且得到了当时来华的绝大多数耶稣会士、甚至包括一些别的修会传教士的赞同，并在一段时间得到罗马教皇的认可。这就不是仅仅用个人品质所能解释的了。与利玛窦同时代来到东方的传教士中，就有不少"欧洲人主义者"主张在中国用武力推行天主教，但是他们当时恰恰没有能够打败中国的武力，

---

[1] 利玛窦虽然生于殖民主义盛行的时代，但他并没有沾染上"白人至上"主义的恶习。他在中国的做法，也不完全是在力量对比不利时，违心采取的策略。在他尚未踏上中国土地之前，还在印度果阿的时候，就对那里的教会不允许当地的修士接受高等教育而强烈不满。他曾说："规定这种章程人所持的理由都不是实在的理由.' 其根源所在就是'这边的本地人，无论怎样有学问，在白种人眼里，都没有什么地位。"见《利玛窦书信集》台北光启书社1986年版，第407页。

只能在中国的大门之外徒然叫嚣，而一事无成。

　　加拿大学者李晟文分析道："与其他欧洲传教士及在北美的耶稣会士相比，在中国耶稣会士对中国文化表现得较为尊重与友好，但应该看到他们之所以持这种态度是形势所迫，而非出于他们的自愿。来到中国与来到北美的法国耶稣会士不仅同属一个修会、一种国籍，而且他们中间不少人还来自同一耶稣会学校，有的甚至还先后在北美中国两地传教。如果讲在北美的耶稣会士蔑视当地文化、以欧洲人的是非标准来衡量当地人的文化传统的话，那么在中国的耶稣会士也会存在着同样的观念与意识。所不同的是两地文化背景的不同导致在北美的耶稣会士充分地表现出他们的这种意识与偏见，而不允许在中国的耶稣会士将之充分地表现出来。"[1] 应该补充一点，即不仅由于文化背景的差异，更主要的是国家综合实力的差异。当然也不能排除一些传教士，受到博大精深的中华文明的长期熏染后，使自己原有的"欧洲中心"的世界观得到部分的、甚至全部的改造。

　　这一国际环境随着欧洲资本主义的发展，和中西实力对比的逆转，而逐渐发生着改变。由于欧洲实力的迅速增强，作为欧洲意识形态的天主教也日益强大起来，其对待中国的态度，也日益强硬起来。曾经得到教皇首肯的耶稣会的"适应政策"被后继的教皇所废止[2]，直至奉行这一政策的耶稣会于1773年惨遭被强行解散之命运。与此同时，经历了"工业革命"的英国迅速取代了葡萄牙、西班牙、荷兰，而成为世界的霸主。当1793年英国的使者——马嘎尔尼勋爵来到中国的时候，行中国传统的三拜九叩之礼，成了双方争执的焦点。如果说，马嘎尔尼的访华，虽然没有达成任何实质性的协议，却在形式上完成了使命的话，那么1816年以阿美士德勋爵为首的第二个英国使团，则连这种形式上的成功都没有了。这一次英使根本没有见

----

[1] 见李晟文《明清时期法国耶稣会士在中国与北美的传教活动之比较研究》，上海文艺出版社1998年版黄时鉴主编的《东西交流论谭》，第209—210页。
[2] 关于所谓的"礼仪之争"，包括GOD的中文译法，和中国教徒是否允许参加祭祖、祭孔的活动等，自利玛窦死后不久就开始，大多数耶稣会士坚持利玛窦的"适应政策"。1654年卫匡国专赴罗马，向教廷作解释。1656年，教皇亚利山第七世批准如下声明，即"如敬孔和敬祖的礼仪，真是像卫匡国所说，属于社会礼仪，圣座准许中国信友可以举行"。然而，教皇格肋孟第十一世于1704年颁布《自登基之日》诏谕，宣布禁止中国教徒参与敬孔、敬祖活动，否则将被逐出教门。见罗光《教廷与中国使节史》第94页、第101页。

到皇帝就被责令回国。这表明：强大了的西方人再也不愿意向东方的君主履行东方的礼节了。这同时表明，作为耶稣会"适应政策"的基础已经不存在了。自此以后，虽然不能说在宫廷服务的传教士就一个也没有了 [1]，但是，以遵循"利玛窦规矩"的耶稣会士为主要中介的"西学东渐"差不多就此偃旗息鼓，而作为中华帝国首都的北京，再也不是中西文化交流的中心。自此以后，西方文明的输入主要采取的是与利玛窦和耶稣会士迥然不同的另外的方式，即西方商品（包括罪恶的鸦片）的输入和强加给中国的战争。

七、小结

古代的中国是近乎封闭的社会。西部的高山、东部的大海、北部的荒漠，在交通和通讯不发达的古代，几乎把中国与世界其他文明完全隔绝了。就在这近乎封闭的环境下，中华文明曾经发展到了封建社会的顶峰。但是到了 16 世纪末，随着整个世界的现代化进程，这种封闭的国际环境一去不复返了。中国必须要面对世界，必须要面对外来文化的挑战。

如果将 16 世纪末以来的中外关系划分为若干阶段的话，我以为可以分为四个阶段：

第一阶段：以利玛窦为开端、延续了两个世纪的，即本文所探讨的发生在 17—18 世纪"西学东渐"运动。

第二阶段：是自 1840 年的"鸦片战争"到 1949 年中华人民共和国成立的一百年间，帝国主义列强侵略中国与中国人民反侵略的历史阶段。

第三阶段：是自中华人民共和国成立到 1976 年"文化大革命"结束，是中国人民在几乎与世界隔绝的状况下（这种状况是由国际国内多方面的因素决定的），自力更生地建设国家的历史阶段。

---

[1] 葡萄牙籍味增爵会修士福多明我于 1801 年（嘉庆六年）进京，同年 12 月 19 日被授予钦天监右堂，1806 年（嘉庆十年）1 月升任左堂，1808 年（嘉庆十三年）又升正堂，并兼理算学馆。另有葡萄牙籍味增爵会修士毕学源，1804 年（嘉庆九年）进京，1823 年（道光二年）被授予钦天监右堂。见《历史遗痕》（中国人民大学出版社 1994 年版）第 118、146 页。

第四阶段：是从 1978 年十一届三中全会以来，中国实行改革开放，重新融入世界现代化潮流的历史阶段。

这四个阶段好像是以"独立"与"开放"两个变量间的排列组合游戏。从独立与低水平的开放，到失去独立被迫门户开放，到独立而不开放，到今天的独立加开放。当我们站在国家对外开放日益扩大和深入的今天，回顾以往 400 年的时候，对发生在 200 多年前的中国在独立的情况下与外国平等交流的历史，就感到特别的亲切。我们应该、也完全可能从中得到一些有益的启示。我们应该记住这段历史。

可是，历史的风雨常常要抹去人们的记忆。当我抱着"寻访利玛窦足迹"的目的先后走过肇庆、南昌、南京、杭州等地时，我发现能够保留下来的历史遗迹真是少之又少。我因此又庆幸，在北京，却保留下来可以铭记那个时代那些往事的若干遗迹：南堂、北堂及原北堂的部分藏书、东西两堂、陈列在古观象台上的八件大型天文仪器、圆明园西洋楼遗址、位于北京行政学院校园内的利玛窦与明清之际西方传教士墓地、陈列于五塔寺石刻艺术博物馆内的法国传教士墓碑、藏于故宫博物院与雍和宫的西方钟表及仪器，等等。这些建筑和遗址同样几经兴灭，历尽沧桑，但如今都得到了修缮和保护，有的已经陆续与游人见面，有的尚待进一步的开发和利用。

这是极其宝贵的历史文物，极其难得的实物教材。对于中国人来说，它们可以启迪我们：学习世界其他民族文化中的先进和科学的部分，是我们民族振兴的必由之路，牢记历史上曾经发生的闭关自守、否定一切的教训，从而增强实行对外开放的自觉性；对于外国人来说，它们可以表示我们对与中国人民友好相处、平等交往的各国文化使者的肯定与友情，可以展示当前中国政通人和、百废俱兴的大好局面，显示中国政府尊重历史、尊重科学、尊重宗教信仰自由的各项政策。同时这些建筑、遗址与文物也可以成为扩大对外经济、文化交往的窗口。上述这些记录了 17、18 世纪中西文化交流的遗址和文物，是历史留给北京的宝贵财富。我们应当进一步保护它们，进而开发和利用它们，为今天的社会主义现代化建设服务，为发展中国与欧洲各国的友好交往服务。

编后语：此文系北京出版社 2001 年版《早期西方传教士与北京》一书的导言（该书获北京市哲学社会科学理论著作基金资助，获 2002 年北京哲学社会科学优秀成果二等奖），后经删减先后在《北京文博》2001 年第一期、《光明日报》2001 年 12 月 11 日《理论周刊》上发表，且被 2001 年 12 月 6 日的《文摘报》摘登。经近年来有关学者考证，文中提及的兵部侍郎石星，应为佘立；利玛窦离开肇庆的原因也有新解。

樊守义的欧洲之行与《身见录》

一

位于北京阜成门外的"利玛窦与外国传教士墓地"内，除了有 49 通外国传教士的墓碑之外，还有 14 通墓碑是属于中国神职人员的。人们对他们一般都缺乏了解，也不够重视。其实，其中也有在中西文化交流中做出过重要贡献的人士，樊守义就是最为杰出的一位。

樊守义 1682 年出生于山西新绛县（当时称为绛州）。他的家乡在东晋时代就出过一位伟大的旅行家——游历了西域、阿富汗、巴基斯坦、印度、斯里兰卡等地，并撰写了游记《佛国记》的法显和尚。明末清初，那里曾是多位耶稣会士苦心经营的重要的传教点。樊守义的母亲及其娘家人都是虔诚的天主教徒，因此他一出生就受了洗。樊守义 10 岁时，父母亲惨遭不幸，双双离世，他就由当地的教会抚养。在当时主持那里教会的意大利耶稣会士——艾若瑟（又称艾逊爵）神父的悉心照顾、精心培养下，樊守义渐渐成长起来。他"举止优雅、聪慧过人"，"生活作风严谨、虔诚"。因艾若瑟"不识汉文，不通中国古籍，仅知浅近华语"，樊守义就做中文翻译，工作勤奋认真，受到人们的广泛好评。1702 年，他又跟随艾若瑟一起到北京的钦天监工作。

1707 年（康熙四十六年），是樊守义生涯的一个重要的转折点——艾若瑟受康熙皇帝之命出使欧洲，樊守义得以随行。事情的原委是这样的：1705 年教皇特使铎罗出使中国，宣布了敌视中国礼仪的决定，禁止中国教徒祭祖祭孔，使得原本对西学颇为热心、对来华传教士取欢迎、信任态度的康熙皇帝极为恼火。为了敦促教皇改变态度，康熙皇帝于 1706 年 10 月命遵循"利玛窦规矩"的耶稣会士龙安国、薄贤士携他的亲笔书信出使罗马。但是龙、薄二人一去便杳无音讯（因海难而死）。于是康熙又于 1707 年年底派遣艾若瑟和陆若瑟二人携铎罗来华期间的有关文献再次出使教廷。而樊守义则作为随从同行。

二

1707 年 12 月底，艾若瑟、樊守义一行从澳门登船启程，昼夜行驶，三、四个月中先后途经婆罗州、马剌加、苏门答腊、雅加达，穿过马六甲海峡，绕过非洲南端的好望角。为了补充淡水，航船短时暂靠南美洲巴西的圣萨尔瓦多城，之后，北上越大西洋，到达葡萄牙首都里斯本。在那里，樊守义等人逗留了 4 个月。其间受到葡王若望五世的多次接见，还参加了庆祝国王寿辰的大典，参观了王宫。随后，他们再次登船穿行地中海，先后抵达意大利的热那亚、里窝纳，从此改行陆路，沿亚平宁半岛之西海岸南行，向罗马进发，沿途路经比萨、锡耶纳等名城。

经过两年多的长途跋涉，艾若瑟、樊守义等终于在 1709 年 2 月到达此行的目的地——罗马教皇国，觐见了教皇克莱蒙十一世。他们向教皇汇报了铎罗使华因宣布禁止中国礼仪而激怒康熙皇帝的实情。"教皇听后，屈臂含泪而言：朕绝未命铎罗如此发言行事。"但是教皇认为艾若瑟"所呈文件无清廷钤印，心疑之"，加之对其所持的关于中国礼仪的态度不予认可，因此不允许艾若瑟返回中国复命，将其软禁在故乡。于是樊守义也就只好一道在意大利滞留。

这一期间，樊守义先后在都灵、罗马攻读神学，成为一名耶稣会士，同时也有机会游览了意大利各地的名胜。当时的意大利正值文艺复兴时期，经济文化高度发展，但政治上没有统一，处于诸侯割据状态。各诸侯公国相互竞争，然而并没有发生战事。樊守义参观了罗马的圣彼得教堂、竞技场遗址，以及周边的冈多菲堡教皇夏宫、三泉圣保罗教堂、圣母雪堂和夫拉斯卡提、底伏利两处著名皇家园圃；相继走访了那不勒斯、佛罗伦萨、博罗尼亚、摩德纳、帕尔马、帕维亚、米兰、诺瓦拉、韦尔切利、都灵等名城；还特意到东海岸的洛雷托拜谒了"圣母圣室"。樊守义被这些地方物产之丰腴、宫室之华丽、教堂之精美、园圃之迷人、教育之发达、人性之平和、信仰之虔诚而感到震惊。不时感叹道："宫殿之崇美，目所未睹者也"，"恍若天国，难以语言形容！"

三

在樊守义滞留意大利期间，远在东方的康熙皇帝见两次派遣的使者都迟迟不回、杳无音讯，十分焦急。他于 1716 年下令印制"红票"500 多张，广泛发给来华的西洋商人。"红票"上以中文、满文和拉丁文书写以下文字："康熙四十五年已曾差西洋人龙安国、薄贤士，四十七年差西洋人艾若瑟、陆若瑟奉旨往西洋去了。至今数年不但没有信来，所以难辨真假。又有乱来之信，因此与鄂罗斯的人又带信去，想是到去了。毕竟我等差去人回时，事情都明白之后方可信得。若是我等差去之人不回，无真凭据，虽有什么书信总信不得。因此唯恐书信不通，写此字兼上西洋字刊刻，用广东巡抚印。书不封缄，凡来的西洋人多发与带去。"

"红票"果然被带到了罗马教廷，证明了艾若瑟等人确实为中国皇帝所派遣，教皇于是允许艾若瑟回中国复命，但是有关礼仪问题不许发表意见，他将派遣新的使者（嘉乐总主教）处理。1719 年，已病入膏肓的艾若瑟在樊守义的陪同下，登上"圣方济各号"船出发，不幸在非洲南端的好望角病逝。他的遗体和带给皇帝的礼物由樊守义护送返回中国。康熙皇帝闻讯，特命内务府大臣到广州，为艾若瑟营建了一处阔达 36 亩的墓地，加以厚葬，并召樊守义到承德避暑山庄陛见，详细地了解情况。

1720 年（康熙五十九年）教廷使者嘉乐总主教来华。樊守义被任命为翻译，并参与了接待和谈判工作。他多次劝说嘉乐不要冒犯康熙皇帝的权威，不要为因敌视中国礼仪的的传教士德理格等人求情，他还对教皇关于"礼仪之争"的不友好态度表示不满。由于他的参与，才改变了以往对外交往中翻译工作完全依靠外国传教士的状况。有研究者称，他使康熙皇帝准确地了解嘉乐使华的真实意图，从而做出及时正确的应对。

四

樊守义并不是明清之际唯一和最早赴欧洲留学的中国人，同是葬于栅栏墓地的中国人中，在他之前，就有郑玛诺跟随意大利耶稣会士卫匡国赴欧，于 1645—1666 年在欧洲学习；在他之后，又有黄之汉随意大利传教士马国贤于 1763—1774 年赴意大利学习。但是，樊守义撰写的《身见录》却是最早的一部欧洲（甚至包括南美洲的巴西）游记。

樊守义回国后，"尊旨赴京，获觐天颜，仰荷宠赉"，王公大臣们也十分重视他，常常"询以大西洋人物风土"。樊氏就将在欧洲"十余年之浪迹，一一追思"，付诸文字，计四千六百多字，命名为《身见录》。他在《身见录自序》中特别强调，所写的皆为亲历，凡"耳闻之而目有未睹者，我姑弗道"。

樊守义在《身见录》中，记述了他所经过的城市宫廷、名胜古迹，对其中几处最重要的宗教场所——圣彼得教堂、圣母雪堂、三泉保罗教堂和洛雷托圣母圣室，他记录了其起源的传说故事。此外，樊守义还描述了与中国大不相同的异域风情、社会万象。

其一，他记述了葡王庆寿大典的礼节，"国王之诞，余往祝其礼。国王上立，旁群臣仰上鞠躬，凡三躬，近王前，亲王手，或问答，或退班"。这显然与中国官员觐见皇帝的三拜九叩大礼有明显区别。

其二，他多次记载了欧洲国家（包括巴西）发达的大学教育。在巴西的圣萨尔瓦多，"置大学中学，各方俊秀，多会于此"；在葡萄牙，"设学校，分小学四品，中学二品，大学三品"（品即年级）；在意大利的锡耶纳，"有总学，招四方弟子学习格物穷理（即数理等自然科学）"；在米兰，

"有大学宫甚多";在罗马更是大学林立,"一乃热尔玛尼亚(即日耳曼)公侯子弟之学宫,一乃厄肋西亚国(即法国)世家子弟之学宫,一乃各国世家子弟统学宫,一乃本府总学","所学之事,皆格物穷理之学"。

其三,介绍了当地扶危济困的慈善事业。在罗马,"城内多养济院,有兵役养济院,过客养济院,穷民及癫病养济院,皆受益焉。富贵家蠲助,延内外医生,药室各有专司,其病人之床,洁净可爱,大约千间,器皿全具而且洁净。又有孤子院,衣食俱备。"米兰的"大养济院俱系宰相圣家禄造"。

当然,作为一名天主教徒他也不吝笔墨地描述了欧洲人虔诚的宗教信仰,铺张的宗教仪式和美轮美奂的教堂。

时过 3 个世纪,尽管欧洲社会经历了沧海桑田之变和两次世界大战,樊守义笔下描述过的宫廷、园囿、教堂、古迹竟然绝大多数至今犹存。借助网络搜索,仍然历历可见。

令人遗憾的是,作为第一部中国人撰写的欧洲(包括巴西)游记,《身见录》没有刻板印刷,与当时的读者见面,而是被人辗转收藏,"长在深闺人未识"。直到 1937 年,中国学者阎宗临在罗马国立图书馆里发现并公布于世,收在《传教士与早期汉学》一书中。阎先生将未分段、无句读的原文作了精心的整理研究,写了详细的注释,特别是将原文中以汉字音译的人名地名细加考证,标出了其外文拼写的原始词汇。这样我们今人才能将它们还原为现代约定俗成的中文译名。方豪先生在他的《中西交通史》中也收录了《身见录》的全文,称其"实国人所撰第一部欧洲游记,至为可贵"。

在完成了有关礼仪之争的交涉之后,樊守义被允许在北京、山东等地传教。雍正登基后,实行了严厉的禁教政策,将信教的亲王苏努一家流放到塞外。樊守义曾冒着危险对其给予救助。1753 年(乾隆十八年),樊守义以 71 岁高龄去世,葬于滕公栅栏墓地。简约碑文仅仅写道:"樊先生讳守义,号利和,系山西绛州人,卒于乾隆十八年正月廿六日,享寿七十一岁,传教三十三年,在会四十四年。"这平淡的文字后面竟然隐藏了樊守义那么不平凡的一生。

编后语:此文发表在《北京干部教育报》2012 年 5 月 25 日。

从月食、大沽口之败和圆明园被毁所想到的

——对"西学东渐"的深度思考

正如圆明园的兴建标志了中华帝国的末世辉煌一样，圆明园的毁灭也是帝国衰亡的象征。在毁灭她的那两场战争——英法联军第二次鸦片战争和八国联军侵入北京的战争中，清军败得如此悲惨，如此的毫无悬念。1860年在通州八里桥，当时中国最为精锐的僧格林沁骑兵，一波一波地英勇地冲上去，却一排又一排地倒在英法联军的枪炮之下；1900年自信能刀枪不入的义和团员，更是成为洋兵们集体打靶的对象。帝国的统治者一次又一次地仓皇出逃，把积聚了千年珍宝的圆明园和无助的老百姓留给强盗们，任其房掠、欺凌和屠戮。到最后，又同样地拜倒在侵略者的炮口下，签订丧权辱国的城下之盟。一个数亿人口、数千年历史文化的老大帝国就这样命里注定地走向亡国灭种的深渊。究其原因，绝不是仅仅以统治者卖国投降所能解释的，必定有更为深刻的历史原因。将古老的中国与欧洲列强所经历的不同的发展历程相比较，寻找各自不同道路的终极答案，正是本文所尝试着探讨的。

一、在毁灭圆明园的两次战争中，更广义地说在近代中国与列强的所有的战争中，导致清军失败的直接原因之一就是武器装备的落后。无论舰船还是枪炮，清军与英法联军均存在很大差距。英、法海军使用的是蒸汽铁舰，而清军多为木制帆船，清军使用的炮仍为前装滑膛的土炮，射程近，精准度差，发射时间长，杀伤力小。而英军带来的是最新发明的阿姆斯特朗炮，法军带来的是新式的拿破仑炮。前者是后装线膛炮，制造精良，射程远，精准度高，使用年限长，炮身重量也轻。后者是改进的前装线膛炮，性能也远优于清军的大炮。

在轻武器方面,清军使用的仍为传统的鸟枪、抬枪、弓箭、刀矛。而法军使用的是 1849 年试制成功的米涅式步枪,英军使用的是 1852 年制造的恩菲耳德式步枪,甚至已经使用了机关枪。关于中西在武器装备、军事工程和战术方面的差距,学者亦有很多的论述,本文不作赘述。

二、本文在此详细分析中方官兵和百姓在观念上的陈腐与落后,在战争中所产生的作用。法国传教士艾嘉略曾在有关中外双方具有决定性意义的第三次大沽口战役的回忆中记述道,联军在登陆时遇到了意想不到的困难:"8 月 1 日,英法联军已决定登陆。两支舰队的炮艇牵引装满士兵、马匹、物资和大炮的登陆艇。河口的汇流处,在最高水位时也只有 8 尺深,无法使大船再向前航行。在全军的热情欢呼声中,前头部队直接去攻打北塘炮台,那里距白河只有 7 海里。他们于清晨 10 点钟出发,仅于晚上 4 时才到达河边。平坦而又充塞污泥的河床,使驳船无法靠岸。士兵们被迫跳入海中,一直在陷到半腿深处的污泥中行走 1 公里的距离,才找到一片干燥而坚实的海岸。大家曾设想过,如果遭遇中国军队,那么这样一次登陆该会遇到多大困难和危险"。"联军多艘炮艇搁浅,人和马费了很大力气才走出沼泽地区。夜很深了,军队疲惫至极",不得不暂缓发起进攻。如果这时中国军队及时地出击,定能给敌军以毁灭性的打击。然而"大河两侧的炮台都沉默无声"。驻守大沽口的清军为何不开炮呢?原来这天夜里发生了月食,艾嘉略记述道:"月亮却有三分之二蚀了。中国很迷信星相学,他们由此而得出了一种凶兆。中国人通过这样一种巧合,而预料到其古老帝国的荣耀将会遭受一次严重的残蚀。在北塘炮台的一种无法想象的寂静中,我却想象着从中国的一端到另一端的某种官方的嘈杂声,甚至是每座城市官吏被迫作出的抗议,与全体居民协同一致,面对受难的星晨,而要把它从天狗的吞噬中抢救出来。这一切并不仅仅涉及北塘海岸,而明显是整个中国的危险。"[1] 中国军队竟然为了杞人忧天地抢救月亮而放松了大沽口的防范!

三、中国自古以来就笃信关于月食和日食神话,儒家的"天文感应"说更进一步把它与人世间的功过得失联系起来。但是在明末西方传教士来华之后,欧洲近代科学对这种自然现象的解释就传入中国。利玛窦在其中

---

[1] 耿升《传教士与远征军——法国传教士艾嘉略第二次鸦片战争亲历记》,《杭州师范学院学报(社会科学版)》,2005 年第四期,第 21 页。

文著作中指出："日有食者，月魄掩日故也"，"月有食者，月与日相望而掩其光也"[1]。1625 年在汤若望撰写、明钦天监周子愚的校订《测食略》中，也已经明确地指出："月食为地影所隔"，"日食在朔月体掩之"[2]。清初刊印了收集了这部著作的大型历算丛书《西洋新法历书》。但是中国的朝廷和广大民众仍然认为日月交食是上天惩罚人类社会的重大灾难。

清康熙朝耶稣会传教士南怀仁担任了钦天监的负责人，尽管他在每一次发生日月交食现象之前，都将"一个显示日月交食的图表和附有一系列图片的有关交食全过程的简要图解说明"[3]送给了朝廷的高官，但是还是无法消除他们的恐惧心理。南怀仁在其著作中曾生动地描绘了北京朝野的"抢救"活动。他说："所有的官员，在那一天的那个时辰到来之前，必须到一个既定的地点集中。这样，当观测日月交食的时刻来临的时候，全城所有的官员就会集到事先准备好的钦天监的一个大院子里。他们身穿节日的服装，佩带上显示各自的品级标志。"[4]

"当他们一看到太阳或是月亮表面的光芒开始暗淡下来时，他们就都抬起头来，焦虑不安地凝视着天空，在渐渐变弱的光线下跪倒双膝。按照祖先的传统，他们行叩头大礼，表示对太阳和月亮神圣的光芒的崇拜。这时在所有的大街上，特别是在偶像崇拜的庙宇里，顿时锣鼓和其他乐器声大作，于是喧嚣的回声响彻全城。他们想以此来表达他们要帮助太阳或月亮摆脱灾难的愿望。这是依据了中国古老的习俗，而这习俗在受过较好教育的人看来是毫无根据的。那些官员们依旧虔诚地跪在那里，只有当跪得时间太久了的时候，才站起来休息一小会儿。""在外省的各个省会城市，由总督和其他省级官员的主持下，举行了极其类似的观测仪式。这就是说，在那个特定的时刻，整个帝国的几亿双眼睛都注视着天空"[5]。

南怀仁从中国人"所表现出来的异常执着的热情"认识到，"将欧洲

---

[1] 利玛窦《理法器撮要.日月交食》，朱维铮编《利玛窦中文著译集》，复旦大学出版社 2001 年版，第 699—700 页。

[2] 徐光启等著《崇祯历书》，上海古籍出版社 2005 年版，第 1947 页。

[3]（比）Noel Govers The AstronomiaEuropaea of Ferdinand Verbiest, S.J. (Dillingen, 1687)，Monumenta Serica, 1993，第 79—81 页。

[4] 同上。

[5] 同上。

天文学介绍给那些如此顽固地留恋自己传统的民众，以及提升他们以同样程度尊崇的、保持了 4000 年的中国天文学，将是一个怎样艰巨的任务！"[1] 不幸的是，时隔 200 多年之后，中国人的观念没有丝毫的改变，致使放弃了在大沽口对登陆联军打击的最佳时机。

更为不幸的是，又过了 40 年情况还是如此。1900 年，居然有那么多的民众，众多"学富五车"的官员，甚至包括最高统治者慈禧太后，会相信"义和神拳"可以神灵附体，刀枪不入，可以战胜洋枪洋炮，以致向武装到牙齿的 11 个列强国家同时宣战。在这种国民素质之下，圆明园的悲剧、乃至中华帝国万劫不复的悲剧，还会是偶然的吗？

四、行文至此，人们不禁会问，中国不是一个有着五千年历史的文明古国吗？中国不是曾经创造了众多伟大的科学发明而傲称世界吗？中国不曾经是经济最为发达东方大国吗？为什么到了 19 世纪就如此地愚昧、落后和顽冥不化，为什么会如此一败涂地且不存悬念呢？

诚然，新科技的发明和推广曾创造了中国历史的辉煌。

当代经济学家林毅夫指出："在 18 世纪西方工业革命以前的一千多年时间里，中国一直是世界上科技最先进经济最繁荣的国家。特别是在 9 世纪后随着大量人口逐渐从干旱的北方迁移到多雨潮湿的长江以南，牛耕轮作等新的生产技术的发明使垦荒日增，11 世纪初又从越南引进新的水稻高产品种，并伴随相应的耕作制度和农具的创新，迄至 13 世纪中国农业生产力处于世界最高水平。"[2] 不仅是农业，"那时的中国工业得到了高度发展。到 11 世纪末，据估计，铁的产量已经达到 150000 吨的巨数，这个数据是当时欧洲水平的 5 至 6 倍"[3]。

为什么中国的科技与经济能够在前现代时期最在世界的前列？林先生的着眼点是从科学技术发展的自身的规律出发，分析在科技发展的不同阶段中，所表现出的优劣特征，来说明中国和欧洲的不同发展水平。他将科

---

[1] （比）Noel Govers The AstronomiaEuropaea of Ferdinand Verbiest, S.J. (Dillingen, 1687)，Monumenta Serica, 1993, 第 79—81 页。

[2] 林毅夫《李约瑟之谜、韦伯疑问和中国奇迹———自宋以来的长期经济发展》，载于《北京大学学报（哲学社会科学版）》，2007 年 7 月，第 44 卷第 4 期，第 8 页。

[3] 林毅夫《李约瑟之谜：工业革命为什么没有发源于中国》，林毅夫《制度、技术与中国农业发展》，上海人民出版社 1992 年第 1 版，2008 年第 4 版，第 234 页。

技发展史分成两个阶段,他说:"在前现代时期,技术的发明基本上源自于实践经验,而在现代,技术发明主要是从科学实验中得到的。"[1]

在科学技术发展的早期模式下,工匠和农民的人数越多,可能获得的偶然发现就越多。在这方面,人口众多显然具有比较的优势。于是,在这里,一个简单而又人所共知的事实起到了决定性的作用,即历史上中国的人口一直比欧洲为多。

五、那么进一步追问,为什么中国与欧洲面积相当,但人口长期比后者为多,林先生在另一篇文章中作了精辟解释。他说:"我认为不同地区人口密度的差异与不同地区养人成本有关",中国广大农业区域独特的地形条件"受太平洋季风的影响,使得中国的降雨主要集中在5月—10月。农作物的生长需要的水分和温度两个重要条件,中国每年的5月—10月正好是'雨热同期',特别适合粮食作物尤其是高产的水稻种植"。而欧洲则不同,"欧洲文明起源的希腊、罗马等地,雨季主要集中在冬春两季,正是温度较低的时候。降雨与高温不同期,因此欧洲比较适合小麦和草原畜牧业的发展"。而单位面积上的粮食种植往往比畜牧业可以养活更多的人口,粮食作物种水稻的单产通常是小麦的3倍多。换句话说,在中国单位面积土地所能供养的人口比欧洲多,"因此,欧洲的人口密度和总量历来就比中国低,大约只有中国的一半"[2]。

再回到上述话题。由于比起欧洲来说,中国比欧洲早得多地建立了一个幅员广阔、人口众多的国家。工人农民数量多,因此在早期的以经验为基础的技术发明方式上占有优势。美国人类学家戴蒙德指出:"直到公元1450年左右,中国在技术上比欧洲更富于革新精神,也先进得多,甚至也大大超过了中世纪的伊斯兰世界。中国的一系列发明包括运河闸门、铸铁、深钻技术、有效的牲口挽具、火药、风筝、磁罗盘、活字、瓷器、印刷、船尾舵和独轮车"[3]。当然还有他没提到的丝绸、造纸、茶叶等等。

---

[1] 林毅夫《李约瑟之谜:工业革命为什么没有发源于中国》,林毅夫《制度、技术与中国农业发展》,上海人民出版社1992年第1版,2008年第4版,第245页。

[2] 林毅夫《为什么中国一直是个人口众多的国家》,载于《解放日报》,2009年7月3日第15版。

[3] (美)戴蒙德著、谢延光译《枪炮、细菌与钢铁:人类社会的命运》,上海译文出版社2006年版,第260页。

大国统一和人口众多是中国经济在前现代社会长期领先于西方的主要原因。

六、但是后来情况发生了变化，即在14—15世纪欧洲发生了"科学革命"。林先生说："自从科学革命到来之后，科学发现的主要方式发生了变化，传统的经验性试错方法被一种新的更加有效的方法取代，新方法的主要特征是对有关自然的假说进行数学化与不懈的试验互相结合"。显而易见，"一位发明者在实验室里一年'试错'数量，也许比得上数以千计的经验丰富的农民和工匠一辈子的'试错'次数。"[1] 同时有了知识的积累，也可以避免去做那些理论上完全不可能的尝试，由此成功的比率又至少提高了一倍。这样一来，国家人口的多少，在科学技术的发展上就无足轻重了。因此中国因人口众多而产生的技术发明几率较多的优势就丧失了。

那么，为什么"科学革命"没有在科技发明和物质生产曾经领先的中国发生，却在早期落后的欧洲发生呢？

答案是，最终使中国成为不同于其他各国，比如欧洲诸国而成为经历独特的中国的，是彼此不同的地理和气候条件。

美国人类学家戴蒙德在他的《枪炮、病菌与钢铁：人类社会的命运》一书里，从最为简单直白的事实论述了中国与欧洲由于不同的地理条件而导致的不同的文明演进特点。他指出：

第一，"欧洲海岸线犬牙交错，它有5个大半岛，每个半岛都近似孤悬海中的海岛，在所有这些半岛上形成了独立的语言、种族和政府"；而中国的海岸线则平直得多。

第二，"欧洲有两个岛（大不列颠和爱尔兰），它们的面积都相当大，足以维护自己的政治独立和保持自己的语言和种族特点"；[2] "但即使是中国的最大岛屿台湾岛和海南岛，面积都不到爱尔兰的一半"，在历史上不能形成独立的政体和语言；

第三，"欧洲被一些高山（阿尔卑斯山脉、比利牛斯山脉、喀尔巴阡

---

[1] 林毅夫《李约瑟之谜：工业革命为什么没有发源于中国》，林毅夫《制度、技术与中国农业发展》，上海人民出版社1992年第1版，2008年第4版，第252—253页。

[2] 不列颠最乐见于欧洲大陆的分裂，它始终是任何企图统一欧洲大陆梦想的最强有力的终结者，不论是对拿破仑时代的法国，还是对希特勒时代的德国。

山脉和挪威边界山脉）分割成一些独立的语言、种族和政治单位；而中国在西藏高原以东的山脉则不是那样难以克服的障碍。"

第四，"中国的中心地带从东到西被肥沃的冲积河谷中两条可通航的水系（长江和黄河）联系起来，从南到北又由于这两大水系（最后有运河连接）之间比较方便的车船联运而成为一体。因此中国很早就受到了地域广阔的两个高生产力核心地区决定性的影响，而这两个地区本来彼此只有微不足道的阻隔，后来竟合并为一个中心。"而"欧洲的两条最大的河流——莱茵河与多瑙河则比较小，在欧洲流经的地方也少得多"。"欧洲有许多分散的小的核心地区，没有一个大到足以对其他核心地区产生长期决定性影响，而每一个地区又都是历史上一些独立国家的中心"[1]。

他认为，上述这些因素加在一起，成为中国早在公元前 221 就实现了统一，而欧洲自从罗马帝国崩溃后至今始终处于群雄并列的分裂状态的决定性原因。

七、早期的统一无疑是社会发展的强大动力，因为"更大面积或更多人口意味着更多的潜在的发明者"和"更多的可以采用的发明创造"。集中统一的专制政权当其处于上升时期推行有利于生产技术的措施时，也能达到力排众议、举国一致、令行禁止的好效果。正如秦始皇立郡县制，统一文字、度量衡；隋代皇帝开凿大运河、实行科举取士，宋真宗推广优质水稻良种[2]和明成祖派遣郑和下西洋一样。幅员辽阔、人口众多、市场广大的中华帝国凭借着造物主赐予的这些优越条件，在这方土地上生生不息，创造了汉唐盛世，创造了自己在若干世纪内一直领先于世界的灿烂文明。

笔者认为：中国的统一是一步一步地形成和完善的，大体可以分为三个阶段：

第一阶段是黄河流域不同区域经过激烈的竞争而达到统一。这就是从春秋战国到秦灭六国。这一阶段形成了中华文明的主体特征：以粮食生产

---

[1]（美）戴蒙德著、谢延光译《枪炮、病菌与钢铁：人类社会的命运》，上海译文出版社 2006 年版，第 445—446 页。

[2] 林毅夫称："值得注意的是，与许多现代农业创新一样，'占城'水稻新新品种的推广也是由政府倡导的。宋真宗把大量的'占城'稻由南方带至长江三角洲。"见林毅夫《制度、技术与中国农业发展》，上海人民出版社 1992 年第 1 版，2008 年第 4 版，第 261 页。

为主的农业经济、以儒家思想为主的政治道德理念以及包括汉字和官话的语言文字体系。它缔造出汉代的盛世。这时期中国的政治经济的中心在关中地区的长安。

第二阶段是黄河流域与长江流域两个农业主产区的统一。它的标志是隋炀帝时开凿的沟通两大流域的大运河。黄河流域深厚久远的文明惠及了长江流域文化相对欠发达的区域，而长江流域以其良好的气候生产出越来越多的粮食回报黄河流域地区。

在这里还应该提一提连接江西赣江和广东北江，进而连接长江水系和珠江水系的最短的陆路通道——"梅岭古道"。唐代开元年间，家在今韶关曲江的朝廷重臣张九龄因病返乡。他见大庾岭交通阻塞，便上奏朝廷，请求开凿新路，并很快得到了唐玄宗的批准。是年冬，九龄不畏艰险，亲自指挥，历经两年，开通了一条宽 1 丈，长 30 华里，两旁广植松梅的大道，即"梅岭古道"。和大运河一样，这条道路对促进南北经济和文化的交流作出了贡献。南北农业主产区的统一，缔造出唐代的又一个盛世，达到了封建社会[1]辉煌的顶峰。作为都城的政治文化中心也渐渐向江南粮食主产区靠近。

第三阶段是农业经济区域与北方游牧经济区域经过长期反复的争斗最终达到了统一。它经历了宋与辽、宋与金、宋与西夏的铁马金戈的战争，又经历了元的暂时统一，和明代时期汉人与蒙古族、女真族的再次划长城而治，最终归一于发源在白山黑水的大清王朝。这一时期于农业和畜牧业区域的结合点的北京，终于成为帝国都城首选之地。

虽然骠悍的北方游牧民族能在马上赢得战争，但它终究被以农业文明为主的中华文化所征服。高度统一的清王朝奠定了中国的近代版图，"居庸从此不为关"，一道分割农业区域和游牧业区域的万里长城最终失去了其原本的功效。康乾盛世以其辽阔的版图、众多的人口和庞大的经济力成

---

[1] 近年来，武汉大学冯天瑜教授在一系列著作和论文中，对长期以来将自秦至清两千年（前 221—1910）的中国社会定性为"封建社会"的提法提出质疑。他指出，封建是指裂土分封，而自秦以来实行的是郡县制。他提出应以"宗法制、地主制和官僚政治综合而成的皇权社会"来定义这一时期中国社会的性质（见《厘清"封建"概念与中国社会定位》，载于《湖北社会科学》2009 年第 7 期，第 117 页）。本人基本同意冯教授的观点。但在这一新概念还没有被广泛接受而达到约定俗成、人人明白之前，在本文中仍使用原来的用语。

为中国封建社会的最后一个盛世，一度以当时最强大、最富足的世界强国雄踞东方。

圆明园的兴建正是中国农业文明与畜牧业文明统一与融合的产物。诞生于北方游牧文明的满族人比汉族人更为亲近自然，他们不习惯长时间地呆在深宫大院的紫禁城里，因此而产生建造比御花园、三海更为宽阔的皇家园林，并长时间地在其中生活、理政的强烈的冲动。与此同时，历代皇帝下江南时所见识到的苏、杭一带的汉族文人官员所建造的江南园林，则为他们所钟爱，且成为圆明园设计规划的蓝本。而庞大帝国、经济一统和举国一致的政治经济基础，则为圆明园的旷世工程提供了可能。

八、但是任何事物都有两面，到了后期，这种越来越极端的集中统一就变成了专制独裁，成为科技发展和社会发展的阻力。将明以来（自朱元璋废除宰相制度以后）的高度集中的君主集权制度和文化专制制度发展到极致。

正是高度的集中统一和专制独裁扼杀了中国人的创新精神。笔者在此引用那句中国格言："成也萧何，败也萧何"。这就是说，历史上某一种能够在较长时期内实行的某项制度安排，往往是当时的形势所决定的，往往是制度的制定者经过深思熟虑而设计的，或者是权衡了种种优劣得失之后不得不采用的，必然也是当时的大多数社会成员所能够接受的，其在实践过程中必定也显示出正面的效果，用经典的话语来说，就是对社会生产力的发展起到了推动作用。然而任何制度必定不是完美无缺的。随着时间的推移，形势的变化，如果不与时俱进，加以改革，其缺陷和不合理处将越来越明显地暴露出来，最终成为阻碍历史发展的桎梏。而且往往是最初所显现的正面效应越大的制度安排，就延续得越久，改变起来就越难，最后造成的损失往往也越大。正如恩格斯在解释"凡是现实的都是合理的，凡是合理的都是现实的"这一哲学命题时说过的那样，历史上的一切社会制度"对它所有发生的时代和条件来说，都有它存在的理由；但是对它自己内部逐渐发展起来的新的、更高的条件来说，它就变得过时的和没有存在的理由了"[1]。中国几千年来的高度统一的君主集权制以及为了维护这一政治制度而奉为独尊的儒家思想和为选拔官吏所实行的科举考试，都是这样。

---

[1]《马克思恩格斯选集》第四卷，人民出版社 1972 年版，第 212 页。

地理上的四通八达使中国获得了一种"初始的"有利条件，但由此而形成的高度统一和专制集权，却在后来对技术的发展成为了一个重要的不利条件，"某个专制君主的一个决定就能使改革创新半途而废"。戴蒙德认为："地理上的四通八达对技术的发展既有积极的影响，也有消极的影响。因此，从长远来看，在地理便利程度不太高也不太低而是中等适度的地区，技术可能发展得最快。"[1]

他对比了明代初期大航海的终止和哥伦布发现新大陆的不同遭遇，生动地说明了这一点。

从 1405 年到 1433 年，中国下西洋的船队成功地进行了 7 次远航，但是后来朝廷上的一次看来十分平常的斗争却永远地终结了远航。一直支持远航的太监们在斗争中失势了，于是大明朝廷不仅停止派遣船队，连造船的船坞也被拆毁。因为中国在政治上是统一的，因此"那个一时的决定竟是不可逆转的，因为已不再有任何船坞来造船以证明那个一时的决定的愚蠢，也不再有任何船坞可以用作重建新船坞的中心。"[2]

而哥伦布的命运却不同。他出生于意大利，曾为法国公爵服务，后来又效力于葡萄牙国王。他曾向葡王请求支持他的西行探险，但遭到拒绝。他又向驻里斯本的海军提督梅迪纳—塞多尼亚公爵提出申请。再次遭到拒绝后，继而向另一位叫作梅迪纳—塞利的伯爵请求支持，结果又被拒绝。最后他向西班牙的国王和王后一再地提出请求，终于在第二次获得了支持。这 1/4 的成功率最终造就了哥伦布的伟大发现。戴蒙德说："如果欧洲在这头三个统治者中任何一个的统治下统一起来，他对美洲的殖民也许一开始就失败了。"[3]

由此可见，长时期的集中统一所产生的第一个弊端是：高度的一致性、极端的统一，以至企图消除一切差异的社会制度，常常有意或无意地扼杀科学和技术的发明和创新。相反，分立的政权或容忍差异性存在的多元化社会制度，则往往有意或无意地保护了科学和技术的发明和创新。

[1]（美）戴蒙德著、谢延光译《枪炮、病菌与钢铁：人类社会的命运》，上海译文出版社 2006 年版，第 448 页。

[2] 同上书，第 444 页。

[3] 同上。

物理学家李政道在回答"中国为什么没有现代科学"这一问题时，提醒人们注意一个特殊的年份：1642年。他说："那一年，伽利略去世，牛顿诞生，而在两年之后，崇祯自尽，明朝灭亡。在这个特定的时间段对东西方作一番横向比较，就会发现一些耐人寻味的史实。伽利略受罗马教会的压迫，结局非常之惨。如果说那个时候，罗马教皇的政治力量可以覆盖到全部欧洲，那牛顿生出来也没有什么用。但教皇只是统治了欧洲的中南部地区，其铁腕力量在英国等地区无法实施。正是因为如此，牛顿才得以成长，近代科学才得以发展。相反，那个时候，中国帝王的实力远远超过了罗马教皇，将中国牢牢地掌控在手里。统治力量的保守和强大，造成了中国没有近代科学。"他总结道："其实不仅是中国，回顾古今中外的历史，在一个高度集权且极端保守的社会，科学的发展总是举步维艰。"[1]

九、高度的集中统一和专制集权制度的另一个，也可能是最大的害处，在于它禁锢人们的思想，扼杀人们的个性。长期的封建社会中，"罢黜百家，独尊儒术"的文化专制主义阉割了千百万人创新意识，这只能造就唯唯诺诺的奴才，而不能催生思维奇特、构思超常的发明家。在中国封建社会的晚期，一根"科举制度"的胡萝卜，一根"文字狱"的大棒，极大地摧残了中国知识阶层的独立人格和独立思维，扼杀了中华民族的创造精神，而形成封闭、保守、万马齐喑的一潭死水。

这里要专门谈一谈"科举制度"。应该说，各个民族中比较聪明，好奇心比较强的人的比率应该是差不多的。但是在中世纪封建制的欧洲，作为统治阶级的贵族完全依血统而定，平民生来是平民，一辈子别想进入上层社会。因此这些人将精力和智慧用于科学的研究和技术的改进上，期望以此来改善自己的生活，甚至改变自己的命运。而中国则不同，"科举制度"为每一个有聪明才智的人提供了跻身上层社会的机会。

正如宋真宗《励学篇》中所云："富家不用买良田，书中自有千钟粟。安居不用架高楼，书中自有黄金屋。娶妻莫恨无良媒，书中自有颜如玉。出门莫恨无人随，书中车马多如簇。男儿欲遂平生志，五经勤向窗前读。"

隋代创立科举制度的初衷是为了公平、公正地选拔人才，唐代初年的

---

[1] 吴海云《李政道：中国不能错过21世纪》，载于《作家文摘》报2009年7月28日，第二版。

科举考试还保留有选拔数学人才的"明算科"，直到宋代初年，科举还考算学。但后来就缩小了范围，科举考试的内容就被限定在封建统治者认为最关乎王朝稳定的儒家学说范围之内，删除了与"忠孝"无关的算学，而以四书五经为最基本的读本。学子们需熟记长达 431，286 个汉字的内容，并需熟悉篇幅数倍于原文的注解，以及仔细浏览其它相关的历史、文学等经典著作，平均每人需要付出 20 年的宝贵年华。然而尽管这样的过程痛苦而漫长，但学生有足够的激情投身其中，因为在那时的中国，官员从各种意义上都是最荣耀、最有回报的职业，以至于传统中国社会把做官看成是向上层社会流动的唯一的快捷方式。而且，科举制度本身也提供了强大的激励：通过科举各层次的考试而获得相应各等级学位的人都可以获得相应的特殊待遇。政府甚至通过公开宣扬科举考试能带来的个人利益来引导形成争相参加科举考试的社会风气。

"科举制度"的利益导向，是大多数希望通过自身的努力而改变命运的、且具有一定聪明才智的中国人所不可抗拒的。而科举考试又以封建统治者认为最关乎王朝稳定的儒家学说为模板，摒弃了与此最高政治标准似乎并无直接关系的算学等科学方面的内容。这样，中国人口虽多，而甘于寂寞和清贫致力于科学探索与发明的人，却是少之又少。

作为科举考试基本教材的儒家经典著作，当然包含了中华民族的政治智慧和道德传统，这在当时那样交通和信息极度不发达的时代，对于维系一个国土广袤的大一统国家是相当成功的。自从宋代以后，在通过科举考试而进入高层的官员中，鲜有成为拥兵自重、对抗中央的反叛者。清代曾国藩平息了太平天国起义，掌握了当时最能征惯战的湘军，拥有与朝廷裂疆而治的资本，不少汉族士人曾对他寄予反清自立期望。但他最终仍恪守儒家忠君信条，将湘军裁撤遣返，甘做一个本分臣民。这就是最有力的证明。

对除与科举相联系的儒家学说之外的科学技术来说，却没有一种鼓励创新和发明的社会机制。李时珍致毕生之力才完成的那部惠及万世的《本草纲目》，不仅没有给他挣来一文钱的稿费，还得靠自己筹款刻印出版。更多具有一技之长的科学发明则连它们发明人的名字都没有留下。一些精巧的发明被轻蔑地视之为"奇技淫巧"，当作是发明人"玩物丧志"的证据。大量有益于国计民生的科学文化产品，除了造福社会之外，并不能给创造者带来利益。正如明代著名科学家宋应星在他的《天工开物·序》中所言：

"丐大业文人弃掷案头，此书于功名进取毫不相关也！"[1] 即是说：请那些有雄心壮志的文化人把我的这本书丢弃掉吧。它对你们的功名富贵一点好处都没有！

梁启超曾将清代乾嘉以后从事天文历法的学者分为三类。第一类是供职于钦天监的官员；第二类为"初非欲以算学名家，因治经或治史有待于学算，因以算为其副业者"[2] 的官员或文人；第三类是职业科学家。这些科学家处境最为艰难，一生清贫，不求名利，默默研究著述，奉献了毕生精力，很多人甚至早天。梁启超叹息道："清代算学家多不寿，实吾学界一大不幸也！""呜呼！岂兹事耗精太甚，易损天年耶？"[3]

与之相反，在中国历史上唯一能让持有者赢得功名富贵的知识，则是对发展科学技术无关，仅仅有助于王朝稳定的儒家经典。

于是中国与生气勃勃的欧洲的差距就越来越大，最终导致了被列强踩躏欺凌的百年近代悲剧。

以上诸点，可以概括成一句话，即区域内部地理条件所造成的交通便利，造成了中华民族较早并长期实现了政治、经济的统一，形成了高度集权的体制，这一方面造就了帝国早期的繁荣昌盛，也导致了它晚期的落后和衰败。

十、进一步我要说的是，中国地理位置的另一个特点，即本区域与外区域之间交通的不便利，同样也导致了一反一正两种后果，一方面它保护了中华文明几千年来延绵不断，没有遭到外部文明的毁灭性的打击，另一方面也阻碍了它与外部文明的交往。

根据系统论的定律，系统与外界环境之间的物质、能量和信息的交换，是系统走向有序的动力；换言之，如果这种交换被窒息了，系统将走向无序，社会将失去活力。

回顾人类文明的发展历史，尽管不同的民族和区域各自都贡献了不同的发明创造，但不论对哪个民族区域而言，所采用的各种生产技术多半都不是自身原创的，而从与外部文明的交流中学来的。当然，交通和信息极不发达的古代，这种交流极其艰难，也是异常缓慢的。

---

[1] 宋应星著，广东人民出版社 1975 年版，第 4 页。
[2] 梁启超《中国近三百年学术史》，东方出版社 2003 年版，第 381 页。
[3] 同上书，第 388 页。

　　美国人类学家戴蒙德提醒人们注意一个简单的事实，即在地球上的几块大陆中，欧亚大陆是东西距离最长的大陆，用他的话来说："欧亚大陆的主轴线是东西向的"，而非洲和美洲的主轴线都是南北向的。因为相同的纬度，意味着大体相同的气候条件，这正是受制于地理气候条件的种植业和畜牧业赖以存在和发展，交流与移植的决定因素。不仅如此，"一般来说，对作物、牲畜以及与粮食有关的技术进行频繁交流的社会，更有可能也从事其它方面的交流"，"欧亚大陆农业的更快传播速度对欧亚大陆的文字、冶金、技术和帝国的更快传播方面发挥了作用"[1]。因此同处在欧亚大陆上的不同文明先天具有其他大陆所缺少的彼此交流、互相学习的有利条件。事实证明，从远古直到近代，欧亚大陆上的诸多文明轮番地崛起，的确走在了全球各个大陆的前列。

　　同在欧亚大陆，中国又有着它与众不同的特点。它的北部是西伯利亚的永久冻土带；西部是帕米尔高原和青藏高原的天然屏障；东部是浩瀚的大海。这一圈难以逾越的藩篱，在古代交通和信息不发达的条件下，虽然不能完全阻隔与外部的交往，但毕竟使外部文明大规模的进入显得异常艰难。中华文明就这样在造物主特别的呵护下，远离那些高度发达又偏爱开疆拓土的文明，周边没有一个具有威胁力的敌国。因此中华文明避免了像古巴比伦、埃及和印度那样遭受毁灭性的打击，从未间断地延续了数千年之久，从而达到了高度的繁荣。但任何事物都有着两面，这种保护同时又是一种局限，天长日久，就渐渐地消磨了它的活力。长期以来，中国人自给自足，万事不求人，逐渐形成了"天朝上国，唯我独尊"的观念和以"外藩纳贡"为中心的对外政策。在帝国实力强大，统治者相对开放的时候，与外国的交往是有的，但必须遵循藩国朝贡的模式；在统治者比较封闭的时候，就干脆将国门紧紧关闭。特别是在帝国的后期甚至越来越走向闭关锁国的歧路。这使中国丧失了与西方国家在基本平等的情况下，通过正常的国际交往，促进和加速古代社会的瓦解，从而实现现代化的机遇。马克思一针见血地指出："正如小心保存在密闭棺木里的木乃伊一接触新鲜空气便必然要解体一样"，

---

[1]（美）戴蒙德著、谢延光译《枪炮、病菌与钢铁：人类社会的命运》，上海译文出版社 2006 年版，第 186—187 页。

"与外界完全隔绝曾是保存旧中国的条件。"[1]

闭关锁国对文明发展所造成的最大的伤害是两个：骄傲自大、不屑向其他文明学习，缺乏不同文明之间的竞争。

十一、历史上的中国曾经虚怀若谷，汉代就开辟了丝绸之路，并开始容纳印度佛教的传入，唐代又有景教的东传，宋代的海外贸易也得到长足的发展。但是到了帝国的后期，统治者就渐渐变得封闭保守了。明代中期实行了海禁，清代从康熙后期开始更是奉行闭关自守的政策。而这一时期恰恰西方科学和技术突飞猛进、一日千里。

面对英国马嘎尔尼提出的扩大通商规模的要求，乾隆皇帝以"天朝物产丰盈，无所不有。原不藉外夷货物以通有无"予以坚决拒绝；对英方提出的互派大使、互设商务代表等项，也以"与天朝体制不合，断不可行"[2]而严词回绝。英使赠送的代表着大英帝国最新成就的科学仪器、枪支和舰船模型，都被弃置在圆明园，不屑一顾。嘉庆年间更是因为英使拒行三拜九叩大礼，而将其赶走。

对曾一度传入的西学，则先是称为"西学中源"（即认为西方的科技原本发源于中国，后因秦焚书，以致失传，但却辗转流入西方），后来随着雍正乾隆越来越严厉的禁教，随着来华传教士的递减而几乎消失了。

《几何原本》前六卷出版时，利玛窦在《译几何原本引》中写道："请先传此，使同志者习之。果以为用也，而后徐计其余。"[3]结果此书竟和者盖寡，长期无人有进一步将其全部译完的冲动。这一等就等了200多年，直到1859年，15卷的欧几里得几何学才由李善兰和伟烈亚力合作翻译出版。利玛窦绘制的世界地图曾在明末相当流行，文人官员争相一睹为快，有人将其刻石流传，有人将其画入自家文章。但是入清之后，其影响力减弱，《明史意大利亚传》称：五大洲说"其说荒渺莫考"。后来梁启超幼时读书，竟不知世界有五大洲之说。由于传教士的介绍，在欧洲刚刚发明了20几年就传入中国的望远镜，历经了200多年，当欧洲人将其打造为探索宇宙太空的利器的时候，在中国却仍然只是将领的工具和帝王的玩物。王征与邓

[1]《马克思恩格斯选集》人民出版社1972年版，第二卷，第3页。
[2]《清实录》中华书局2006年影印版卷1435，第19册，第185页。
[3] 朱维铮编《利玛窦中文译著集》复旦大学出版社2001年版，第302页。

玉函合译的《远西奇器图说》一书虽然介绍了很多西方的物理知识和机器，但是鲜有付诸实践者。《泰西人身图说》被认为是有伤风化之书而禁止流传。数名传教士和中国官员学者一道费力数十年而绘成的《皇舆全览图》《钦定皇舆西域图志》皆被束之高阁，以致 1890 年中国官员洪钧在与俄国交涉边界时不得不购买俄国人绘制的地图，以作谈判根据，结果酿成丧权辱国的恶果。前述国人固守对日食月食的"抢救"也是一例。

十二、社会的发展与进步，有赖于文明区域彼此间的竞争。春秋战国时期曾是中国历史上最富有活力的时期，其动力就在于当时诸侯国之间的竞争。励精图治、延揽人才、富国强兵，以及'取人之长，克己之短'的不断的革故鼎新，乃是国家生存的基本条件，否则就可能亡国灭种。竞争可以使能者、强者脱颖而出，竞争可以为国家遴选出高明的统治者。而竞争的结果，不可避免的是强者的一统天下。而一统天下的弊端恰恰是扼杀了竞争。因此当大一统的中华文明达到一定高度的时候，内部的竞争虽然可以改朝换代，却不能给中华文明的整体带来新的营养。社会更进一步的发展需要有一个强大的外部竞争对手。由于前面所提到的地理环境的因素，16—17 世纪（也就是明代中后期）的中国恰恰缺少这样的竞争对手。没有了竞争，就缺少了革故鼎新的动力。戴蒙德先生在其著作中举出了一个很有意思的事例。作为一个孤岛国家的日本，早在 1543 年就从远道而来的葡萄牙人那里了解到枪支的威力，并开始制造枪支。但是当时的统治阶层武士是习惯用刀且善于用刀的。枪支则轻而易举地剥夺了武士的尊严，因此其生产遭到了严格的控制，以致几近灭绝。

其实在中国更早些时也有类似的事例。在明太祖朱元璋当政时，兵部侍郎某发明了一种火器，能连发 20 响，献给皇上。朱元璋说："此物在我为利器，若落于贼人之手，焉不为利器乎？立国在德，德能抚远怀民，为万世之基。"于是下令"碎其图纸"。枪支在当时中、日两国的相同命运的共同原因就是，它们在地理上都没有强大的外敌威胁。

但是在欧洲则不同。戴蒙德先生说："在同时代的欧洲也有一些鄙视枪支并竭力限制枪支使用的统治者。但这些限制措施在欧洲并未发生多大作用，因为任何一个欧洲国家，哪怕是短暂地放弃了火器，很快就会被用枪支武装起来的邻国打垮。"[1]

在 19 世纪欧洲的政治版图上，英、法、德、俄等欧洲强国长期处于竞争和战争之中，而 1500 年前后的中国则由于独特的地理和政治环境，当她环顾四周时，却看不到一个能够与之争锋的对手。

因此我认为，没有外部竞争、自我封闭的中央集权的国家，在中世纪物资、人力和信息的交流相对艰难的时代，往往成为社会发展中惰性的来源。

综上所述，虽然大沽口战役之夜发生月食是偶然的，但即使没有月食的因素，即使在某一个战役中由于特殊的原因暂时取胜，但在科学技术（表现在武器上）和观念意识都极其落后的中国，当遭遇到在各方面都遥遥领先的西方列强时惨遭毫无悬念的败绩，则是必然的。本文从圆明园的被毁出发，从大清帝国的一连串悲剧入手，一步步抽丝剥茧，找到了中华民族之所以经历独特的道路，而成为现今中华民族的终极原因，揭示了造成其顺境的缘由，也研究了遭遇其逆境成因。简言之，引用中国的一句老话就是"一方水土养一方人"。造物主赋予中国的这方水土——内部交流相对便利和与周边交流相对困难的独特地理条件和与之相应的气候条件，养育了中华民族和有着五千年历史的中华文化，既造就了中华文明的优点，也不可避免地造就了她的缺点。今天世界进入了交通高度便利和信息及度发达的全新时代，一方面祖先留下的地域辽阔、人口蕃众、多民族统一、文化源远流长的大国优势成为发展的极为有利的基础条件，另一方面自然地理的屏障再也不能隔断我们与其他国家和民族的交流与学习，中国也彻底摆脱了"闭关锁国"的锁链，而满怀自信地融入世界民族之林。但是数千年历史所遗留在我们民族身上的灰尘并没有彻底地清除，从现当代的众多事件中，还不难看到隐约的痕迹。反思圆明园的悲剧历史，我们认识到，近代中国的道路之所以如此曲折和坎坷，勿庸讳言统治者应负重大责任，但民众的素质更具有深层的影响力。正如恩格斯在评价当时的普鲁士政府所说的，"政府的恶劣，就可以用臣民的相应的恶劣来辩解和说明。当时的普鲁士人由他们所应该有的政府。"[2] 深刻地研究历史，廓清其中的规律，弘扬我们民族的优点，克

---

[1]（美）戴蒙德著、谢延光译《枪炮、病菌与钢铁：人类社会的命运》，第 265—266 页。
[2]《马克思恩格斯选集》第四卷，人民出版社 1972 年版，第 212 页。

服其缺点，使之再度崛起，重现富裕、强盛的大国梦想，是当代中国人的责任。

编后语：2015 年与圆明园管理处张超合作完成了圆明园学会的研究课题："圆明园与中西文化交流"。本文是该课题的最后一部分。

对外开放是国家现代化的必由之路

——对关于中国现代化进程的一个命题的商榷

本世纪 40 年代出版的一本权威教科书在论述中国近代社会时，曾指出："中国封建社会内部的商品经济的发展，已经孕育着资本主义萌芽，如果没有外国资本主义的影响，中国也将缓慢地发展到资本主义社会。"[1] 这一命题，在 50—60 年代曾对中国史学界产生了重大的影响，成为不争的定律。然而，随着时代的前进，它不够精密和准确的缺陷渐渐显露出来了。笔者拟在本文中，对此进行一点商榷。

一、一国的商品经济的发展不是资本主义产生的充分条件

马克思曾论述过这样一个道理，即：并不是有商品经济的地方，就一定能形成资本主义的生产关系，并导致产业革命。马克思在《资本论》第三卷中谈到："城市产业作为城市产业一旦和农业分离，它的产品会自始就是商品……商业依赖于城市的发展，城市的发展也要以商业为条件，在这限度内，也是一件不说自明的事情。但产业的发展会在什么程度内与此

---

[1]《中国革命和中国共产党》，《毛泽东选集》（横排合订本）人民出版社 1966 年版，第 589 页。

携手并进，在这里，却要完全取决于另外一些事情。"[1] 他举例说，古代罗马已经在共和制晚期，把商人资本发展到古代世界前所未有的高度，但没有在产业的发展上显出任何进步。他还说，对一个居无定所的游牧民族来说，商业精神和商业资本的发展，往往就是他们的固有特征，当然历史证明，没有一个游牧民族走在了资本主义发展的前列。

显然，商品经济的一定程度的发展，是形成资本主义的必要条件之一，但不是充要条件。

那么，什么是现代资本主义社会得以生成的其他必要条件呢？让我们简略地回顾一下它的发展史。

预示着资本主义曙光的"文艺复兴运动"是从意大利开始的。这是与意大利曾经主导了地中海各国间的贸易密切相关的。当时来自东方的奢侈品、香料，西班牙的皮革和金属材料，斯拉夫地区的毛皮，英国的羊毛和佛兰德斯的纺织品成了地中海各国贸易的大宗。

奥斯曼帝国的兴起阻隔了欧洲与东方的贸易线路。然而香料则是以肉食为主的欧洲人不可或缺的必需品，因而香料贸易也就成为能给商人创造超额利润的机会。为此，国王和商人支持航海家与大西洋的惊涛骇浪进行了长时期的殊死搏斗，终于，哥伦布发现美洲，达·伽马开辟了绕"好望角"到达印度的航线，于是大西洋替代了地中海的国际商业中心的地位。地处大西洋沿岸的西南欧国家——葡萄牙和西班牙开始执世界贸易的牛耳。"葡萄牙将小五金、纺织品和其他制成品运往非洲换取奴隶，用船将奴隶运往巴西种植园种植甘蔗，葡萄牙再在欧洲出售蔗糖，从中获利。"而西班牙则在屠杀美洲印地安人的同时，掠夺大量的黄金和白银。这就是这两个伊比利亚小国一度成为世界海上强国的奥秘。

后来，另一濒临大西洋的小国——荷兰兴起。荷兰人以渔业起家，继而由捕鱼业扩充为运输业和造船业。当时的荷兰人成为全欧洲的货运商，因而获得了"海上马车夫"的称号。他们"从比斯开运来鲱鱼和盐，从地中海运来酒，从英国和佛兰德斯运来布匹，从瑞典运来铜和铁，从波罗的

---

[1] 《资本论》第三卷，人民出版社 1966 年版，第 372 页。

海运来谷物、亚麻、大麻和木材。"[1] 由于西班牙、葡萄牙与荷兰分属不同的教派，前者中断了与荷兰的香料贸易，迫使荷兰独立地去打通远东贸易航线，开拓了爪哇的殖民地。于是"海上马车夫"又成了罪恶的奴隶贩子。马克思曾说："荷兰人为了使爪哇岛得到奴隶而在苏拉威西岛实行掠夺当地人的制度。他们专门训练了一批人员来进行这种新式的诱拐。骗子、译员、贩卖人就是这种交易的代理人。"[2]

18 世纪前后，英国后来居上，成为世界贸易的强国。它的东印度公司垄断了与中国的茶叶和鸦片贸易，以及对印度的棉花、纺织品、槟榔和盐的贸易。众所周知，英国的奴隶贩子在将黑人运往美洲罪恶交易中，奇迹般地成为了亿万富翁，就不在此赘述。

在美国，商人们"将鱼类、乳酪、牛肉、面粉用船运往西印度群岛的种植园，换回蔗糖和糖蜜，然后制成甜酒，连同鱼和谷物一道运往非洲，换取奴隶和黄金。"[3]

这就是资本主义的早期发展史。正如马克思所说："16 世纪 17 世纪和地理发现一同发生并迅速促进商人资本发展的商业大革命，在封建生产方式到资本主义生产方式的过渡中曾经是一个主要起推动作用的要素。世界市场的突然扩大，流通商品种类的增多，欧洲各国争要支配亚洲产品和美洲富源的竞争热，殖民制度，都对生产的封建束缚的破坏，起过巨大的作用。"[4] 他又入木三分地总结道："美洲金银产地的发现，土著居民的被奴役、被埋葬于矿井和被剿灭，对东印度开始进行的征服和掠夺，非洲变成猎获黑人的商业性饲养场：这就是标志着资本主义时代曙光的田园诗式的原始积累过程。"[5]

诚然，资本主义在其发展的不同阶段中，经历了其中心从意大利，到葡萄牙和西班牙，到荷兰，到英国的转移。这是由这些国家的不同的个性决定的。但是，综上所述，我们可以看到，它们的共性则有：

---

[1]（美）斯塔夫里亚诺斯《分裂全球：第三世界的历史进程》，商务印书馆 1993 年版，第 72 页，第 45 页。

[2]《资本论》第一卷，第 813 页。

[3]《分裂全球：第三世界的历史进程》，第 76 页。

[4]《资本论》第三卷，第 372—373 页。

[5]《资本论》第一卷，第 813 页。

第一，国际贸易的发展，世界市场的扩大。《共产党宣言》指出："世界市场使商业、航海也和陆路交通得到了巨大的发展。这种发展又反过来促进了工业的扩展。同时，工业、商业、航海业和铁路愈是发展，资产阶级也愈是发展，愈是增加自己的资本，愈是把中世纪遗留的一切阶级都排挤到后面去。"[1]

第二，对殖民地的掠夺。马克思论道："殖民制度大大地促进了航运和贸易的发展。它创立了商业公司，这些商业公司由政府授予垄断权和特权，成为资本积聚的强有力的手段。殖民地制度为新兴的工场手工业保证了销售市场。这些工场手工业的积累能力通过对殖民地市场的垄断成倍增长了。在欧洲以外直接靠变成奴隶的土著居民的强制劳动、贪污、掠夺和杀人越货而夺得的财宝，源源流入宗主国，在这里转化为资本。"[2]

第三，国际信用制度的形成。马克思指出："国际信用制度常常隐藏着这个或那个国家原始积累的源泉之一。例如，由于没落的威尼斯以巨额货币贷给荷兰，威尼斯的劫掠和暴力就是荷兰资本财富的基础。荷兰的工业霸权和商业霸权在 17 世纪末也没落了，它只得通过向外国提供贷款的办法来使自己的巨额资本增殖。尤其是从 1701 至 1776 年期间向它的胜利的竞争者英国提供贷款。在英国和美国之间也发生了类似的情形。今天出现在美国的许多身世不明的资本，仅仅在昨天还是在英国资本化了的工厂儿童的血液。"[3]

当然，还有它们内部社会政治、经济结构的原因，也就是它们区别于中国等东方国家，而能率先进入资本主义社会的因素。此项不是本节讨论的重点，不能展开详论。

笔者行文至此，应该可以得出这样的结论，即：就其产生的历史来看，资本是一个国际现象。除了上述国家自身的政治、经济结构为它的诞生提供了温床之外，它同时也是在国际之间的互相影响中逐步形成的，而不是，也不可能在一个国家的范围内独立地生成。

---

[1]《马克思恩格斯选集》第一卷，人民出版社 1975 年版，第 252 页。

[2]《资本论》第一卷，第 816 页。

[3] 同上书，第 818 页。

二、国际间的商品、资金、人力的密集交流
才是资本主义产生的充要条件

读者可能会提出这样一个问题：就算你上述结论是成立的，那么如何能排除中国与西方国家在基本平等的条件下交往，从而发展到资本主义的可能性呢？

的确，这种机会曾经有过。

西方资本主义国家刚刚远航东来，试探着叩击中国的大门时，除了其与生俱来的海盗行径之外，也还都彬彬有礼地派出了使节，向中国政府要求建交和通商。这并不是说他们本性善良，而是对中国——这个东方大国还不够了解，而且当时的中国也并不像后来那样孱弱、衰败。

1513 年（明正德八年），若热·阿尔瓦雷尔（Jorge Alvares）成为到达中国的第一个葡萄牙商人。但是，依照中国的法律，他只能作短期停留，贸易后即行离去。1515 年（正德十年）葡萄牙国王决定向中国派遣一名正式的使臣，而一个在其刚刚出版的《东方记》里对中国称赞备至的，名叫托梅·皮雷斯的荣膺此任。他携有葡王的正式国书，由 4 艘船只组成的船队护送，于 1517 年（正德十二年）8 月 15 日抵达广东。这也是欧洲派往中国的第一位使臣。

尽管中国在这以前 100 年就有郑和下西洋的壮举，但对葡萄牙却一无所知，而且被客人用以表示敬意的礼炮而震惊，以为对方是在寻衅滋事。

明朝以朝贡贸易和海禁为其对外政策基石。与之交往的外国不是藩属，便是敌国。当朝廷得知这个从来没有朝贡称臣的佛郎机国（即葡萄牙）使臣求见时，便轻易地拒绝了。《明实录》记载道："得旨：令谕还国，其方物给予之。"[1]

葡萄牙使者吃了闭门羹后，并没有放弃，而是留在广州等待机会。一年之后，由于葡国使团的一个通事（翻译）——火者亚三通过行贿佞臣江彬

---

[1]《明武宗实录》卷 158，中华书局 1980 年影印版。

而见到了明武宗，并获得武宗好感。鉴于明廷对不曾来往过的葡萄牙国的偏见，火者亚三便自称为麻刺甲的使臣。于是明廷改变初衷，允许该使臣进京。

葡使一行于 1520 年（正德十五年）1 月再度北上，经过 4 个月的行程到达南京。当时明武宗恰好就在南京，但无意接见葡使。使团只好继续北上，在北京等候武宗回銮。又过了一年，1521 年（正德十六年）1 月，武宗总算回京，却大病不起，很快一命呜呼。这时正好被葡萄牙占据了国土的麻刺甲国王的使者来到北京，请求帮助以恢复国家，同时戳穿了火者亚三的谎言。于是在武宗死后不久，明廷即下令：包括葡萄牙使团在内的"进贡夷人俱给赏令回国。"火者亚三因冒充麻刺甲使臣被处死。葡萄牙使臣皮雷斯在广州被押进监狱，不久就病故在狱中。

这就是葡萄牙来华的第一位外交使臣，同时也是欧洲来华的第一位使臣的命运。

除了俄罗斯之外，第二个遣使来华的西方国家是荷兰。荷兰的商船第一次出现在澳门附近的海面是 1604 年（明万历三十二年），但他们的通商要求被拒绝了。3 年后，当他们第二次遭拒绝时，荷兰海军的 15 艘战舰向澳门开了炮。结果是连同司令雷伊松（Kornelis Rayerszoon）上将在内的 1/3 荷军葬身鱼腹。残兵败将撤到了台湾，后来又被郑成功赶下了大海。1655 年（清顺治十二年）荷兰派遣了两名使节哥页（Peter de Goyer）和开泽（Jacob de Keyzer）前往北京。他们带来了贵重的礼物，也承认这些礼物是"贡物"；他们事事都顺从中国人的要求，在皇帝面前三拜九叩。他们半是出于讨好中国，半是出于仇恨郑成功，甚至接受康熙之命派战舰参与收复台湾的战斗。荷兰在 1664 年（康熙三年）和 1795 年（乾隆六十年）又派了两次使臣来华，外国史书描写道："他们像罪犯一样解送到京师，在京城当成乞丐一样看待，随后又像押送骗子一样送回广州。并且，只要那些司礼者们认为合适，他们随时随地都要准备行三拜九叩首的大礼。"他们之所以情愿忍受以一个藩属向宗主国进贡的条件，是为了换取能在中国的贸易权利。然而他们所得到的，仅仅是被允许每隔八年遣使一次，每次限定商船四艘而已。后因协助收复台湾"有功"，改为两年一次 [1]。

---

[1] 卫三畏《中国总论》第二卷，第 439 页。转引自马士《中华帝国对外关系史》商务印书馆 1963 年版，第一卷，第 55 页。

三、历史上的中国多次错过了与世界交往的机会

继而来到的是英国。第一次运送英国人来中国贸易的不是商船，而是战舰。1637 年（崇祯十年）3 月 25 日，在海军大佐威德尔（Captain John Weddell）的率领下，5 艘船的舰队到达澳门海面。当他们的通商要求没有得到答复时，英舰就强行开进珠江。中国的海岸炮台开炮轰击，但被英军的炮火所压制。英船驶至广州，售出了货物，又装载上糖和姜，然后便离开了。在这之后的一个多世纪中，中英贸易得到了长足发展，18 世纪末，英国对华输入和输出的货物价值分别占到中国与欧美各国贸易总额的 91% 和 70%。但当追求更大利润的欲望驱使他们进一步开拓中国市场时，却遇到了重重困难。

首先，捷足先登的葡萄牙人不仅获得了澳门为立足点，而且借助耶稣会传教士的影响，处处排挤英国商人。以致使英国人像个"迟到的小学生"，在对中国的贸易中，处于与其实力极不相称的不利地位。

其次，尽管当时中国的茶叶已经成为生活在全世界的不列颠人餐桌上的必需品，生丝和瓷器也是英国商人采购的热门货，而中国对英国货的需求却是微乎其微。这就造成了贸易的不平衡。据统计，1794 年，中国对英国的出口为 300 万镑，而进口却只有 70 万镑（其中还有 25 万镑是鸦片）。巨额的出超使英国朝野一筹莫展。他们更担心一旦中国中止贸易，将使英国陷入困境。

再次，根据中国当时的贸易规则，外商只能在广州一口进行贸易，而且必须通过保商和行商的中介。这些享有特权的商人与海关官员内外勾结对外商肆意敲诈勒索，如不就范便处处刁难。英商甚至一度宁愿多交一倍到两倍的关税，避开广州的保商和行商，到宁波贸易。但乾隆出于多一处外贸口岸，便多一分不安定因素的顾虑，还是于 1757 年（乾隆二十二年）明令禁止在宁波通商。英商洪仁辉（James Flint）不服，擅闯天津向清政府直接状告广州海关官员和保商。乾隆派人核实了情况后，将海关监督李永标抄家流放，归还了中商欠英商的款项；同时也将洪任辉押解到澳门监

禁 3 年，还处死了帮助英商写状纸的华人。对英商最为头痛的贸易垄断政策，不但丝毫没有放松，反而限制得更严。因此包括东印度公司在内的英国商人强烈请求由英国政府出面，要求中国改变外贸垄断制度，允许英商自由贸易，自由居住，允许传教士自由传教。

于是，英国政府认为，"假如能有一些英国人以一种高贵的身分常住北京，以他们谨慎的言行和彬彬有礼的仪表争得上流人士的尊敬和下层社会的佩服，那就有助于解除中国方面对英国的误会"[1]，也能促进两国间贸易的发展。为此，首先要派遣一个高级使团访华。经过反复酝酿，马嘎尔尼勋爵被任命为担任此次举历史使命的公使。时间则选在 1793 年（乾隆五十八年），以给乾隆皇帝祝贺八十大寿为契机。

马嘎尔尼（George Lovd Macartney）曾任过驻印度和俄罗斯的外交官，有丰富的外交经验，对神秘的中国也极为向往。他精心物色了随行人员，其中有娴熟的天文、数学博士，高明的医生，杰出的画家，以及他的私人卫队。斯当东被任命为副使。在挑选进献给中国皇帝的礼物时，他们很费了一番脑筋。为了显示英国的"文明"，他们选择了能演示太阳、地球和月亮，以及木星、土星运行规律的仪器，能随时报告月、日、时的钟表，表示天空星宿位置的天球仪，若干能够预报气象、抽取真空和显示力学原理的精致的仪器，还有榴弹炮、毛瑟枪和刀剑等装饰华美的武器，及一艘军舰的模型。这一模型是根据由110门重炮装备的英国最大的军舰为原型而制作的。此外，还有宝石、灯具、纺织品等珍贵的手工艺品，有英国风光和王室成员的图片，等等。全部礼品价值一万三千英镑。

马嘎尔尼公使携带有英王乔治三世给中国皇帝的一封信。信的内容大半是自我吹嘘的话，最后表示："贵国广土众民在皇帝陛下统治下，国家兴盛，为周围各国所景仰。英国现在正与世界各国和平共处，因此英王陛下认为现在适逢其时来谋求中英两大文明帝国之间的友好往来。"[2] 比较而言，倒是他给马嘎尔尼的指示信更明白地道出了此次外交行动的真实目的。指示信说："在中国经商的英国臣民很久以来多于任何其他欧洲各国。有些国家在和中国通商的前后都附有该国写致中国皇帝的正式函件。有些国家得力

[1] 斯当东《英使谒见乾隆皇帝》商务印书馆 1963 年版，第 27 页。
[2] 同上书，第 27 页。

于他们在中国的传教士。""但英国商人缺少这种帮助,在这个遥远的国度,每每被人误解而得不到尊重。""我对于自己的远方臣民不能不予以应有的关怀,并以一个大国君主的身分有力地要求中国皇帝对于他们的利益予以应有的保护。"[1]

1793年(乾隆五十八年)6月,马嘎尔尼及其100多名随员乘坐的"狮子号"和"印度斯坦号"经过近一年的远航,来到澳门。他们被特许由海路至天津登岸而进北京。钦差大臣和直隶总督在天津迎接了公使,转告他说,皇帝己到热河行宫避暑,并准备在那里庆祝寿辰,因此接见英使的活动也将在热河举行。在赴热河的途中,中英双方在礼仪上争执不下。大臣们执意要求英使行三拜九叩的大礼,遭到英使的拒绝。这使乾隆大为不快,一度下令降低接待规格。后来英使退一步,说:如果要行跪拜叩头礼,必须有一相同品级的中国官员在英王御像前跪拜叩头,否则英国就受到了侮辱。英人记载,最后乾隆皇帝同意英使以英国臣民拜见国王的单膝下跪的礼节来谒见他。但中国的一些记载则说英使最终履行了三拜九叩之礼。

从9月14日到20日,英使在热河受到了空前的礼遇。先是皇帝亲自接受国书,盛宴招待了使团的所有成员,并赠送每人一份昂贵的礼物。3天后英国使团参加了隆重的万寿大典,观看了阅兵式和丰富多彩的歌舞、杂技表演和焰火。然而英使最为关心的通商问题,却始终没机会谈及。21日英使回到北京,马嘎尔尼以书面形式向中国政府提出6点请求。其内容包括:

"(一)请中国允许英国商船在珠(舟)山、宁波、天津等处登岸,经营商业。

(二)请中国按照从前俄罗斯商人在中国通商之例,允许英国商人在北京设一洋行,买卖货物。

(三)请于珠(舟)山附近划一未经设防之小岛,归英使用,以便英国商船到彼即得收歇,存放货物,且可居住商人。

(四)请于广州附近得一同样之权利,且听英国人自由来往,不加禁止。

(五)凡英国商货,自澳门运往广州者,请优待减税或免税。

(六)英国船货按照中国所定之税率交税,不额外加征,请将所定税

---

[1] 斯当东《英使谒见乾隆皇帝》商务印书馆1963年版,第43页。

率公布，以便遵行。"[1]

对英国的这些要求，乾隆皇帝在《赐英吉利国王敕书》中一一给予驳斥，断然加以拒绝。

第一，关于"恳请派一尔国之人，住居天朝，照管尔国买卖一节"，乾隆答道："此则与天朝体制不合，断不可行。"因为常驻北京不能"往来常通信息，实为无益之事。"

天朝规则"凡外番使臣到京，驿馆供给，行止出入，俱有一定体制，从无听其自便之例。"天朝对西洋各国贸易"无不照料周备"，又何必派人留京？俄罗斯自在恰克图开市贸易后，便不准在京居住，已数十年。且"留人在京，距澳门贸易处所几及万里，伊亦何能照料耶？""设天朝欲差人常住尔国，亦岂尔国所能遵行？""况西洋诸国甚多，非止尔一国。若俱似尔国王恳请派人留京，岂能一一听许？"他说："是此事断难准行，岂能因尔国王一人之请，以致更张天朝百余年法度？"所以"尔国买卖人要在天朝京城另立一行，收贮货物发卖"，"更断不可行。"

第二，关于"或到浙江宁波、珠山及天津"等地收泊贸易一节。乾隆驳斥道，向来西洋各国赴天朝贸易，俱在澳门设有洋行，收发各货，由来已久。而且宁波、天津均未设有洋行，并无通事（翻译）。此项要求，"皆不可行。"

第三，关于英人自由居住，出入自便一节。乾隆道：规定夷商"居住澳门贸易，画定住址地界"，"原以杜民夷之争论，立中外之大防。"所以"应仍照定例在澳门居住，方为妥善。"

第四，关于英使"欲求相近珠山地方小海岛一处"，以便商人停歇和收存货物一节。乾隆义正辞严地驳斥曰："天朝尺土俱为版籍，疆址森然，即岛屿沙洲，亦必画界分疆，各有专属。""此事尤不便准行。"

第五，关于英商要求"货物或不上税，或少上税"一节。乾隆道："夷商贸易往来纳税，皆有定则，西洋各国均属相同。此时自不能因尔国船只较多，征收稍有溢额，亦不便将尔国上税之例，独惟减少。惟应照例公平抽收，与别国一体办理。"

第六，虽然英使并未提出传教一事，乾隆在其《敕书》中仍论道："天

---

[1] 朱雍《不愿打开的中国大门》江西人民出版社 1989 年版第 14 页。

朝自开辟以来，圣帝明王垂教创法，四方亿兆率由有素，不敢惑于异说。""妄行传教，尤属不可。"

敕书的结尾写道：尔国王"当仰体朕心，永远遵奉，共享太平之福"，否则，"天朝法制森严，各处守土文武恪遵功令，尔国船只到彼，该处文物必不肯令其停留，定当立时驱逐出洋，未免尔国夷商徒劳往返，勿谓言之不豫也。"[1]

这样英方提出的实质性要求全部落空了。马嘎尔尼原想过完春节再离开北京，但中国政府一再催促其立即起行。于是，他也觉得长留无益，便于 10 月 7 日离京南下，经杭州、广州回国。临走前皇帝又赏英王、公使和使团全体成员各一份极为丰厚的礼物。

这就是西方工商业强国——英国与古老的东方农业大国——中国之间的第一次正式接触。尽管在这之后英商在广州的境地有了少许的改善，英使也通过这次访华了解了不少中国的政治经济情况和风土人情，但英方旨在打开中国贸易大门的各项要求都被拒绝了。英方的要求既有合理的、属于近代国际惯例的内容，也有反映殖民主义扩张色彩的无理部分。中国方面，乾隆皇帝捍卫国家领土完整的严正立场无疑是正确的。但是，他固守祖宗旧法，无视世界潮流之变化，闭关自守，妄自尊大，则说明他的愚昧和落后。与明武宗不同，乾隆并不算是昏君。这一历史的局限性，更多地要从中国社会的土壤中去寻找。

23 年之后，英国又派出了以阿美士德勋爵（Lord Amherst）为首的访华使团，以期达到以下目的，即"消除一向受到的种种冤抑"，"将东印度公司的贸易建立在一种安稳、健全和公平的基础之上，避免地方当局任意侵害，并受到中国皇帝及钦定章程的保护。"[2] 这一次英国政府甚至准许他在礼仪问题上便宜从事，尽可能顺从中国的要求。英国外交大臣在给英使的《训令》中明确表示："准备接纳中国政府的使臣"，[3] 给予中国使臣一切应有的荣誉。

[1]《清高宗实录》卷 1435，中华书局 1986 年影印版，第 19 册，第 183—188 页。

[2] 奥贝尔：《中国政府、法律及政策大纲》第 256 页。转引自《中华帝国对外关系史》第一卷，第 63 页。

[3] 马士《东印度公司对华贸易纪事》，第 3 卷，第 284 页。转引自《中国近代对外关系史资料选辑》上海人民出版社 1977 年版，上卷第一分册，第 46 页。

这时乾隆皇帝已死，当政的是嘉庆皇帝。双方又在礼仪问题上争执不休。中国方面坚持说马嘎尔尼曾履行了中国式的叩拜礼节，因此要求阿美士德也如此。英使本人先是同意以晋见英王之礼，即屈一膝并深度鞠躬来觐见嘉庆皇帝。而嘉庆皇帝则下令，如果英使"不谙礼仪"，拒行三拜九叩之礼，那么礼品拒收，使团原道回国。

在双方未就此达成一致的情况下，清廷就匆匆安排了接见，想以此迫使英使就范。当天英正使阿美士德称病不能觐见。清廷改召副使，副使亦称有病。嘉庆皇帝大怒，立即将英国使团驳遣回国。并发布《致英王敕书》，道："尔国距中华遥远，遣使远涉，良非易事；且来使于中国礼仪不能谙习，重劳唇舌，非所乐闻。天朝不宝远物，凡尔国奇巧之器，亦不视为珍异。""嗣后毋庸遣使远来，徒烦跋涉，但能倾心效顺，不必岁时来朝始称向化也。"[1]最终关上了谈判的大门。

这次出使的失败，使得一批英国人坚定了这样的见解——"英国只有三条路可走：一条是以武力强迫中国根据合理的条件管理贸易；一条是绝对服从中国所可能制定的一切规章；另一条就是根本放弃贸易。"[2] 显然，当时在全世界不可一世的大英帝国必然的选择是第一条。这时距离"鸦片战争"仅仅不到 25 年了。

四、对中国历史上"闭关自守"的深刻反思

上述各次西方国家使团的访华使命，无一例外地都以失败而告终。这并不是偶然。

由于中国独特的地理位置——东部是大海，西部和南部是难以跨越的高山峻岭，北部是杳无人迹的荒漠，不存在能与中华文明并驾齐驱的另一种文明。在西方资本主义国家兴起之前，在漫长的历史时期，中国都是周

---

[1] 《清仁宗实录》卷 320，第 5 册，第 240 页。

[2] 卫三畏《中国总论》第二卷，第 459 页。转引自《中华帝国对外关系史》第一卷，第 64 页。

边国家的朝贡对象。明初的"郑和下西洋"的壮举，正是这种政治外交达到登峰造极的表现。一方面中国的这一传统的对外交往方针不可能轻易地改变，另一方面这种方针又显然不可能被正处于峰颠状态的英国及其他西方国家所接受。这就形成了极大的矛盾。即使持"以 20 世纪的标准来评断，从学理上来看，英国都是属于错误方面的"论点的，比较公正的西方学者，也认为"就中国人对于处理问题所采取的一贯作风来看，也确实不是任何国家所能容忍的，尤其因为在事实上这些国家并不是帝国的藩属，而它们也不情愿像荷兰人一样，希望用藩属的态度换取贸易上的特权。"[1] 所谓"礼节"的争论，正是天朝闭关自守，妄自尊大，拒绝与世界各国平等交往的集中体现。

从经济基础上看，当时的中国虽然商品经济在江南一带有了一定的发展，但总体仍是以自给自足的自然经济占统治地位的农业国家。中国又是一个幅员极其辽阔的大国。发达地区输出的商品完全可以在国内依靠自身而吸纳，完全不依赖国际市场便可以生存。乾隆皇帝多次表示："天朝物产丰盈，无所不有。原不藉外夷货物以通有无。特因天朝所产茶叶、瓷器、丝斤为西洋各国及尔国（英国）必需，以加恩体恤，在澳门开设洋行，俾得日用有资，并沾余润。"[2] 中国的皇帝们无一例外地将国际间的贸易看作是对外国朝贡的赏赐，看作是驾驭外国、使之就范的手段。因此本身没有与外国发展交往，扩大贸易的内在动力。相反，总是将其看成是麻烦，是不安定的因素，宁愿无不愿有，宁愿少不愿多。这与千方百计开拓世界市场、发展国际贸易的处于资本主义上升阶段的西方国家构成又一个无法克服的矛盾。

另一方面，这些西方国家的殖民主义扩张企图和骚扰中国沿海军民的海盗行为，以及对中国周边国家的侵占，从外部及反面增加了中国对他们的不信任感，从而也强化了闭关自守的倾向。

从历史的辨证法来看，一个国家，一个民族在其发展的进程中，总有惯性，总有惰性。美国学者斯塔夫里亚诺斯（L. S. Stavrianos）在他的《分裂全球：第三世界的历史进程》一书中指出："每一种社会制度趋于腐朽且将被新的社会制度所淘汰的时候，率先发生转变过程多半不在中心地区

[1] 《中华帝国对外关系史》第一卷，第 64 页。
[2] 《清高宗实录》卷 1435，第 19 册，第 185 页。

的富裕的、传统的和板结的社会里，而是发生在外缘地区的原始的、贫困的、适应性强的社会里。"[1] 中国在古代社会创造了彪炳世界的文明，它的封建的社会经济、政治结构比较西方国家的古代社会有着相对的稳定性，或称顽固性，也造成历代统治者及整个社会厚重的封建传统和大国意识。这就排除了中国在没有外国武力的逼迫下，主动地进行资本主义改革的任何可能性。

当我们说，来访的西方国家使团的使命都失败了，仅仅是指他们没有达到预定的目标，而从长远的观点看，中国才是上述那些外交接触的真正的输家。这就是第二节开头提出的问题，即中国失去了与西方国家在基本平等的情况下，通过正常的国际交往，促进和加速古代社会的瓦解，从而发展到资本主义的机遇。因为像马克思所说的："正如小心保存在密闭棺木里的木乃伊一接触新鲜空气便必然要解体一样"，"与外界完全隔绝曾是保存旧中国的条件。"[2]

邓小平经过对中国近现代历史的深刻反思，也认识到中国长期处于停滞落后状态的一个重要原因是闭关自守。他指出，"中国在西方国家产业革命以后变得落后了。一个重要原因就是闭关自守。"[3] "任何国家要发达起来，闭关自守都不可能。我们吃过这个苦头，我们的老祖宗吃过这个苦头……如果从明朝中叶算起，到鸦片战争，有三百多年的闭关自守，如果从康熙算起，也有近二百年。长期闭关自守，把中国搞得贫穷落后。"[4]

从 1517 年葡萄牙使团抵达广州，到 1840 年的"鸦片战争"，经历了 300 多年的漫长岁月。历史老人并不是没有给中国时间，机会也遭遇了多次。但都被中国的统治者们一而再、再而三地拒之门外。中国在西方各国逐渐开放的进程中顽固地闭关自守，因此在世界近代化进程中就不可避免地落后。带有讽刺意味的是，一种称作鸦片的麻醉品成为英国打开中国大门的钥匙。马克思对此说过："历史的发展，好像是首先要麻醉这个国家的人民，然后才有可能把他们从历来的麻木状态中唤醒似的。"[5] 历史走到了这一步，西方列强与中国之间的即将爆发一场武力冲突，而且中国将是失败者的命运，

[1]《分裂全球：第三世界的历史进程》第 22 页。
[2]《马克思恩格斯选集》第 2 卷，第 3 页；第 2 页。
[3]《邓小平文选》第三卷，第 64 页。
[4] 同上书，第 64 页；第 90 页。
[5]《马克思恩格斯选集》第 2 卷，第 2 页。

已经无可选择了。贪婪的殖民主义国家把整个地球当做它们餐桌上的蛋糕，彼此间寸土必争，寸利必得，不惜诉诸世界大战，怎么会容许中国"缓慢"地发展独立的资本主义呢？

以 1840 年为开端的中国近代史，是由帝国主义的大炮拉开帷幕的。它的每一页都浸透了中国人民的血泪。但正如毛泽东所说：外国资本主义的入侵，"一方面破坏了中国自给自足的自然经济的基础，破坏了城市的手工业和农民的家庭手工业；又一方面，则促进了中国城乡商品经济的发展"。它"不仅对中国封建经济的基础起了解体的作用，同时又给中国资本主义生产的发展造成了某些客观的条件和可能。"[1] 当然，在这一历史条件下发展起来的中国的资本主义，不可能是属于资本主义"中心地区"的那种资本主义，而是属于"外缘地区"的资本主义，即发达资本主义国家的殖民地。

因此我们说，外国资本主义的入侵是一柄双刃剑。它给中国带来的是充满着屈辱和奴役的社会进步。我们既不能肯定甚至歌颂这些殖民主义的罪恶，也不能否认它毕竟给中国带来了进步。恩格斯曾深刻地指出："自从阶级对立产生以来，正是人的恶劣的情欲——贪欲和权势欲成了历史发展的杠杆。"[2] 马克思曾预言说："只有在伟大的社会革命支配了资产阶级时代的成果，支配了世界市场和现代生产力，并且使这一切都服从于最先进的民族的共同监督的时候，人类的进步才不会像可怕的异教神像那样，只有用人头做酒杯，才能喝下甜美的酒浆。"[3] 一个古老庞大、历史悠久，因而封建传统也根深蒂固的民族要实现现代化，也许必然要付出巨大乃至沉痛的代价。

"如果没有外国资本主义的影响，中国也将缓慢地发展到资本主义社会"，这一关于中国近代化进程的命题，产生于中国人民反对帝国主义侵略的伟大时代。在一定的历史时期，它无疑起到了否定帝国主义侵略，提高民族自信心的作用，因此为大多数爱国的史学工作者和广大人民群众所接受。但是它的不准确性恰恰体现了忽视了对外交往的重要性，甚至必要

---

[1]《中国革命和中国共产党》，《毛泽东选集》（横排合订本）人民出版社 1966 年版，第 589 页。

[2]《马克思恩格斯选集》第 4 卷第 233 页。

[3]《马克思恩格斯选集》第 2 卷第 75 页。

性。正是由于这一指导思想，在建国后的一个长时期内，党没有提出类似"对外开放"的方针，而像邓小平所总结的那样："建国以后，人家封锁我们，在某种程度上我们也还是闭关自守，这给我们带来了一些困难。三十几年的经验教训告诉我们，关起门来搞建设是不行的，发展不起来。"[1] "我们建国以来长期处于同世界隔绝的状态。这在相当一个时期不是我们自己的原因，国际上反对中国的势力，反对中国社会主义的势力迫使我们处于隔绝、孤立状态。六十年代我们有了同国际上加强交往合作的条件，但是我们自己孤立自己。"[2]

今天，中国在"改革开放"的正确路线的指引下，经过 20 年的实践，社会主义建设已经取得了举世公认的伟大成就。这 20 年的实践雄辩地证明包括"对外开放"思想在内的邓小平理论的正确性。一个日益开放的中国正满怀信心地面对 21 世纪，准备参与到激烈的国际竞争中一争高下。在这个时候，纠正半个世纪之前有关中国近代化进程的那个命题的不准确之处，对我们深入理解邓小平理论，坚定走有中国特色的社会主义道路，应该是有益的，也是必要的。

编后语：此文发表在《社科理论纵横》1998 年第 4 期。

---

[1] 《邓小平文选》第 3 卷，第 64 页。
[2] 《邓小平文选》第 2 卷，第 232 页。

滕公栅栏传教士墓地的400年沧桑

（1611—2011）

北京的二环路像一条彩带，勾勒出千年古都的固有轮廓，一座又一座立交桥像被彩带串在一起的颗颗珍珠。其中一座为"官园桥"，座落在旧城区的正西。出官园桥是一条宽阔美丽的大道，高大的泡桐树拉开散兵线，护卫在大道的两旁，花开时节，那清香沁人心脾。纵贯大道的26路公共汽车有一站名叫"三塔寺"。这里曾是一处举世闻名的所在，一处埋葬了数以百计的西方传教士的墓地。

400年前，位于大明帝国都城西郊的这一带方圆20亩的地方，最早曾是被称为"滕公"的贵族的私人花园，人们叫它"滕公栅栏"。后来，这里建了38间房舍，是一位杨姓太监的别墅。不久，杨太监获罪下狱，为了保住这份产业，他暗中让人将其改建成一座寺庙，名曰：仁恩寺。庙里供奉着冥府之神——地藏王。

在古都北京的城郊，像这样的庙宇何止千百，然而"滕公栅栏"却成了世界知名的地方，外国人称它为"Chala"。这是因为早在17世纪初，它与一个意大利传教士的名字首先连在了一起，之后又有不少从遥远的欧洲扬帆而来的上帝的使者长眠于此。这位最先陨落的"意大利之星"叫作"Matteo Ricci"，他中国名字叫利玛窦，表字西泰。

—

1610 年 5 月 11 日（万历三十八年闰三月十九日），积劳成疾的利玛窦在北京溘然长逝，终年 58 岁。

利公安详地躺在他的好友和学生——李之藻为他准备的极为华贵的棺木里，像是在长久的劳累之后，静静地进入梦乡。而他的同事们则开始为他筹措墓地而奔忙。

意大利离中国远达几万里，回故乡安葬是不可能的。当时客死中国的传教士都埋在澳门，这已成惯例。与利玛窦共事的外国神父和中国教友们更希望将其就近安葬在北京，以此作为天主教在中国合法存在的证明。况且这也是死者生前的遗愿。他们经过协商，决定由耶稣会士庞迪我出面，给神宗上一份奏章，李之藻为他的奏章作了精心的文字润饰。

为了取悦皇帝，庞迪我在奏章中称：他们"经海上八万余里，跋涉三载，艰苦备尝"，是出于对天朝德化的仰慕，并因其能朝见皇上，贡献方物，得到皇上"给赐廪饩（俸禄）"，"照例安插"，表示"感激不胜"，"捐躯莫报"。

奏疏继而写道："不意，于万历三十八年闰三月十九日，利玛窦以年老患病身故。异域孤臣，情实可怜，道途险远，海人多所忌讳，必不能将椟（棺木）返国。"虽系远夷，但"生既蒙豢养于斗升"，"死犹望掩覆于泉壤"，就是说，虽然是从远方来的外国人，既然活着时候承蒙皇帝赐予衣食，死后也希望能够有一块墓地。

庞迪我言："况且，臣利玛窦自从来到圣朝，逐渐熟悉中国的风俗习惯，读书通理，朝夕恭敬地焚香祭天，为皇上祝福，愿以犬马报天朝恩典，他的忠赤之心，都城士民人所共知，我不敢说谎。利玛窦生前颇称好学，颇能著述。先前在本国时，已经是知名之士了；来到上国后，更为学者、官员、有识之士所称赞。"这样一个臣民，如果死无葬身之地，实在是可悲的。

因此他"恳求皇上大开天恩，赐给闲地亩余，或废寺闲屋数间。使异域遗骸得以掩埋，而臣等四人，也可得以与利神父生死相依，恪守教规"，

"既享天朝乐土太平之福，同时也尽蝼蚁外臣报效之诚。" [1]

陈情奏章呈给皇上之后，庞迪我将一副本交给了内阁大学士叶向高。叶向高在南京即与利玛窦过从甚密，到北京后也曾宴请过利神父两次。他说，尽管外国人在京郊求得一块墓地是没有先例和法律依据的，但是对利公来说，则是当之无愧的。他表示愿意促成此事。

明神宗原是个懒得出奇的皇帝，他已经很长时间既不上朝听政又不批答大臣们的奏章了。他每日深居宫中，从不与朝臣们见面，一切上传下达的事情，都通过太监联系。（就连他向利玛窦他们了解欧洲的风土人情时，也全都是由太监来回传话的。）但是这次他却一反其拖沓懒惰之常态，及时地将庞迪我的奏疏转给了内阁大学士叶向高，嘱其妥善处理。教士们认为，不是因为"全能全知的天主"[2]产生的影响，就是"一直摆在皇帝视线之内"的利神父进贡的自鸣钟发生了效力。

叶向高以积极的态度，将公文交给专司这类事务的礼部。庞迪我神父于是又向礼部处理文件的推事递上了小小的礼物。与此同时，李之藻特意拜访了礼部尚书吴道南。李向他这位过去的老师长谈了很久，介绍了利神父的为人。吴道南当即慨然应允，大开绿灯。

一个月以后，礼部向皇帝提出了处理办法。他们在《大明会典》中找到了的根据，《明神宗实录》万历三十年六月十四日记载了他们奏疏。奏疏称，"《大明会典》中规定，如果外国使臣来我朝进贡，尚未到京即去世者，所在省的布政司负责置地茔葬，立碑刻石，说明何国、何人、何时来华、何时谢世。另一款又规定，使者来到京师，进贡后未经领赏就病故者，由顺天府官属责成宛平、大兴二县给予棺木银两；如果是在领赏之后病故的，就听其自行埋葬。"[3] 这就是说，如果外国使臣来大明京城朝贡期间，客死在途中某省，应由该省官员为他安排一块墓地。另外如果死者已经晋谒了朝廷，而尚未领赏，就由京城的地方官——顺天府尹担负其丧葬费用；如果已经领赏，就从赏金中支付。

[1] 原载于杨廷筠《绝徼同文纪》，转引自利玛窦、金尼阁著、何高济等译《利玛窦中国札记》，中华书局 1983 年版，第 620 页。
[2] 利玛窦、金尼阁著、何高济等译《利玛窦中国札记》，中华书局 1983 年版，第 624 页。
[3] 《明神宗实录》，卷 373，万历三十八年六月四日。中华书局 1980 年版影印本。

礼部在给皇上的呈文中接着说，今利玛窦虽然未经该国差遣，然而因仰慕中国文化和大明德政而自泰西千里迢迢，远道而来，久经皇上豢养之恩……入京朝贡，领取天朝俸禄达十载之久。利玛窦已经接受中华学术的熏染，勤奋学习，知书达礼而且著述颇丰。一旦溘然故去，家国远在万里之外，不可能回乡安葬，此情实在是值得怜悯。西洋教士庞迪我上疏提出请求赐予墓地一事，臣等认为，利玛窦虽然与外国直接派遣的使臣有所不同，但已在京城住了多年，可以算是本国子民。生前既然朝廷供其衣食，死后岂能让他无地掩埋，而暴露尸骨？而且有庞迪我等4人愿以生死相依。

礼部认为，利玛窦应当给予优恤，庞迪我等人的奏疏应予依从。恳请皇上将本部意见批转到顺天府，寻找一座空庙及一块土地，给予已故利玛窦为埋葬之所。并允许庞迪我等人就近居住，恪守教规，依其习俗，崇拜天主，也为皇上祈祷。

明神宗又以出奇快的速度，于接到礼部呈文的第二天将其转到阁臣们手中，以叶向高为首的内阁大学士们阅后，签一"可"字。这表明获得了明王朝最高统治者的通过。有的官员对此持异意，他们以"从无此例"来诘问内阁。内阁大学士叶向高曾这样反驳他们：自古来华的洋人，"其道德学问，有一人能比得上利玛窦的吗？不说其它事情，只凭翻译《几何原本》一书的功劳，就应当赐予墓地了。"[1]为了感谢叶大人的帮助，庞迪我制作了用象牙雕刻的日、月、星辰图。在叶大人的府邸，庞神父受到了热情的款待。这位大学士很快就学会了看星辰图，还学会如何调节倾斜角可以升降的日晷。（中国虽然自古就有日晷，但其倾斜度一律为36度。而西方天文学认为，当倾斜角与所在地的纬度吻合时，日晷的计时才能比较准确。）

从内阁批下来的公文经过漫长的旅行后，到了顺天府尹黄吉士手中。庞迪我又带着礼物拜访了黄吉士。黄吉士非常合作，他向神父提供了4个地点，最后终于选择了"滕公栅栏"这块地方。当神父问及墓地的价格时，中国官员告诉他，这是没收获罪太监的财产，由皇上赐予的，因此是免费的。黄吉士还为利玛窦神父送了一方匾，为"慕义立言"4个大字，上款为"泰西利玛窦"，下款为"少京兆 黄吉士立"。表达了他个人对利公道德学问

---

[1] 艾儒略著《大西利先生行迹》，转引自张星烺《中西交通史料汇编》第一册，中华书局1977年版，第382页。

的敬佩之心。

但事情并非一帆风顺。杨太监的同僚们曾出面阻止此事，他们都是信佛教的，并自视为皇帝最信任的人，自己同类的产业如此便宜地让几个"异教"的外国人夺走，他们不免有兔死狐悲的感觉，咽不下这口气。特别是当时充当皇帝与外界联系的唯一中介人——权倾朝廷的司礼监秉笔太监，他是太监们的首领，具有相当大的影响力。为此庞迪我神父不得不带些礼品———一幅圣母像、一个象牙制作的日晷和几件其他来自欧洲的新奇物品——又去拜访他。在秉笔太监的家里，神父们小心翼翼地献上了礼物，对他说，由于某些太监们的阻挠，至今还得不到皇帝赐予的墓地，请他出面，施加影响。秉笔太监看到神父们谦恭地向他请求，便傲慢地说，他知道这是皇帝的旨意，他保证今后不会有人再给他们捣乱了。有的太监还将此事告到笃信佛教的太后那里，但也没能奏效。

这幢改为庙宇的别墅是 30 年前建造的，共有 4 进院落，红砖木柱，非常结实，当年花费了 4 万金。它远离闹市，是个读书休憩的好住处。神父们推测，"使他们获得这项产业的大臣们所希望的，那就是使神父们可以有个远离城市嘈杂和扰攘的地方把欧洲的书籍译成中文。这是很多人所盼望的。"[1]

"滕公栅栏"归属耶稣会士后，礼部尚书吴道南和顺天府尹黄吉士还分别在别墅的大门上张贴了告示。告示大意说，皇恩浩荡，泽被遐迩，施及外籍神父，已若干年。现钦赐利玛窦一块葬身之地，一如本国子民，并作利氏之同伴永久居留之所。在此彼等可实习其宗教信仰。告示还声明：没有神父的许可，任何人不得进入该地骚扰，否则将受到惩罚。不久大门上还悬上书有"钦赐"二字的匾额，表明其不可侵犯性。

为了适合死者的身分和信仰，教士们彻底改造了原有庙宇。地藏菩萨被搬倒，墙上反映地狱各种酷刑从而劝人今世行善的彩绘被涂改了，取而代之的是天主教的祭台和耶稣救世主的画像。一座小小的圣堂就算建成了。

传教士金尼阁在《利玛窦中国札记》的最后一章中，记述了这一过程。他特别得意地提到，佣人们在捣毁庙内原有神像时，干得非常起劲。因为中国人有在泥塑佛像体内藏金银珠宝的习惯，他们期望着能发一笔意外之财。

---

[1] 利玛窦、金尼阁著，何高济等译《利玛窦中国札记》，中华书局 1983 年版，第 642 页。

金尼阁还记录了这样一件事：一些往日常来"仁恩寺"的香客们，见寺庙即将被拆，便来看最后一眼。他们问接管寺庙的教友："你的主人（指利玛窦）有什么迷魂药，能把这么多人的心灵都迷住了？"这位教友说："我的主人有德，有教养并著述了很多书籍，有至高无的上帝之道……除了赢得大人物的心灵以外，他确实再没有更有力量的药剂。"他们又说："那为什么不去向大臣们要求比这更大更好的寺院呢？"教友回答道："因为要求更大更华丽的东西，不符合他谦虚谨慎的品格。凡是皇上大臣们给他的，他都认为是最好的。"那几个香客中的一位向往日崇拜的神灵最后一次跪倒，惋惜地说："告别了，从此我不能像从前那样自由地进入这个大厅了。"而另一位却说："你这个泥胎！如果你没有力量保住你自己，我怎么能希望从你那里得到保佑呢？你一点也不值得尊敬，所以我不感谢你，甚至于再也不承认你了！"[1]

经过差不多一年的交涉和筹划，京师西郊的第一处洋人墓地终于准备停当了。1611 年 4 月 22 日，利玛窦神父的棺木（为了防腐，棺木外面用沥青封得严严实实）从他的故居——南堂起运，由 24 人抬着迁往墓地。众多教徒在带有耶稣受难的十字架的引导下，随后而行。棺木暂厝在圣堂的祭台旁。

利玛窦的墓葬也是中西合璧。他的坟墓是欧洲式的，而墓碑则是中国式的。高大的汉白玉碑体的上方，镌刻着龙的造型，并有代表耶稣会的标志—— IHS。墓碑中间刻有一行大字：

"耶稣会士利公之墓"

右边是中文小字："利先生玛窦，号西泰，大西洋意大里亚人。自幼入会真修。明万历壬午年航海首入中国衍教。万历庚子年来都，万历庚戌年卒。在世五十九年，在华四十二年。"（标点符号是笔者所加。）[2] 左边是横向书写的拉丁文字，内容与中文所写的大体相似。

5 月 3 日，继任的耶稣会中国传教区的总负责人龙华民（Nikolaus Longobardi）来到北京。葬礼要由他来主持。他亲自指导设计了在中国的第

---

[1] 利玛窦、金尼阁著、何高济等译《利玛窦中国札记》，中华书局 1983 年版，第 635—636 页。
[2] 高智瑜、林华、余三乐、钟志勇编《历史遗痕》，中国人民大学出版社 1994 年版，第 22 页。

一座天主教墓地——在花园的一端，盖了一所圆顶六角底座的小亭，称为丧礼教堂。亭的两边，筑就两道半园形的墙。在花园的 4 棵翠柏之下，为神父修造了砖砌的墓穴。这翠柏似乎生来就是为这长眠的远方来客遮阴似的。

准备工作一切就绪了。1611 年 11 月 1 日，在被天主教称为"诸圣节"的那天的早晨，教友们都来到了圣堂。他们手持蜡烛，燃着乳香。气氛隆重而肃穆。先是在风琴的伴奏声中，举行了该日的弥撒，然后神父们站在利玛窦的棺木前朗诵了《死者祭文》，之后又是葬礼弥撒，最后致悼词。

圣堂里的仪式完毕后，教友们抬着棺木缓缓走向墓地。他们边走边哭。徐光启也在其中，他痛哭失声，泪痕满面，亲自持绳将棺木放入墓穴中，就像死去的是他的亲人。他们在墓前行礼，又到六角亭中的耶稣像下跪拜，然后慢慢离去。从此，这位来自泰西的外国友人就永远地苍松翠柏为伍，"滕公栅栏"这一名字也逐渐闻名世界了。

崇祯八年（1635 年），北京出版了一本记述当时京师景物的书，名曰《帝京景物略》，对新建不久的利玛窦墓地作了描述。作者刘侗和于奕正文风极为严谨，于氏收集资料，刘氏挥毫成文，二人又互相监督。刘侗在该书的《序》中写道："奕正职搜讨，侗职摘辞。事有不经不典，侗不敢笔；辞有不达，奕正未尝辄许也。所未经过者，分径而必实之，出门各向，归相报也。"[1]因此，书中的描述是绝对可信的。

书中有一节题目就叫《利玛窦墓地》。文中详尽地描写了利玛窦墓地的景色：利玛窦的坟与中国通常的样式不同，"下面是长方的而上面是半个圆柱体，下面像个方台，上面像半棵断木"，坟后为一六角"虚堂"（即亭子），供奉着十字架。后墙饰有花纹，"脊纹，螭之岐其尾；肩纹，蝶之矫其须；旁纹，象之卷其鼻"[2]。用白话文来说，这段短墙的上、中、下三部分的花纹各有不同：上边的像螭龙的尾；中间像蝴蝶的须；下边的像大象的鼻，砌得异常精美。

书中特别写道：在墓地南面的二重院落之前，立有一架石晷。石晷底座上刻有铭文："美日寸影，勿尔空过，所见万品，与时并流。"[3]

[1] 刘侗、于奕正著《帝京景物略》，北京古籍出版社 1982 年版，第 4 页。
[2] 同上书，第 207 页。
[3] 同上书，第 4 页。

据笔者考证，这架石晷为利玛窦亲手制作。利公在 1597 年 12 月 25 日于南昌写给他的老师克拉委奥神父的信中曾提及，他按照老师寄来的《天文学》中的蓝图，制作了两架日晷，并在其中的一架的底座上，刻下了这样的铭文：“岁月如梭，已往者不能追回，未来者也不在我们手中。所以奉劝大家要珍惜现在的时日，多行善，勿做无益之事。”[1] 这几句由中文译成西文，又由西文译成中文的格言，与《帝京景物略》中记载的四言四句，意思基本吻合。利公在中国期间，制作了很多日晷作为礼物送给他的中国朋友，这一架也不例外。一定是那位朋友为了纪念死者，又将这架日晷还给利公，安放在他的墓前。日晷与他绘制的万国地图一样，以其承载的新奇的西洋文化而得到无数中国学者的青睐，成为不可多得的珍品。这架守护着它的作者的日晷，历经沧桑，直到 1935 年版的《旧京景物略》中仍有关于它的记载，但在 1958 年文物普查的档案中，却杳无踪迹了。

《帝京景物略》中收集了当时一位名士谭元春的《过利西泰墓》诗：

“来从绝域老长安，分得城西土一棺。
碟地呼天心自苦，挟山超海事非难。
私将礼乐攻人短，别有聪明用物残。
行尽松楸中国大，不教奇骨任荒寒。”[2]

松树和楸树是古人在墓地里常植的树，所以松楸又成了墓地的代称。诗的最后两句的意思是说：“中国土地辽阔，当这位远西的奇人走完了一生的道路时，中国绝不会让他的尸骨得不到安息之处的。”

二

继他们的先驱利玛窦之后，第二个埋葬在“滕公栅栏”墓地的是日尔

[1] 利玛窦著、罗渔译《利玛窦书信集》，台北光启书社 1986 年版，第 250 页。
[2] 刘侗、于奕正著《帝京景物略》，北京古籍出版社 1982 年版，第 208 页。

曼籍耶稣会士邓玉函（Joannes Terrenz）。

  1630 年（崇祯三年）5 月，早已痼疾缠身的邓玉函，终于因为劳累过度而一病不起，在京逝世。他出生于 1576 年，享年仅仅 54 岁。他在华只生活了短短的 10 年。这 10 年中，他几乎无暇顾及宗教事宜，全部精力都用于翻译科学著作和参与修历之中。徐光启在给皇帝的奏疏中称：此臣（指邓玉函）历学专门，精深博洽，臣等深所倚仗，他的突然病故，使我痛失左膀右臂，恐怕修历的工作不能按时完成了。由此可见邓玉函在历局中举足轻重的作用。

  邓玉函逝后，人们为他举行了中西结合式的葬礼，送葬的队伍从宣武门内的南堂出发，走到阜成门外，将他安葬在利玛窦坟墓的左侧。墓碑上以中文和拉丁两种文字镌刻着他的姓名、来华及谢世年代。

  在邓玉函之后相继去世，并葬于利玛窦墓地的，是与邓玉函同船来华的罗雅谷和继利玛窦之后任耶稣会中国教区会长的龙华民。

  罗雅谷，意大利米兰人，生于 1593 年，与金尼阁、邓玉函等同船来华后，先在山西传教。1630 年（崇祯三年），徐光启为了弥补由于失去邓玉函而造成的历局人手不足，将罗雅谷和汤若望调进历局，直到 1634 年（崇祯七年）改历工作全部完成。徐光启对他的工作曾给予极高评价。1638 年（崇祯十一年）4 月 26 日，罗雅谷在京逝世。他更为短命，享年仅 45 岁，在华近 20 年。与邓玉函、罗雅谷不同，龙华民却是个老寿星，一直活到 95 岁，在华生活了 58 年。为他送葬那天，"北京便又成了一次大规模的宗教殡葬仪式的目击之地了。皇帝赐治丧银，价值三百都卡（Dukaten），并且令人把这位他所很敬仰的人物底影像画了下来，画像穿着白色祭衣，坐于教坛上作讲道之姿势"[1]。

  直至明末清初之时，"滕公栅栏"已经埋葬了 4 位传教士。这处墓地就不再是属于利玛窦一人，而是属于客死北京的来华耶稣会士的了。

---

[1]（德）魏特著、杨丙辰译《汤若望传》，台湾商务印书馆 1960 年版，第 536 页。

三

使"滕公栅栏"传教士墓地得以扩大的，是日尔曼籍耶稣会士汤若望（Johann Adam Schall von Bell）。自利玛窦去世后，能与利玛窦齐名，堪称为"耶稣会之二雄者"，也是这位日尔曼籍的传教士。

1592 年 5 月 1 日，汤若望诞生于莱因河畔古城科隆的一个姓 Schall von Bell（沙尔·冯·贝尔）的笃信天主教的贵族家庭。1611 年，汤若望加入了耶稣会，1617 年升任了神父。后来他到了中国，根据 Johann Adam 的发音和当时的译法，翻译为若望·汤，由此取了个叫"汤若望"的中国名字，还按中国习惯，取"道未"为字。

1618 年（万历四十六年），汤若望与金尼阁、邓玉函、罗雅谷等人一道，踏上了以澳门为目的地的漫长旅程。当他们一行人到达中国的时候，正值"南京教案"爆发期间，汤若望就在澳门认真学习汉语，积极为进入内地传教作准备。1622 年（天启二年），在西洋大炮的帮助下，朝廷对教会的禁令取消了，他才得以辗转广东、江西、浙江等省，1623 年（天启三年），进入明王朝的都城北京。

在北京期间，汤若望继续刻苦学习汉语，并开始试着测算日食和月食。他将从欧洲带来的有关数理和天文学的书籍的目录呈献给朝廷，还在自己的住所陈列带来的科学仪器，请中国官员和学者们参观。前面提到的《帝京景物略》一书中有一章题为《天主堂》，其中列举了当时的中国人从传教士那里了解的西洋"奇器"：观天用的简平仪、提水用的龙尾车、计时用的沙漏，还有望远镜、西洋琴等。《帝京景物略》对汤若望带来的望远镜作了如下描写："远镜，状如尺许竹笋，抽而出，出五尺许，节节玻璃，眼光过此，则视小大，视远近。"[1] 就是说透过望远镜，可以将小的东西看成大的，远的东西看成近的。这无疑引起了许多中国人的好奇。1627 年（天启七年）春夏之交，他奉命前往陕西传教。

---

[1] 刘侗、于奕正著《帝京景物略》，北京古籍出版社 1982 年版，第 153 页。

1630 年（崇祯三年），在历局供事的邓玉函不幸去世，主持改历工作的徐光启急需精通天文学的人才，为此专门奏上《修改历法请访用汤若望罗雅谷疏》。崇祯皇帝 3 天后就批示曰："历法方在改修，汤若望等既可访用，着地方官资给前来。"[1] 于是西安府官员特备轿子、轿夫，将汤若望送进北京。从此汤若望开始领取每月 12 两的钦天监俸银。在历局，汤若望也发挥他善于制作和使用望远镜的特长，指导历局人员观测天象。他先安装了 3 架天文望远镜，1631 年（崇祯四年）10 月 25 日，徐光启及其属下首次通过望远镜观测了日食，徐光启感叹道："若不用此法，止凭目力，则眩耀不真。"接着在 11 月 8 日又以此法观测了一次月食，且在此后形成惯例。1634 年（崇祯七年）2 月 2 日，汤若望与罗雅谷向皇帝进献了一架从欧洲带来的极为华贵的望远镜。崇祯皇帝特许汤、罗二人入宫安装，后来他真的就用这副望远镜饶有兴趣地观测过日食和月食。为了表彰这些天主的"仆人"，1639 年（崇祯十二年）1 月 6 日，即中国传统春节的前夕，皇帝把御笔题写的"钦褒天学"的匾额赐给了设在南堂的北京耶稣会所。

《崇祯历书》是一部卷帙浩瀚的天文历法百科全书，总计 137 卷。先后有徐光启、李之藻、李天经（李之藻之子）、邓玉函、罗雅谷、龙华民、汤若望等参与其事，其中徐光启、邓玉函等人在这一岗位上工作到生命的终结，还没看到最后的成功就撒手人寰了。这就像一场接力赛，跑最后一棒，即最终完成这部巨著的是汤若望，时间则是跨越了两个王朝，直到大清入主中原之后，《崇祯历书》才定稿杀青。

当明清两个王朝更替之际，北京处于在兵荒马乱之中，有的传教士也逃到南方去了。而汤若望却仍坚守在南堂，保护着尚未镌刻完毕的《崇祯历书》的木版。清兵入城后，摄政王多尔衮下令："内城居民，限三日内，尽行迁居外城等处，以便旗兵居住。"住在宣武门内天主堂的汤若望勇敢地上了一个奏折，称：

"曾奉前朝故皇帝令修历法，著有历书多卷，付工镌版，尚未完竣，而版片已堆积累累；另外堂中供象礼器、传教所用经典、修历应用书籍并测量天象各种仪器，件数甚多。若一并迁于外域，不但三日限内不能悉数搬尽，且必难免损坏，修整既非容易，购买又非可随时寄来。"因而恳请"仍居原寓，

[1] 方豪著《中国天主教史人物传》中册，中华书局 1988 年版，第 2 页。

照旧虔修"。

鉴于汤若望的言词恳切，理由正当，开明的新统治者，第二天便传下谕旨："恩准西士汤若望等安居天主堂，各旗兵弁等人，毋许阑入滋扰。"

为了表明新朝的顺天承运的合法性，入主北京的大清王朝非常需要有人替他们观测天象，颁布历法。汤若望于是主动地迎合新朝的需要，重新制造了望远镜、日晷等仪器，又绘制了新版的世界地图，贡献给新皇帝，博得了好感。鉴于汤若望在天文历算领域的杰出才华和敬业精神，大清皇帝颁旨曰："钦天监印信，着汤若望掌管，所属该监官员，嗣后一切占候、选择等事宜，悉听掌印官员举行。"任命汤若望为清王朝的第一任钦天监掌印官，这也是中国历史上第一位主管钦天监的洋人官员。

由于汤若望才华出众，尽职尽忠，得到了清王朝的信任和重用。1650年（顺治七年），顺治皇帝爱新觉罗•福临将南堂侧畔的土地赐予汤若望，孝庄皇太后颁赐银两，王公贵族相率捐助，重建了南堂。皇上还先后加封他"通政大夫"、"太常寺卿"、"通玄教师"等多种封号，赐他三品官衔，加俸一倍，后又升为一品光禄寺大夫。但是，当皇帝要赏赐他财物的时候，他总是竭力地谢绝了。

正因为如此，年轻的顺治皇帝对这位既不贪恋高官厚禄、金银财宝，又无家室后代，既能在国家大事上敢于秉公直谏，又能在学问上循循善诱的和蔼的老人非常敬重，亲切地称他为"玛法"（满语，意思是可敬爱的爷爷）。1654年（顺治十一年），有一次，当皇上问汤若望需要些什么的时候，汤若望便流露了想在利玛窦墓旁获得一块墓地的愿望。皇上欣然答应了他的要求，将那块珍贵的地产赐予了他。那原是一位亲王的。皇上另找了一块地，补偿给那位亲王。

1660年（顺治十七年），汤若望在皇上赐给他的茔地上建了一座圣母小教堂。教堂前树立一块石碑，上面用满、汉两种文字写道：

"今皇帝在位十有一年，顺治甲午。臣若望蒙恩轸念，犬马齿衰，赐地一区，以作他日窀穸所，以昭异眷。窃惟九万里孤踪，结知明主。既荣其生，复哀其死，鱼水相欢。得若将终其身，又预为之计，久远如此。宠施优渥，出于格外，岂人力哉！古圣贤于遇合之际，率归之天。今予之得遇主上，用西法以定运，进修士以衍教。道之将行，日升明恒，殆未可量，又不特一身感恩称知遇而已！谓非天主上帝默作合于其间，可乎？用是昕夕输诚，仰图报答，计算如崇祀。乃于赐地之中央构椽，内供圣母抱天主耶稣，名圣母堂，以资焚祝。自是岁时趋谒，行弥撒礼，诵祈普庇护无斁。而奉教友辈，有造门瞻叩申虔者，其务识所从来，伏祷上佑曰：致吾君为尧舜，绵国祚于无疆。斯为实获我心矣。"

落款为："顺治十七年岁次庚子孟秋谷旦敕赐通玄教师、通政使司通政使、加二品又加一级、掌钦天监印务汤若望撰。"[1]

然而到了顺治末年，福临对佛教的信仰越来越虔诚，几位佛教高僧对他的影响也与日俱增。皇帝和汤若望的关系就疏远了。俗话说："木秀于林，风必摧之。"一些由于朝廷使用西法制历而被革职了的原钦天监官员，早就对汤若望怀恨在心，见此迹象，便开始参劾他。1661年（顺治十八年）2月，顺治皇帝病逝，即位的康熙皇帝爱新觉罗·玄烨只有8岁。辅政大臣鳌拜等竭力主张"率祖制，复旧章"，一改由多尔衮开创、顺治皇帝继承的开明政策，尤其排斥西洋科学。这时一个叫作杨光先的首先出来发难，参劾汤若望等外国传教士三大罪状：第一，潜谋造反；第二，邪说惑众；第三，历法荒谬。

在鳌拜等辅政大臣的主持下，汤若望、南怀仁（Ferdinand us Verbiest）、利类思、安文思等在京的4名外国传教士和一些与他们关系密切的中国教徒，都被抓进了监狱。其中汤若望被判处极刑。

真是无巧不成书，就在判决的当日，北京发生了强烈地震，而且连续5天，房倒人亡，损失惨重。人们惊恐不已，以为是激怒了上苍。正当大家束手无措之际，康熙帝的祖母孝庄皇太后说话了。她训斥官员们忘了先帝顺治皇帝对汤若望的厚爱，以至做出了天理不容的事情。这才使汤若望免受极刑。但这时73岁高龄的汤若望已经中风瘫痪，肢体麻痹，语言不清了。汤若望出狱后一年就含冤死去。顺治皇帝在利玛窦墓地旁赐予他的那块坟地，也被没收充公了。

这时，康熙皇帝玄烨刚刚亲政不久，他正为如何翦除鳌拜等权倾朝廷的辅政大臣而日思夜想。他决定以为汤若望平反昭雪为契机，除掉鳌拜集团。当大功告成后，康熙皇帝恢复了汤公"通玄法师"的封号（因避讳康熙名"玄

---

[1] 马爱德、高智瑜主编《虽逝犹存：栅栏北京最古老的天主教墓地》，澳门文化局2001年版，第34页。

烨"，而改为"通微法师"），归还原顺治皇帝所赐墓地。他特赐银 524 两，专派大员为汤若望在"滕公栅栏"的墓地上重新举行了隆重的葬礼。

汤神父的墓地一反其前辈利神父墓的风格，完全依中国样式筑成：墓之北首有半圆土岗围绕，以象山阿，坟墓为圆形，皆以方石砌就。墓前有大理石石碑一通，高一丈二尺。正面碑文写道：

中间为："耶稣会士汤公之墓"

右面为汉字："皇帝谕祭原通政使司通政使，加二级又加一级，掌钦天监印务事，故汤若望之灵曰：鞠躬尽瘁，臣子之芳踪；临死报勤，国家之盛典。尔汤若望，来自西域，晓习天文，特畀象历之司。爰锡"通微教师"之号。遽尔去逝，朕用悼焉。特加恩恤，遣官致祭。呜乎！聿垂不朽之荣，庶享匪躬之报。尔如有知，尚克钦享。康熙八年十一月十六日。"

左面为满文。

背面右面汉字碑文写道：

"汤先生讳若望，号道未，大西洋日尔玛你亚人也。自幼入耶稣会。于明天启甲子年来华衍教。崇祯庚子年，钦取修历。至顺治二年，清朝特用新法，恩眷有加。卒于康熙四年乙巳，寿七十有五。"[1]

左面为拉丁文。

碑前有供案一面，上陈盘果等物。案前还设香炉一座，灯烛一对，供瓶一对，皆高六尺有余。再往前，是两匹石马、两头石羊、两位石人，皆六尺多高，用大理石雕成，精致无比。这些供物都是康熙皇帝所赠，用以表彰汤若望的功绩。墓地入口处悬挂着一幅用满、汉两种文字书写的"钦赐"匾额。1726 年《新世界报》载文评论说："汤若望神父安息在一座真可以说帝王一般的墓地之中。"[2] 他的坟墓比利玛窦的更为壮观。

---

[1] 高智瑜、林华、余三乐、钟志勇编《历史遗痕》，中国人民大学出版社 1994 年版，第 28—29 页。

[2] （德）魏特著、杨丙辰译《汤若望传》，台湾商务印书馆 1960 年版，第 556 页。

在葬礼上，特使在墓前宣读皇上的祭文，南怀仁、利类思、安文思等人跪下聆听。一位外国神父还记述了玄烨曾经亲自前来吊唁的情景。他写道，"皇帝曾亲自随同他的皇祖母，以及朝中最高之大员莅临汤若望之墓前，依照中国之礼俗，向死者致敬。这在一位中国皇帝，几乎是令人难以置信的。"[1]

从此，滕公栅栏的传教士墓地几乎扩大了一倍，在一道矮墙的东西两侧，汤若望与他的前辈利玛窦永久地相伴而眠。

安文思、利类思也相继于1677年（康熙十六年）和1682年（康熙二十一年）在京病逝，安葬于滕公栅栏传教士墓地的利玛窦墓前。他们的墓碑上也分别刻有康熙皇帝的谕旨，皇上也赐予他们二人各200两银子的安葬费。

清康熙年间，一位曾参与撰写《明史外国传》的文人——尤侗，吟诵了一卷《外国竹枝词》。其中一首这样写道：

"天主堂开天籁齐，钟鸣琴响自高低。
阜成门外玫瑰发，杯酒还浇利泰西。"[2]

由此可见，当时的"滕公栅栏"传教士墓地的周围已建有教堂，周围大片的玫瑰花竞相开放。礼拜之日，钟、琴交响，前来作弥撒的人们将酒浇洒在地上，祭扫他们所敬爱的利玛窦神父。好一派庄严、肃穆的景象。

四

另一位得到皇上赐碑殊荣的，是比利时籍耶稣会士南怀仁。

南怀仁及他之后去世的西方传教士——葡萄牙的郭天爵（Francisco Simose）、法国的翟敬臣（Charles Dolze）、南光国（Louis de Pernon）、樊继训（Pierre Frapperie）、习圣学（Charles de Broissia）和

---

[1]（德）魏特著、杨丙辰译《汤若望传》，台湾商务印书馆1960年版，第536—537页。
[2] 尤侗《西堂集》。

比利时的安多等耶稣会士，仍都安葬在墓地东侧的利玛窦墓前。第一个葬在汤若望墓前的是 1709 年（康熙四十八年）逝世的，继南怀仁之后主持钦天监的葡萄牙传教士徐日升（他的墓碑已遗失）。接着是日尔曼籍的庞嘉宾（Kaspar Castner）等人，依次葬在汤若望墓前。渐渐地，汤若望墓地的传教士坟茔与利玛窦墓地一样，也排成了长长的一列。后来，那段分隔两处墓地的矮墙，被一条甬道代替，于是两处墓地便合为一处了。

1716 年（康熙五十五年），因为教皇粗暴地禁止中国教民祭祖、祭孔，康熙皇帝决定禁教。但仍允许"遵利玛窦规矩"的外国传教士在宫廷服务。对在京逝世的西方耶稣会士，如参与绘制《皇舆全览图》的杜德美、山遥瞻、麦大成、汤尚贤、费隐等，皇帝也照样赐葬在栅栏墓地。

1736 年，爱新觉罗·弘历继位，年号为"乾隆"。乾隆初年，虽然仍主禁教，并进一步强化了肇始于康熙末年的"闭关锁国"的政策。耶稣会也被罗马教皇本笃十四世宣布解散。尽管如此，仍有一批传教士在宫廷从事科学和服务工作，其中 3 名有突出贡献的传教士为戴进贤、刘松龄和郎世宁。他们死后，遗体都安葬在滕公栅栏墓地。皇帝还专门赐予白银和绸缎。以示褒奖。

其他还有：任重道（意大利）Giacomo Antonini、林济各（瑞士）Franz Stadlin、费隐（奥地利）Ehernbert Xaver Fridelli、吴直方（葡萄牙）Bartolomen de Azevedo、高嘉乐（葡萄牙）Carlis de Rezende、罗怀忠（意大利）Giovanni de Costa、鲁仲贤（捷克）Johann Walter、利博明（意大利）Femando Bonaventura Moggi、罗启明（葡萄牙）Manuel de Mattos、魏继晋（波兰）Florian Bahr、鲍友管（德国）Anton Gogeisl、艾启蒙（捷克）Ignaz Sichelbarth、傅作霖（葡萄牙）Felix da Rocha、林德瑶（葡萄牙）Joao de Seixas Eusebio a Cittadella、哆罗（意大利）Giuseppe Francisco della Torre、高慎思（葡萄牙）Jose d'Espinha、伊克肋森细亚诺（意大利）Crescenzio Cavalli、伊纳爵张（葡萄牙）Inacio Frrancisco 等人，陆续安葬在滕公栅栏墓地。

五

19 世纪以后，欧洲发生了变化，天主教会发生了变化，古老的中国也发生了变化。"滕公栅栏"这块小小的墓地的命运也经历了一波三折。

从一张 1900 年义和团运动爆发之前滕公栅栏墓地的平面图上，我们看到，这里的教会产业有了很大的扩展。原来的利玛窦和汤若望墓地，被称为葡萄牙墓地，葬有 88 位传教士（其中有中国籍的司铎若干人）。不过这仅占了图中很小的一部分。它的正南，原来的中国式建筑已荡然无存，这里建造了一座被称作"圣·米歇尔"的教堂；它的东南，分布着"品"字型的育婴堂，神父住宅和医院；它的西南，是一所教会学校；它的正面，紧挨着的是新辟的欧洲人墓地。此外还修建了专供北京城里的外国传教士出行时"歇脚"用的乡间别墅。继孟振生之后任北京教区主教的田嘉毕，还在墓地的东侧造了 30 间房子，办起了一家印刷厂。据记载，这家印刷厂很快就发展到了相当的规模，由于它印刷工艺的精美，获得了"闻名全球的印刷厂"的荣誉。另外还有几个制作景泰兰、缝纫花边的小作坊。

义和团原来的旗帜是"反清灭洋"。清政府中一部分官员提出利用义和团，排斥洋人的动议，曾一度得到慈禧太后的同意。义和团领导人出于一致对外的考虑，便将口号改为"扶清灭洋"。1900 年（光绪二十六年）夏季，在清政府的许可下，大队的义和团员涌入北京城，攻打东、西交民巷使馆区和几座天主教堂。在义和团反洋人、洋教的高潮中，滕公栅栏墓地也遭到洗劫。墓碑被推倒，砸碎，墓穴被挖开，尸骨被焚烧、扬撒，其它建筑也被毁坏。

不久，义和团运动被镇压下去。1901 年（光绪二十七年）9 月，清政府与列强签订了丧权辱国的《辛丑条约》。根据《辛丑条约》中国要向入侵的 8 个国家共赔款 4.5 亿两白银，分 39 年还清，本利共计 9.8 亿两；拆毁从北京到大沽口的所有炮台；允许外国侵略者在北京到山海关一线的 12 个战略要地驻军；将东交民巷划为使馆区，允许外国驻军；等等。《辛丑条约》的第四款还规定：

"大清国国家允定，在于诸国被污渎及挖掘各坟茔，建立涤垢雪侮之碑，已与诸国全权大臣会同商定，其碑由各国使馆督建，并由中国国家付给估算各费银两。京师一带，每处一万两。外省每处五千两。""兹将建碑之坟茔，开列清单附后。"在条约的《附件十》中规定：京都左近被污渎之诸国之坟茔须建碑者有："英国一处，法国五处，俄国一处，共计七处。"[1] 因前述法国取得天主教保教权，因此滕公栅栏墓地属于上述法国坟茔。

代表清政府处理善后的全权大臣奕劻，准内阁侍读学士张翼与主教林懋德商办具体事宜。俄国驻京参赞罗达诺夫斯齐克亦参与会商。后张翼另有任用，即由直隶布政使周馥和云南盐法道李毓森与教会接洽。周馥连日分往各处（坟茔）踏看。他在奏折中写道："阅法国茔地各碑，有顺治、康熙年间汤若望、南怀仁供职钦天监有功，恩礼优渥，予谥赐葬。以后效力外臣，赐葬银者甚多。今横遭此乱，莫不仆碑破冢，实属惨目。"[2]

按照列强的要求，中国政府出银1万两，重修了墓地。除利玛窦、汤若望、南怀仁、龙华民、索智能等6人的墓碑单独立起外，剩下有77尊墓碑被嵌入新建的教堂外墙。几名神父将附近被杀的中外教民的尸骨葬于一处，上面砌成3米高的六角形坟丘。坟丘上又建一六角形小亭。后来人们称此为"肉丘坟"。但被联军杀害的无数平民百姓和义和团团员则仍暴尸街头。

根据列强的要求，清政府在各国使馆的监督下还专门立一所谓"涤垢雪侮"而实际是铭刻耻辱的石碑。碑文写道："此处乃钦赐天主教历代传教士之茔地。光绪二十六年拳匪肇乱，焚堂决墓，伐树碎碑，践为土平。迫议和之后，中国朝廷为已亡诸教士雪侮涤耻，特发帑银一万两，重新修建。勒于贞珉，永为殷鉴。"[3]

从那以后以"滕公栅栏"为中心的教会产业又进一部扩展了。新的教堂盖了起来，那块耻辱石被高高地砌在教堂的大门上方。在原来的育婴堂的旧址上，盖起了一座平面图形似"口"字的建筑，建立了法属遣使会修道院。1926年，有6位中国神父升格为主教，辖领中国的6个教区，因此需要培养中国籍神父。正好这时遣使会修道院南迁至浙江嘉兴，于是就在"口"

---

[1] 梁为楫等编《中国近代不平等条约选编与介绍》，中国广播电视出版社1993年版，第429页。

[2] 中国社会科学院近代史研究所编《义和团史料续编》，中华书局1959年版，第1075页。

[3] 余三乐著《青石存史》，北京出版集团2011年版，第121页。

字楼中，创办了"文声大修道院"，来自北京和华北地区的修士，在这里攻读哲学、神学，这里成了培养中国籍司铎的高等学府。到解放前夕时，修道院有在校学生100多人，负责管理和教学的外籍神父8—9人。

1910年，在教堂的正西修建一座平面图形似"山"字的建筑，原设在西安门真如镜的法国圣母会总院迁至此地。1918年，圣母会在这幢楼中创办了"私立上义师范学校"，后又增设了附属小学。1927年，上义师范迁到京西黑山扈，上义小学则一直延续至解放后。此外在"山"字楼南还建了葡萄酒厂，专门生产作弥撒用的葡萄酒。在整个滕公栅栏墓地的四周，种上了大片的葡萄。葬入这处墓地的中外籍神父也越来越多了。

六

1949年10月1日，中华人民共和国成立。起初，外国教会在华的产业，被当作外国侨民的财产予以保留。后来，将这些产业逐步转归中国天主教爱国会所有，外国神父被驱逐，但同时保障信众的宗教信仰自由。按照国家关于教育与宗教分离的原则，1951年，原上义小学由北京市教育局接收，改名为"进步巷小学"。1953年，"文声大修道院"停办。除此以外，马尾沟教堂和滕公栅栏墓地在解放初期基本依旧，教堂的宗教活动照常进行。

但是，随着国民经济的恢复和城市建设的发展，北京西郊日渐繁华起来。在阜成门外仅二里的地方保留滕公栅栏这处墓地，已经显得有些不合时宜。当时的主教李君武也意识到这一点，他感慨地说："阜成门城墙开了豁口，马路也修起来了，建了很多新楼。看来墓地也该搬家了。"

1954年，中共北京市委党校开始筹建，北京市政府以10万元购买了山字形楼和口字形楼两幢建筑，安置了部分无业神职人员的生活。马尾沟小学，迁至车公庄大街以北，现名进步巷小学。酒厂迁至石景山区重建，即今北京葡萄酒厂。对于传教士墓地的处理，党校方面与北京天主教爱国会之间产生意见分歧。党校主张将所有坟墓全部迁走，而教会方面人士认为，这样做一是会伤害信仰虔诚的教徒的感情；二是将影响对爱国进步的神职人员的团结教育工作；三是可能产生不利的国际影响。因此，他们认为应将利玛窦等 6 至 7 位在国内外影响较大的传教士的墓碑保留在原地。

有关人员为此直接请示了国务院宗教事务管理处。据当时党校负责基建的老同志回忆，是周恩来总理亲自做出决定，将利玛窦、汤若望、南怀仁 3 位尊重中国人民传统习惯并为中西文化交流做出较大贡献的耶稣会士的墓碑仍在原址保留，龙华民、徐日升、索智能等 3 人的墓碑移至教堂后院。而其它传教士和教民的遗骨及墓碑，则迁至海淀区西北旺乡新辟的 16 亩墓地内。当时迁走的坟墓一共有 837 个。原马尾沟教堂不仅保留，而且还照常举行宗教活动。而嵌在教堂外墙的 77 尊明清时代的传教士墓碑，也被留在党校院内。

1958 年，由于"左"的路线的影响，中国天主教爱国会被迫献出了除了北堂等 4 座教堂之外的北京市的所有教堂，包括历史最为悠久的南堂在内，用来"支援国家建设"。国家将南堂、北堂等历史悠久、影响较大的教堂仍归还教会，但将其他教堂挪作他用。马尾沟教堂在这次"捐赠"行动中，成为中共北京市委党校的一座仓库。

"城门失火，殃及池鱼"。学术界在"左"的路线影响下，对客观评价明清之际来华传教士历史作用的学者进行了批判。更为可笑的是，那个曾主张"宁可使中夏无好历法，不可使中夏有洋人"的顽固派人士杨光先，居然被一些文章吹捧为"爱国主义的民族斗士"。

尽管如此，直至 1966 年以前，利玛窦、汤若望、南怀仁 3 人的墓地，还是北京市文物局管理的受保护文物。1958 年北京市文物局搞了一次文物普查，对利玛窦墓地做了详细的考察和记录。本人抄得标有"1958 年 9 月 4 日"时间的《文物古迹调查登记表》。其中写道：

南、汤二人墓碑身中有断痕，其余完整；

墓前有石质花瓶一对，高 1.45 米；

墙外有石虎一个（形似明初），高 1.25 米；石马一对（残），高 0.70 米，长 1.50 米；

三墓宝顶均为砖砌长方形；等等 [1]。

北京市文物工作队的吴梦麟女士，每年都来视察几次，并且向党校的

---

[1] 北京市民政局档案。见余三乐《青石存史》，北京出版集团 2011 年版，第 124 页。

管理人员介绍3位教士的事迹，宣传文物保护常识。

1966年，发生了众所周知的"文化大革命"。在那个"红色恐怖"的年代，科学技术等同于粪土，外国人即是帝国主义者，天主教更属反动。集这三者于一身的利玛窦、汤若望和南怀仁3位神父，自然在劫难逃。8月某日，新任命的校长高毅民第一天上班，就不得不接待一批来自附近北京建工学校的红卫兵。这些无知而狂热、到处毁坏文物的学生高声责问道："你们挂着马克思主义的招牌，却搞的是资本主义、封建迷信！为什么外国人的墓碑还不拆？限你们3天必须拆掉！"

党校领导急忙向市委和国务院宗教事务管理局请示，可是那些机构都已瘫痪了。怎么办呢？当时在党校负责房管的一名工作人员建议，将利玛窦等人的墓碑深埋以保护起来。

第3天，建工学校的红卫兵又来了。他们看到墓碑依旧，十分不满。那位工作人员对他们说，"就等你们来，咱们一块儿拆。咱们挖个坑，把碑埋起来，叫它永世不得翻身，行不行？"幼稚的学生对这一处理方法表示了认可，于是就动手干起来。学生们在原来墓地的前方挖了3个1米多深的坑，用绳子将碑拉倒，用土埋了起来。干了整整一天，学生们满头大汗又心满意足地走了。利玛窦等人的墓碑就这样被拆，同时也用这种方式保护起来。而迁到西北旺的传教士墓地，却遭到了彻底的破坏，所有的墓碑全被捣成碎块，做了农民建筑院墙和猪圈的材料。从1958年后就做了生产队仓库的正福寺教堂被拆毁了，那原来用以召唤信徒的铜钟成了队里集合社员上工的工具。

就在利玛窦墓地被拆毁不久，北京市委党校也被撤销了。原校舍和办公室改为国务院第四招待所。1973年，招待所需建一处食堂，于是提出将多年失修已经破败了的旧教堂拆掉，在教堂原址上盖食堂的建议。这一建议得到当时北京市领导人的批准。于是，"滕公栅栏"墓地的天主教堂就被拆除了。当时党校的一位看门工，偷偷地将此消息告诉了他的朋友——北京文物研究所的于杰。于杰与吴梦麟专程来查看了现场。那个时候凭他们的力量是无法阻止这种行为的。他们只好请工人将墓碑保存好。从此原来嵌在教堂外墙的77块传教士墓碑和那块耻辱碑都散落在院中各处，龙华民、徐日升、索智能等人的墓碑却下落不明了。

1976年10月，一场令人头脑狂热，理智丧失的风暴终于结束了。

1978年9月，中国政府派许涤新先生率中国社会科学院学术代表团赴意大利参加"欧洲研究中国协会"举行的会议，会后到威尼斯、罗马等城市访问。主人常常谈到曾为在中国介绍几何学、天文学等西方科学做出过贡献的他们民族的优秀儿子——利玛窦。在罗马，代表团遇到了一位在利玛窦故乡的一所大学里讲授中文的柯拉迪尼教授，他就是这次盛情邀请和热情接待中国客人的意大利友人之一。柯拉迪尼教授对许涤新团长说：上半年，他与身为意大利政府交通部长和意中经济文化交流协会会长的科隆博先生一道访华时，了解到在北京市委党校院内的利玛窦墓地已被平毁。他转达了科隆博先生的一个愿望，即按照意大利保存的这座墓碑的仿制品，用大理石重新镌刻一尊新碑，赠送给中国，重树在原处，以表达对这位 300 多年前终生致力于意中文化交流的先哲的纪念。

许涤新回国后，即向当时任中国社会科学院院长的胡乔木写了一份报告，汇报了上述情况，并且建议："鉴于上述意大利学者和友好人士对利玛窦墓的重视，拟请院部向中央建议，对利玛窦的被平毁的坟墓，加以修复，保存中西学术交流的一个重要史迹。是否有当，请考虑。"胡乔木阅后，随即上报给李先念副主席，并注上"请审批，拟同意"六个字。

笔者多方寻觅，终于在北京民政局档案室查阅到了这份报告的复印件。在报告的文眉间，不仅有李先念副主席圈阅的标记，而且，当时另外 4 位最高领导人华国锋、叶剑英、邓小平、汪东兴圈阅的标记也赫然其中。

得到了最高领导层全体的认可，中国社会科学院即于 10 月 24 日向北京市革命委员会发出一份题为"关于请修复意大利学者利玛窦墓"的函件。函件的全文如下：

"在我国元朝（应为明朝——笔者注），意大利学者利玛窦来中国讲学，后来死在中国，葬在北京现市委党校院内。现在墓、碑均已平毁。今年 9 月，我院副院长许涤新同志访问意大利时，意柯拉迪尼教授反映，意交通部长科隆博今年上半年访华得知利玛窦墓已被平毁后，表示愿意重新镌刻一个墓碑，希望重新树原处。考虑到利玛窦曾对沟通中西方文化作出过贡献，因此许涤新同志回国后向中央建议，修复利玛窦墓，并经华主席和 4 位副主席的批准。现将许涤新同志建议的批示的影印件附后，请批转有关单位办理。"[1]

不知是有意还是无意，报告将利玛窦这位来中国传教的意大利神父，说成是来中国讲学的意大利学者。

当时任北京市委副书记的毛联珏看到这一函件后，批示道："立功同志阅，是否让民政局主办为好。"便将修复利玛窦墓地的任务下达给了对历史文物并不熟悉的北京市民政局。

在今天看来，修复一处古墓，树立一尊石碑，是何等寻常的小事。然而在十几年前，它确实惊动了党和国家的全部最高领导者。值得注意的是，他们圈阅许涤新同志报告的时间在 1978 年 10 月的 4 日至 24 日之间。这恰恰是党的十一届三中全会召开的前夕。通过对十年"文化大革命"的反思，中国正酝酿着一场深刻的变革。作为中国社会主义现代化总设计师的邓小平，已经发表了一系列关于尊重知识、尊重人才和开放国门，学习国际先进科学技术的内部讲话。地火正在中国 960 万平方公里之下涌动，改革开放的春天就要到来了。

"竹外桃花三两枝，春江水暖鸭先知。

蒌蒿满地芦芽短，正是河豚欲上时。"

这是宋代文豪苏轼描写春江晓景的诗句。利玛窦等西方传教士墓地的修复，不正预示着中国的科学技术政策、对外政策和宗教政策，将进行重大调整吗？它不正是从一个侧面向世界发出中国将要发生历史性变革的信号吗？

1979 年新年伊始，元月 13 日，在月坛北小街 2 号的中国社会科学院经济所内，许涤新同志主持召开了有著名考古学家夏鼐参加的，专门研究如何修复利玛窦墓地的会议。笔者在民政局档案中抄得了会议记录中的几项要点：

1. 此事中央几位主席已圈阅，同意把墓碑恢复起来，给市委写了函。市委毛、李书记已批示，由民政局主办。

[1] 北京市民政局档案。见余三乐《青石存史》，北京出版集团 2011 年版，第 125 页。

2. 墓碑在市委党校院内，拟原地原样恢复起来。据夏鼐同志说，原碑砸坏后埋在党校院内。文物管理局（应为文化局文物处）赵光林知道。尽量用原来的碑，如原碑不行了，就从（重）新刻。北京图书馆有踏（拓）印的碑文。

3. 就在原地立碑，碑前搞一个长方形的墓就行了。材料经费请北京市解决。[1]

北京市民政局接到任务后，立即组织人力着手准备，他们请文物处负责技术指导，于是吴梦麟女士又担任了这项工作。她和她的同事们认为，利玛窦、汤若望、南怀仁 3 人的墓一直是在一起的，此次应一并恢复为好。

首要的问题是寻找墓碑。北京市委党校于利玛窦墓地被毁后不久即行解散，这时刚刚恢复。当时校领导人之一曾表示了这样的疑虑："在党校院里建设，环境布局是否妥当？今后怎样看管？怎样接待外宾？"因此态度不甚积极。吴梦麟在党校房管人员的协助下，挖出了"破四旧"时埋入地下的 3 位神父的墓碑。利公碑的正面被钻了若干不太深的小洞；汤公、南公的碑是断裂的，据上述 1958 年文物普查的记载，二碑在 1958 年时即是如此，估计是在 1900 年毁坏的。于是，将利公碑的正面磨平后重刻，又依原样用砖砌好。汤公、南公二碑分别用环氧树脂胶粘好。三尊原碑可用，这不能不说是不幸中的万幸。

在重新树立汤若望碑时，文物工作者颇费了一番心思。在文物普查的记录上，通常作为碑阳的，镌刻有"耶稣会士汤公之墓"大字的一面朝阴，刻有康熙皇帝祭文小字的一面反而朝阳。在《北京图书馆馆藏碑帖全集》中，也是这样记载的。按照文物复原的原则，吴梦麟主张将错就错，保持墓碑被毁前的原貌。于是，不少中外学者参观后，常常提出"汤若望的墓碑为什么树反了"的疑问。

时隔一年，耗资一万，利玛窦及汤若望、南怀仁 3 位外国传教士墓地终于在原处，基本上以原样修复完毕。在苍松翠柏的掩映下，它又恢复了旧日的风采，成为党校院内的一景。来自北京乃至全国各地的干部，每当课余或饭后散步时，总要在这里驻足片刻。很多人从此知道了这 3 位来自异国的友人的名字。两三年后，这处明清传教士墓地被列为北京市文物保护单位。

---

[1] 北京市民政局档案

1984 年，在北京市文物局的协助下，市委党校出重资，扩建了传教士墓地。在利玛窦等人墓地的东侧专辟一院，将原来嵌在教堂外墙，后来散落在院中的石碑中现存的 60 尊，以及那块作为历史见证的"耻辱碑"重又树立起来。北京市文物局还将所有碑文拓印存档。1993 年，西城区文化局出资，将位于党校南墙的原马尾沟教堂的小石门移至利玛窦墓地的南面。1958 年文物普查时记载的石虎、石马已不见了踪影，但没有记载的一只石羊却安详地静卧在碑林院墙的门口。这样，原"滕公栅栏"墓地遗存的文物就基本上都得到了修复和保护。

这 63 尊墓碑，不仅铭记着那些致力于中西文化交流的使者，它们本身也是中西文化交融的产物。石碑的顶部有的是龙盘，有的是祥云，这表示着墓主身份的不同等级。碑的底座的二龙戏珠、鹤、鹿，这都是中国人心目中富贵吉祥、长寿的象征。而碑上的十字架、IHS 字样以及拉丁文的碑文则是西方天主教和耶稣会的标志。

这是一处极其普通的墓地，小小的一方院墙，围着几十尊高矮参差的石碑，不到 400 年的历史，在古老的神州大地上，绝算不上文物中的珍品。它又是一处极不平常的墓地，长眠着来自那么多国家的精英，那么多国家的领导者和友人怀着崇敬的心情，到这里来凭吊他们的先贤。在中国历史上，从明代的万历，到清代的顺治、康熙、雍正、乾隆，到光绪，那么多皇帝在这里留下了政绩，新中国的领导人也不止一次地眷顾过这里。这是一处纵贯历史和今天，联系中国于世界的墓地。

编后语：利玛窦墓地或称"栅栏墓地"的历史变迁是我从涉足中西文化交流史研究以来首个专注的课题，也是随着时间的推移不断有所发现，逐渐深入的课题。1994 年我与同事共同编纂了《历史遗痕》，我在其中撰写了《几度沧桑说栅栏》一文。不久我从北京市民政局档案馆访得 1978—1979 年墓地重修的重要史料，撰写了《利玛窦墓地修复的前前后后》，发表在《新视野》(1994 年第 3 期)。1995 年以《栅栏：从 1949 到 1994》为题发表在马爱德、高智瑜主编的《Zhalan》(澳门文化局、美国旧金山大学利玛窦研究所出版)，该书后来又出版了中文版。2007 年我又从本校档案中得到一些新史料，补充修改完成此文。2008 年意大利在北京举办题为"利玛窦：明末中西科学技术文化交融的使者"的展览，同时出版图文集，收录了此文的精简版。

2010 年我将此文翻译成英语，参加了 6 月在瑞士苏黎世召开的 "欧洲在中国，中国在欧洲" 学术研讨会。此文被翻译成德文，刊载在《Johannes Schreck-Terrentius SJ: Wissenschaftler und China-Missionar(1576—1630)》一书中；2011 年又以此英文稿参加了澳门历史学社举办的 "Matteo Ricci in Remember" 讲座。

"利玛窦和外国传教士墓地"恢复重建36年

（1979—2015）

位于北京市委党校院内的国家重点文物保护单位——"利玛窦和外国传教士墓地"自1979年恢复重建至今，已经超过36年了。在传教士碑林的门口有一只石刻的卧羊，它从什么时候起就在这里守候着，度过了多少个羊年，过去它目睹了什么值得记录的事件，已经没有人能够说清了。但是从1979那个羊年，到2015这个羊年，这36年时光几乎都与我在这个校园的工作与生活的岁月相重合。现在，是将其作一个总结的时候了。

一、1979年遭受"文革"破坏的利玛窦墓地得以重建。1986年传教士碑林建立，成为北京市文物保护单位。

1978年随着"文革"后的拨乱反正，在北京的有关单位和人士已经开始关注利玛窦墓地的恢复重建问题了。6月23日，北京市民政局宗教处，就利玛窦坟墓情况作调查。7月8日，时任中国科学院自然科学史研究所所长的仓孝和给朋友的一封信中，称："当前对三人（指利玛窦、汤若望、南怀仁）的坟墓进行一定程度的修复有现实政治意义。因此我们认为修复利玛窦等三人的坟墓是有必要的。"7月12日，北京大学校长周培源致信北京市主管科技工作的副市长白介夫，要求修复三人墓。但是北京市委统战部认为，这不是一个北京范围的问题，宜请示中央决定为宜。问题就被搁置了。

解决问题的"临门一脚"还是来自国外。（关于1978年—1979年利玛窦墓地的恢复重建的细节，前文已有涉及，此处删简。）

当时在隶属文化局的文物处工作的吴梦麟女士担任了这项工作技术指导。她和她的同事们认为，利玛窦、汤若望、南怀仁三人的墓一直是在一起的，此次应一并恢复为好。1966 年曾经以向红卫兵建议深埋的方式保护了墓碑的党校房管负责人的徐万泽，协助吴梦麟找到了埋藏了 12 年的传教士利、汤、南三人墓碑。

1979 年 12 月，利玛窦、汤若望、南怀仁三人墓园重建工程竣工。这项在国内很少有人关注的事件，却在国际上引起了异乎寻常的注意。1980 年 3 月 3 日墓地重建后第一次接待外国参观者，吴梦麟接待了法国大主教。6 月 21 日，吴梦麟接待外国记者 6 人参观墓地，有路透社的、朝日新闻的。7 月 31 日、10 月 29 日、1981 年 5 月 29 日，意大利使馆官员、荷兰首相、比利时国王及王后先后前来参观墓地。梵蒂冈教廷也及时地报道了此事。

1984 年 5 月 24 日，北京市政府将利玛窦墓地确定为北京市文物保护单位。

1984 年 12 月 5 日，北京市文物局就党校提出的要求增加新建食堂的建筑用地，并承担将遗存石碑建成碑林所需经费一事发来复函。提出："为最终妥善地保护好这些石刻文物，并考虑到国内外宗教界的影响，我局现决定由你校将这些石碑移至利玛窦墓附近，建成碑林，以供国内外各界人士观瞻。"[1]

1988 年是意大利来华传教士郎世宁诞辰 300 周年。意大利对此非常重视，提前两年就开始筹备纪念活动。1986 年 5 月意方向中国外交部、文化部和北京市政府分别提出了解郎世宁墓地的所在地和修复状况的要求。为此外交部西欧司、文化部外联局和北京市外事办分别向北京市文物局发函。6 月初北京市文物局写出报告回复上级的问讯。报告也抄送了作为墓地所在地的北京市委党校。我在党校档案室抄得该报告。要点为三条：

1. 据记载，郎世宁 1767 年（乾隆三十一年三月二十九日）殁于北京，葬于阜成门外马尾沟（今中共北京市委党校院内）。墓上建有石刻乾隆谕旨。

2. 由于历史原因及建设施工，郎世宁墓的具体位置已难确定，但墓碑仍较完整地保存在党校院内。

3. 中共北京市委党校在去年就已决定将郎世宁及该校内尚存的其他传教士墓碑集中保护，建立碑林。目前碑林方案一经做出，年内即可动工。

---

[1] 2007 年北京市文物局协同北京市档案局，向各国家文物重点保护单位布置建立专业档案工作。从此北京市委党校档案室将有关墓地的历史文件资料建档、归档。本文所引用的资料如不特别注明，均出自此档案。

届时郎世宁墓碑可得到更加妥善保护，并可供人凭吊。

可见，传教士碑林的完全竣工至早不会早于 1986 年年中。郎世宁墓碑也因此被安放于碑林中最为醒目的位置。

在利、汤、南三人的小墓园的东侧建立的传教士碑林，收集了原来散落在校园内的另外 60 通墓碑。至此，63 通历经"文革"劫难的传教士墓碑得到了保护。其中有：葡萄牙人 14 人、意大利人 11 人、法国人 9 人、德国人 6 人、捷克人 3 人、比利时人 2 人，以及奥地利、波兰、瑞士、斯洛文尼亚各 1 人，还有 14 名中国神父。不幸的是，还有 20 多通墓碑已不存，其中包括在明末清初中西文化交流中做出显著贡献的徐日升、龙华民、闵明我、徐懋德、安国宁、德里格、索智能、索德超、汤士选、毕学源等人。

二、1986—2000，随着国家改革开放日益深入，国际交往日益频繁，有关官员开始注意到墓地的重要性，国内舆论界对利玛窦等传教士的评价也日趋客观、公正。与此同时前来参观的国外客人日益增多。

1988 年 6 月 18 日，就在上述意大利方查询郎世宁墓碑之后不久，时任北京市委书记的陈希同在市委书记办公会讨论党校工作时指出："党校院内的利玛窦墓是中西文化交流历史的象征，很多外宾前去参观，必须保护好。请市委党校和市有关部门研究后提出一个维修方案，维修费可由市财政局专拨。"1989 年 4 月 22 日，北京市委党校在与市文物局、市规划局、市旅游局、市财政局、市政府宗教事务处、西城区规划局召开两次联席会议（1988 年 9 月 27 日和 1989 年 1 月 17 日）后，拟定了《关于维修利玛窦等明清时期外国传教士墓地的请示》稿。但不知为何此稿未及时上报市政府。

1992 年 12 月 23 日，北京市委党校单独拟定《关于对利玛窦等明清时期外国传教士墓地进行维修和加强开发、管理的设想》（初稿）。文件提出有关墓地维修方案、墓地的管理和对外开放和积极开展学术研究和对外交流等多项措施，并提出设立中西文化交流研究所，设立"利玛窦等传教士研究"课题，编写《历史遗痕》一书，等等。中西文化研究所依托研究生部而成立了，《历史遗痕》也按原计划出版了，但除此之外，其他各项设想均未实现，市政府下拨的一笔专用款项也被党校挪用去建造了教室。此事后因陈希同下台而不了了之。

1993 年，西城文物局将龛入党校南墙中的原教堂的石门北移至利玛窦墓地的南面。"口字楼"（原文声修道院）和"山字楼"相继被列入西城区文物保护单位。

1995年4月，经国家民政部批准，"中国明史学会利玛窦分会"依托党校中西文化交流研究所而成立。学会召开了成立大会。1995年5月"中国明史学会利玛窦分会"召开利玛窦逝世385周年纪念会，并举办了小型展览。中外学者及意大利公使等人参加。

1997年9月3日，北京市委书记兼党校校长的李志坚向主持工作的常务副校长谈了以下意见："过去北京行政学院多次反映，'口字楼'已成危楼，建议将其拆除，在此盖一座室内体育馆。我曾认为这个建议有一定道理。现在看来，这个想法值得研究。'口字楼'是市级文物保护单位。文物，拆起来容易，再要修复就困难了。'口字楼'既然是危楼，就不如拆了照原样修建，使其成为北京行政学院对外文化交流的窗口。至于资金，我想利玛窦——这位对中西文化交流做出过重要贡献的著名传教士的墓在这里，是可以在国际上找到合作伙伴的。这些国家，尤其是有传教士葬于此的国家，会愿意出资帮助翻建'口字楼'的。"

1997年9月9日，北京行政学院召开院长办公会，谈论上述指示，表示完全同意，并决定责成中西文化交流研究所予以落实。此信息及时传给了一贯对墓地关心的美国旧金山大学利玛窦研究所所长马爱德教授（一名耶稣会神父）。

1998年1月10日，马爱德神父和建筑学家卢卡斯神父来京，与行政学院的领导进行会谈。马神父建议将"口字楼"建成中西文化交流中心，包括有博物馆、研究所、信息中心和少量客房，并建议将现存在五塔寺石刻艺术研究所的35通原正福寺法国传教士墓碑迁入北京市委党校的利玛窦外国传教士墓地。学院领导经研究和向上级请示，对此表示同意，且提出总额为4500万元（中方承担1000万元、外方承担3500万元）的预算。

1998年1月12日，马爱德和卢卡斯二人联名，发给法国驻华使馆文化合作专员顾美哲一封关于就翻建"口字楼"的信件。信函陈述了他关于栅栏公墓修复的远景规划、对原文声学院（"口字楼"）修复的远景规划及相关事项。2月9日法国大使出面主持，邀请其他相关的葡萄牙、意大利、瑞士、捷克、德国、比利时等国大使，召开了7国大使联席会，专门谈论了原文声修道院"口字楼"的改建问题。与会者并未达成一致意见。

马爱德此次北京之行，就下榻在党校的客房中。他对我说，能与利玛窦的英灵共处，是他的长期以来的夙愿。他还说，他不久就将退休，希望能在这里度过余生。当时我们还不知道，他已经罹患严重的前列腺癌。他已自知来日无多了。促成"中西文化交流研究中心"的创建是他期待完成的最后一项工作。

1998 年 1 月 27 日，马爱德神父离北京后，就不幸在香港逝世。1998 年 5 月 28 日新任旧金山大学利玛窦研究所所长的吴小新博士及法国驻华文化专员顾美哲先生，一起来到北京行政学院，三方就修复"口字楼"，创建中西文化交流博物馆和研究中心一事进行会谈。会后整理了"会谈纪要"。1998 年 8 月 11 日，北京行政学院就翻建"口字楼"一事向市政府打报告。希望工程能在 2001 年利玛窦进京 400 周年之际完成。此行间吴小新遵照马爱德的生前愿望，悄悄地将其一小瓶骨灰埋在利玛窦墓碑的东侧[1]。

1998 年 10 月 24 日，市委副书记李志坚同志对北京行政学院的请示报告上批示："请光焘同志阅批。拟原则同意此方案，先由学院向海外募资（不得附加政治条件或其他我国政府不允许接受的条件），视募集资金情况可到现场开一小会做出决定。这里已是危房。"汪光焘批示："关于建设问题请规划局研究给予支持。如有其他需要办的事可告我。"然而因为马爱德神父的去世，顾美哲的离任，也因为预算太高（党校提出同时修建地下停车场和游泳馆等等），原定有关国家出资翻建"口字楼"的计划最终搁浅。

这一时期，前来参观的国外客人日益增多。1987 年葡萄牙首相席尔瓦、1998 年意大利总统斯卡尔法罗、比利时首相让·吕克·德阿纳先后参观了墓地。

三、2000 年 10 月 1 日，发生了"梵蒂冈封圣"事件，中国政府做出强烈反应。北京市领导、北京市委党校领导都对有关传教士的问题改变了初衷，持异常谨慎的态度。

曾经对此事持比较宽容态度且做过文字批示的原市委书记、党校校长李志坚把新任的党校常任副校长找去，说明问题的严重性。于是，原定

---

[1] 本人亲眼目睹了此事，并承诺保密。但事隔已将近 20 年，对一生热爱中国的友好人士马爱德神父的临终愿望，就不必再隐瞒了。

2001 年在党校校园内召开的"相遇与对话：纪念利玛窦来京 400 周年"的国际会议，被迫改址（后改在北京理工大学）。几年来已经有了良好开端的北京行政学院中西文化交流研究所，被莫名其妙地解散。

2001 年为了给申奥创造条件，表示中国政府尊重宗教，改任国家体委党组书记的李志坚与国家宗教局局长叶小文商议，由北京市委宣传部出面组织了"利玛窦研讨会"，由北京市社会科学联合会主持，邀请了中国社会科学院、北京市社会科学院、北京市委党校、北京青年政治学院的研究人员和天主教爱国会傅铁山主教发言。

四、"梵蒂冈封圣"事件之后，随着时间的推移，中梵关系渐渐有所缓和，形势慢慢地有了好转。在中外各方的推动下，有关领导渐取谨慎开放态度。2010 年，利玛窦逝世 400 周年之际，在墓地举行了多次纪念活动。

由于多方促成，2003 年 10 月 12 日，以北京市政协副秘书长朱荣先为首的市政协文化委员会代表团前来考察利玛窦墓地工作，参加者有王灿炽、张西平、吴梦麟、李申等。委员们参观了墓地之后，提出了很好的意见，并准备提出一个提案。《光明日报》对此作了报道。2004 年 3 月，由北京社会科学院研究员王灿炽起草的、由北京社会科学院院长高启祥领衔签名的政协提案《关于将"利玛窦墓地"建成 2008 年北京"人文奥运"新景观的建议》，辗转传达至北京市委党校。但由于人大、政协的提案只对政府部门有约束力，而对作为北京市党委下属机关的党校并无约束力，被淡化处理，基本没有发生效力。作为提议的一项重要内容的展室，搞搞停停，先说在 2008 年奥运之前完成，后又说在 2010 年利玛窦逝世 400 周年之前完成。但一直处于冷冻状态，最终胎死腹中。

早已被列为火灾隐患单位的"口字楼"终于在 2002 年不幸遭火灾，2/5 的面积被烧毁。灾害促成了文物的修缮，北京市文物局出巨资将其原样翻建。翻建后该建筑被用来做党校的教学和办公用房，也成为利玛窦墓地相邻的一处历史景观。

2003 年在意大利驻华文化专员康迪亚女士的建议下，党校组织力量拍摄了题为"利玛窦在中国"的历史文献片。该节目制作了中文、英文和意大利文三种版本，在国内、国际，特别是利氏的祖国——意大利多个场合放映后，受到广泛好评。作为主要的制作人，我为此被授予意大利总统仁惠之星二级勋章（此奖项多授予对意中文化交流做出贡献者）。

这一时期，前来参观的中外友人更加频繁，其中有意大利前总理安德雷奥迪、法国前总统德斯坦、意大利国防部副部长、经济部部长、英国坎特伯雷大主教，等等，其中还有来自罗马教廷高层的人士。

台湾著名作家李敖访京期间，也专程造访了利玛窦墓地。

中外媒体对利玛窦和来华传教士这一题目日益关注。凤凰卫视"文化大观园"栏目、中央电视台"《故宫》摄制组、中央电视台10频道《历史名人与澳门》摄制组、国家教委《汉字五千年》摄制组、国务院新闻办、北京电视台《北京》摄制组，等等，先后前来拍摄墓地外景，有的还进行了专家采访。

2005年，曾任国家科委主任的宋健改任全国政协副主席，特别过问了徐日升墓碑的下落。因为之前葡萄牙科技部长曾向他询问徐氏墓碑的下落。宋健还为此曾亲自到墓地寻找未果。葡方提出重刻墓碑的动议，宋健曾与北京文物局接洽，还专门召见了文物专家吴梦麟。但后来因葡科技部长离任而暂停。

2006年国务院公布"利玛窦和外国传教士墓地"为国家重点文物保护单位。不久文物局与档案局联手，又进行了国宝建档工作。我也参与其中。2008年西城区政府委托一咨询公司论证西单南片（包括天主教南堂）城市规划，提出建设利玛窦广场，但至今未见实施。

"利玛窦和外国传教士墓地"渐渐成为北京市委党校（北京行政学院）引以自豪的一处历史景观。在校方的支持下，编印了题为《青石存史：纪念利玛窦逝世400周年》的纪念画册（北京出版集团2012年版）。

2010年是利玛窦逝世400周年，2月6日意大利有关方与首都博物馆共同举办的大型展览《利玛窦：明末中西科学技术文化交融的使者》开幕。当天上午意大利客人（大使谢萨先生、马尔凯大区主席马里奥·斯巴卡先生、米尼尼教授等）来墓地致词献花。5月11日是利玛窦逝世的日子，这天上午中意各方在对外经贸大学召开学术研讨会，下午会议代表又到墓地参观、献花。

10月27日意大利总统那波利塔诺偕夫人一行参观墓地，并对中方保护利玛窦墓地的善举表示感谢。早在一年前意大利文化遗产部部长博伊迪来参观墓地。他与中国国家文物局签约，合作对利、汤、南三通墓碑进行了科学的保护。

2012 年开通的、号称最富有历史文化色彩的地铁 6 号线，贯穿车公庄大街。车公庄西站成为距离利玛窦墓地最近的地铁站。在该车站的大厅里装饰了纪念利玛窦中西文化交流的大型壁画。壁画以一幅巨大的由他制作的中国最早的世界地图为背景，几块大陆上印有利氏各种中文著作的片段。其中有《几何原本》《天主实义》《寰容较义》《交友论》《二十五言》《畸人十篇》等，还有他的中葡字典的手稿。对这段历史有了解、有兴趣的人往往在这里驻足观看。

2013 年新任葡萄牙驻华大使的若热·托雷斯·佩雷拉博士对重新恢复徐日升墓碑一事付出了极大的热情，做出了大量的工作。他与时任国家文物局局长厉小捷举行了专门的会谈，获得中方的首肯，又向葡文化部和古本江基金会募集到 5 万欧元。徐日升墓碑的背阴刻有长达一千多字的康熙年间颁布的"容教令"。这一历史文件得以重见天日，为恢复利玛窦传教士墓地的完整性，书写了重要的一笔。镂刻墓碑的工作现已完工，何日在何地树立，我们将拭目以待。

2015 年 9 月 2 日前来参加中国纪念第二次世界大战胜利 70 周年阅兵活动的捷克总统泽曼，来到传教士墓地，为安葬在这里的 3 名捷克耶稣会士献花。

20 年前创建的"中国明史学会利玛窦分会"，自 2000 年以后因党校中西文化交流研究所被取消而缺乏经费，无法开展活动，甚至连一次会员会议都不能举行。2015 年中国明史学会与广东肇庆学院协商，将分会移至该校承接，总算没有让这个全国唯一的有关利玛窦和西方传教士的学术机构半路夭亡。

五、回顾"利玛窦与外国传教士墓地"恢复重建 30 多年的历史，给我们带来的启示。

墓地从在十一届三中全会的前夕，在中国党和国家最高领导层的集体认同后，得以修复至今已经 30 多年。这 30 多年间，党的思想在不断解放，国家在日益开放、日益富强，国际交往越来越频繁，我们的朋友也越来越多。

当我们历数共和国的这些令人兴奋的变化的同时，偶尔回头一瞥这处小小的墓地近 30 年的经历，会惊诧地发现它与共和国的命运竟是如此地同步。利玛窦等外国传教士从 30 年前被认为是"帝国主义文化侵略的先锋"，到现在评价为"为中华文化输入新鲜血液"的中国人民的朋友；利玛窦墓地从"必须彻底砸烂，永世不得翻身"，到成为"国家重点保护文物"，发生了天翻地覆的变化。这一变化反映了、同时也见证了我国政治生活和意识形态的变化。从这个意义上说，墓地是一面镜子。

墓地的修复和开放，向世界展示出我们国家正在逐渐向着尊重历史、尊重科学、尊重宗教信仰自由和日益具有亲和力的方向发展。在共产党的干部学校中保存一处外国传教士的墓地，得到良好的日常管理，并且向一切参观者开放，使很多外国人感到惊讶，也是他们对中国有了新的认识和理解。墓地的存在，就是无声的对外宣传，促进了我国对外开放的发展。从这个意义上说，墓地又是一扇窗户。

墓地的参观者虽然有宗教情结浓厚的中、外基督徒和宗教领袖，但这在参观者的整体中不占多数。其他大多数参观者来自非常广泛的领域：政府首脑、部长和外交官，大学的教授，各国的汉学家、历史学家、科学家（涵盖了数学、天文学、物理学、地质学、气象学、机械学等众多学科门类），以及来华的企业家和普通的旅游者。特别是那些参与了中国合作项目或生意来往的友好人士，他们通过重温几百年前那段特殊的中外关系史，自然而然地加强了对中国的亲近感和友好情谊。从这种意义上说，墓地又是连接中外人民友谊的纽带。

近年来，人们对利玛窦和发生在几百年前的中西文化交流发生了兴趣，中外报社、电视台的媒体记者，博物馆界人士来访者、拍摄节目者络绎不绝，通过媒体的作用更多的人了解了这段历史。在老师的带领下，一些大学生、研究生，甚至中、小学生也到这里来参观。其中还有一些来自外国年轻学生。利玛窦和来华传教士的故事，是不同国家、不同民族、不同宗教平等交往、互相学习、和谐相处的典范。另外由于党校的特殊地位，近年来大量来自中央及各省市行政学院和党校系统的干部和教师，近水楼台先得月，参观了墓地，了解了中西文化交流的基本知识。这对党校、行政学院从业人员的思想解放、拨乱反正，起到了一定的作用。甚至可以通过他们，影响到更多的党和政府的基层干部。这无疑会潜移默化地促进国家的改革开放大业。

从这个意义上说，墓地也是一个教育基地。

总而言之，36 年来这一处小小的墓地与共和国一道走过了令世人瞩目的道路。回顾这一历程，或许能够给我们一点有益的启示。

北京正福寺法国传教士墓地的历史变迁

今天，随着改革开放政策的日益深入人心，一批始于明代中后期，来中国传播宗教和文化的西方传教士的活动，引起越来越多的中国人的兴趣。阜成门外的"利玛窦和明清以来西方传教士墓地"，不仅已经成为北京市文物保护单位，而且正在成为中外旅游界的热点。然而，人们可能不太了解，在北京还有另一处曾经埋葬了外国文化使者的地方，这就是"正福寺法国传教士墓地"。

正福寺，位于海淀区四季青乡，在今天的《北京市生活地图》上还能找到这个地名。在明初，正福寺原是大将军徐达的后人所修的一座家庙，到了清代年久失修，已经废弃，仅仅是原寺周围地区的代称了。1732 年（雍正十年）始，这里成为一处专门埋葬法国传教士的公墓，张诚、白晋、蒋友仁等在中法、中西文化交流中作出过杰出贡献的传教士们，曾经安息在这里。

―

与康熙皇帝处于同一时代的，世界上具有雄才大略的君主有 3 位，在俄罗斯是彼得大帝，在法国是路易十四。康熙皇帝与路易十四，不仅各自在中国和法国创造了可以用他们的名号命名的光辉时代，并且通过一批法国传教士为媒介，架起了早期中法交流的桥梁。

17 世纪是欧洲国家相继建立国家级科学研究机构的重要时代。1662 年，英国国王批准由一些科学家组成的学术团体为皇家学会。1666 年，经路易十四的批准，法国建立了皇家科学院，由国家资助活动经费，科学院院士领取国王津贴。法国科学院的第一任院长柯尔贝尔，曾任财政大臣、海军大臣，后兼任专管王室事务的国务大臣，有很大的实权，同时他又对发展科学和了解东方文化具有极大的兴趣。

　　1678 年，在大清朝钦天监任职的南怀仁向欧洲的耶稣会寄了一封信，呼吁派更多的传教士到中国来。与此同时，法国天文台台长卡西尼也提出派人到东方去进行天文观测的建议。柯尔贝尔看到南怀仁的信，认为派传教士到中国是一举多得的好事，于是积极支持卡西尼，主张派遣法国传教士到中国去。当这一报告递交到路易十四手上时，这位极想扩大法国对外影响，增进与远东贸易的国王当即表示赞同。不久一个由 6 人组成的赴中国耶稣会士的名单产生了，他们是：洪若翰、白晋、张诚、刘应、李明和塔夏尔。不巧，1683 年柯尔贝尔去世，此事便搁置了两年。直到 1685 年 3 月 3 日，张诚、白晋一行才登上从法国布列斯特启程的远航船，其中塔夏尔在中途被暹罗（泰国）国王挽留，白晋、张诚等 5 人于 1687 年（康熙二十六年）7 月到达中国的宁波港，在康熙皇帝的直接过问下，于 1688 年（康熙二十七年）2 月 7 日抵达北京。康熙皇帝命白晋、张诚留在宫中服务，另外 3 人分赴外地传教。由于白晋、张诚的作用，也由于路易十四积极的东方政策，从那以后中国的西学东渐开始染上了浓重的法国色彩。

　　张诚，字实斋，原名 Joan Franciscus Gerbillon，1654 年 6 月 11 日生于法国凡尔登，父母笃信天主教，他 17 岁入修院学习数学、哲学。由家庭和教会学校的影响，他也很早就产生到远东传教的志向。白晋，又作白进，字明远，原名 Joach Bouvet，1656 年 7 月 18 日生于法国勒芒市，年轻时即入耶稣会学校就读，接受了包括神学、语言学、哲学和自然科学的全面教育，尤对数学和物理学兴趣浓厚。求学期间，他对沙勿略欲到中国传教却在上川岛上抱恨终生的故事有所耳闻，也受到利玛窦等耶稣会士在中国的卓越成就的巨大鼓舞，于是便萌发了到遥远的中国去传教的愿望。他们二人以类似的志向、经历和同样出类拔萃的才华，一道被授予"国王数学家"的称号，选入首批到中国的法国传教团中，他们都作过康熙皇帝的西学教师，但又有各自不同的贡献。

　　中俄交涉之后，张诚一直担任康熙皇帝的御前进讲教师，讲授过数学、哲学、医学和人体解剖学。1693年（康熙三十二年），康熙皇帝得了疟疾，太医院的御医们都没有办法控制病情的发展，满城张贴求医问药的皇榜，还召了一些疟疾病人到宫中试药。恰好这时张诚在北京，他向皇帝献上了一种叫作金鸡纳霜的治疗疟疾的特效药。他们先在一般病人身上试用，并无副作用，然后就给皇帝服用。康熙皇帝很快就痊愈了，他非常高兴，赐给神父们最渴望的礼物——靠近北海西岸的一处房产，为他们建造了一座教堂，就是现在北堂（西什库教堂）的前身。

后来，"礼仪之争"造成中国政府与教皇间的关系日趋紧张，也导致在华传教士的分裂。张诚是主张依"利玛窦规矩"行事的，他为了调和双方，曾多方奔走，竟一病不起，于1707年（康熙四十六年）3月22日在北京去世。

白晋曾作为中国皇帝的使者出使欧洲。1693年（康熙三十二年）6月4日，康熙皇帝由于对传教士在中国的表现十分满意，决定派白晋以皇帝钦差的身分回欧洲，去招募更多的传教士来华。白晋随身带有皇帝赠予路易十四的珍贵礼物，其中有49册装潢精美的书籍。白晋经过漫长的旅途，4年后才抵达法国。白晋的归国在当地引起了轰动。由于好奇而来拜访他的人们络绎不绝。为了满足法国人了解中国的愿望，应付他们没完没了的提问，也为了获得国王的支持，以便顺利完成招募传教士的使命，白晋写了一份的报告，详细地介绍了康熙皇帝本人和有关中国社会生活的种种细节。白晋以赞美的语言描述了中国的历史、地理和风俗人情，尤其着力颂扬了康熙皇帝的睿智英明、豁达大度，称他除了不信天主教以外，是堪与路易十四媲美的伟大君主。这在当时的法国可以说是最高的评价了。这份报告后来以《中国皇帝历史画像》为题公开出版，对法国乃至全欧洲都产生了重大影响，使法国人由来已久的对中国的好奇进而发展为仰慕和向往，把法国的"中国热"又推向一个新的阶段。

招募传教士的使命很容易地就完成了，巴多明、雷孝思等一行8人随白晋踏上远航中国的旅途。他们此次乘坐的是一艘法国商船，临行前路易十四国王还向船长交代了另一项任务——多多搜集中国的海岸、港口、潮水、风向等航海资料，以及中国人的经商习惯等，为以后扩大两国间的贸易提供依据。康熙皇帝得知白晋返华并带来法国国王礼物的消息后，特派两名传教士从北京专程到广州迎接他。白晋这次出使的巨大成功，深得皇帝的赞许。康熙曾说过："在中国之众西洋人，并无一人通中国文理，唯白晋一人稍知中国书义……"

正因为白晋能"稍知中国书义",所以康熙曾命他深入研究《易经》。

从利玛窦开始,来华的西方传教士都对中国古籍经典有所研究。利玛窦认为,要想让中国的学者和官员皈依天主教,最有效莫过于证明天主教的教义与儒家经典不但不矛盾,而且还有很多相似之处。他自己也正是这样做的。然而白晋走得更远,他认为中国古代经典不仅与天主教教义完全吻合,而且简直就是教义的最古老的文字记载,不但可以从中悟出其教义,甚至还能找到《圣经》中的故事和人物。他提出,中国古籍中包含着两层意义,其表层意义是一般中国人所理解的字面意思;而其深层意义则是中国人所不了解的,只有深刻理解天主教义,对《圣经》耳熟能详的教士才能发现和理解。他对中国古籍的研究,就是在做透过表层,揭示深层的工作。他说:"真正的宗教(指天主教的整个体系)都包含在中国的古籍经典中。圣子降生、救世主的生与死及其行为等主要秘密,都以预言方式保存在这些珍贵的中国典籍中。"他对《诗经》《礼记》《史记》等书都作了附会的解释,说姜嫄就是圣母玛丽亚,后稷就是耶稣,帝喾其实就是上帝。更有意思的是,他从汉字"船"中推导出,中国人早就知道《圣经》中诺亚方舟的故事了,因为"船"是由"舟"、"八"、"口"而组成,其含义是"八人乘舟而行",便是诺亚方舟故事最为简略的表述。

白晋的这些认识,不仅我们今人看来是过于牵强了,当时的多数外国传教士也表示不能苟同。然而这也是他企图沟通中西文化的一种假说。虽然这种假说并没有给人们带来有益的启示,但他的另一种假说,却为一个科学的创见提供了有力的支持。这要从他与德国著名的科学家莱布尼茨的交往说起。

莱布尼茨于1646年出生在德国莱比锡的一个书香门弟,15岁进大学,17岁获得硕士学位,20岁时完成博士学业,1675年,发明了微积分。1700年他促成了柏林科学院的建立,并任第一任院长。莱布尼茨很早就接触到来华传教士有关中国的报道,对在那个遥远国度所发生的一切都充满了浓厚的兴趣。1689年,莱布尼茨在罗马期间结识了从中国回国的意大利传教士闵明我,与他多次促膝长谈,如饥似渴地了解中国的情况。后来他又与包括闵明我、白晋在内的多名在华传教士保持通讯联系。1697年,他主编了《中国近况》一书。

白晋在与莱布尼茨的通信中，介绍了中国的《易经》，他认为莱布尼茨提出的"二进制"所依据的就是中国古代关于数的科学所依据的原理。他把传说为伏羲所画的八卦中的阳爻"—"比作二进制的"1"，阴爻"--"比作"0"。莱布尼茨在1701年，即与白晋通信之前就撰写了关于"二进制"的论文，但是他认为还不太成熟，不主张马上发表。但是当他与白晋在书信中就"二进制"与《易经》进行了多次讨论之后，便坚定了自己的信念，于1703年将题为《关于仅用0与1两个符号的二进制算术的说明，并附其应用以及据此解释古代中国伏羲图的探讨》的论文正式提交法国科学院。这篇论文于1705年正式发表。如果我们说，白晋将八卦与"二进制"联系起来的假说，为莱布尼茨的科学创见提供了营养，恐怕不为过分吧。

1730年（雍正八年）6月8日，白晋在中国度过了46个春秋，客死在远离故乡法兰西的异国土地上。

在来华的传教士中间，尽管都是信奉一个上帝，但他们彼此也是派系林立，矛盾重重。就在耶稣会中，较迟来华法国籍教士与葡萄牙籍教士也有不和，平时居住和做礼拜也不在南堂，而在北堂。张诚死后，虽然起先暂时葬在栅栏墓地（即今在北京市委党校院内的利玛窦墓地），但法国教士还是希望有一块属于自己的墓地。1732年（雍正十年），即白晋去世后两年，他们终于在"正福寺"得到了一块墓地。

1735年（雍正十三年），张诚的棺木迁入新建的墓地。白晋以及本文中提到过的作过皇帝御前教师的巴多明、参与绘制《皇舆全览图》的雷孝思、冯秉正等，以及后来客死北京的法国传教士，都相继安葬在正福寺墓地。为了区别起见，栅栏墓地被称为"葡萄牙墓地"，正福寺墓地被称为"法国墓地"。

另一位被埋葬在"正福寺"墓地的著名法国传教士，是蒋友仁。

蒋友仁（Michel Benoist），耶稣会士，1744年来华，先在钦天监协助修历，后因同人推荐，被任命为"造办处行走"，负责设计、监造圆明园的一处喷泉——"水法"。在皇帝宝座台基的后面，立着高大的石雕屏风，两边有巨型水塔和一个大水池。水池周围分列着12只石制生肖雕像，用来表示一天的12个时辰。每个石雕分别喷水一个时辰，周而复始，情趣盎然。这一融合了中西文化的独特景观，来源于蒋友仁对中、西文化的深刻理解，也表现了他天才的设计能力。不仅当时的中国人，就是在来华西方传教士中，也没有第二个能掌握其中的奥妙。他死后，喷泉出了故障，就没人会修理了。

　　蒋友仁第二个贡献在地理方面。康熙年间绘制《皇舆全览图》时，新疆一些地区因叛匪叛乱，未能全部实地测量。1755年（乾隆二十年），乾隆平定了准噶尔部，即命蒋友仁、何国宗、明安图等传教士携仪器测量新疆各地的经纬度。蒋友仁等人为此到达伊犁等地。后来，他受命负责总汇制图，将新测的数据补充进《皇舆全览图》，新图命名为《乾隆内府舆图》，最终完成了我国全部版图的实测绘图工作。

　　蒋友仁的另一重要贡献是传播了哥白尼的"日心说"。哥白尼的《天体运行论》是于1543年发表的，但直到1727年，才由科学家根据实际观测的数据给予了验证，而后科学界才普遍予以承认。罗马教廷也于1757年取消了对"日心说"的禁令。1773年（乾隆三十八年）蒋友仁在献给乾隆皇帝的《坤舆全图》中，介绍了这一令中国人耳目一新的理论。《坤舆全图》是一幅长12.5尺、高6.5尺的世界地图，四周配有各种天文图和文字说明。其中部分文字介绍了西方的4种天文学说。第一种是托勒密的"地心说"；第二种是第谷的吸收了部分哥白尼学说的地心说；第三种是承认地球自转的地心说。蒋友仁说，第二、第三"二家虽有可取，然皆不如歌（哥）白尼之密。"然后就介绍第四种学说，即日心说。

　　就在蒋友仁在中国致力于宣传哥白尼学说的这一年，罗马教廷宣布解散耶稣会。这对热衷于学术传教的蒋友仁来说，无疑是一个沉重打击。他因此抑郁成疾，于第二年，1774年（乾隆三十九年）10月23日中风而逝。蒋友仁死后葬在正福寺法国传教士墓地。

二

　　19世纪以后，欧洲发生了变化，天主教会发生了变化，古老的中国也发生了变化。"正福寺"这块小小的墓地的命运也经历了一波三折。

　　道光皇帝在1821年承继大统。在他当政期间，仍然实行禁教政策，将包括南、北两堂在内的北京几乎所有的天主教教堂都收归国有。滕公栅栏及正福寺等传教士墓地改由俄国东正教教会代管。1827年，清政府将北堂收没入官，此间存于北堂的大量图书被移至正福寺传教士墓地，由一杜姓教友看管。谁知"杜姓之子又恐官厅搜查，故将书籍及西洋物品掘土埋藏。6年后发掘，物品尚存，而书籍已化为泥土矣。"

1840年（道光二十年），鸦片战争爆发。英国用大炮和鸦片轰开了中国的大门，在随之而来的各国列强迫使中国签订的各个不平等条约中，明确规定了外国传教士在华传教的自由。清王朝持续了一个多世纪的传教禁令，被迫放弃了。1844年（道光二十四年），法国强迫中国签订了《中法黄埔条约》。其中规定，法国人可在通商的五口建造教堂，"倘有中国人将佛兰西（法国）礼拜堂、坟地触犯毁坏，地方官照例严拘重惩。"1846年（道光二十六年），皇上颁旨："天主教系劝人为善，与别项邪教迥不相同，业已准免查禁……所有康熙年间各省旧建之天主堂，除已改为庙宇民居毋庸查办外，其旧房尚存者，如勘明确实，准其给还该处奉教之人。"但是各处教会依仗帝国主义的势力，不仅将很多"已改为庙宇民居"的旧址强行索回，还巧取豪夺并非教会旧有的房地产，搞得民怨鼎沸。

1860年（咸丰十年）英法联军又打进北京，焚烧了意大利传教士郎世宁和法国传教士蒋友仁参与设计建造的子"万园之园"圆明园。咸丰皇帝被迫逃到承德避暑山庄，命其弟恭亲王奕䜣负责与英法商讨议和事宜。英法又迫使清政府签订了《中英北京条约》和《中法北京条约》。在《中法北京条约》的第六款中规定，"晓示天下黎民，任各处军民人等传习天主教，会合讲道，建堂礼拜，且将滥行查拿者，予以应得处分。又将前谋害奉天主教者之时所充公之天主堂、学堂、茔坟、田土、房廊等件应赔还，交法国驻扎京师之钦差大臣，转交该处奉教之人，并任法国传教士在各省租赁田地，建造自便。"

这时任法国天主教北京教区主教的孟振生，乘坐英法联军的炮舰北上，参与攻打大沽口的战斗，并担任法国外交使团的谈判翻译。他擅自在条约的文本中增加了"任佛（法）国传教士在各省租买土地，建造自便"的内容。他生怕法军撤走后无威可恃，便要求法国侵略军总司令葛罗挟制清政府在城内外各处张贴保教告示，要求葛罗帮他索要过去被没收的教堂。1860年11月4日葛罗为此给恭亲王奕䜣照会，要求将南、北两堂及其他地基房廊"给执照一纸"交还孟振生，奕䜣只好照办。11月5日，葛罗写信给孟振生，说："南堂与栅栏茔坟全已归还，今特转交主教。"还说："遇有交涉归还教堂之事，务与法国驻中国大使布尔布隆联系。"孟振生不顾原住户在搬迁上的困难，并且未付任何代价就将当时清政府以 8000 两银子作赔偿而没收的北堂收回。只有正福寺法国传教士墓地归还得较迟一些。

正福寺法国传教士墓地自 1732 年（雍正十年）建立，直至 1838 年（道光十八年）北京教区主教毕学源病故时，已有 106 年历史。在此期间，坟地周围种植了果树和葡萄，四周护以砖墙。毕学源死后，坟地无人管理，加之附近居民痛恨洋人，墓地遭到较大破坏。孟振生依仗英法联军的势力，坚决要求奕訢发给归还正福寺执照，企图借此逮捕周围居民，从重治罪。奕訢先是不允，但在孟振生的威逼、要挟下最终还是屈服了，将归还正福寺的执照交给了他。执照曰：

"……查得西直门外正福寺，旧有西洋人坟地一处，现交与大法国钦差，转交主教孟管业，专派人看守，并饬知地方官，禁止附近居民，不得侵毁。如有侵毁者，准该主教呈明地方官惩办可也……"

孟振生为了防止周围居民再行毁坏墓地，决意要杀一儆百，给周围居民来一个下马威。在他的要求下，地方官绑着几名所谓曾经侵毁过墓地的村民到正福寺墓地前，当众进行审讯和惩处。审讯时，孟振生大发雷霆，对村民严加训斥，据他自己说，"直到迫使他们叩头领罚，才算完事。"从此孟振生全部接管了教堂和滕公栅栏、正福寺两处传教士墓地。

当时，有 6 具法国侵略军的尸体需要掩埋。法军最初提出要埋在南堂周围的小院里。把死人埋在城里，公然违背中国人的风俗习惯。恭亲王奕訢闻讯表示不能同意，他恳求说，希望能顾及皇帝和他本人的面子，将尸体埋在京西的墓地。法军首领也许是怕激起公愤，同意了奕訢的请求，把被他们称作"可怜的遇难者"而实际上双手沾满中国人民鲜血的死有余辜的侵略军，先是埋在滕公栅栏，几个月后，待正福寺墓地收回后移至该处。本来安葬着宗教文化使者的墓地，从此被武装侵略者的血迹玷污了。

在北京图书馆善本部金石组，保存有名为《正福寺公教公墓记》的一帧拓片 [1]。全文为拉丁文。其内容很简单，标明正福寺传教士墓地的几个重要年代：

1732 年，（即雍正十年）皇帝将此地赐予传教士作墓地；

---

[1] 明晓艳、魏扬波编《历史遗踪：正福寺天主教墓地》（文物出版社 2007 年版）刊登了该石碑的拉丁文碑文。

1777 年，（即乾隆四十二年）墓地建成；

1803 年，（即嘉庆八年）重修墓地；

1863 年，（即同治二年）被毁坏了的墓地又进行了重修。

碑文所指的最后一次重修，看来就是孟振生接管该墓地后进行的重修。

1900 年（光绪二十六年）夏季，在清政府的许可下，大队的义和团员涌入北京城，攻打东、西交民巷使馆区和几座天主教堂。在义和团反洋、洋教的高潮中，包括滕公栅栏和正福寺在内的 5 处外国传教士墓地也遭到洗劫。墓碑被推倒，砸碎，墓穴被挖开，尸骨被焚毁，其它建筑也被毁坏。

义和团"庚子之役"之后，1901 年（光绪二十七年）9 月，清政府与列强签订了丧权辱国的《辛丑条约》。《辛丑条约》的第四款规定：

"大清国国家允定，在诸国被污渎及挖掘各坟茔，建立涤垢雪侮之碑，由各国使馆督建，并由中国国家付给估算各费银两。京师一带，每处一万两。外省每处五千两。"[1] 在条约的《附件十》中规定：京都左近被污渎之诸国坟茔须建碑者有"英国一处，法国五处，俄国一处，共计七处。"正福寺法国传教士墓地就是其中之一。正福寺墓地重修后，周围又建起了教堂和教会小学。

笔者近日翻阅了《北京图书馆馆藏石刻叙录》，查得该书所录正福寺传教士墓地自始建之日起，共有外国传教士墓碑 60 通，其中绝大多数为法国人。值得注意的是，正福寺墓地于 1900 年修复之后就不再有人葬入了。

三

1949 年 10 月 1 日，中华人民共和国成立。起初，外国教会在华的产业，被当作外国侨民的财产予以保留。后来，根据政府的法令，将这些产业逐步转归中国天主教爱国会所有。人民政府惩治了隐藏在教会中的特务分子，驱

---

[1] 梁为楫等编《中国近代不平等条约选编与介绍》，中国广播电视出版社 1993 年版，第 429 页。

逐了敌视新中国的外国神父，但同时保障人们的宗教信仰自由。按照国家关于教育与宗教分离的原则，在正福寺传教士墓地的教会小学，与另一所私立小学合并为"正福寺小学"。此外，正福寺传教士墓地在解放初期基本依旧，教堂的宗教活动照常进行。

1958 年，由于"左"的路线的影响，中国天主教爱国会被迫献出了除了北堂等 4 座教堂之外的北京市的所有教堂，包括历史最为悠久的南堂在内，用来"支援国家建设"。国家将南堂等历史悠久的教堂又还给了教会，但将其余多处教堂挪作他用。正福寺传教士墓地的教堂也"捐献"了出来，作了当地生产队的仓库。

1966 年，"文化大革命"爆发。在这"横扫一切"的时期，科学文化形同粪土，外国人都是"帝国主义分子"，天主教更属反动，自当难逃"横扫"厄运。这期间，滕公栅栏墓地的墓碑被推倒，深埋。正福寺的法国传教士墓地则被西城酱菜厂、北京市农林科学院和"四季青"公社的正福寺生产队三家单位占用了。作为仓库的小教堂也拆毁了。后来毛主席号召"深挖洞，广积粮，不称霸"，全国掀起挖防空洞的热潮。西城酱菜厂在修筑防空工事时，用墓地的石碑作了顶盖。北京市文物部门得讯后，专门拨了一笔经费，购买了建筑材料，雇了人工，将这些石碑替换了出来。1987 年石刻艺术博物馆成立，于是张诚、白晋、蒋友仁等原在正福寺墓地的石碑被迁移到五塔寺，重又树立起来。尽管天主教与佛教曾经水火不容，但这些记录着中西文化交流的历史文物总算有了安身之处，得到了适当的保护。

两年前，笔者到正福寺寻访旧迹，在一位姓马的天主教教友的带领下，绕原墓地一周。西城酱菜厂已成为著名的老字号"六必居"酱菜厂的一家分厂。北京市农林科学院在原墓地的部分地面盖了宿舍楼。正福寺村占用的那部分目前是海淀区四季青乡曙光变压器厂。原墓地的东西院墙还保留着，一尊刻有"天主堂"三个字的界石仍在原地矗立。原墓地仅存的一处建筑——曾经当作神父宿舍的一排五间瓦房，当了变压器厂的厂房。

四

最近，我特意重游了安放着那些法国传教士墓碑的"五塔寺"——北京市石刻艺术博物馆。在北京动物园背后，从繁华的白石路向东一拐，穿过一条僻静的小路，便找到了"五塔寺"。

五塔寺是"真觉寺"的俗称。真觉寺建于明永乐年间（1403—1424），寺内的金刚宝座塔竣工于明成化九年（1473）。目前，寺庙的大殿已经不存，但金刚宝座塔保存完好。塔身四周遍布石雕，造型优美，工艺精湛，是一件巨大的艺术珍品。1961年，真觉寺被公布为第一批国家级重点文物保护单位。1987年，在真觉寺内建立北京石刻艺术博物馆，占地20000平方米。这是一座以露天陈列为主的专题性博物馆。陈列区按石刻学分类分为八个展区，耶稣会士碑就是其中之一。

在佛教的金刚宝座塔的东侧，有两排石碑是属于天主教神父的，一共有35尊（其中一尊字迹不清）。其中8尊的主人是中国人，其余几乎都是法国人；少数人是"圣味增爵会会士"，多数是"耶稣会士"。如白晋、蒋友仁、安泰、纪文、雷孝思等不少人墓碑的背后，还刻有皇帝赏赐的记录和"皇恩"两个大字。田嘉璧墓碑的背面，刻着有关其生平的长长的碑文。

第一排传教士墓碑的中心位置上，放着镌刻着博物馆管理者说明的一尊石刻饰座。上写着：

耶稣会士墓碑陈列说明

耶稣会是天主教修会之一，于一五三四年在法国成立。基督教各派曾在唐、元、明、清四次传入我国。明万历十一年（一五八三年）意大利籍耶稣会士利玛窦进入中国，标志着天主教第三次在中国传播开来。本展区是以年代为顺序陈列第三次到中国传教并葬于北京的耶稣会士墓碑。他们在中国传教的同时，将西方的一些近代科学知识传到中国，并把中国古老的文明和科学带回了欧洲，起到了中西科学文化交流的桥梁作用。

博物馆的管理者对这些远方传教士的墓碑是尽心的。在这处包罗万象的石刻艺术博物馆中，传教士墓碑也确实融入了表现了中国古代文明的众多石刻艺术品之中，不论是佛教的、道教的，以及非宗教的。

正福寺法国传教士墓地自建立之日起，至今已经 260 多年了。虽然它已经不复存在，并且不可能像滕公栅栏利玛窦墓地那样，恢复重建起来，但是那些在中西文化交流中作出贡献的张诚、白晋、蒋友仁及其他人，他们的历史丰碑将像那些历经风雨劫难的石碑一样永存。

编后语：此文是我于 1998 年第一次参加中外关系史学术研讨会（杭州浙江大学主办）提交的论文。从此我加入了中外关系史学会，经常参加该学会主办的学术研讨会，结识了众多学者同仁，受益良多。此文发表在《汉学研究》第四集（中华书局 2000 年 1 月版）。